住房和城乡建设部课题研究报告

国外住房发展报告

FOREIGN HOUSING
DEVELOPMENT REPORT

熊衍仁　沈綵文　主编
亚太建设科技信息研究院

第 4 辑

2016

中国建筑工业出版社

图书在版编目（CIP）数据

国外住房发展报告2016/熊衍仁，沈綵文主编.—北京：中国建筑工业出版社，2016.12
ISBN 978-7-112-20177-8

Ⅰ.①国… Ⅱ.①熊…②沈… Ⅲ.①住宅经济-经济发展-研究报告-国外-2016 Ⅳ.①F299.1

中国版本图书馆CIP数据核字（2016）第312349号

本书是中国建设科技集团（原中国建筑设计研究院）亚太建设科技信息研究院接受住房和城乡建设部住房改革与发展司委托开展的课题研究成果。该成果每年出版一本报告，本书为2016年第4辑，系统地介绍美国、英国、德国、法国、俄罗斯、日本、新加坡、印度、巴西、南非等国家的住房建设发展情况，积累储备国外住房建设发展的详细数据，发挥"年鉴式"的信息工具作用，总结他们解决住房问题的经验教训和政策演进路径，为住房领域的研究者和政策制定者提供参考。

责任编辑：封　毅　周方圆
责任校对：王宇枢　党　蕾

国外住房发展报告2016
熊衍仁　沈綵文　主编
亚太建设科技信息研究院
*
中国建筑工业出版社出版、发行（北京海淀三里河路9号）
各地新华书店、建筑书店经销
北京锋尚制版有限公司制版
北京顺诚彩色印刷有限公司印刷
*
开本：787×1092毫米　1/16　印张：28¼　字数：589千字
2016年12月第一版　2016年12月第一次印刷
定价：138.00元
ISBN 978-7-112-20177-8
（29640）

版权所有　翻印必究
如有印装质量问题，可寄本社退换
（邮政编码 100037）

前 言

本成果是中国建设科技集团亚太建设科技信息研究院有限公司接受住房和城乡建设部住房改革与发展司委托开展的课题研究成果。本成果以2013~2015年完成的课题研究为基础，补充了最新的统计数据；在"综述·专论篇"梳理了国外住房建设与管理经验、国外住房保障融资经验及欧盟各国住房发展，此外对联合国人类住区规划署《可持续性城市中的可持续性住房——发展中国家的政策框架》作了摘编报道，并专题论述了可持续住区规划建设案例及分析；在"国家篇"11个国家部分充实了各国住房的最新发展。课题研究负责人为石荣珺，参加课题主研人员有沈綵文、郑丹、张一航、温禾、田峰、王国田、陈瑛、谢丽宇、蒋蓓、金艳、张蕊子、戴烜、刘明娜、王晓睿等。在课题研究过程中，住房和城乡建设部住房改革与发展司全程给予了具体指导，同时一些高校和科研单位相关专家也给予了大力支持，特此表示感谢！

本成果涉及面较广，资料搜集难度较大，且限于水平，成果中错误与不当之处在所难免，恳请读者批评指正。

课题组
2016年7月

目录

前言

第一部分 | 综述·专论篇

1 国外住房建设与管理若干经验分析 ……………………………………… 002
  1.1 编制和实施住房发展规划 …………………………………………… 002
  1.2 公共住房的发展趋势 ………………………………………………… 007
  1.3 住房金融机构与金融制度改革 ……………………………………… 012
  1.4 住房管理与维修 ……………………………………………………… 015
  1.5 住宅产业工业化与部件化的发展 …………………………………… 019
  1.6 住房可持续发展政策 ………………………………………………… 021
  主要参考文献 ………………………………………………………………… 022

2 国外住房保障融资经验 …………………………………………………… 023
  2.1 住房保障金融体系 …………………………………………………… 023
  2.2 住房消费金融模式与机制 …………………………………………… 025
  2.3 住房开发金融模式与机制 …………………………………………… 032
  2.4 政府的定位 …………………………………………………………… 037
  主要参考文献 ………………………………………………………………… 040

3 欧盟各国住房发展概况 …………………………………………………… 041
  3.1 现有住房状况 ………………………………………………………… 041
  3.2 社会住房发展 ………………………………………………………… 043

3.3　住房负担和住房价格 ··· 046

　　3.4　住房金融与税收 ··· 048

　　3.5　城区建设和更新改造 ··· 049

　　3.6　节能减排 ··· 050

　　主要参考文献 ··· 052

4　发展中国家可持续住房发展政策框架 ··· 053

　　4.1　住房的环境可持续性 ··· 053

　　4.2　住房的社会与文化可持续性 ··· 057

　　4.3　住房的经济可持续性 ··· 059

　　4.4　实现整体可持续性的途径 ··· 061

　　主要参考文献 ··· 063

5　可持续住区规划建设案例与分析 ··· 064

　　5.1　案例分析 ··· 064

　　5.2　案例 ··· 066

　　主要参考文献 ··· 084

第二部分 ｜ 国家篇

1　法国 ··· 086

　　1.1　住房基本情况 ··· 086

　　1.2　社会住房状况 ··· 090

　　1.3　住房建设量 ··· 093

　　1.4　住房市场 ··· 097

　　1.5　住房管理机构 ··· 100

　　1.6　住房政策 ··· 101

	1.7 住房补贴与税收	103
	1.8 住房可持续发展	108
	主要参考文献	111

2 德国 … 113

	2.1 德国住房现状	113
	2.2 德国住房建设	116
	2.3 住房发展管理体制	118
	2.4 住房立法与政策	120
	2.5 德国公共住房政策	123
	2.6 德国住房消费与财政金融	125
	2.7 德国住房金融与税制	128
	2.8 住房可持续发展	130
	主要参考文献	135

3 俄罗斯 … 137

	3.1 住房基本情况	137
	3.2 住房投资与建设	140
	3.3 联邦管理机构—建设和居住公用事业部	143
	3.4 到2020年的发展规划	144
	3.5 住房制度改革的特点	146
	3.6 住房维修与改造	148
	3.7 住房的可持续发展	149
	主要参考文献	153

4 英国 … 154

	4.1 住房现状	154
	4.2 住房建设与标准	163
	4.3 住房经济与投资	167

4.4　社会住房 ·· 176
　　4.5　不动产税和住房补贴 ··· 178
　　4.6　住房新政与新规 ·· 182
　　4.7　住房规划、设计、建设技术 ·· 185
　　4.8　住房可持续发展 ·· 187

5　巴西 ·· 192
　　5.1　住房基本情况 ··· 192
　　5.2　城市住房管理部门 ··· 203
　　5.3　巴西公共住房政策的沿革 ·· 203
　　5.4　巴西公共住房发展的经验与教训 ··· 205
　　5.5　低收入群体绿色住房 ·· 206
　　主要参考文献 ·· 210

6　美国 ·· 212
　　6.1　基本情况 ·· 212
　　6.2　住房投资与建设 ·· 222
　　6.3　住房建设与管理体制 ·· 225
　　6.4　保障性住房建设 ·· 225
　　6.5　住房消费与市场 ·· 225
　　6.6　住房金融与政策 ·· 233
　　6.7　可持续发展 ·· 244

7　印度 ·· 250
　　7.1　住房基本情况 ··· 252
　　7.2　住房建设与标准 ·· 255
　　7.3　住房机构组织与职责 ·· 255
　　7.4　住房政策与保障计划 ·· 257
　　7.5　住房市场及消费 ·· 263

7.6 住房金融机构 ·· 265

7.7 住房可持续发展 ·· 268

主要参考文献 ·· 275

8 日本 ··· 277

8.1 住房基本情况 ·· 277

8.2 住房投资、建设与改造情况 ·· 277

8.3 住房消费与住房流通 ·· 284

8.4 住房金融与税制 ·· 286

8.5 住房政策 ·· 289

8.6 住房可持续发展技术 ·· 290

主要参考文献 ·· 296

9 韩国 ··· 297

9.1 住房基本情况 ·· 297

9.2 住房建设与居住标准 ·· 299

9.3 住房建设管理体制 ·· 304

9.4 住房政策与法规 ·· 306

9.5 住房融资机制与税制 ·· 315

9.6 住房可持续发展 ·· 319

9.7 住房市场的未来发展趋势 ·· 320

主要参考文献 ·· 321

10 新加坡 ··· 323

10.1 新加坡基本情况 ·· 323

10.2 住房建设与房地产市场 ·· 331

10.3 住房发展管理体制 ·· 342

10.4 住房保障新政与新措 ·· 344

10.5 住房金融与税制 ·· 351

  10.6 住房可持续发展 ······ 356

11 南非 ······ 362

  11.1 住房基本情况 ······ 362

  11.2 住房建设 ······ 366

  11.3 住房政策与立法 ······ 368

  11.4 住房保障机构 ······ 371

  11.5 住房金融与税制 ······ 374

  11.6 住房可持续性 ······ 376

  主要参考文献 ······ 378

第三部分 ｜ 统计篇

1 经济与社会发展 ······ 380

  1.1 国内生产总值 ······ 380

  1.2 国民收入与生活消费水平 ······ 381

  1.3 国土面积与人口 ······ 386

  1.4 城市化与人口老龄化 ······ 388

2 住房建设投资与建设量 ······ 392

  2.1 住房投资情况 ······ 392

  2.2 住宅相关产业的生产诱发效果（以日本为例） ······ 395

  2.3 住房建设量 ······ 396

  2.4 住房建设造价 ······ 399

3 现有住房状况与标准 ······ 400

  3.1 住房存量、空置率和自有率 ······ 400

3.2 住房面积 ……………………………………………………… 402

  3.3 住房使用与满意度 …………………………………………… 404

  3.4 住房标准 ……………………………………………………… 414

4 社会住房发展 ………………………………………………………… 416

  4.1 社会住房量 …………………………………………………… 416

  4.2 社会住房支出与租金 ………………………………………… 418

  4.3 社会住房评价 ………………………………………………… 419

5 住房家庭负担能力与市场 …………………………………………… 420

  5.1 住房负担能力 ………………………………………………… 420

  5.2 住房市场 ……………………………………………………… 427

6 住房金融 ……………………………………………………………… 432

  6.1 住房贷款 ……………………………………………………… 432

  6.2 住房财税政策 ………………………………………………… 436

7 住房能耗与住房管理 ………………………………………………… 438

  7.1 住宅能源消耗 ………………………………………………… 438

  7.2 住宅寿命 ……………………………………………………… 440

第一部分 | 综述·专论篇

1 国外住房建设与管理若干经验分析
2 国外住房保障融资经验
3 欧盟各国住房发展概况
4 发展中国家可持续住房发展政策框架
5 可持续住区规划建设案例与分析

1　国外住房建设与管理若干经验分析

经济发达国家在国际环境变化的大背景下，住房发展走过了三个阶段。①20世纪50~70年代是住房数量发展阶段（解决住房有无问题）。第二次世界大战后，各国住房普遍不足，有的国家出现房荒，逐渐掀起住房建设高潮。②20世纪70~80年代是住房数量、质量并重阶段。在这一阶段随着房荒的缓和以及石油危机的出现，在保证住房建设数量的前提下开始重视功能和质量。③20世纪80年代后进入重视质量和环境阶段。这时，房荒已基本解决，新建住房量下降，旧房改造任务加大，同时节能减排可持续发展问题被提上日程，对住房质量、功能和环境提出了更高的要求。这些国家经历了这几十年的住房发展，在住房建设管理各方面积累了丰富的经验。本书试图将这些经验加以梳理，并对其中若干经验加以分析，以供业界相关同仁参考。

1.1　编制和实施住房发展规划

许多国家都根据需要制定和实施住房建设规划，如新加坡、俄罗斯、印度、韩国、日本等国。但是规划规格比较高、内容比较精炼、实施效果比较好的当属日本。

日本从1966年起一直到2005年，制定和实施了八个住房建设五年计划（表1-1-1），持续了40年，缓解了住房短缺问题，并开始实现从提高建设数量到提高建设质量的转变。

从日本住宅建设五年计划的编制和实施来看，可明显看出以下几个值得重视的特点：

（1）**计划的规格较高**。日本的住宅建设五年计划是严格按照《住宅建设计划法》的规定编制的，经内阁议会批准后的五年计划具有法律效力。

（2）**规划建立在现状与需求调查基础之上**。日本在每个五年计划开始前两年都要进行一次住宅调查，包括居住实态调查。进入20世纪90年代后还就居民对住宅及居住环境满意度进行分析统计，以便获得相应数据，并据此提出建设目标、建设量和建筑标准。

（3）**按法定程序编制计划**。日本采取"上下结合、横向协商"的办法，编制三个层次的五年计划（全国、地方、都道府县三个层次）。

首先，根据《住宅建设计划法》，国土交通大臣（原建设大臣）应向内阁提出计划草案。

日本住宅建设八个五年计划的概况

表1-1-1

阶段	背景	计划目标	建设套数（千套）					附注
			计划		实际完成			
			拟建总套数	其中公共投资	总套数	其中公共投资		
第一个五年计划（1966~1970年）	需要解决遗留的住宅缺乏问题。由于经济迅速发展，大量人口流入市区引起住宅需求上升	解决住宅缺乏问题，实现"每户一套住宅"的目标	6 700	2 700	6 739.3	2 565.3		全国住宅套数超过家庭数（据1968年住宅调查）
第二个五年计划（1971~1975年）	全面解决住宅数量问题，需要提高居住水准	解决住宅缺乏问题，建造"每人一室"标准的住宅	9 576	3 838	8 280	3 108		每个县的住宅套数超过家庭数（据1973年住宅调查）
第三个五年计划（1976~1980年）	随着住宅数量的相应满足，需要提高居住水准	设定两种居住水准：①最低居住水准：1980年之前一半以上家庭能够居住在高于最低居住水准的住宅内，1985年要全部解决；②平均居住水准：1985年期望有一半家庭达到平均居住水准	8 600	3 500	7 697.5	3 648.5		总体上，居住水准有切实改善，住宅空房套数为268万套（据1978年住宅调查）
第四个五年计划（1981~1985年）	重点在大城市继续提高居住水准。致力于适应战后成长代一对获得自有住宅的需要	继续努力达到居住水准。另外设定"居住环境水准"	7 700	3 500	6 104	3 231		还存在着低于最低居住水准的家庭（据1983年住宅调查）

续表

阶段	背景	计划目标	建设套数（千套）				附注
			计划		实际完成		
			拟建总套数	其中公共投资	总套数	其中公共投资	
第五个五年计划（1986~1990年）	面向21世纪，确保足够的优质住宅拥有量，以满足安定、宽裕的居住条件	制定新的居住水准：①最低居住水准：在第五个五年计划期间尽可能使所有家庭达到最低居住水准；②诱导性居住水准：到2000年，确保半数以上的家庭能够达到引导性居住水准。城市居住型——以在城市中心及其周围地区建造的公寓式住宅为对象。一般居住型——以在郊区及其他地方建造的独立式住宅为对象。继持第四个五年计划中制定的居住环境标准，以此为方针，努力改善居住条件	6 700	3 300	8 356	3 138	从全国水准来说，最低居住水准的家庭总数低于10%（9.5%）（据1988年住宅调查）
第六个五年计划（1991~1995年）	推动能适用于整个90年代的住宅政策。通过解决大城市的住宅问题及适应老龄化社会，实现富裕的居住生活	制定和实施有利于达到诱导性居住水准的政策措施。①诱导居住水准。继续执行第五个五年计划制定的诱导性居住水准。努力在2000年全国的一半家庭能够达到该水准，并且在2000年后的尽可能早期，在所有城市圈中的一半家庭能够达到此水准。②最低居住水准。继续把此水准作为全国所有家庭应该达到的水准。在居住环境方面，重新按城市中心和其周围地区、以及郊区和其他地方，分别制定居住环境水准，并继续努力改善居住环境	7 300	3 700	7 623	4 017	从总体上看居住水准有切实改善（据1993年住宅调查）

续表

阶段	背景	计划目标	建设套数（千套）				附注
			计划		实际完成		
			拟建总套数	其中公共投资	总套数	其中公共投资	
第七个五年计划（1996~2000年）	①建设优质存量住宅，适应国民需求。②推动安全、舒适的城市居住环境建设。③适应长寿社会和充满活力的居住环境建设。④推动有助于地区经济发展的住宅、居住环境建设	继续努力达到居住水准目标。①简化按各居住房间所做的详细规定：平面布置可由居住者自由选择；②在性能和设备方面，应该从安全性、耐久性、适合老年人居住、有利于环保等角度，更加充实；根据已制定的居住环境标准，切实改善居住环境	7 300	3 525	6 812	3 487	约有半数住户达到诱导居住水准（据1998年住宅调查）
第八个五年计划（2000~2005年）	①满足国民多样化需求，建设优质存量住宅。②建设支撑少子化、老龄化社会的居住环境。③推动城市居住和有助于地区经济发展的住宅、居住环境建设。④推进规范住宅市场环境，以便于消费者了解住宅有关情况	以实现2015年全国三分之二的家庭达到诱导居住水准，2010年所有城市圈中半数以上的家庭确保能够达到该水准为目标	6 400	3 250	3 493（截至2004年）	996（截至2004年）	—

在编制草案时，各都道府县知事必须在听取市町村长意见之后，向国土交通大臣提交必要资料，同时国土交通大臣还要与相关的行政部门进行协商，并在听取社会整备审议会意见后，将编制好的草案上报内阁会议。待全国《住宅建设五年计划》批准后，国土交通省按照制定全国《住宅建设五年计划》的办法制定《地方住宅建设五年计划》（全国分为十个地区制定）。《地方住宅建设五年计划》制定好以后，国土交通大臣要确定每个都道府县五年计划期间公营住宅建设量（都道府县公营住宅建设事业量）。与此同时，将制定好的《地方住宅建设五年计划》立即通知各都道府县制定《都道府县住宅建设五年计划》。

（4）**每个计划期都规定了几个重点**。例如，第八个五年计划（2000~2005年）的重点是：

①形成优质存量住宅，满足全国居民多样化的居住需求；

②改善居住环境，与少生育、老龄化社会的需求相对应；

③促进旧房改造，加快城市居住和地区经济的发展；

④建立规范的住宅市场，向消费者提供更广泛的住宅信息。

（5）**居住水平和环境水平有明确的要求**。在第六、七、八个五年计划的附件中，均以文字与表格阐述了诱导性居住水准和最低居住水准具体要求（表1-1-2、表1-1-3、表1-1-4）。

一般诱导居住水平（单位：m²）　　　　　表1-1-2

家庭人数	居住室面积（净面积）	住户专用面积（墙体中到中的面积）
1人	27.5	50
1人（单身中年人或老年人）	30.5	55
2人	43.0	72
3人	58.5	98
4人	77.0	123
5人	89.5	141
5人（包括1位老年人）	99.5	158
6人	92.5	147
6人（包括老年夫妇）	102.5	164

城市诱导居住水准（单位：m²）　　　　　表1-1-3

家庭人数	居住室面积（净面积）	住户专用面积（墙体中到中的面积）
1人	20	37
1人（单身中年人或老年人）	23.0	43
2人	33.0	55
3人	46.0	75

续表

家庭人数	居住室面积（净面积）	住户专用面积（墙体中到中的面积）
4人	59.0	91
5人	69.0	104
5人（包括1位老年人）	79.0	122
6人	74.5	112
6人（包括老年夫妇）	84.5	129

最低居住水准（单位：m^2）　　　　　　　　　　　　　表1-1-4

家庭人数	居住室面积（净面积）	住户专用面积（墙体中到中的面积）
1人	7.5	18
1人（单身中年人或老年人）	15.0	25
2人	17.5	29
3人	25.0	39
4人	32.5	50
5人	37.5	56
6人	45.0	66

1.2 公共住房的发展趋势

从各国公共住房[①]发展中，我们大致可看到如下的主要发展趋势。

（1）公共住房保障范围适度缩小

随着各国经济社会发展、居民收入的提高和住房供需矛盾的缓解，公共住房的保障范围逐渐缩小。日本最初是采取"应管尽管"的政策，公营住宅是面向低收入群体提供的租赁住房，而住宅公团（目前的城市再生机构）主要是向大都市地域的中等收入人群提供租赁住房、按揭住房以及宅基地，同时住宅金融公库还为建设和购买住房的个人提供长期低息贷款。随

---

① 各国（地区）根据各自的历史发展、经济实力、土地资源和人文环境等的差异，保障性住房的称谓各有不同。保障性住房在美国统称为"可支付住房"（Affordable Housing）。美国的"公共住房"是专指政府为低收入者、老年人和残疾人建造和维护、收取低租金并由政府管理的住房。欧洲发达国家的保障性住房一般称"社会住房"，但社会住房的覆盖面各国（地区）又有所区别。英国目前也引入了可支付住房概念。日本称为公营住房、公团住房（后称UR住房）。新加坡称为"租屋"。为了便于叙述，本文仍沿用"公共住房"一词，即带有社会保障性、为满足中低收入家庭与特定住房困难人群需求的住房。

着住房供需矛盾的缓和，政府公共住房政策逐步转变为保障弱势群体，即政府主要负责低收入群体、高龄者、残疾人的住房保障。二战后英国政府通过建造大批廉价住房并以低租金出租给中低收入居民，在很大程度上缓解了住房危机。但是大量的社会福利住房造成政府财政负担沉重，迫使英国政府在进入20世纪70年代中期后开始改革住房制度，推行住房私有化，缩小公租房的规模。20世纪80年代后，廉价公房的开发仅仅作为满足长期等候申请住房的贫苦住户（指生活在贫困线以下的城市贫民，未能完成学业的年轻人，从企业中裁减下来的员工，部分老年人，单亲家庭的成员等）对住宅的需求，其他住房需求绝大部分都是通过购买商品房的形式加以解决。欧盟各国社会住房（即保障性住房）的供应模式有三种：剩余模式[①]，一般模式[②]和普惠模式[③]。目前的主要趋势实际上都在向"剩余模式"靠拢。

（2）政府干预方式从直接干预为主向间接干预为主转变

①政府是公共住房的提供者和管理者。这里的公共住房是指政府出资兴建和管理、为低收入居民和特定居民群体提供的住房。政府直接建房是各国住房保障初期的主要方式之一。这种方式在住房短缺情况下曾受到各国（地区）政府的重视。其主要优点是能充分发挥政府的资源动员优势，保证在较短的时期内刺激住房总量的快速上升，解决住房短缺问题。但缺点是政府财政压力过大，房屋建成后还要承担相应养房的费用，同时也在相当程度上限制了私人房产商和市场的作用。在经济发达国家，这类住房在住房总量中所占比重不断减少。2013年美国公共住房约115万套，占住房总量的0.8%，日本的公营住房约201万套（2008年），占住房总量的4.1%。

②政府作为资助者、促进者、监督者对住房市场实行间接干预。当住房供应基本达到平衡时，政府对住房供应市场从以直接干预为主逐步转向以间接干预为主。间接干预的方式是：政府对住房发展商的住房建设投资和私人住宅投资实行优惠贷款（长期低息贷款或贴息贷款）、贷款利息减免等办法，支持非营利机构发展低成本、低租金住房，从而通过市场为中低收入居民提供住房保障。

③中央政府的作用日益淡化，地方政府的作用日益增强，有的国家民间机构起着主要作用。在这方面，德国是比较典型的。在德国的政府层面，住房保障责任在三级政府间有明确划分：联邦负责设立法律框架，为地方社会住房建设提供财政资助；16个联邦州参与法律制定，并具体负责社会保障房项目，提供融资支持；而市镇级地方政府则负责城市土地管理，

---

① 为被市场排除在外的穷人扫清障碍，并为其提供体面、适当的住房。这种模式主要存在于南欧及前东欧社会主义国家。
② 市场受收入和租金上限限制，但社会住房是提供给广大的社会群体，如德国、法国和比利时。
③ 不带任何社会目标的"公共住房"形式，为所有人提供可支付的租赁住房，荷兰、丹麦和瑞典仍在一定程度上实行这种模式。

为住房提供基础设施，具体办理社会保障房出租管理等。2006年生效的联邦制度改革，将住房职责划归各种政府，联邦政府从2007年至2018年仍会向地方发放财政资金，但以后将由各州自主负责住房领域。美国联邦政府曾（1937年后）承担了美国住房政策几乎全部责任，公共住房及其补助项目均由联邦政府设计和资助，实施"联邦拨款资助，地方具体实施"的运作模式。市政府和其他地方政府只能通过区划法、分区法、建造法规等影响住房的质量、数量和价格。从1974年颁布《住房与社区发展法》后，联邦政府开始向州和地方政府提供住房和社区发展的组团基金（1990年后又设立了HOME投资合伙人项目基金），让地方政府自主开发和资助他们自己的住房项目，给州和地方政府更多的权利来决定该如何使用联邦资金。英国在住房领域中央政府和地方政府的职责也有明确划分。中央政府负责立法，规定地方政府的工作任务、财政支持等；地方政府则主要根据国家法律制定地方政策，给注册社会住房业主以补贴支持。目前公共住房的主要供应者、管理者往往不是地方政府机构而是注册社会住房业主[①]或经过住房公司同意的其他机构。

（3）构建多层次的保障性住房供应体系

保障对象住房支付能力的不同决定了住房供应体系必然要具有多层次性。

美国保障住房供应体系主要包括三个层次。第一是公共住房（Public Housing），这是最贫穷、最脆弱人群的家。公共住房的数量2013年为115万个单元，大多数公共住房建于30多年前，目前新建数量极少。2013年，这类住房约占保障性住房的16%。第二是基于工程项目的资助项目。1961年肯尼迪政府为中等收入家庭设立了第221（d）3条款低于市场利率项目，该项目主要面向收入高于公共住房规定，却又不能在市场上获得合适住房的家庭。1968年又出台了住房法案第236条款。根据规定，所有收入不高于地区平均收入水平80%的住户都满足该条款要求。1962年设立了专门针对乡村开发的515条款项目，主要也是针对收入不高于地区平均收入水平80%的住户，但对收入不超过地区收入50%的低收入住户给予额外的房租补贴，这类住房约占保障性住房的23%。此外，税收返还政策项目约占28%。第三是租金补贴住房，指低收入者租住私人房屋而言。政府鼓励私人将符合出租标准的住房出租给低收入者，低收入者承租后，将自己收入的三分之一付给房主，其余部分由政府代付。这样，不仅解决了低收入居民的住房问题，而且不会损害房主的利益。2013年租金补贴住房约占保障住房的33%。

英国保障性住房在2012年国家规划政策中分为三类。第一类是社会租赁住房（Social

[①] 注册社会住房业主（RSLs）是由住房协会（HA）更名而来，它是民间合作经营团体，具有双重的职能。一是公共住房管理机构，现为公共住房的主要供应者和管理者；二是公共住房的专业金融机构，以保障性住房为业务核心，集储蓄贷款、建房售房、租赁、维修与管理等业务于一身。

Rented Housing），指主要由地方政府（Local Authorities）和私有注册供应者（Private Registered Providers，PRP）持有、出租和管理，租金标准符合国家租金规定，且只租给符合承租资格家庭的住房。第二类是可支付租赁住房（Affordable Rented Housing），提供者为地方政府或具有社会租赁住房提供资格的私有注册供应者。政府允许收取的房租高于社会租赁住房，但不超过当地市场房租的80%（不含水、电、气费）。第三类是中价住房（Intermediate Housing），介于社会租赁住房与市场化住房之间，分为：共享租赁住房（Shared Equity）和用于低价出售（Low Cost Housing for Sale）或中价租赁的低成本住房。中价住房市场化程度比社会租赁住房高，是一种半市场化的住房，其租金或价格介于政府持有住房与市场住房之间。

日本第一类保障性住房是公营住房。公营住房是为低收入者建造的廉租房。截至2008年10月，公营住房存量约201万户，约占日本实际居住住房户数的4.1%。近年来，通过对民间土地所有者提供建设费用补助和减免租金补助的办法，建设"地域优良租赁住房""特定优良租赁住房"和"老年人优良租赁住房"，作为公营住房的补充。目前，公营住房的新建设量很少，主要是改建和重建。第二类是公团住房。1955年成立了日本住宅公团，其初始目的是向大都市地域的中等收入者提供租赁住房、按揭住房和宅地。日本住宅公团经过若干次改组，2004年组建成为都市再生机构（UR）。公团租赁住房改为UR租赁住房。目前，UR租赁住房在家庭收入上无限制。第三类是地方住宅供给公社住房。公社主要目的是为了使劳动者更容易持有住房。公社主要提供积金按揭住房、地域优良按揭住房和地域优良租赁住房，对供应对象没有收入限制。

（4）强化住房维护管理

公共住房维护管理是使住房保持良好功能和居住环境，避免"住区衰败"的重要环节，受到各国普遍重视。从国外住房维护管理看，有以下几点值得重视：

①设置维护管理机构。建立健全维护管理机构是公共住房管理的组织保证。国外许多国家采取以地方公共住房机构为主，以私营管理企业和居民团体参与为辅的模式。美国设置了公共住房管理机构（Public Housing Agency，PHAs），其职责是：房屋的维修和养护、物资的购买和储存、提供管理信息、负责财务和会计、统计住房占有率、一般行政管理、人事和培训、住房管理、安全防卫以及社会服务。据统计，美国分布于各地的管理机构有3 800多家，每一机构所管理的房产从500套到9 000套不等。它们从成本效率出发也选择一些私营管理者通过签订合同参与住房运营管理与维修。英国的注册社会业主（RSLs）是公共住房的主要提供者和管理者，属非营利性机构。此外，近距离管理组织（Arm's lenghmanagement organization, ALMO）是由地方议会设立的非营利物业公司，代表地方议会管理维护议会住房。法国90%的社会住房由低租金住房机构（HLM）运营和管理。目前，HLM在全国各区

共有900多家，计6.5万职工。

②解决运营管理资金问题。住房运营管理需要大量资金，而且随着房龄的增加，资金需求量不断提高。美国住房和城市发展部每年向地方住房管理机构提供两类资金，即公共住房运营资金和公共住房资本资金。前者用于满足公共住房项目管理、运营和日常维护等支持；后者用于满足公共住房条件的改善，包括开发、翻新、拆除等。如果地方住房局所获得的资金不足以满足当年改善公共住房条件的需求，他们也可以以未来将获取的补贴资金为抵押，从私人金融机构贷款，部分经济条件好的州也可申请特别预算。英国、法国、新加坡等国采取大致与美国类似的模式。

中国香港则采取"以商养房"的策略。中国香港的公屋租金十分低廉，且还包含管理费。房屋署大量投入建房资金、管理人员，每年耗资巨大，但房屋署近年来却还是盈利的。这主要是小区内的商场和停车场都属于房屋署的产业，房屋署根据区内各行各业的需求设定好铺位后，向社会公开招标，竞价出租，向中标的承租者定期收取租金和管理费。

（5）避免"新贫民窟"出现

①采取规划措施。低收入居民区衰退（贫民窟化）现象曾出现在英国、法国和美国。根据美国专家从工程规划建设与管理角度分析，住区衰败的原因有六个方面：a. 20世纪50年代后，大规模建造的公屋大多位于地价较低、基础设施缺乏的劣势区位；b. 公共住房集中布局，弱势群体集聚；c. 学校、卫生以及其他公共服务设施缺乏；d. 公共住房远离就业岗位，就业机会下降；e. 工程质量差；f. 资金不足，疏于维护管理等。

在低收入居民住区衰退的背景下，英国以规划手段调控私人住房建设。英国规划法第106条款要求，开发项目必须向地方规划管理部门提出规划申请并获得规划许可证。开发商要获得规划许可证必须承担规划责任，其中一项重要内容就是配建可支付住房。这些住房的价格通常在市场价的70%~85%。在一定年限内不得上市销售，或只能向当地居民或特定人群出售。第106条款要求，通过地方规划管理部门和开发商之间就单个开发项目的具体协商，决定可支付住房建设的规模、数量、标准、产权类型和位置等具体要求。

法国提出和实施社会混合政策。社会混合是一个具有法国特色的概念，《法国城市规划词典》对它的定义是"通过住房计划，使得不同社会阶层的人们能够共同生活在一个城市单位里，是各项社会政策所希望达到的终极目标。"1990年通过《博松法》（la loi Besson）把贫困人口的重新分布、社会混合和社会公正联系在一起。为了统筹解决社会住宅数量不足和居住隔离问题，《博松法》要求每个城市根据自身特点和问题滚动编制为期5年的"地方住房发展规划"（PLH），该规划的主要内容是根据人口和社会发展规划，确定本市需要建设的社会住房数量、建设方法，并对社会住房的空间分布作出安排。这是一种通过强制性规划来减少居住隔离，促进社会混合的方法。1991年以反对社会隔离和推进社会融合为目的的《城市引导法》建议建设混合型的住区与城市，每个人口超过2万的市镇都应该拥有不少于20%的社会住房。2000年通过《社会团结与城市更新法》（la loi SRU），强制规定"每个人口超过3万的市镇都必须拥有不少于20%的社会住房"。达不到要求的地方政府，要根据所差的社会住房套数，向中央政府缴纳罚款。

②排就业地点。为了在新镇周围提供就业机会，新加坡在新镇内预留10%~20%的土地用于工业配套设施，一般位于新镇的边缘。主要设置一些无污染的小规模劳动密集型工厂，如制衣、纺织和电子配件制造厂等解决居民的就近就业问题。英国BedZED社区将工作与生活模式混合，尽可能提供工作岗位，同时商店、幼儿园等生活必要设施的设置还进一步减少了交通需求。

③建相应的配套服务设施。美国认为小区内相应的配套设施，如公共洗衣房、小商品库房、就业培训指导中心等设施都是必不可少的，要尽量在社区周边能够解决困难家庭的生存问题和子女入学问题，给予这些社会弱势群体创造改变命运的可能，避免再出现贫民窟现象。我国香港的公共住房社区不仅公交线路配套便捷，而且相应的公共服务设施（包括幼儿园、小学校、体育设施、商业服务设施、公共活动空间等）也配置齐全，使公房住户和私人房屋住户能够享受相同品质的配套服务设施和生活环境。

1.3 住房金融机构与金融制度改革

1.3.1 住房金融机构

一些经济发达国家都分别依据各自的情况建立适合于本国条件的住房金融制度和金融机构，大致有四种类型的机构：

（1）以商业银行为主的金融机构

这种金融机构是与商业性住房抵押贷款制度相对应的，以美国最为典型。在美国的房地产金融体系中，私人和民间机构占主体地位，而多种政府机构也发挥了重要的调节、扶持作用。商业银行与储蓄信贷协会、互助储蓄银行、抵押联营机构等多种私人金融机构形成了发放抵押信贷的主体。美国是目前世界上商业银行开展住房金融业务最发达的国家。据统计，美国大约有1 500家商业银行机构，这些银行机构大多是通过抵押的方式发放住房贷款，并且这种贷款在各家商业银行的抵押贷款业务中都占有相当的份额。从美国各金融机构的住房抵押贷款业务份额来看，商业银行的市场占有率呈上升趋势，而政府通过其所属或资助的机构如联邦国民抵押协会、政府国民抵押协会、联邦住房抵押贷款公司等直接参与和调控抵押信贷二级市场的运行。此外，联邦住房管理局和退伍军人管理局等政府机构通过对抵押信贷提供担保也发挥了积极的作用。

（2）互助合作专业住房金融机构

这种金融机构是互助储蓄式的房地产金融制度下的一种组织形式。以较典型的德国为例，德国的住房金融体系是以中央银行为核心，国营、私人、合作银行并存的多渠道融资体系。参与住房金融业务的有住房储蓄机构（住房储蓄银行）、抵押银行、商业银行、保险公司等，其中主要的有住房储蓄银行、抵押银行和建房户主储金信贷社，它们占全国房地产金融业务的60%以上。建房互助储蓄信贷社在政府奖励基金的帮助下，依靠契约储蓄，融通了大量的资金，并在住宅产业的发展中发挥了相当重要的作用。

（3）政府公营的专业政策性住房金融机构

这种房地产金融机构是强制性储蓄的房地产金融制度下的一种典型机构，以新加坡最为典型。中央公积金局是新加坡最主要的房地产融资机构，新加坡居民购房资金主要来自中央公积金，其次是邮政储蓄银行，它负责两项业务：一是面向中上层收入者发放贷款购买高级住房，另一项是对公务员和法定机构雇员发放住房贷款。开展住房金融业务的除建屋发展局、中央公积金局、邮政储蓄银行外，还有其他商业银行、财务公司、开发银行、契约基金等机构。

（4）混合型住房融资机构

这种类型融资的特点是民间与官方相互结合，民间金融机构在住房信贷方面非常活跃，而官方金融机构起着重要作用，以日本最为典型。日本在战后初期，由于住房资金不足，政府采取了特殊措施，建立住宅金融公库（特殊法人），长期以来，其贷款额占住房贷款总余额的1/3。同时，私人金融机构运用金融手段广泛融资，从而开拓了介于欧美型和基金信贷型之间的混合型融资方式，有力地促进了日本住房产业的发展。

1.3.2 住房金融制度的改革

2011年2月，美国财政部与住房和城市发展部依据奥巴马总统新签署的《多德——弗兰克华尔街改革与消费保护法》，向国会提交了《美国住宅金融市场改革报告》，提出了未来住宅金融体系改革的基本框架和主要措施。欧盟各国在金融监管、金融消费者保护等领域也采取了一些改革措施。

（1）强化金融监管

住房金融监管缺失是导致2008年次贷危机的主要因素。因此，强化金融监管便成为许多国家金融危机后金融市场改革的重要措施之一。

美国根据《多德—弗兰克华尔街改革与消费保护法》建立了"美国金融稳定监管委员会"（Financial Stability Oversight Council），由美财政部长盖特纳任主席，同时，美联储在监管系统风险方面的权限也大为提升。这样，美国金融稳定监管委员会和美联储两巨头共同获得了强大而复杂的宏观审慎监管职能。

英国政府在危机前是由英格兰银行、金融服务局（FSA）及英国财政部三方共同构成监管体系，其中金融服务局位于监管的核心，它负责英国金融业的混业监管。三方监管体系的缺陷是任何一方对宏观审慎监管都缺乏直接、具体的监管责任，结果产生了监管缺位。危机后英国进行了大刀阔斧的改革，将FSA主要的宏观、微观监管职能移交英格兰银行（FSA今后的职能主要是保护消费者权益和打击金融犯罪），英格兰银行集货币政策、宏观审慎监管、微观审慎监管三大职能于一身。同时，财政部在监管方面的权限依然强大，它将负责规定监管范围。英格兰银行下属的金融政策委员会（FPC，负责宏观审慎监管的风险识别和实际决策）可以向财政部提出关于未来哪些新机构及业务应被纳入监管范围的建议。财政部将负责监督金融政策委员会的工作并拥有该委员会外部成员的任命权。一旦发生金融危机，财政部将和英格兰银行共同制定救援措施。

2008年全球金融危机之后，欧盟建立起国家的泛欧金融监管体系被提上欧盟的议事日程。2011年1月，欧洲系统风险理事会（ESRB）正式成立并开始运作，理事会由欧洲央行行长特里谢担任主席，英国央行行长金恩担任第一副主席，理事会的工作目标是防范区域内金融的系统性风险，并促进欧盟金融市场的健康发展。根据具体情况，ESPB的权力将可以扩展。从欧洲系统风险理事会的构成可以清楚地看出，欧盟在区域和国别层面实施宏观审慎监管的重任都落在了欧洲央行和各成员国央行。

（2）加强金融消费者保护

美国根据《多德—弗兰克华尔街改革与消费保护法》设立了相对独立的金融消费者保护局（CFPB），该机构将承担以前由银行业监管机构及其他机构承担的大部分金融消费者保护职责。该局将严格执法，杜绝不公平、信息不充分、高成本和掠夺性借贷。CFPB还负责制定统一的金融服务规则，鼓励公平竞争，让消费者享受到公平、透明和多样化的金融服务。此外，贷款人需按CFPB的规定，严格贷款承销标准，负责任地按接借贷人的收入、信用史料、就业状况提供贷款服务，以确保借款人有足够的偿还能力。通过强化对消费者的保护，恢复公众和投资者对住宅金融市场的信心。

（3）抵押贷款证券化制度的改革

首先是建立住房抵押贷款的最低标准。根据《多德—弗兰克华尔街改革与消费保护法》，债权人应当对贷款的发放作出合理和善意的判断，在达成贷款协议时，按照贷款条件以及所有的适用税收、保险和评估，可以认定消费者具有合理的偿还贷款能力，否则债权人不能发放住房抵押贷款。债权人在判断债务人偿还能力时，应当考虑以下因素：借款人的信用记录、当前收入、借款人预期收入、当期债务、债务收入比率、就业状况，以及除了借款人对担保贷款的住房或者其他不动产拥有的权益之外的金融资源。

其次是建立资产证券化中的风险分担原则。要求联邦银行监管机构、证券交易委员会、住房和城市发展部及联邦住房金融监管机构联合制定规章，要求证券化机构必须保留（承担）

通过资产支持证券而转移、出售给第三方的住房抵押贷款至少5%的信用风险。

（4）构建可支付住房体系

可支付住房政策目标有两大内容：一是鼓励信用记录好、还贷能力强者购买和拥有住房；二是为中低收入者提供可支付的租赁性住房。因此，未来的改革一方面要加强FHA（美国联邦住宅管理局）对中低收入、第一次购房者提供信用担保；另一方面要增加可支付租赁住房的供给，以避免次贷危机的重演。

1.4 住房管理与维修

1.4.1 住房物业管理

住房物业管理主要具有实现物业的保值增值、维护小区良好居住环境以及培养小区内业主友好邻里关系等功能。国外住房物业管理主要具有如下特点：

①政府在物业管理中发挥了重要作用，多通过制定详尽完善的法律法规来规范住房物业管理各方的行为与责、权、利。

②各国（地区）的物业管理模式均结合自己的国情，符合各自的特点。多数国家实行业主自我管理或通过业主委员会选择物业管理公司管理。

③物业的所有权与管理权分离。业主与物业管理公司的关系是雇佣与被雇佣的关系，业主通过招标或协议等方式选择物业管理公司。

④物业管理及收费标准由市场形成。政府一般不规定具体的收费标准，具体收多少管理费由业主（委托方）与管理公司（受托方）双方协商决定，视市场供求状况、地区环境、房屋数量与质量、服务内容数量与程度等情况而不同。

⑤实施物业管理执业资格制度。在英国，物业管理专业人员需经英国皇家特许屋宇经理学会培训并完成规定课程合格后取得"注册物业管理经理"执业证书，方可从事物业管理工作。在美国，物业管理公司部分岗位需经过培训或取得相应的专业证书。日本实行物业管理士制度。韩国1989年就建立了住宅管理师制度，并于1997年1月1日开始对住宅管理实施资格准入。韩国物业管理师协会负责全国物业管理专业人员培训工作，对完成规定课程并通过考试的人员颁发"注册物业管理师"证书。

⑥加强高新技术的应用。国外很注重楼宇智能化设备的应用，楼宇出入采用密码识别业主身份，工程技术人员平时主要采用网络技术远程控制管理设施设备的运行，不仅可以为业主提供更便捷的服务，而且能使物业管理公司精减人员，提高办事效率，获得更好的效益。

1.4.2 住房维修

维修与改造是住房建设二三十年后回避不了的问题，必须建立科学的住房维修制度。美国住房物业的维修内容包括日常性维修养护、预防性维修养护、新增项目建设等内容。日本住房维修包括：定期维修、日常修缮、计划修缮和灾后修缮以及功能改善，特别是计划修缮按《分售集合住宅的长期计划及计划性修缮指南》的相关规定严格执行并坚持实施（图1-1-1、表1-1-5）。

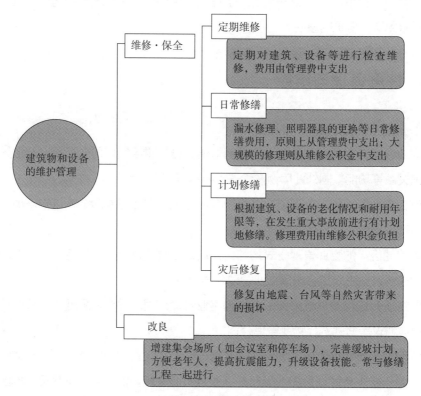

图1-1-1　住宅建筑和设备的维护管理

1.4.3　住房维修基金

（1）美国物业（住宅）维修基金

美国住宅维修基金包括维修保养费用（the operation fund）和维修预备金（the reserve fund），是物业管理费用的重要部分。美国住宅维修基金完全为市场化运作。房屋售出前由开发商作为交纳主体，房屋售出后由业主作为交纳主体。业主委员会指派物业公司选择专门的商业银行代为保管，由律师和会计师事务所从旁监督，形成一个类似信托制的所有权、经营权、监督权三权分立的结构。

如果房屋需要维修，就由物管公司首先报到商业银行，之后再到市场上寻找维修公司进行维修。在资金的闲置期，一般留足15%的资金后，可以以借支的方式借给各大银行，以收取利息。

表1-1-5 一般计划修缮周期一览表

部位		修缮项目	材料	修缮分类	建成年数（年）出现○的年份	备注
建筑	屋顶		外露防水沥青	覆盖或更新	12	外保温20年
			防水沥青	覆盖或更新	（覆盖）	覆盖维修周期12年，更新30年
		瓦屋面（石棉水泥瓦）		修补		
		PC屋面板防水		修补	12	
	外墙		砂浆	修补、涂饰	12	
			瓷砖	修补	12	
			清水墙	修补、涂饰	12	
		PC、HPC板缝的防水		更换	12	
	顶棚		灰浆	重新粉刷	12	
		清水顶棚		重新粉刷	12	
	地板		水泥砂浆	重新粉刷	8	
			双层地板	更换	8	
	阳台		瓷砖	更换	12	
	外部五金		防水	改善	12	
	外部器具		铁制	重新粉刷	4、16	
			铁制	重新粉刷	4、16	
电器	电器设备		专用开关	更换	18	
			主开关	更换	18	
		公共配电盘		修补	18	
	电器	照明（室外公共灯）		更换	10、18	
		照明（室内公共灯）		更换	10、18	
			控制器	修补	15	

续表

部位		修缮项目 材料	修缮分类	建成年数（年） 1 2 3 4 5 6 7 8 9 10 11 12 13 14 15 16 17 18 19 20	备注（修缮周期）
电器设备	电视接收设备	天线	更换	10	
		辅助装置	更换	12	
		共听器件	更换	18	
		同轴电缆	更换	10	
供水排水设备	供水设备	混凝土水池	重新粉刷	12	
		ERP水池	重新粉刷	12	25年
		钢制水池	更换	15	
		供水泵	维修、更换	8 大修 16 更换	
		客户水表	更换	8	
	污水设备	室外供水管	更换	15	氯化乙烯内套钢管20年
		室内供水管	更换	16	浴室排水共用25年
		排水共用竖管	更换		30年
		排水共用横管	更换		30年
		室内污水管	更换		30年
	燃气设备	室外燃气管	更换		
		室内燃气管	更换		
EV设备		升降式电梯	维修、更换	8 大修 15 更换	30年
消防设备		消防栓	更换		30年
		室内消防栓配管	更换		
		报警设备	维修	14	24年
土木、造园		游戏设备	维修		
		渠	更换		
		室外污水管	更换		24年
		室外雨水管	更换		30年
其他		信箱	更换		

资料来源：日本（财）集合住宅管理中心《集合住宅修缮公积金计算手册》。

（2）日本物业维修公积金

修缮公积金是为房屋的长期维修计划而设立的，所设立的缴交金额也只是大致设定，因此，部分住宅的缴交金额存在设定不合理的问题。针对上述情况，需要根据每个住宅建筑物的特点，计算出合适的修缮公积金缴纳金额，并进行验证。对于房地产商而言，要及时修正买卖房产时的修缮公积金缴纳金额，而且要尽可能地得到买房者的理解。另外，在入住一段时间之后，要及时检查修缮公积金的情况，如有必要可以进行适当的修改，上述内容应在管理规约中加以明确。如有需要，还可以借助物业管理士、第三方机构的专业知识对长期修缮计划进行检验。对于管理组织而言，如果需要对有关修缮公积金的内容进行调整，应该进行细致的解释工作以取得各位业主的充分理解。

维修公积金的收取办法有两种：①按每户维修费用的方式收取；②按每五年对维修公积金额进行调整的方式收取。此外，美国和日本都制定了一套基金计算与收取，以及资金管理的具体规定。

1.5 住宅产业工业化与部件化的发展

"住宅产业"（housing industry）概念是日本通产省于20世纪60年代末在住宅建筑工业化不断发展、住宅建造量持续迅速增长、许多工业企业对住宅市场产生浓厚兴趣的背景下提出的，其范围是指标准产业分类的各产业领域中与住宅有关各行业的总和。

应当说，这样理解的"住宅产业"在各国都是客观存在的。不过其他国家出于本国情况未明确提出住宅产业概念。但是世界各国（包括日本建设省在内）都从住宅建设角度提出发展"建筑工业化"（重点是住宅）。从建筑工业化的发展目标和技术途径看与住宅产业是一致的，只不过提出问题的角度不同，所囊括的领域稍有差异而已（日本所提住宅产业还包括住宅的经营活动）。

住房包括结构、装修和管线设备三个部分。住宅产业工业化也相应包括结构、装修、管线设备三个方面的工业化。

（1）工业化建筑结构体系不断完善

第二次世界大战后，在住房短缺阶段，以法国为代表，以结构、施工为特征的专用建筑结构体系得到迅速发展。从20世纪50~70年代，法国走过了一条以装配式大板和工具式模板机械化现浇工艺为标志的产业化道路。第一代工业化以后，住房矛盾有所缓和、工程规模缩小、工程分散，构件厂开工率不足，再加上工业化住宅暴露出的千篇一律的缺点，迫使法国采取以发展通用构配件为特征的第二代工业化。

目前，在这方面，各国尚未总结出较完善的经验，主体结构构件的通用化还有许多复杂的技术问题有待解决。

（2）部件化水平不断提高

美国是市场经济非常发达的国家，他们的建筑工业化不完全像欧洲国家那样主要反映在主体结构构件上，而主要表现在非承重的各种组合件、配件和施工工具上。他们除工厂生产的活动房屋（Mobile home）和成套供应的木框架结构的预加工构配件（Pre-cut）外，其他混凝土构件与制品、轻质板材、室内外装修，以及设备和市政设施等产品非常丰富，数量达几万种，用户可以通过产品目录，从市场上自由买到所需要的建筑产品。

日本是以"部件化"为重要推手提高住宅产业化水平的国家。日本认为，"部件化"就是大力发展主体结构构件以外的通用部件。从用户角度看，通用部件是"具有一定功能、在社会范围内实行标准化（尺寸、性能等）、由两家以上厂家生产、具有互换性并可任意选用的产品"，从厂家角度看，它是"以非特定用户为对象按估算量进行生产，并可不断向市场提供的符合标准要求的产品"，从设计角度看，它是"不限于特定类型建筑物，只要功能符合要求便可选用的目录化产品"。

1959年，在日本住宅公团的大量订货保证下，几家厂商根据公团提出的规格开发出了模压成型的不锈钢厨房水池，虽然该水池开始仅是公团内的专用部件，但由于质量稳定，价格低于原来的水磨石水池，而逐步成为几乎所有住宅建筑都采用的全国通用部件。以不锈钢水池部件为起点，门扇、隔墙、地板、厨房排风扇、信箱、浴缸等系列化部件（简称KJ部件）相继问世。以后，部件化的发展经历了KJ部件、BL部件、部件集成化和多功能化与智能化几个阶段的发展，使部件化成为日本住宅产业工业化不可缺少的一部分。

日本发展部件化主要抓了以下三个方面的工作：

①标准化。主要指部件尺寸和功能标准，至于所用材料和生产工艺则可由厂家选定，从而保证生产的竞争环境、部件的多样化和互换性；

②建立质量认证制度。日本主要抓三个环节：一是保证第三方认证机构的权威性和非营利性；二是企业要有完善的质量保证体系；三是认证合格产品必须贴标签；

③实行保险制度。当产品出现质量问题时，用户可向厂方索赔，保护用户利益。

日本推行部件化得到了以下效果：

①通过选用通用部件，解决标准化、大批量生产和住宅多样化之间的矛盾；

②通用部件可应用于各种建筑体系，有利于建筑工业化水平的全面提高；

③有利于降低建设成本、提高质量、改善劳动条件；

④通过更换部件延长整个建筑物的使用寿命。

1.6 住房可持续发展政策

联合国人类住区规划署于2012年发表了《可持续性城市中的可持续性住房——发展中国家的政策框架》，提出：住房具有两个相互关联的功能：

①住房作为物质结构是居住建筑物，是栖身场所，这里涉及设计、材料特征、空间布局，及其与物质环境的生态关系。

②住房作为社会结构指以居住为基础的活动，这里涉及活动的性质、社会特征，及其在社区和广泛的社会空间里与社会经济的相互关系。

通过以上这两项功能，住房表现为包含社会和物质关系的一种体系，且同时存在于不同的空间范围（家庭、近邻社区、住区、地区、国家），因此对住房需要给予不同层次、不同维度的政策干预。

住房可持续发展的多维度、多层次政策框架如表1-1-6所示：

住房可持续发展的多维度、多层次政策框架　　　　表1-1-6

	宏观（国家）	中观（区域、城市）	微观（社区、家庭）
环境维度	适应气候变化； 绿色住宅实践和创新； 在建筑行业确保能源和资源的利用效率； 整合全国住房和能源系统	住宅区选址，控制密度，距离基础设施较近； 公共设施选址考虑环境友好和区域绿化； 保护生态系统和物种多样性； 促进可持续和低碳城市基础设施、公共交通和非机动交通、能源系统的发展； 垃圾管理和循环利用	确保能源、水和资源利用效率； 绿色设计，使用本地可持续建筑结构和材料； 保持环境卫生，禁止使用有毒有害及污染性材料； 资源可持续利用； 提升家园的可恢复性和适应性
社会维度	保障住房权利，促进城市发展； 为所有人（包括弱势群体）提供可负担、体面、适当的住房； 提高公共住房供应； 促进权属选择和安全	促进综合型社区，建立互信； 提供社区设施，防止种族隔离； "被忽略地区"的再生和重建以融入城市肌理； 确保更广泛区域实现住房和基础设施一体化； 改造贫民窟	激励公共参与； 保障住房的健康、安全； 创造社区认同感； 适应特殊需求（性别、年龄和健康相关方面）； 提供基础设施和公共空间
文化维度	促进住房和知识文化经济之间的联系； 促进传统、本土和本地知识（包括相关可持续资源利用、提高能源效率和适用的建筑技术的应用）； 保护文化遗产	促进城市创造力、文化、美学和多样性； 塑造价值观、传统、标准和行为（如能源利用、循环利用、公共生活等）	与住区及住房规划和设计相适应的文化； 提升环境和住房建设中的美学、多样性和先进文化； 促进社区活动创新（通过可负担的体育运动、文化娱乐设施）； 帮助人们从农村和贫民窟搬到像样的住房中

续表

	宏观（国家）	中观（区域、城市）	微观（社区、家庭）
经济维度	具备可持续住房市场和住房发展的机构； 在国民经济系统内阐明住房的生产力； 提高住房供应，保障有效需求，稳定住房市场； 提升住房财政金融选择； 促进住房改革； 鼓励可持续住房的技术发展	通过住房政策和住房市场进行经济管理； 制定必要基础设施和基本服务政策； 供应公共设施用地； 加强社区和当地建设企业的社会责任感； 推广地方和传统建筑材料和技术； 促进地区和城市更新	满足不同社会群体的住房支付能力； 提供充足的住房以提升劳动生产率； 确保住房不远离工作地点； 促进土地私有和自住型住房住房管理和维修； 加强未来升级的适应性

可持续住房应按照以下理念进行设计、建造和管理：

①健康、耐用、安全；

②对所有不同收入群体而言是可支付的；

③使用生态、低能耗和可支付的建筑材料和技术；

④应对可能的自然灾害和气候变化的恢复力；

⑤就近有安全和可支付的能源、水、卫生与循环利用设施；

⑥高效使用能源和水，具有可再生能源和水回收利用的能力；

⑦不污染环境，还能应对外界污染源；

⑧便捷到达工作地点、商店、保健及儿童看护中心、教育和其他设施；

⑨在社区甚至更大城市区域内强化社会、文化和经济的融合；

⑩合理运营和维护，及时更新和改造。

主要参考文献

[1] 住房和城乡建设部住房改革与发展司，中国建筑设计研究院，亚太建设科技信息研究院. 国外住房数据报告[M]. 北京：中国建筑工业出版社，2010.

[2] 中国建筑技术研究院信息所. 国外住宅统计与发展分析. 1998.6.

[3] 倪虹. 国外住房发展报告（2013第1辑、2014第2辑）[M]. 北京：中国建筑工业出版社.

[4] 亚太建设科技信息研究院. 国外保障性住房规划设计与建设改造技术. 2013.8.

[5] 亚太建设科技信息研究院，建设部住宅产业化促进中心. 国内外住宅建设及我国住宅产业化发展对策研究. 2005.6.

[6] 小见康夫等. 日本住宅建设与产业化[M]. 北京：中国建筑工业出版社，2009.

[7] 熊衍仁，沈綵文. 国外住房发展报告2015第3辑[M]. 北京：中国建筑工业出版社，2015.

2 国外住房保障融资经验

国外住房政策的总目标一般都是联合国人居大会宣言提出的"人人享有适当住房",鼓励高收入居民买房、鼓励和帮助中低收入群体买房和租房,使各种收入群体都能住上与其收入水平相适应的住房。从各国的实践看,实现这一目标的财政金融手段主要有财政投资、补贴、税收、金融、保险、担保等,而发展住房金融则是达到住房政策目标不可缺少的重要手段。

为实现住房政策目标,各国都重视发挥政府在住房金融领域的主导作用,建立健全金融法规,不断完善本国的住房保障金融体系,创新住房保障融资模式与机制,为"人人享有适当住房"提供可靠的金融支撑。

2.1 住房保障金融体系

一个国家住房保障金融体系的形成与发展取决于该国社会经济发展阶段、住房政策的演变、住房供应状况、居民居住水平以及社会风俗习惯等多种因素。因此,各国住房保障金融体系各不相同,各有特点。但从总体看,住房保障金融体系都会包含金融管理机构、金融机构及金融工具等几个主要部分。

住房保障金融管理机构一般是对该体系运行机制进行管理监督的政府职能部门。住房保障金融体系具有较强的政策性特点,这就决定了该体系的运行将受政府管理部门的全程监管,以确保该体系的有效运作。一方面对各参与金融机构进行资格审查和登记,监督体系的全面运行,确保政策目标的实现;另一方面根据国家经济发展水平和住房金融体系运行状况,及时对住房金融进行调整,以确保住房保障金融体系的有效运作。

住房保障金融机构是指从事货币、信用活动的中介组织。它的政策性可以表现在政府对特定住房机构给予一定的政策倾斜,如在税收和资金来源方面给予支持;也可以表现在成立专门的政策性住房金融机构,采用各种担保、贷款优惠等手段提高政策惠及对象的购房贷款还款能力。

住房保障金融工具是住房保障金融机构根据政策惠及对象的自身特征(如收入、信用等级等)设计符合其还款能力的特殊金融工具,如低息贷款、公积金制度、住房储蓄等。

美国住房保障金融体系是当今世界上制度设计最复杂、补贴方式最完善、运用金融工具最多的一种体系，其中美国住房抵押二级市场的发达程度遥遥领先于其他国家。美国住房保障金融管理机构有联邦住房与城市发展部（HUD）、联邦住房管理局（FHA）和2008年建立的金融监管机构——联邦住房金融管理局（FHFA）。金融机构有三类：①抵押贷款担保机构，包括联邦住房管理局、退伍军人管理局、乡村住房系统等；②联邦住房贷款银行系统（FHLBS），包括12家联邦住房贷款银行；③二级抵押贷款市场经营机构，包括国民抵押协会（GNMA吉利美）、联邦国民抵押协会（FNMA房利美）、联邦住房贷款抵押公司（FHLMC房地美）。住房保障金融工具有FHA担保抵押贷款、住房抵押贷款、住房抵押贷款证券化（MBS）、MBS担保，低收入住房返税（LIHTC）等。

英国住房保障金融管理机构以英国财政部和中央银行（英格兰银行）为核心，下设金融政策委员会（FPC）、审慎监管局（PRA）、金融市场行为管理局（FCA），以及住房与社区署（HCA）等。在以鼓励居民购房为特征的英国，住房保障金融机构也较发达，主要有建筑合作社（Building society）、注册社会住房业主（RSLs）、英国住房公司、英国住房金融公司（THFC）等，其金融工具包括社会住房基金、房价优惠、抵押贷款优惠、产权分享、住房补贴、购房减免税等。

法国财政与经济工业部是政府对金融业的主管部门。2008年组建了法国金融审慎管理局（ACPR），作为独立的政府机构对银行、保险业进行监管，此外还有法兰西银行以及2014年成立的金融稳定高级委员会等。法国住房保障的主要金融机构有中央储蓄银行（CDC）、社会住房担保互助基金组织（CGLLS）、融资管理和购房担保公司（SGFGAS）等，其金融工具主要包括抵押贷款、住房补贴、住房保险等。

德国住房保障已形成以契约储蓄制度为核心、多渠道融资系统和多样化贷款为主的住房保障金融体系。主要金融机构有各地方的政策性住房金融机构，住房储蓄银行系统，以及民间金融机构，包括抵押银行、住房合作社、住房信贷协会、住房互助储金信贷社等。主要金融工具有住房储蓄、储蓄奖励、低息贷款、抵押贷款、可支付性创新产品、债券经纪人制度等。

新加坡设有集保障性住房供应、管理和金融服务于一体的建屋发展局，独立运作的半官方机构——中央公积金局，法定的公积金投资机构——国有投资公司，以及为不具备建屋发展局优惠贷款资格的公共组屋购买者提供抵押贷款的银行机构。金融工具有中央公积金、建屋发展局贷款、住房抵押贷款保险、建屋发展局火灾保险以及商业银行住房抵押贷款等。

日本国土交通省是最高决策者和综合监管者，住宅金融公库为住宅金融管理者与资金操作者，是住房金融的核心主体，2007年后住宅金融公库改名为"住宅金融支援机构"，其业务包括证券化支援业务、住宅融资保险业务和融资业务，其中以住房贷款证券化业务为主。

金融工具有邮政储蓄、公库贷款、证券化支援、融资保险、灾后重建融资、民间贷款［包括Flat35贷款、银行贷款、信用金库与信用组合贷款、劳动金库与农协系统贷款、No Bank系统贷款（通过网络完成）］等。

2.2 住房消费金融模式与机制

2.2.1 抵押贷款融资模式与机制

（1）美国

美国是世界上住房抵押贷款市场最发达的国家，有发达的住房抵押贷款一级市场和住房抵押贷款二级市场。

①住房抵押贷款一级市场

住房抵押贷款一级市场是指住房抵押贷款的发放市场，即有贷款资格的金融机构对符合条件的购房贷款申请发放贷款的市场。在住房抵押贷款模式下，买方使用自有资金支付首付款，通常占房价的20%；而价款的大部分即余下的80%，则运用贷款解决。这种抵押贷款的还款期有15年、20年、30年、40年不等，以15年和30年最为常见。住房抵押贷款按照有无保险保证，可分为普通抵押和保险抵押两种。普通抵押就是没有贷款的保险保证，这种贷款都要求高额度的首期付款，即购房者首次必须支付住房售价的20%以上。保险抵押贷款是在住房抵押之外，再由国家或民间机构提供保险，充当保证人。这种贷款的首期付款比普通抵押贷款低，一般为房价的20%以下，并在利率和汇款期限方面有更多的优惠。一级市场的贷款形式主要有固定利率抵押贷款（FRM）、可调利率抵押贷款（ARM）、累进偿还抵押贷款（GPM）和逆向抵押贷款（Convertible Mortgage）[①]等几种。除此之外，还出现了价格水平调整抵押贷款（PLAM）、双重利率抵押贷款（DRM）和附担保账户抵押贷款（Pledged Account Mortgage）等。

②住房抵押贷款二级市场（证券化）

美国是当今世界上住房抵押贷款证券化业务开展最早、最成熟的国家。抵押证券可以分为机构抵押证券和私人抵押证券两类。机构抵押证券是指三家有联邦政府背景的机构发行的抵押证券。这三家机构分别是联邦国民抵押贷款协会（房利美）、政府国民抵押贷款协会（吉利美）和联邦住宅贷款抵押公司（房地美），它们发行的抵押证券占全部抵押证券94%的市场

---

① 逆向抵押贷款，这是为有自己住房的退休老人设立的抵押贷款品种。退休老人以自有房屋做抵押向融资机构申请贷款以满足现金需求，金融机构定期放款，借款人的债务积累至期满一次性还清，或到借款人死后由抵押权人处理房产来偿还。

份额。其他公司发行的私人抵押证券目前仅占抵押证券市场总额的6%。1990年至2007年期间，购买抵押贷款支持的债券（MBS）发行年均增长率为11.3%。2007年底，全美国抵押贷款支持证券余额达到6.6万亿美元。其中房利美和房地美担保债券为4.1万亿美元，吉利美担保债券为0.4万亿美元，私人债券为2.1万亿美元。私人债券为2.1亿美元。当然，美国住房抵押贷款证券化发展并不是尽善尽美的。2007年爆发的次贷危机就给人们敲响了警钟。这场进入21世纪以来最大的金融危机暴露了美国住房抵押贷款证券化市场存在的监管缺位，次级抵押贷款过量发放和过度证券化等严重的缺陷。

（2）英国

英国是欧洲地区住房抵押贷款产品最丰富的国家，据英国哈利法克斯抵押贷款机构2001年调查，英国住房抵押贷款产品有2 300多种，隶属于110家不同的金融机构。英国约有四分之三的住房是通过抵押贷款购买的。购房者通常可贷到房价90%的购房款，有的还能贷到100%的购房款。在还本付息期间，如申请抵押贷款的购房者发生失业等特殊情况而不能按时付款时，银行并不以处置抵押房产为主要手段，一般都给予一定的还款宽限期，在此期限内可只付息不还本。另外，政府和银行都希望贷款者在贷款的同时，购买贷款保险（失业与疾病保险），以保证还款期间贷款者的收入发生大的变化而暂无还款能力时，保险公司可以帮助居民还款。

英国的住房贷款银行对居民购买住房提供的贷款有信用贷款、不动产担保贷款等，但最主要的形式是住房抵押贷款。各保险公司和商业银行等金融机构提供的住房贷款也基本上是住房抵押贷款。

英国住房抵押贷款主要有以下特点：第一，抵押贷款的偿还期较长，一般是15~25年，最长可达30年；第二，贷款率（贷款占房价的比率）高，一般为80%，在有保险公司担保的条件下，最高可达90%，甚至100%；第三，贷款方式灵活多样。各金融机构根据借款人的不同需要和收入状况，在贷款偿还期限、偿还方式、贷款利率的调整方式和贷款率等方面均可灵活安排。

此外，英国还通过各种财税金融措施为居民购房提供帮助。

2013年，英国推出的4种针对不同对象的政府协助购房方案，通过政府免息借款或按揭担保等方式帮助英国居民买房。

①"购房援助计划"——房屋净值贷（Help-to-Buy Equity Loans）。自2013年4月份起实施，计划将延续3年。新建房屋购买者自己承担房屋价值5%的首付款，政府将提供另外20%的免息（5年之内）贷款。这意味着购房者仅需向银行或其他借贷者贷款房屋总价值的75%。

具体对象：房产买家的主要住所（包括首次购房者，或虽然现有房产但想换住所的买家）；房产价值不超过60万英镑；房产户主在买家一人名下；房产买家是英国人或是拥有英国永久居住权的公民；不需要是首次购房者，也没有最高收入限制。

②"购房援助计划"——贷款担保（Help-to-buy Mortgage Guarantees）。2013年10月7日起启动，将延续3年，适用于新建房屋和二手房，面向首次购房或再次购房者。购房者仅需提供5%的首付款，政府向银行或其他借贷方提供房屋价格15%的按揭贷款担保，剩余80%为购房者向银行申请按揭贷款。

具体对象：房产买家的主要住所（包括首次购房者，或虽然现有房产但想换住所的买家）；房产价值不超过60万英镑；房产不可以转租；购买房产为新房。

③"购房援助计划"——共有产权（Shared Ownership）。英国的共有产权（Shared Ownership）住房是政府对有一定购房支付能力，但又难以完全承担从市场途径购买住房的部分群体的一种资助。这里的"共有产权"，是指由"住房协会"（Housing Association）与购房人共同拥有住房产权，购房人对"住房协会"持有的产权部分支付租金，在具备能力后，购房人可逐步购买"住房协会"持有的那部分产权。在其首期购买和逐步购买剩余部分产权的过程中，政府会给予一定的政策性优惠。"共有产权"住房针对不同的购房群体，有不同的政策设计。

购房人可先期购买25%、50%或75%的产权，并对剩余部分的产权支付租金。

"共有产权"住房适用对象：家庭年收入不超过6万镑；首次购房者（或者以前有房子，但现在买不起房子）；租住当地政府或住房协会产权房屋内。

"共有产权"住房的支持对象，主要是那些通过其他方式买不起合适住房的家庭，这些家庭必须是急需购买住房或急于迫切改善自己居住条件的家庭，符合条件的家庭需要在当地政府部门或者"住房协会"排队。

④购买权（Right to Buy）计划。购买权计划始于1980年，赋予居民"购买权"，鼓励租房者按一定折扣购买租住房屋。只要租住保障住房满3年，地方政府不得拒绝租户的购房要求，购买折扣介于30%~70%；同时考虑到低收入群体无法一次性付清购买款，政府实施分享式产权计划。

（3）法国

在法国，住房贷款主要有三种，分别是市场利率贷款、住房储蓄贷款和零利率贷款。①市场利率贷款是金融机构利用自有资金发放的贷款，贷款的利率、期限、首付款由金融机构自行确定，政府不加干预，这部分贷款约占全部贷款的70%，其中80%以上是固定利率贷款。②住房储蓄贷款是利用住房储蓄发放的贷款，法国住房储蓄主要由两个储蓄系统组成：一种是1965年推出的住房储蓄账户；一种是1969年推出的住房储蓄计划。这两种储蓄的基本方法是：专项储蓄、存贷挂钩、低存低贷、国家奖励。住房储蓄账户最低存款额为750法郎，最高存款额为10万法郎，最短存期18个月，存款利率2.25%，其中银行支付1.5%、国家奖励0.75%，贷款利率3%，最高贷款额为15万法郎。住房储蓄计划最低存款额为1 500法郎，最高存款额40万法郎，最短存期5年，存款利率3.6%，其中银行支付2.57%、国家奖励1.03%，贷款利率为4.31%，最高贷款额60万法郎。这两种储蓄的主要区别是住房储蓄账户是活期存款，个人可随时支取；而住房储蓄计划是定期存款，个人不能提前支取，国家对住房储蓄账户的奖励少于对住房储蓄计划的奖励。目前住房储蓄账户为1 750亿法郎，住房储蓄计划为1.17万亿法郎，这两笔资金相加，相当于全国储蓄总额的1/10。1998年法国住房储蓄贷款占住房贷款总额的25%。零利率贷款是政府为进一步刺激住房市场，于1995年开始实行。零利率贷款根据申请人的收入、子女和购房地点确定，凡是月收入不超过2万法郎的家庭，都可申请零利率贷款。零利率贷款一般不超过住房价格的20%，贷款期限与家庭收入成反比，收入越高，贷款期限越短，收入越低，贷款期限越长。最短期限为7年，最长期限为17年，利息由政府补贴，1998年法国政府对零利率贷款的补贴额约为50亿法郎，零利率贷款约占住房贷款总额的5%。

此外，法国于2004年还创建了住房租住—购买贷款（PSLA），该贷款是为最贫困家庭购买社会住房提供的社会贷款，租住—购买指租户以租代购，在4年内可享受优惠的PSLA贷款，并有可能逐渐购买住房所有权。租住—购买原则上帮助低收入租户购买他所居住的社会住房。这个过程分为两个阶段：第一阶段，租户定期缴纳"租金"（此费用包含租住、管理费用和存款部分），第一阶段的时间因情况而异。第一阶段结束后，租户家庭就有可能逐渐过渡为还贷房主身份。2015年PSLA贷款总预算为6亿欧元，廉租房机构或由地方政府担保的贷款人贷款利率为1.75%，其他贷款人利率约2%。贷款期限最长30年。

（4）德国

德国住房贷款融资的特点在于，大多数人需要从多家金融机构来获得购房所需的全部贷款，例如比较适当的融资安排可以是家庭储蓄积累、抵押贷款和住房储蓄金各为三分之一，这样多元化的融资安排不仅有利于金融机构分散风险，而且家庭的还款负担较小，是德国人对贷款工具的有效选择。目前，德国居民使用的主要住宅金融工具有以下几种。一是，第一抵押贷款，主要由抵押银行和储蓄银行提供，多为可调整利率，期限为20~30年，银行对抵押资产有第一处置权；二是，第二抵押贷款，主要由住房储蓄银行提供，一般期限为6~18年，平均期限为11年，这一贷款利率低且固定不变；三是，浮动利率的短期抵押或无抵押贷款，主要由商业银行和保险公司提供；四是，向低收入家庭提供的低息、无息贷款，主要由公营抵押银行和储蓄银行提供。德国住宅金融工具的多样化和多种融资安排，促进了各金融机构在住房市场上的公平竞争，可促进其改善金融服务。德国的抵押银行、住房储蓄银行、商业银行和保险公司之间均有密切合作，可以为客户提供"一揽子住宅金融服务"，即客户只需在一家金融机构提交申请并接受审查，最后签订一份合约，即可从多家相关金融机构同时获得所有所需贷款。

2.2.2 贷款担保保险机制

当借款人收入水平过低，不能满足银行的住房贷款条件时，如果没有保险支持，就不可能得到银行贷款。为刺激住房消费、提高住房自有率，一些经济发达国家采取住房贷款担保保险政策，取得显著效果。

（1）美国

美国联邦住房管理局（FHA）为住房抵押的借款人提供担保。这时，政府的信用成为借款人个人信用的背后支持，FHA一旦向贷款人发出保险承诺，就意味着如果借款人违约，FHA就会支付全部的未偿清贷款余额。支持这份担保的资金来自借款人在获取FHA贷款时所必须支付的抵押贷款保险费。

美国退伍军人事务部（VA）贷款担保是由VA所属的退伍军人利益管理局（VBA）执行的。二战后，美国政府面临大批退伍军人的就业和住房问题，为了尽快帮助解决他们的住房问题实施了抵押贷款担保计划。申请贷款担保的有效期起初设定为退役两年内，后被取消（1970年的《退伍军人住房法案》），使退伍军人能长期享受贷款担保这项权利；贷款担保的保障对象为现役军人、退伍军人以及退伍军人的配偶。

VA贷款担保只是对军人贷款作部分担保（最高贷款限额的25%部分），而非全额保险。通常退伍军人管理局根据各地房价差异设定最高贷款限额，并对贷款限额的25%做担保，即在借款人违约时，退伍军人管理局负责偿还25%的未还本息。

联邦住房管理局贷款在贷款交割时支付一笔预付的保险费，而退伍军人管理局贷款在交割时支付的是一笔筹资费用而且在贷款存续期也无需支付每月的抵押贷款保险费。

1957年私人抵押保险商开始提供抵押保险。1957年，威斯康星州抵押贷款保证保险公司（MGIC）注册成立，从此，私人抵押担保贷款保险商又开始涉足这一领域。随着越来越多的私人抵押贷款保险公司（MIC）被认可为合格的保险商，他们在抵押贷款市场中的份额也越来越大。

（2）法国

法国将人寿保险引入住房金融领域，通过人寿保险为银行提供保险。法国住房贷款保险办法规定，借款人在申请住房贷款时，必须同时购买人寿保险公司的人寿保单，如果借款人在贷款期间因死亡、残废等丧失还款能力时，由保险公司代为偿还借款人剩余的全部贷款。保险公司同时还提供附加失业保险，借款人在失业后由保险公司承担18个月的偿还贷款责任。失业保险属贷款人自愿投保的险种，但对失业风险较高的借款人，银行也可要求其强制投保。死亡险和残废险实行团体保险办法，所有借款人的保费费率都相同，并且在整个贷款期间内保持不变。保险费和每月的分期付款打在一起，由借款人按月还给银行，银行与保险公司签订合同，由银行代保险公司销售保单，保险公司付银行手续费。当借款人不能按期还款时，如符合保险赔付条件，首先由保险公司赔付。如不符合保险赔付条件，由贷款担保人赔付。

此外，法国于1993年建立了住房贷款担保基金（FGAS），由政府和发放零利率贷款的银行共同出资组成，所有发放零利率贷款的银行都须参加，并成为基金股东，政府不作为基金股东，但向基金提供反担保，当担保基金破产，政府负责偿还基金担保的债务，住房贷款担保基金主要是向使用零利率贷款的借款人提供担保。为鼓励银行加强风险管理，政府规定：基金承担风险的比率是固定的，在固定比率外的风险由银行承担。

2.2.3 合同互助储蓄模式

合同储蓄融资模式是借贷双方通过契约筹措住宅消费资金，即潜在购房者与指定机构订立资金存贷合同，按合同的约定定期到指定机构储蓄，当储蓄额达到一定时间和数额后便自动取得从指定机构获得与储蓄利率和数额挂钩的住宅抵押贷款的权利。

（1）德国

德国住房储蓄制度是为自助而相互合作，通过大量储蓄者的参与形成一个互助集体，实行自愿、平等、互利互惠的原则，以达到住房融资的目的。1885年德国就建立了第一家住房储蓄银行，最初的理念就是大家共同集资建房购房。第二次世界大战后，住房储蓄银行专门开展这一住房储蓄业务。与一般商业银行的住房贷款不同，住房储蓄银行的资金是封闭运作的，它只向住房储蓄客户吸存，也只向自己的住房储户发放购建房贷款。客户首先与银行签订一份一定金额与一定期限的住房储蓄合同，客户按月向银行存款，当存款总额达到合同金额的40%~50%时，储户即可向银行申请合同规定的全额购房贷款。住房储蓄制度主要的特点：一是先储蓄，后贷款；二是贷款利率固定，低息互助；三是政府实行储蓄奖励。该制度保障了所有需要购房的人都有机会参加住房低息储蓄，并按照购房者的储蓄来确定其获得贷款的资格，保证了储蓄与贷款之间权利与义务的对称，也保证了储户之间的机会均等。另外，住房储蓄银行的储蓄品种多样，实行多种利率，再配合政府实行的储蓄奖励和税收减免等措施，调动了居民参加住房储蓄的积极性，从而吸引大量的社会闲散资金流向住房储蓄。虽然住房储蓄银行的资金是封闭运作，但为了加强风险控制，住房储蓄银行一般不单独发放贷款，而是与普通银行联合发放贷款，组成组合贷款，即第一抵押贷款与第二抵押贷款。另外，政府还对住房价格进行有效调控，保证储蓄的住房购买力不会出现大幅贬值，这也是德国住房储蓄制度得以稳定有效发展的一个重要外部条件。

（2）英国

英国的建房互助会或合作社（Building society）是互助性住房金融的典型形式。它的自愿契约以自愿契约为基础的会员间储贷互助机制，通过服务内部化和合作制组织结构，保证了住房金融的非营利性，最大限度使会员得益。在合作制下，会员既是合作社的顾客，又是合作社的主人，资金来源于广大会员储蓄，又服务于广大会员贷款，即使合作社有盈利，也由全体会员共同享有。建房合作社的储蓄利率普遍比银行高，贷款利率则要比银行优惠。由于实行可变利率贷款，建房合作社几乎从未受到因利率上升和通货膨胀所带来的冲击。在建房合作社发展的鼎盛时期，全英国有数百家建房合作社，几乎存在于所有乡镇，以后经过收购和兼并，形成了今日几十家建房合作社的格局。

（3）法国

法国实行的是政府奖励的合同住房储蓄贷款制度。法国的住房储蓄主要由两个储蓄系统组成：一种是1965年推出的住房储蓄账户；一种是1969年推出的住房储蓄计划。（详见本篇2.2.1部分）

2.2.4 强制储蓄融资模式

强制储蓄融资是政府用强制性手段筹集住宅消费资金的一种住宅消费融资模式。它的运行机制是：政府凭借国家权威和信用，通过国家法律和行政规定等强制性手段强制要求雇主和雇员将雇员工资收入的一定比例定期存入指定机构，该指定机构以优惠方式支持雇员住宅消费。强制储蓄模式的基本特征是：①资金稳定性较强；②资金存款期限长；筹资数额较大；③筹资成本低。

（1）新加坡

新加坡采用强制储蓄的公积金制度。国家兴建住房和个人购买社会住房的主要资金都来源于中央公积金。新加坡的中央公积金制度始于1955年，当时建立的初衷是用于雇员的养老和遗嘱抚恤。而允许公积金用于住房领域，则是1968年以后的事。为了让中低收入阶层也能购买住房，政府通过了一项公积金修正法令，允许动用公积金存款的一部分作为购房首期付款之用，不足之数则由每月应缴纳的公积金分期支付。这项规定只适用低收入雇员，从而使他们既能购房，又不影响生活。1975年，新加坡当局对中等收入雇员取消了动用公积金购买公共住房的限制。1987年，又制定了"特准住房产业计划"，允许那些原来不允许利用公积金购买公共住房的家庭买公共住房，并将其作为一部分产业，除自己居住外，还可用于出租，以增加收入。现在新加坡政府则规定，会员储蓄公积金的80%可用于日常生活费用、改善生活，主要是用于购买住房和支付保险金；12%用作医疗费用；6%用作退休养老等特殊费用。

（2）巴西

巴西政府于1966年通过改革社会保障制度，创设了"保障就业基金"，该基金实质上是一种强制性储蓄，其主要做法是：雇主必须按工资总额8%的税款交给基金会，存入每个人存款账户，作为其个人福利基金。保障就业基金由全国住房建设银行经营和保管，基金存款按年利3%由银行付息，为使存款保值，银行对存款进行指数化调整。由银行保管的保障就业基金账户上的存款,采取分期付款方式,向住房经营机构供应住房贷款。工人偿还各个期次的贷款本息,可直接从账户提取存款。这时的提存并不支付现金,只是从基金会个人的账户转到银行账户上。随着大批工人参加基金会,全国住房建设银行用于住房和城市发展的资金也日益增加。保障就业基金的主要用途有三个:①作为职业保险,增进个人福利;②作为住房建设贷款,促进住房建设;③作为住房信贷基金,直接改善工人居住条件。工人参加基金会6年后,购买住房可提取账户上存款,偿还房款。

2.3 住房开发金融模式与机制

2.3.1 银行贷款

银行贷款是开发商获取资金的来源之一。在美国,银行贷款有短期建设贷款和中短期贷款,是开发商获取资金的主要来源。其发行机构主要是商业银行、普通储蓄银行和保险公司,短期贷款一般不超过3年,覆盖建设期和初始租赁期,之后长期贷款机构介入,将其替换出来(即用长期贷款偿还短期贷款)。对于规模较大、信誉较好的开发商,商业银行有时也把贷款时限延长至5年。建设期贷款的额度能达到70%~80%的贷款价值比,商业银行有时也愿意贷出100%,但这种情况很少。在资金短缺的市场环境下,60%的比例是开发商所能拿到的最好条件。

在美国保障性住房建设中,政府为开发商提供低息贷款。20世纪70年代,美国联邦政府允许保障性住房开发商按照市场利率从私人金融机构进行贷款,但是只需按1%的贷款利率进行支付,同时私人机构按市场利率将这部分贷款抵押权出售给联邦抵押协会,联邦政府在"保证利率"的前提下通过补贴这部分贷款利息差额,从而吸引了大量的房地产开发商从事公共住房项目的开发(图1-2-1)。

自20世纪80年代的夹层贷款,作为权益投资和抵押贷款的补充,来降低开发商自有资金投入的比例。此类项目资金结构一般是:抵押贷款占70%,夹层贷款占5%~25%,剩下的是开发商的自有资金。夹层贷款一般是短期的,且费用和利率较高,利率通常高于银行基准利

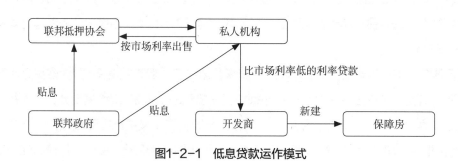

图1-2-1 低息贷款运作模式

率3~5个百分点，但能够为开发商减少自有资金投入，或为开发商降低所需筹集更为昂贵的权益资金额度。

银行贷款在英国、法国等国家也是开发商融资的渠道之一。

2.3.2 PPP模式

PPP（Public-Private-Partnership）模式又称公共私营合作制，源于英国，是在英国政府意图增加基础设施建设方面预算却又无力支付的背景下发展起来的。

PPP模式的内涵主要包含五个方面：第一，公共部门和私营机构之间的合作形式；第二，公共部门向私营机构采购项目的一种融资模式，包括筹资、建设与经营；第三，强调公私双方间的风险分担和利益分配；第四，约定合作目标；第五，强调双方各自发挥优势。PPP模式已经发展成为美国公共住房供给的主要方式。美国保障房以私人企业经营方式为主，以商品的形式向社会提供住房。

PPP模式还可应用于城市公共服务设施的建设。20世纪中后期，美国宾夕法尼亚州政府难以承受匹兹堡城市更新所需要的资金，而PPP模式较好地解决了资金的难题。市政府与私人机构合作，成立了专门的机构——城市改造公司（Urban Redevelopment Company），以城市改造公司为主，经营匹兹堡市再生工程。其改造资金来源：联邦政府提供10%的补助，宾夕法尼亚州州政府和匹兹堡市市政府共同提供20%~30%的补助，其余部分由城市改造公司发行债券、银行借贷等其他渠道来解决。城市改造公司的运作完全采用企业制，公司税后利润按照政府和私人机构的投资比例进行分配。在该案例中，匹兹堡市政府将市中心未利用乃至利用率低土地的再开发与匹兹堡市改造相结合，成功地吸引了社会资本参与的积极性。经过城改后的匹兹堡市获得了重生并成为美国城市再生的范本。

在英国，最主要的PPP模式是私人主动融资模式（Private Finance Initiative, PFI），偏重于强调社会资金的主动介入，政府的目的在于获取有效的服务，而并非最终的设施所有权。私人主动融资是由私人部门和公共部门合作建立一个具体项目的特殊功能公司，在一个25~30年的合同下运营，财政部向地方政府提供私人主动融资信贷，但只能用于支付资本金、设施管理费用、全寿命费用和资金成本。PFI由1998年引进到住宅领域，从1999年实施，主要是当项目需要资金相对较大时采用PFI。在PFI模式下，地方政府将与私营机构签订一个长期的服务合约，开发商需要将住房按绿皮书规定的《安居房标准》进行维修或者新建，同时长期提供保障房的一系列相关服务。而这些服务是PFI项目成功的关键：其中包括收取租金，空置房管理，安置和等待名单管理，居民咨询，房屋修理和房产管理等。英国的PFI保障房项目主要由社区和地方政府部（DCLG），然后由家庭与社区管理局（HCA）统一管理。

英国主要有两种PFI保障房项目，一种是由地方政府拥有的公租房维修和新建项目；第二种是非地方政府拥有的廉租房［这类项目主要是为房协（Housing Association）持有］。现在的保障性住房项目，更多强调社区改造型项目，也就是项目除了提供保障性住房外，还要注重社区配套设施的建设，并且强调混合性社区，改变单一居民成分的状况，将日渐破落的市区改造成氛围良好的混合居住生活区。

2.3.3 融资债券

在美国，为了确保保障性住房建设有充足、持续的资金支持，同时，联邦政府为了调动民间金融投入保障房领域的积极性，发行了政府保障房建设债券，通过债券市场向机构投资者及个人融资。保障房建设债券有国家信用担保，其信用等级被评级机构评价为仅次于国债，因此投资风险较小，投资回报较普通存款高，金融机构、投资机构和个人积极购入，为保障房建设筹集了大量资金，缓解了联邦政府的资金紧张，债券融资模式是美国联邦政府拓宽保障房建设资金的一种行之有效的手段。

英国中央和地方政府发行债券。2010~2011年，HCA发放的债券不到10亿英镑，2011~2012年15亿英镑，2012~2013上半年，HCA通过实名债券、合成债券融资19.75亿英镑，其中私募债券为2.74亿英镑。

2014年5月，保障性住房金融机构（AHF）发布了第一个价值2.08亿英镑的债券筹集计划，利率为3.76%——保障房史上价格最低的债券。13个住房协会将有机会获取这笔资金，加上政府约2.5亿的欧洲投资银行贷款一起均由政府担保。全部16个住房协会有望在2017年前借到6.3亿英镑以建造5 900套保障房，其中4 800套依赖于2014年5月发行的债券。2013年，英国动用多达1 300亿英镑的财政资金（国内生产总值（GDP）的8%），实施"购房援助计划"（Help to Buy），为抵押贷款提供担保。

在日本，根据地方自治法、地方财政法规定，经国家批准后地方公共团体可以发行地方债，以此保证财政基础薄弱地方公共团体的财源。以2000年为例，发行的地方债券总额高达16万亿日元，其中约3 000亿日元（约占总额的2%）用于公营住宅建设事业。

2.3.4 退税政策模式

美国低收入住房退税政策（LIHTC）是引导私人投资者和企业参与公共住房供应的一项措施。LIHTC运作的基本模式是：美国国内税务署（IRS）每年向各州的住房信贷机构（HCA）分配税务返还额度，HCA再向符合要求的住房开发商发放。开发商获得返还税额度后，可将其卖给包括银行在内的投资机构，这些机构买入税收返还额度以降低自己的税收负债，而开发商则通过这种方式实现融资，降低项目的债务成本。LIHTC资助的对象（由HCA来选定）必须符合两条件之一：至少20%的住宅单元是向收入在城市收入中位线50%以下的家庭供应，并且对于他们是可支付的；至少40%的住宅单位向收入在城市家庭收入中位线的60%以下的家庭供应，并且对于他们是可支付的。所谓可支付，是指家庭用于租金的支出不能超出家庭收入的30%，2013年LIHTC项目占全部政策性住房建设套数的28%。

2.3.5 其他融资模式

（1）英国机构投资模式（Institutional investors）

机构投资者就是许多西方国家管理长期储蓄的专业化的金融机构。这些机构管理着养老基金、人寿保险基金和投资基金或单位信托基金。

英国政府对养老保险基金投资渠道基本无限制，即政府对养老保险基金的投资渠道没有相应的严格规定。英国养老基金投资房地产范围：①直接投资；②间接投资，包括：有限合伙、地产信托、入股开发商。英国养老金基金主要是间接投资房地产，直接投资比例仅为6%。

从2015年4月开始，储户可以自由提取养老金并转入其他投资门类，包括房市。因此这将对市场有明显的提振效果。

"养老金债券"是英国养老金制度改革措施之一，旨在丰富个人养老金投资方式，提高养老金投资收益。债券由英国政府发售，允许65岁以上人士购买，一年期利率达2.8%，三年期利率为4%，明显高于市场平均0.5%的存款利率，比市场最佳的一年期投资回报1.85%、三年期2.5%也明显高出一大截。

养老金债券的设立是英国发布2014年度财政预算时公布的养老金改革计划的一部分。该计划内容还包括取消对退休人士从养老金储蓄中提前取钱的惩罚性征税，退休人员25%的养老金收入免税等。整体而言，给予退休者管理养老金储蓄的更高自由度，并且用税收优惠政策鼓励个人养老金投资。

（2）日本的财政投资贷款

日本将一般会计结转金、邮政储蓄、养老金、公债等有利息资金向政府有关机构和民间企业提供投资和贷款，这称为财政投资贷款，也称为第二预算。财政投资贷款中大约有1/3~1/4用于住宅建设领域。以2000年为例，计划投资贷款总额约44万亿日元，其中29%（13万亿日元）通过住宅金融公库和都市基础设施整备公团用于住宅建设领域。

（3）法国企业住房保障融资——"住房行动"

"住房行动"是指企业参与建设住房，缴纳"企业建造住房基金"（La participation des employeurs à l'effort de construction, PEEC），这项基金以前叫做"1%住房基金"，已有60年历史，起初因企业缴纳的PEEC占工资总额的1%而得名。不论公司业务、公司形式、征税制度或经营结果，都必须缴纳。1953年开始实施，针对员工超过10人的非农业私营企业，现今为员工超过20人的非农业私营企业。1992年以来企业缴纳比例占企业工资总额的9.5%，其中0.50%流向国家房补基金（FNAL）。该基金用于各种住房补贴，并不仅服务于出资公司。

现在"住房行动"在城市更新、社会住房发展，甚至在地方政府推行住房政策中扮演着越来越重要的角色。全国城市更新所（ANRU）几乎所有的经费都来自于"住房行动"所筹集的资金，此外房地产协会（AFL）也得益于"住房行动"，实施促进住宅区社会融合的举措。

目前，"住房行动"由217 000多家企业出资，由"住房行动"内部组建的跨行业住房委员会（CIL）管理，这些企业雇佣近1 300万员工。创建以来，"住房行动"主要在两个领域发挥作用：投资出租住房和补贴员工住房贷款。

（4）英国众筹模式（Crowd funding）

众筹，英文crowd-funding，指个人、机构或企业通过在线平台（即众筹网站）向不特定社会公众募集资金进行融资的行为。2015年3月，伦敦房地产公司Pocket通过众筹平台Crowdcube发行了微型债券（mini-bond），计划用筹集的资金（外加银行贷款）在10年内建4 000套可支付住房。微型债券购买者可在最初四年期内获得7.5%的年毛利息，四年之后可以兑现或继续持有债券。这些住房将以低于市场价20%的价格卖给平均收入为40万英镑的年轻人，购买者完全拥有房屋产权。Pocket公司与住房协会合作，在曾被利用但目前闲置的地段上建造住房。

除以上各种开发融资模式外，国外还推广采用房地产投资信托基金（REITs）模式。REITs是一种新型金融投资产品，它把个人及机构投资者的资金募集起来，由专门机构进行投资经营管理，投资于能产生稳定现金流和收益的房地产行业。从本质上看，REITs是一种资产证券化产品，它将流动性较差的房地产实物资产转化为流动性强的受益凭证。将REITs应用在保障性住房中，将提高其资产的变现能力和资金的使用效率。

1986~1995年美国共有80万套中低档住房投放市场，其中很大一部分是房地产投资信托投资的廉租房项目。到2012年，美国REITs的市值已经达到6 000多亿美元，有效地解决了美国房地产业发展的融资问题。

在美国，设立REITs必须满足以下主要条件：

①在资产要求方面，REITs的资产组合中，至少75%的资产价值属于房地产、抵押贷款、现金或政府证券、其他REITs证券，持有某一发行人的证券不得超过REITs资产价值的5%，不得持有超过某一发行人流通在外的具有投票权的证券的10%。

②在资金来源方面，REITs通过发行股票，由机构投资者和社会公共机构认购和从金融市场融资，如银行介入、发行债券或商业票据等。在收入要求方面，REITs的毛利至少75%必须来源于产地产租金、房地产贷款的利息、出售房地产收入、拥有其他的REITs证券的利息、房地产节税收益、贷款承诺费等。

③在红利分配方面，将不低于房地产投资信托基金应纳税收入的90%的利润作为红利分配给股东。

在英国，2007年后房地产投资信托（REITs）金融机构组织提供tax-transparent不动产的投资方式，主要参与租赁住房业务，至少90%的租金收入返还给股东。由于该业务可以使REIT免除公司税，住宅房地产投资信托基金本应该成为租赁住房投资的一个有效的途径。然而，到目前为止租赁住房REITs并未得到发展。在英国，由于商用房地产投资处于中流砥柱的位置，比较而言，住宅市场的投资收益要微薄得多，这样，投资者没有多大兴趣来投资住宅市场，从而导致市场无法吸引房地产投资信托基金从商用房地产投资渗透到住房投资。

保障房REITs成功的关键在于能否达到一定的收益标准。目前，英格兰住宅投资收益平均为3.5%。按此计算，保障房REITs年收益率应在7%才能对机构投资人有吸引力。

2.4 政府的定位

政府在现代住房金融体系中扮演着十分重要的角色。国外住房金融发展正反两方面的经验都说明，政府必要的干预是住房金融发展必不可少的条件。从国外住房金融发展过程看，政府的作用主要表现在以下四个方面。

（1）建立配套的法律法规

法律法规先行是经济发达国家住房金融形成和发展的一大特点。美国通常在经济萧条和金融危机之后，通过法律和政策对住房金融体系实施调整和完善，从而将住房金融业推进到一个新的发展阶段。2008年次贷危机爆发后，出台了《抵押贷款债务的税收豁免法案》《住房和经济复苏法案》，特别是2011年2月，美国财政部和住房与城市发展部依据奥巴马签署的《多德—佛兰克华尔街改革与消费者保护法》，向国会提交了《美国住宅金融市场改革报告》，提出了未来住房金融体系改革的基本框架和措施。可以预料，以次贷危机处置为契机，美国住房金融业必将得到新的发展。

英国在金融危机后及时制定了《金融稳定和存款者保护法案》(2008年)《2009银行法案》《2011金融法案》等，以应对金融危机后的新形势。

在德国，联邦政府制定的一整套完备而严密的金融法规体系，最重要的法律有两个：一是1957年通过的《德意志联邦银行法》；二是1961年通过的《银行法》。此外，德国政府还颁布了许多专门金融法，其中均含有涉及住房金融的条款，主要有《德意志合作银行法》《储蓄银行法》《投资公司法》和《证券交易法》等。

日本政府依据各个时期住房发展存在的问题，制定了相应的法律法规。比如：日本住宅金融公库的职能和运作方式主要是依据1950年的《住宅金融公库法》1953年的《产业劳动者住宅资金融通法》和《北海道防寒住宅建设等促进法》，以及1955年实施的《住宅融资保险法》。以后于2007年该公库又根据《日本住宅金融支援机构法案》正式改名为住宅金融支援机构，性质发生了变化。

（2）设立住房保障金融机构

最典型的实例是日本，1950年日本成立了住房金融公库，是政府向自建或购买住房的国民提供长期贷款，并为民间住房信贷机构提供贷款保险的政府金融组织，行使政府住房金融的职能，为住房建设融通长期低息资金，其固定利率贷款的期限可长达35年。住宅金融公库为解决日本国民的住房问题，特别是稳定金融市场的利率和资金发挥了巨大作用。半个多世纪以来，金融公库共向1 700万个家庭发放了住房建设或购买贷款，总额达到142兆日元，约占日本住宅金融贷款的1/3。2007年4月又在政府的指导下，将金融公库改组为住宅金融支援机构（JHFA）。它具有新的职能。资金来源不再依赖国家财政投资和补助金，业务范围由原来对住宅建设和购买的直接资金支持，转变为对金融机构的住宅贷款提供支持。具体职责是收购私人金融机构住房贷款资产进行证券化，在资本市场上发行房贷支持债券，为住房金融市场提供稳定的资金来源。同时，还为政策贷款和证券化提供信用保证担保，在发生大型灾害或城市改造时，还可以直接提供民间信贷机构无法提供的贷款服务，如灾后重建融资贷款。

美国联邦住房管理局、退伍军人管理局等抵押贷款担保机构以及设立政府全资公司——政府国民抵押协会（吉利美，GNMA）、非政府企业——联邦国民抵押协会（房利美，FNMA）和联邦住房贷款抵押公司（房地美，FHLMC）等二级抵押贷款市场经营机构等都是在政府的主导下组织建立的。

英国的建筑合作社和注册社会住房业主（RSLs）都是在政府大力倡导、鼓励和资助下，成立和发展起来的。

（3）提供保险担保

以美国为例，20世纪30年代后，联邦住房管理局为全国住房信贷系统提供的一个关键元素就是为有资格的放贷商贷出的抵押贷款提供保险，使放贷商在贷款出问题时不会受到资金损失，从而大大提高了他们贷款的积极性，同时也促使他们提供低利率贷款。有关研究表明，联邦住房贷款保险使住房抵押贷款利率降低了2~3个百分点。对此，美国学者杰克逊（Jackson K.T.1985）称，在过去半个世纪里（指从20世纪30年代起）联邦住房管理局对美国人产生的深远影响没有任何一个机构能够比得上（施瓦兹《美国住房政策》）。美国政府通过建立机构、贷款保险、由指定的金融机构放贷、降低贷款利率等手段支持一级市场的发展，这也为发展住房金融二级市场打下了基础。

（4）扶持金融市场发展

美国政府支持住房金融系统最有特色的方面，也是最成功的方面，是支持二级市场的发展，包括设立吉利美、房利美、房地美。房地美与房利美均为私人拥有的上市公司，但它们是作为联邦法律创建的"政府赞助企业"，它们可以享受特殊的权利，包括它们可以免交各种联邦及州政府的税收，并且享受来自美国财政部的金额均为22.5亿美元的信贷支持。房利美和房地美是美国住房抵押贷款的主要资金来源，所经手的住房抵押贷款总额约为5万亿美元，几乎占了美国住房抵押贷款总额的一半。美国政府对二级市场的金融中介机构做了精细的制度安排，建立了以市场为导向并能体现政府住房福利目标的政策性机构，它们与非政府的证券发行机构共同促成了迅速增长的二级市场，并成为二级市场的基准和一级市场的重要引导者。

英国的住房金融是以一级金融市场为主，20世纪80年代后，开始通过金融二级市场筹集公共住房资金。英国为发展住房金融一级市场，大力扶持建筑合作社和注册社会住房为主的经营与发展。英国的建房合作社一经诞生就很快地获得了法律的认可和政府的扶持，英国《建房合作社法》对建房合作社吸收会员储蓄、发放住房抵押贷款业务进行了详细的法律规范。英国法律在20世纪70年代以前，禁止商业银行提供住房抵押贷款业务。因此，建房合作社长期以来一直在住房抵押贷款市场居于垄断地位，时至今日也保持着绝对的市场主导。

英国注册社会住房业主（前身是住房协会）的发展得到政府的大力扶持，政府对其的金融优惠政策主要集中在以下两个方面：一个是财政支持，注册社会住房业主享有申请并使用"住房协会基金"（政府拨款成立的），申请额度达其保障性住房项目所需资金的75%。注册社会住房业主依法接受政府提供的各种专项出租住房补贴，并获得公共出租房的房租收益部分。另一个是扶持政策，90年代中期英国政府制定了鼓励住房协会作为所有出租住房建造者的政策，并将自己原来拥有的出租住房和公寓的90%转移给了住房协会，并接受从私人房地产开发商处转来的保障性住房，从而使注册社会住房业的规模迅速扩大。英国法律授权地方政府通过银行贷款和购买土地等方式来协助住房协会提供住房。

（5）加强监管

加强对金融市场的监管，确保金融市场高效、稳定。在美国，住房金融监管缺失是导致次贷危机的主要因素。因此，强化金融监管便成为美国金融市场改革的主要措施之一。2008年以前，联邦住房金融委员会（Federal Housing Finance Board, FHFB）负责监管12家联邦住房贷款银行（Federal Home Loan Bank）及其向成员机构注入流动性的交易行为。而"两房"则由联邦住房企业监督办公室（OFHEO）负责监管，这在客观上导致住房二级市场监管的分离。2008年7月，根据《住房和经济复苏法》，新设联邦住房金融管理局（Federal Housing Finance Agency, FHFA），负责监管12家联邦住房贷款银行和"两房"，从而将危机前"分开"监管的架构调整为"统一"监管的新体制，实现住房金融二级市场的统一监管。

英国政府详见本篇"1.3.2住房金融制度的改革"部分。

主要参考文献

[1] 住房和城乡建设部住房保障司、住房公积金监管司. 国外住房金融研究汇编[M]. 北京：中国城市出版社，2009.

[2] 倪虹. 国外住房发展报告（2013年第1辑、2014年第2辑）[M]. 北京：中国建筑工业出版社.

[3] 阿列克斯·施瓦茨. 美国住房政策（第二版）[M]. 北京：中国社会科学出版社，2012.

[4] 张涛涛等. PPP模式建设保障房的国际经验与战略选择[J]. 建筑经济，2014.

[5] 陈楠. 中国社会保障房融资模式比较研究[D]. 合肥大学，2013.

[6] 熊衍仁，沈綵文. 国外住房发展报告2015第3辑[M]. 北京：中国建筑工业出版社，2015.

3 欧盟各国住房发展概况

3.1 现有住房状况

3.1.1 住房存量

据欧盟2012年资料,除少数国家外,大多数国家的住房存量都在每千居民400套以上,芬兰、法国、葡萄牙、西班牙等国的千居民住房量均超过了500套(表1-3-1)。

欧盟27国[①]千居民住房存量　　　　表1-3-1

序号	国家	年份	每千户居民住房量(套)	序号	国家	年份	每千户居民住房量(套)
1	奥地利	2009	436*	15	拉脱维亚	2009	461
2	比利时	2009	457	16	立陶宛	2009	390
3	保加利亚	2011	—	17	卢森堡	2009	389
4	捷克共和国	2004	—	18	马耳他	2009	349
5	塞浦路斯	2002	—	19	荷兰	2009	431
6	丹麦	2009	500	20	波兰	2009	348
7	爱沙尼亚	2009	485	21	葡萄牙	2011	557
8	芬兰	2009	531	22	罗马尼亚	2009	390
9	法国	2009	509	23	斯洛伐克	2009	326
10	德国	2011	490	24	斯洛文尼亚	2004	—
11	希腊	2004	—	25	西班牙	2009	544
12	匈牙利	2009	429	26	瑞典	2009	479
13	爱尔兰	2004	371	27	英国	2009	443
14	意大利	2001	479*				

注:奥地利和意大利的每千户居民住房量仅为部分存量。

---

① 欧盟27国指2004年前加入欧盟的15个成员国:法国、德国、意大利、比利时、卢森堡、荷兰、英国、爱尔兰、丹麦、希腊、西班牙、葡萄牙、奥地利、芬兰、瑞典,以及2004年后加入欧盟的12个新成员国:捷克共和国、塞浦路斯、爱沙尼亚、拉脱维亚、立陶宛、匈牙利、马耳他、波兰、斯洛文尼亚、斯洛伐克、保加利亚、罗马尼亚。

3.1.2 住房存量结构

(1) 住房类型结构

据欧盟2012年资料,在欧盟28国(欧盟27国+克罗地亚)中,41.6%的居民居住在公寓内,34.0%居民居住在独栋别墅内,23.7%居住在联排别墅内。在欧洲部分国家中,西班牙、希腊、德国、意大利、瑞士等国居住在公寓中的人口比率均在50%以上,占比最高的是西班牙(65%);瑞典、丹麦、挪威等国居住在独栋别墅中的人口比率在50%以上,其中挪威占60.7%(表1-3-2)。

欧洲部分国家居住在不同建筑类型住房的居民比率(单位:%) 表1-3-2

国家	公寓	独栋别墅	联排别墅	其他
EU28*	41.6	34.0	23.7	0.7
西班牙	65.0	13.6	21.2	0.2
希腊	59.7	32.1	8.1	0.0
德国	53.2	28.6	16.7	1.5
意大利	51.1	22.0	26.5	0.4
奥地利	42.5	49.2	7.2	1.2
葡萄牙	41.3	40.6	17.8	0.3
瑞典	40.2	50.6	8.9	0.4
芬兰	33.6	47.2	18.6	0.5
卢森堡	33.2	36.4	29.9	0.5
法国	33.1	44.2	22.5	0.1
丹麦	29.9	57.1	12.5	0.4
比利时	20.8	37.1	41.8	0.3
荷兰	18.6	16.2	60.0	5.2
英国	14.5	23.9	60.9	0.7
瑞士	59.6	23.8	13.1	3.5
挪威	13.4	60.7	20.2	5.8

*预测估计值,EU28指欧盟的28个成员国,EU18指欧盟的18个成员国;

(2) 住房所有权结构

欧盟27国居住在自有住房中的居民比率约为70%(其中无贷款住房47%,有贷款住房23%),租赁住房的居民比率约为30%(其中市场价租赁房的居民比率为16%,低于市场价或免费租赁房居民比率约为14%)。在老的15个欧盟成员国中,居住在自有住房中的居民比率比较低,约为68%(其中无贷款住房40%,有贷款住房28%),租赁住房的居民比率约为

32%（其中市场价租赁房居民比率约为15%，低于市场价或免费租赁房居民比率约为17%）。2004年后入盟的12个成员国（多数是原东欧社会主义国家）自有住房中的居民比率较高，约为81%，而租赁住房的居民比率只有19%（图1-3-1）。

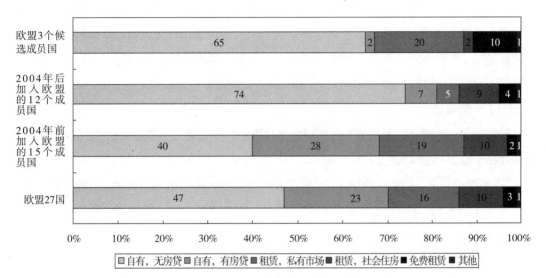

注：欧盟3个候选成员国指克罗地亚、前南斯拉夫马其顿共和国、土耳其。

图1-3-1　欧盟各国住房所有权结构

3.2　社会住房发展

3.2.1　社会住房供应模式

欧盟各国住房供应体系与社会住房政策的目标息息相关。从19世纪末开始，尤其是二战之后，大多数西欧国家，社会住房政策目标指向两个方面：一是通过向缺乏合理住房的职工提供住房以促进经济发展；二是推动区域的发展，促进区域交通网络的发展和城市现代化。20世纪70年代后，社会住房政策目标开始趋于多样化，大致形成以下三类：

（1）在社会住房供给不足的条件下，政策目标定位在那些被市场排除在外的弱势群体或必须依靠政府帮助才能维持基本生存的人群，为其提供体面、适当住房。

（2）社会住房尽管存在一定限制（如收入的上限或具备接受特定公共支持的社会条件），但其潜在目标是提供给大部分人群。当市场无法充足提供居住条件合适的住房时，社会住房将作为市场的补充。

（3）社会住房供给量大，没有收入上限的要求，住房分配并不针对最困难的群体（当然也不会将其排除在外）。社会住房处于与私有住房直接竞争的地位，从而有助于降低一般租金水平。

与此相应，欧盟各国社会住房供应模式可以分为三类：剩余模式（residual model）、普惠模式（universal model）和一般模式（generalist model）。

（1）剩余模式

剩余模式是以那些社会住房供给不足、仅提供给被社会排斥的弱势群体或必须依靠政府帮助才能维持基本生存的人的国家为代表。这一模式特别强调社会因素，政策目标主要定位在为那些被市场排除在外的穷人扫清障碍，并为其提供体面、适当的住房。这种模式基本上覆盖了南欧以及前东欧社会主义国家，尤其是波罗的海周边诸国及匈牙利。

（2）一般模式

虽然受到一种或多种形式的收入和租金上限限制，但社会住房是提供给广大的社会群体，主要存在于德国、法国和比利时。

"一般模式"下，社会住房尽管存在一定限制（如收入的上限或具备接受特定公共资助的社会条件），但其潜在目标是提供给广大人群。一旦市场无法充足提供居住条件合适的住房时，社会住房将作为市场的补充。

（3）普惠模式

在普惠模式下，社会住房具有不带任何社会目标的"公共住房"形式，目的在于形成强大的社会租赁业，为所有人提供大量的可支付的租赁住房，荷兰、丹麦和瑞典仍在一定程度上执行这种模式。

这种模式以大量的资本投入以及基本不受限制的准入性作为标志。它覆盖那些将公共住房作为调控住房市场主要工具的国家。这些国家实行租金补偿作为主导，并控制房租。瑞典是其中的典型代表，丹麦和荷兰也存在相似的模式。

3.2.2 社会住房政策演变趋势

西欧国家（法国除外）社会住房发展的主要趋势实际上都在向剩余模式靠拢，国家政府政策和来自欧盟不断增长的压力综合作用下，西欧各国都倾向于将重心放在解决低收入群体的住房问题上。

（1）消减政府支出和鼓励居民购房

虽然不同国家政策强度有明显差异，但西欧各国政策主要表现出两种趋势：一个是削减公共财政中有关社会租赁住房的支出；另一个是鼓励居民自置住房的优先政策。这两种趋势的结果导致了政府不断地缩小社会住房覆盖人群的范围（主要针对最贫困的人口）。这将导致"普惠模式"的最终消失并给"一般模式"敲响了警钟（图1-3-2）。

（2）普惠模式和一般模式受到欧盟自由市场制度的压力

住房政策不属于欧盟的权力范围，而主要取决于各个成员国自身的裁量。然而，自20世纪90年代后期以来，欧盟开始对住房部门施加相当大的压力。占主导地位的自由市场风气指

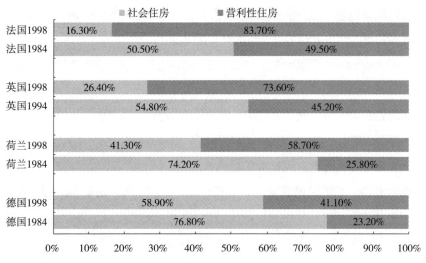

图1-3-2　1984和1998年部分欧洲国家社会住房和营利性住房发展趋势比较

导欧盟机构的工作并且成为欧盟向各成员国发布指示的基础。在这一背景下，任何程度的国家资助必须符合实际的社会需求或者公众利益。如果缺乏这种公正的规则，任何其他成员国或国内其他经济机构认为与别的竞争者相比，对它们的补偿处于不利地位时，可以向欧洲法庭寻求赔偿并对违反规则的国家提出谴责。社会住房也未能免除这种法律风险。

因此，许多在社会租赁住房方面有着"普惠性"传统的国家现在不得不相应地调整其政策，因为它们不再能够强制性地将公共资金应用于人人都可得的住房建设和管理，也无法再直接与私营机构竞争。

实际上，受这一政策影响最严重的是普惠模式。但如果社会住房所面对的群体范围进一步缩小时，一般模式也会受到影响。大多数原本有着大量社会住房存量的国家正努力游说欧盟以保护它们的住房政策。

3.2.3　法国模式

法国是欧盟各国在发展社会住房市场中唯一保持活力的国家。法国1950年成立社会住房机构（HLM），在20世纪50年代中期，法国政府开始以最快的速度建造大量住房，社会住房迅速增长。与欧洲其他国家一样，社会住房建设的步伐在20世纪70年代末期开始减慢，但至今从未中断。社会住房资产包括460万套社会住房，而住房总量为2 650万套，社会住房占17.5%。这个数字使得法国成为社会住房拥有率最高的国家。从2000年开始，HLM开始以平均每年约50 000套的速度建设社会住房，约占每年新建住房总量的13%~17%。

法国社会住房是指针对低收入或中等收入家庭的租金较低的住房。据社会住房联合会的调查报告，社会住房数量从1950年到1980年间迅速增长，社会住房租户占家庭总数比例总体来看比较稳定，1984年后一直保持在15%左右。

目前，法国因受欧洲"控制公共支出和促进住房私有化"趋势的影响，其社会住房发展政策目标正逐步调整为优先考虑的三个互为补充的政策。

第一，根据法国的城市更新计划，需要更新问题社区中被拆除的建筑，这就意味着每年约需要新建10 000户住房。

第二，通过更好地分散布局社会住房，提高社会融合，这已经成为20世纪90年代以来法国住房政策的重要内容。1991年以来，尤其是从2000年开始，各个市政当局不得不被调动起来，以实现社会住房最低比重达到20%的目标。

第三，努力抵消房地产价格的暴涨。从1999年到2007年，法国各大城市的房价翻了一番，这阻碍了中等收入家庭购买住房，从而减缓了社会住房房客周转的速度，大大加长了社会住房计划的轮候名单，加剧了各种形式的违规住房和社会隔离。因此，在2007年进行的一项试验基础上建立了"住房强制权"制度，使那些陷入住房困境的家庭能够优先获得社会住房。

虽然法国模式受到欧洲"缩减社会租赁住房目标，以面向最贫困家庭"的主流趋势影响，但在某种程度上它还是明显地抵制这种趋势。近十年的社会经济背景以及城市规划已经证明法国模式仍然能够发挥重要的作用，无论是在社区更新方面，还是满足最迫切的社会住房需求方面。然而，社会住房的未来并不是万无一失的，欧盟强硬的态度，公共预算越来越大的压力，房地产市场低迷而引发的需求停滞，都有可能迅速地改变目前的状况，进而将法国的社会住房政策体系直接转向剩余模式。

3.3　住房负担和住房价格

欧盟27国住房支出占可支配收入的比重为22.5%，在贫困人口中为41.0%（图1-3-3）。

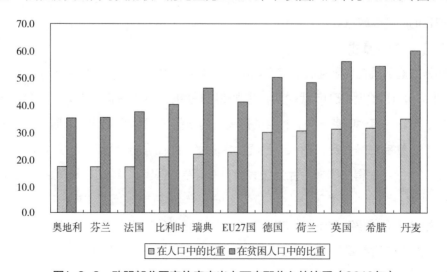

图1-3-3　欧盟部分国家住房支出占可支配收入的比重（2010年）

欧盟28国住房负担过重的人口占总人口的比重为11.2%，其中有未偿还贷款自有住房中负担过重人口占8.3%，无未偿还贷款的自有住房占6.8%，以市场价租赁住房的占26.2%，低于市场价的占11.7%（表1-3-3）。

欧盟部分国家住房负担过重人口比重（2012年） 表1-3-3

国家	占总人口比重（%）	自有（有抵押或贷款）（%）	自有（无未偿还抵押贷款或有住房贷款）（%）	租赁（以市场价）（%）	租赁（低于市场价或免费）（%）
EU28	11.2	8.3	6.8	26.2	11.7
丹麦	18.2	9.6	8.5	33.9	50
德国	16.6	11.9	10.2	23.7	19.4
希腊	33.1	21.6	29.1	53.0	42.1
西班牙	14.3	15.0	4.3	50.4	13.0
法国	5.2	1.4	0.5	16.2	8.6
意大利	7.9	5.6	2.3	33.5	9.7
荷兰	14.4	13.0	3.8	19.7	0.0
奥地利	7.0	2.6	2.0	17.3	7.1
芬兰	4.5	2.5	2.6	11.8	9.1
瑞典	7.6	3.7	11.3	16.7	20.3
英国	7.4	5.1	1.7	23.1	7.4
挪威	9.9	8.5	3.8	30.9	14.5
瑞士	12.0	6.7	8.8	16.6	10.0

注：通过EU-SILC数据库，住房支出超过家庭可支配收入的40%被认为是住房负担过重。

2005~2014年欧盟住房价格总体走势如图1-3-4所示，2000~2012年欧洲17国住房价格指数如表1-3-4所示。

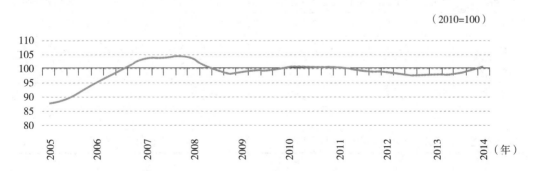

注：均为每年第三季度数据。

图1-3-4 欧盟住房价格总体走势

欧洲17国住房价格指数（2000~2012年）　　　　　表1-3-4

年份	变化率 欧洲17国（%）	欧洲17国 （2007=100）	年份	变化率 欧洲17国（%）	欧洲17国 （2007=100）
2000	5.908	65.61	2007	4.4605	100
2001	5.3498	69.12	2008	1.9	101.9
2002	6.6985	73.75	2009	−3.199	98.64
2003	6.1559	78.29	2010	0.9631	99.59
2004	6.8591	83.66	2011	1.0844	100.67
2005	7.3751	89.83	2012	−1.738	98.92
2006	6.568	95.73			

3.4　住房金融与税收

房贷规模是一个国家住房金融发达程度的重要标志之一。欧盟28国房贷占GDP的比率，2002年为37.1%，2013年提升到51.1%，其中荷兰达到104.9%。从2002年至2013年，欧盟28国房贷占GDP的比重除2008年有所下降外，呈逐年上升趋势（表1-3-5）。

欧盟各主要国家未偿还住房贷款占GDP比重（%）　　　　　表1-3-5

年份 国家	2002	2003	2004	2005	2006	2007	2008	2009	2010	2011	2012	2013
奥地利	16.3	17.7	20.5	22.4	23.9	24.0	25.5	26.6	28.1	28.1	28.1	28.0
丹麦	59.4	64.6	68.3	75.6	81.1	85.8	87.9	96.9	94.6	94.9	94.5	93.8
芬兰	21.3	24.8	27.3	30.8	33.4	34.6	36.4	41.7	42.9	43.3	44.9	45.7
法国	22.7	24.3	26.1	29.3	32.1	34.6	36.2	38.7	41.1	42.1	42.8	43.8
德国	53.5	53.8	52.7	52.3	51.2	47.6	46.3	48.3	46.2	44.6	44.4	44.2
希腊	13.6	15.5	18.4	23.5	27.4	31.1	33.3	34.9	36.2	37.6	38.6	39.0
爱尔兰	36.1	42.4	51.7	61.0	69.8	74.1	82.6	91.2	65.2	61.9	59.5	57.8
意大利	n/a	11.5	13.2	15.1	16.4	17.1	16.8	18.4	22.7	23.3	23.3	23.2
西班牙	35.9	40.0	45.7	52.3	58.0	61.4	62.0	64.8	65.1	63.7	62.3	59.9
瑞典	50.0	52.4	56.1	59.2	64.5	64.5	61.9	81.5	83.5	80.0	82.1	80.9
英国	60.4	66.2	69.6	75.6	81.2	77.6	70.1	87.5	83.2	84.2	80.8	80.6
欧盟28国	37.1	40.6	42.6	45.6	48.2	48.1	46.6	51.7	51.7	51.6	51.6	51.1

住房财税收入占GDP的比重见图1-3-5。

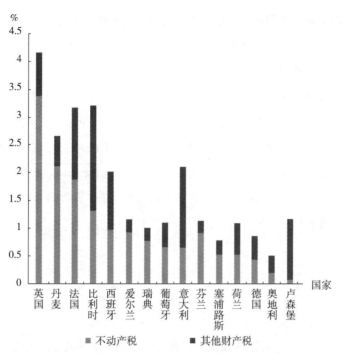

图1-3-5 欧盟各国不动产税和其他财税占GDP的比重

3.5 城区建设和更新改造

公共住房衰败、社会隔离是欧洲经济发达国家20世纪80年代后面临的问题。为解决这些问题，他们采取了多方面的措施。法国2000年颁布《社会团结与城市更新法》（SRU: loi Solidarité et Renouvellement Urbain）规定每个人口总数大于3 500人的市镇（commune）的社会住宅比例都应达到20%。2009年颁布全国老城区重建计划（PNRQD）。实施后在城市重建、减少破旧房屋、改善住房供应以及保障社会融合（防止城市分化为贫民窟和富人区）等方面取得重要进展。该计划尤其针对住房破旧不堪、居民经济、社会条件极其困难的贫民窟，向全国征集城区改造项目。2014年颁布《城市规划与城区更新法》，该法规定了优先区域优先发展的城市发展政策，它是以确定"优先社区"为基础，发展集中大量低收入人群的城市区域。由于以收入作为标准，该政策的"地图"也就集中了一些贫困城市。目前，居民在10 000人以上的城市中共有1 300个城区符合该政策的"优先"标准。调查显示，这些"优先"区域具有居民年龄年轻，社会、经济情况困难，众多单亲家庭，高额的失业补贴等特征。

英国实行以规划指导住房建设的政策。英国《规划法》第106条要求开发项目必须向地方规划管理部门提出规划申请并获得规划许可证。开发商要获得规划许可证必须承担规划责任，其中一项重要内容就是配建可支付住房。这些住房的价格通常在市场价的70%~85%，在一定年限内不得上市销售，或只能向当地居民或特定人群出售。第106条款要求，通过地方规划管理部门和开发商之间就单个开发项目的具体协商决定可支付住房建设的规模、数量、标准、产权类型和位置等具体要求。

进入21世纪，英国政府陆续发布了一系列住房发展规划及政策法规。例如，2000年4月发布了《住房绿皮书》；2004年出台新的《住房法》（Housing Act of 2004）；2005年发布了住房5年规划（Sustainable Communities: Homes for All）；2006年发布了涉及住房的《福利改革绿皮书》（A new deal for welfare: Empowering people to work）；2007年发布了《住房绿皮书》；2011年发布关于住房的规划政策宣言（PPS3）。上述法规、发展规划、住房政策为政府的住房目标作出了详细的安排（表1-3-6）。

住房政策目标　　　　　　　　　　　　　表1-3-6

目标		目标分解及描述
住房规模	住房总量	保持每年新增住房24万套，到2016年累计达到200万套，2020年达到300万套
	可承受住房	2007年起政府投资80亿英镑用于可承受住房建设；到2010~2011年每年新建7万套可支付住房；到2010~2011年每年新建4.5万套社会住房，以后每年新建5万套社会住房；到2010~2011年每年新建2.5万套共有产权住房
住房质量	质量标准	利用规划政策指导住房建设（Planning Policy Statement 3: Housing, PPS3）；开展设计竞赛，提高设计标准，建设生态城镇
	质量管理	强化质量管理，保证质量，确保新建住房能满足人们的多种需要
住房邻里环境	硬环境	进行系统化的基础设施规划，建设良好的地方基础设施，包括交通、学校、医院及社区设施等；利用新技术，结合城市开发整合绿色空间
	软环境	利用规划，建造多种不同承受能力水平的住房，通过良好的基础设施，建设可持续性社区，促进社区融合
住房节能减排	新建住房	实现绿色住房目标。到2010年实现25%的新建住房二氧化碳零排放；到2013年实现44%的新建住房二氧化碳零排放；到2016年实现所有新建住房二氧化碳零排放；提高新房能源利用效率，节水达到20%
	现有住房	改进住房设施，提高能源利用效率

3.6 节能减排

3.6.1 能耗现状

欧盟27国住宅能耗在各领域终端能耗中所占比例仅次于工业（约占30%），约占24%（图1-3-6）。部分欧洲国家住宅能耗占终端总能耗比重见图1-3-7。

3.6.2 节能减排目标

作为全球应对气候变化行动的倡导者和先行者，欧盟为实践《京都议定书》的节能减排

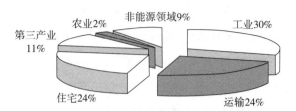

图1-3-6　欧盟27国各领域终端能源消耗比例

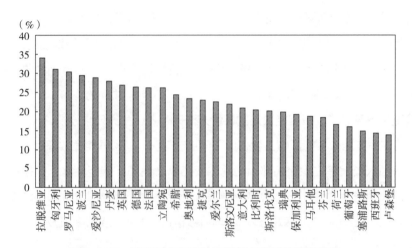

图1-3-7　欧洲部分国家住宅能耗占终端总能耗比重

目标，根据能源安全、应对气候变化、保证社会经济发展的基本原则，制定了节能减排目标：到2020年，将可再生清洁能源占总能源消耗的比例提高20%；到2020年提高能效，降低能耗20%，温室气体排放较1990年减少20%。这三个20%目标预期将会给欧盟带来显著的节能减排效果。

3.6.3　主要节能政策

（1）提高能效政策

提高能效政策（SAVE）建议成员国采取以下6项措施：①建筑物能源认证；②暖气、空调和热水均按照能源使用量收费；③在公共行业增加能源效率投资；④改进建筑物的保温隔热功能；⑤定期检查功率高于15kW的暖气设备；⑥设立工业企业能源审计制度。在SAVE的推动下，欧盟各国执行了新的建筑用能标准和能效标识制度。

（2）新能源技术开发计划

新能源技术开发计划主要涉及能源合理利用项目、可再生能源利用项目和化石能利用项目。欧盟可再生能源发展战略和行动计划确定了可再生能源在欧盟能源消费总量中的份额：2010年达到12%，并占电力能源总量的22%；至2050年，可再生能源在欧盟能源供应结构中达到50%。

(3）智能能源计划

2003年，欧洲议会制订了一项智能能源计划（IEE），资助地方、地区和国家共3个层面的可再生能源、能源效率和交通节能事业。至2006年，已经完成了第1个IEE计划，其中有6 900万欧元用于提高能源效率和合理用能项目，8 000万欧元用于可再生能源利用项目。第2个IEE计划从2007年开始，侧重于可再生能源利用的创新和提高建筑能效。

（4）欧盟建筑能源效率指导政策

欧盟建筑能源效率指导政策（EPBD）要求各成员国都要制订本国的建筑节能9年计划，从2008年1月开始实施，每3年需要更新1次。EPBD同时要求各成员国提高建筑的能源效率，新建建筑要达到低能耗的标准、既有高能耗建筑进行节能改造，同时运用税收制度鼓励促进使用新能源和提高能源效率，使建筑节能的潜力在2020年达到27%。

（5）确定了建筑节能政策实施效果的评价方法

建筑节能政策实施效果的评价主要有以下3种方法：一是通过能源效率指数的方法进行评价，能源效率指数是指单位能耗和部门能耗的变化以及逐项终端能耗水平等指标；二是通过建立事后评价模型进行评价；三是通过传导指数进行评价，传导指数可以反映能源效率技术的实施影响效果，是实施了能源效率技术的项目数量占所有项目数量的比例。

主要参考文献

[1] 倪虹. 国外住房发展报告（2013年第1辑、2014年第2辑）[M]. 北京：中国建筑工业出版社.

[2] Housing Europe Preview 2012.

[3] Eurostat.

[4] CEIC Generate; European Central Bank.

[5] 武涌等. 欧盟及法国建筑节能政策与融资机制借鉴与启示[J]. 建筑科学，2010，2.

[6] 熊衍仁，沈綵文. 国外住房发展报告2015第3辑[M]. 北京：中国建筑工业出版社，2015.

4 发展中国家可持续住房发展政策框架

联合国人类住区规划署于2012年发表了《可持续性城市中的可持续性住房——发展中国家的政策框架》[1]（以下简称《框架》）。该《框架》从经济、社会与文化、环境三个维度提出了发展中国家可持续性住房发展政策框架建议。《框架》中的主要内容如下：

4.1 住房的环境可持续性

4.1.1 考虑住房的整个生命周期

对于住房项目的实施而言，重要的是考虑住房的整个生命周期（表1-4-1）。①在规划阶段可以注重考虑拟建地点的选择及其对当地环境的影响和与城市的联系；当地建筑环境的质量；密度；公共交通和基础设施以及对环境危害。②设计阶段则应考虑具体的能源和资源利用，更有效地使用能源和水资源；区域供暖、供冷和微型发电；废弃物管理；坚固性和灵活性，对未来的适应性；升级改造的可能性。③建设阶段应注意安全性和环境标准；使用当地的可持续性材料。翻新阶段应考虑到翻新材料的选择；节能设计；环境的干扰；建筑废弃物的管理。④而在使用周期的最后阶段，则是决定是否拆除或者循环使用建筑构件以及建筑垃圾管理。

表1-4-1

住房生命周期各阶段	环境可持续性的考虑事项
规划阶段	拟建地区对当地环境的影响；与城市的联系；当地建筑环境的质量；混合建设和密度；多中心性；基础设施；公共交通；绿地；环境危害
设计阶段	能源与资源的利用；有效使用水和能源；整合地区供暖和微型发电；可持续的垃圾管理；绿色屋顶；坚固性和灵活性，对未来的适应性；升级改造的可能性；塑造生活方式
建设阶段	安全，环境友好，可支付的材料；建筑活动对环境的影响最小

[1]《Sustainable Housing for Sustainable cities——a policy framework for developing countries》——UN-Habitat, 2012.

续表

住房生命周期各阶段	环境可持续性的考虑事项
运行阶段	能源绩效；空调，空气质量；来自居民的污染和当地污染对居民的影响，水资源利用、管理和循环使用；房屋的舒适卫生；当地基础设施建设和交通的质量及能源利用率；房屋维护和管理；废弃物管理和再利用；区域绿化；自然灾害
翻新阶段	翻新材料的选择；节能设计；环境的干扰；建筑垃圾的管理
最后阶段	拆除或者重新使用；循环使用建筑构件；建筑垃圾的管理

4.1.2 城市形态和居住密度

以"城市扩张"的形式来发展城市和私人汽车出行会严重影响可持续发展。建设相对紧凑及多功能、多种收入混合的城市地区，并在临近的范围内整合住房、就业、设施及娱乐，被认为是一个可以减少负面印记的重要策略。一个更紧凑的城市还可使低收入人群能够支付得起，并易获取城市服务和就业机会，从而体现更好的社区融合和凝聚力。

在大型的城市地区，可实现紧凑型城市途径的延伸，即建设多中心城区或分散集中区，将发展的压力分散到新的城市中心。这项策略意味着在不可避免的情况下，外围的发展也要以紧凑的小城镇规模的多功能城区形式实现。

良好的环保实践提倡适当高密度的紧凑型社区。但是，实际的密度需要根据情况决定。当密度超过一定标准时会造成社会、经济和环境上的拥挤，并破坏可持续性。在一些发展中国家，许多较高密度的社区伴随着贫穷与过度拥挤。在这种情况下，降低密度以及为休闲娱乐建造新的公共开放空间和绿地是非常重要的。此外，多层住宅并不适用于贫民区中的大多数人，因为一些低收入人群会在家里从事非正式的经营，而这些通常需要直接通往地面。更普遍地说，良好的城市设计可以创造有吸引力的居住环境，通过平衡各种密集的发展，提供绿色空间、足够的基础设施和良好的交通。许多欧洲的城市与小城镇表明最好的解决方案在于绿化和紧凑型城市的结合，即在一个相对紧凑的建筑环境里包括了密度和设计的多样性，并与景观和绿色环境保持协调。相关的工作还包括鼓励步行、自行车和公共交通出行。

4.1.3 减少环境危害和提升绿色空间质量

在住宅项目的规划和设计阶段，重要的是深入关注相关的环境危害（现存的和潜在的），包括与自然环境有关的问题，例如洪涝、滑坡、地震等。这些注意事项和相关的行动是住房恢复力策略的重要组成部分。

确保社区内良好的绿色空间网络是一项减缓环境灾害的简单对策，同时也是保护生物多样性及提高居民健康和生活质量的对策。良好的绿色网络可以包含开放空间、水系、花园、林地、绿色廊道、野生动植物栖息地、行道树等。它不仅是自然生态过程的支撑，也是地方气候管理策略的基本部分，这对提高环境的适应性和缓解气候影响都是很重要的。

4.1.4 住房的环保成效

（1）住房能源效率

为了降低能源需求和住宅建筑物的碳排放量，可采取一系列应对措施：

①规划和优化建筑物的空间定位和相互关系，同时充分优化墙体和屋顶的反射率（通过油漆或者绿化），从而利用被动的太阳能加热、照明以及设置活动的遮阳装置；

②更好地使房屋的墙体、窗、门及屋顶等结构部分实现热隔绝，同时拥有良好的通风设备（使房屋在寒冷时保持较高温度，而在酷暑期保持较低温度）；

③为供暖、制冷、烹饪、照明和通风设施安装节能的电器用具；

④提高公共设施的效率为住房提供电、气、水及供暖；

⑤发展当地的低碳发电厂作为住房供电供热设施；

⑥为住房配备可再生的电或者热发电装置（微型发电）；

⑦减少耗能较多的建筑材料和技术在住宅建筑中的应用；

⑧通过能耗计量和账单来激励和约束住户；

⑨提高建筑活动对节能重要性的关注，并采取节能措施。

（2）室内空气质量

现代高节能住房的特点是用高水平的密闭性来防止冷暖空气的流失。这就需要额外的措施进行房屋通风。然而，安装这种系统对于大多数的发展中国家来说是不能支付的。此外，达到这样高程度的隔热性也不是必需的。科学合理地利用传统材料和蓄热体，结合自然通风系统（例如对流通风或通风管道），也能使住房在严寒或者高温气候里降低能源需求，同时仍旧允许住房拥有"自然呼吸"的能力。在任何情况下，室内空气质量必须相比较能源因素优先得以考虑，因为通风不良可能造成的健康损害远超过不良热隔绝。建筑条例、设计和相关的监管应该考虑到室内空气质量。

（3）建筑物的物化能[①]**（Embodied energy）**

通常情况下，一些所谓的"低能耗"建筑在建设中也没有考虑到建筑结构和材料中蕴含的能源消耗。尽管那些建筑在其生命周期中的运行耗能很小，但是他们的建筑物物化能很高，使得他们的碳排放量依旧高于那些低运行效率（高运行能耗）但以可持续方式建造和使用当地材料（低建筑物物化能）的建筑。材料的选择和运输也是建设和翻新过程中重要的考虑事项。降低建筑物物化能的理想方法是确保住房能够使用较长时间。

（4）水资源的利用效率

目前，普遍实施的提高水资源利用效率的措施有：使水流失和渗漏最少；采用雨水和融

---

① 建筑物的物化能是指凝固在建筑结构与材料中的能耗。

雪收集系统；循环使用水资源；采用住房节水设施；采用无水和节水技术；安装水计量系统。

这些系统可能从高科技到低成本技术，而低成本技术尤其适合用来提高贫困地区的生活质量和缓解水资源问题，同时也能够缓解现有淡水供应系统的压力。例如，即使是在一些非常拥挤的贫民窟，沟槽也可以输送屋顶的雨水到存储容器里，用于多种家庭用途，并且通过恰当的收集、储存和处理用于烹饪。"干净"用途的用水可以被收集用以"较脏"的用途和灌溉，从而实现水资源的重复利用。在发达国家和发展中国家，大量的清洁淡水被用在抽水马桶，而这项功能完全可以用"使用过的水"、收集的雨水及其他各种未被污染的水资源所代替。

家庭污水和废弃物造成的现有水系统污染也是许多贫困地区特有的问题，需要认真处理和预防。

此外，建设阶段也可以节约用水——就这一点而言，水资源保护和节约措施需要与建筑工人沟通，以提高他们用水的环保意识。

4.1.5 可持续的建筑材料与施工

（1）建筑施工的可持续性

建筑施工过程可能会引起大量的环境问题，包括噪声污染、空气扬尘以及来自有毒废物的有害污染。建筑和拆除活动所产生的废弃物经常被非法倾倒进水坝、河道和其他可用的空地。对原材料的获取通常在农村地区进行，将会造成土地和生态系统的退化。采伐林木涉及建筑材料产业，而木材通常是用不可持续的方式从当地的森林获取，这会减少生物量和生态系统修复行动，从而导致水土流失、河道盐碱化、降水量减少及其他问题。

有缺陷及低效的建筑材料和技术可能会危害到建筑工人和最终使用的居民。可持续的住房行业应当避免使用有害的建筑材料。世界卫生组织的研究再度强调以下材料在建筑施工、隔热和维修过程被禁止使用：石棉纤维、铅涂料、含有有机挥发物的木制品（甲醛）、木料中的砷、含有甲醛的棉絮隔热材料以及含有致癌物的泡沫板和内分泌干扰物。建筑工程应当提倡合理安全的行为活动，尤其是注重减少表层土壤和植被的流失、扬尘与噪声污染，注重有害化学物质的安全存放等。

（2）可支付的建筑技术和材料

施工技术和施工过程中，在生态、健康、安全的材料和环境友好技术等方面存在着巨大的可持续性发展潜力。传统建筑技术的应用也应适合当地情况，并且具有可支付性、耐久性和可靠性，最重要的是适合现代生活的功能性。

本土的知识和技术可能对于提高建筑对于自然灾害的适应能力是非常重要的。但是，仍要仔细考虑使用低成本本土材料的耐久性和恢复力，尤其是容易有自然灾害的地区。必须在提倡低成本的当地材料之前，评估针对特殊气候条件和地质灾害的特定材料适用性。

（3）建筑行业的循环利用

有必要实施长寿命的建筑和材料，并且使其可再生利用，从而减小环境成本。住房材料的再利用和设计能够循环使用的新建筑对于节能和温室气体减排有重要贡献。木材、金属、玻璃和石灰都是可以循环使用的材料。

由于建筑的结构和外壳在建筑的物化能中占很大比例，翻新一个基础结构坚固的建筑要比建造一个全新建筑耗能少得多。

4.2 住房的社会与文化可持续性

住房作为城市和国家的一部分，其社会可持续性具体是指提供可支付的、高质量的、高包容性和多样性的（混合租赁及混合收入）、安全健康的，并且能够更好融入周围社会空间环境的住房、居住区和社区。文化的可持续性涉及世界观、价值观、规范和传统，以及居住者的生活方式和行为，涉及社区和社会，以支撑得体的集体生活。

4.2.1 住房的可支付性、体面与恢复力（Resilience）

住房的可支付性是一个融合社会、经济、环境可持续性的特殊问题。这种融合在一些同时把住房的可持续性和可负担性作为目标的先进项目中得到体现。

尽管可支付的住房供应与经济有关，但它也与体面的住房相关——向居民提供不仅支付得起，而且健康、安全、生态、稳定的住所。

4.2.2 社会与空间公正

贫富差距对可持续发展构成严重威胁。它是一个明确的社会问题，但在空间上也有多种表现，最显著地表现在贫民窟生活条件的反差，以及可见的贫穷、种族隔离、排斥、边缘化等城市现状。缩小这种城市中的贫富差距是21世纪最重要的挑战之一。联合国人居署一直提倡"城市的权利"，作为实现更包容、平等、可持续城市的一个平台。实施充足、安全及生态住房的可持续住房政策和有利于弱势群体的财富再分配政策，都是缩小社会差距和加强社会公正的重要工具。

建设可持续住房对于缩小城市差距和增强城市权利是非常重要的。要提供能使所有居民，无论财富、出生地和性别，都能够使用的公共服务和空间，同时享用城市所创造的利益和机会。在这方面，居住基本需求的实现必须辅以提供可支付的和良好的设施、服务及相应的基础设施（包括学校，医疗保健和公共交通），以及赋予他们在居住区的权利，从而防止强拆、城市绅士化及迁移。

社会空间的平衡分布、人口和住房所有权多样性的实现，以及避免种族隔离和两极分化都是很重要的。实现这些目标可以通过废除设计上的区别和排斥性区域以及混合不同的所有权。

4.2.3 授权、参与和融合

城市的发展是各个公共机构和私人参与者的决定与行动的结果。解决城市贫困和住房问题最好的办法就是各个参与者的合作，并使穷人也成为参与者。只有当政府意识到他们不能独自解决问题，而只能通过合作的形式时，才是真正有效工作的开始。对于解决城市迁移和住房问题，政府能够做的最重要的事情就是在决定如何解决问题的过程中，确保没有某个群体被排斥在外，而且任何人都可以享用城市发展的利益与公共资源。

对居民在决策过程中的参与应当授予当地的社区控制权，以塑造自己的生活环境和共享新举措的所有权。社区代表中包含少数民族和边缘化群体的代表，对于防止社会排斥和缓和可能的冲突是非常重要的。此外，妇女必须参与到住房发展活动的每一个阶段。

4.2.4 社会基础设施

住房发展不仅只是房屋建设和提供体面的住所，而且也是通过适宜的基础设施、包容的城市环境和社会与文化环境而得到的体面的共同生活。

居民区的可持续性要依靠地区的良好设施（公共交通、水、能源与公共空间）以及基本社区服务的可达性（学校、商店、医疗保健、为家庭和儿童提供的设施）。在新社区生活的起始阶段就必须提供基本的公共设施，以便居民不再需要通过乘车往返来使用这些设施。

此外，公共设施必须保证居民不必依赖汽车到达工作及城市服务的地区。这点是绿色社区和绿色城市认证的关键要求。在社区中，提倡步行或者自行车作为交通方式，要提供体育运动及家庭活动的设施，同时提高残疾人与老年人生活的便利性，这些都可以促进实现健康安全的生活方式。如果居民能够安全地步行或者骑自行车，这会提高地区的吸引力与生活质量，同时有益于健康、提高凝聚力和改善环境。

4.2.5 社会环境应对策略

如果所有的社会群体都能充分融入社区结构，那么他们对生活就会有较高的满意度，社交网络对于不能够支付收费服务的低收入弱势群体来说更为重要。

缺少对于"社会环境"的关注是造成大型贫民区重新安置项目失败和居民不满意的原因之一（例如，上千人反对亚洲最大贫民窟——孟买达维拉项目的改造）。尤其是高层多户的住宅楼，通常被用来取代贫民区，这对于穷人来说可能是文化、社会和经济上的一种挑战——特别是需要支付较高的租金和物业账单，结果许多家庭以非常低的价格出售房子或出租给较为富有的居民，然后自己又搬回贫民区。因此，试图改善贫民区的生活条件时，社会和文化方面都需要认真考虑。

除了贫民区的问题外，发展中国家和发达国家都需要重新考虑以前的城市重建或更新项目（造成中产阶级化和原住民迁移，加剧不满和阶级冲突），并且提供更多选择及敏感干预，从而维持现存的城市结构（通常具有较高的遗产价值）并避免对现有社区和社会资本的破坏，同时提高生活条件和质量。

4.2.6 住房对当前和未来需求的适应性

住房必须灵活应对居民各种不断变化的需求，包括年长的人群、活动受限的居民，以及儿童和妇女。如今大多数的住房和设施对于满足老年人的需求是不够灵活的。

住房的规划和设计也必须是性别敏感的，需认识到在大多数地区中，女性照料着家庭生活。在贫困地区由于缺乏家庭设施（水，厕所，淋浴），因此需要穿越不安全的社区来获取这些设施和其他服务或者到达工作地点，这使女性暴露在易受暴力攻击的环境中。提供靠近家庭的性别敏感设施，改善街道的设计与安全，以及提供公共交通和道路设施可以缓解这些问题。女性和社区都应参与到住房开发活动的每个阶段，确保他们的需求得到适当的满足。

房屋和社区设计的灵活性对适应未来需求也是很重要的。

4.3 住房的经济可持续性

保障性住房是一种具有生产性的资产，对国家福利和经济发展有着重要贡献。此外，体面的保障性住房和相关的基础设施也是增强地方吸引力、包容性和竞争力的关键因素，因此也是地方层面经济可持续发展的关键因素。

然而，保障性住房的经济意义并没有被发展中国家的国家增长策略意识到，保障性住房主要被看作是社会福利的工具（缓解贫困、促进公平以及保证住房权利），而不是作为推动经济发展的因素。

4.3.1 住房供应的可支付性

保障性住房的政策需要在对未来需求、趋势和现有住房资源合理评估基础上设置明确的目标与策略。尽管没有通用的解决办法，但提高住房供应可支付性的策略普遍包含以下内容：

①建筑与房地产市场的调节与奖励；

②提供补助金和其他形式的房屋补贴；

③可支付的抵押市场与其他金融体系的发展；

④为住房项目提供公共土地和基础设施；

⑤建设公共住房以及激励以社区为基础的、合作的、不以营利为目的的住房出租项目；

⑥规范和刺激自建住房与住房改善；

⑦修改建筑法规和程序，降低房屋的建设与运营费用；

⑧通过地方与中央政府、私营企业及其他相关者的合作来实现本地社区的住房项目；

⑨巩固住房建设行业和可支付的建筑材料市场。

4.3.2　住房所有权选择

宏观经济政策对私有住房市场和房屋所有权的极度赞同存在着一定的问题。对房屋所有权的过分关注带来了市场波动。在经济增长的条件下，抵押贷款活动的快速扩张可能导致"信贷狂潮"和房地产价格激增。在经济低迷时期，房价下跌，许多人留下了"负资产"（房产价值下跌到低于余下的贷款总额）。在此期间，因为许多低收入人群已无力偿还贷款，他们的房屋会被收回，失去了房地产投资已经积累的资本。这就增加了社会的不平等，也造成了无家可归者。此外，当大多数人的收入都被套牢在需要偿还的贷款里时，家庭能够为其他商品和服务支配的资金就会减少，这将给经济总需求带来负面后果。

私有房屋拥有者较少的发达国家经济（例如瑞士、法国、德国、奥地利和瑞典等）就没有经历过如所有权较高国家所经历的房价波动。例如，在1971年到2001年间，英国的房价每年增长2.5%，高于欧洲1.1%的平均水平；法国的增长率是0.8%，德国为零，而瑞典甚至下降了1%。

如今许多国家的私有部门供应占领了主导地位，迎合了高端住房市场，从而恶化了住房、经济和贫困现状。相反，租赁住房在发展中国家仍是一项被忽略的政策选择——尽管这是大多数城市居民现在和未来生活的一种方式。表1-4-2中的数据表明大城市或生长型城市的租房人口比例均高于全国水平。这就指出需要齐心协力为可支付的租赁住房设置公有和私有非盈利的选项。

部分国家、城市的住房所有权形式占比（单位：%）　　　表1-4-2

国家的住房所有权形式				城市的住房所有权形式			
	拥有者	租赁者	其他		拥有者	租赁者	其他
德国	40	60		柏林	11	89	
荷兰	53	47		鹿特丹	26	49	25
玻利维亚	60	18	22	圣克鲁兹	48	27	25
加拿大	62	33	5	多伦多	58	42	
美国	66	34		纽约	45	55	
英国	69	31		伦敦	58	41	
埃及	69	31		开罗	37	63	
巴西	74	25	1	圣保罗	70	20	10
南非	77	22	2	约翰内斯堡	55	42	3
泰国	87	13		曼谷	54	41	5

简而言之，保障性住房的供给需要穿插各种形式的所有权（不仅只是私有房屋的所有权），缓解不同需求家庭的住房压力，以及确保一个适当的、有竞争力的所有权选择。

4.3.3 可持续的保障性住房建设可作为就业的来源

住房最重要的经济作用之一是它与就业的联系。例如，在发展中国家，住房建设可以使用当地7%~10%的劳动力，特别是造价比较低的住房建设与创造就业机会有密切联系。

然而，可持续的原则需要在低等技术和高科技之间寻求一个适当的平衡，这取决于特定地区的社会经济环境。应用当地生产的绿色建筑材料和技术可以带来经济效果，以及就业和培训机会。当地可持续建筑材料和技术的发展也可能繁荣相关的零售和咨询业。这意味着其直接或间接的影响可能远远超出了建筑业，形成了真正的协同效应。

4.3.4 认可家庭为基础的企业

在发展中国家，许多低收入和中等收入的城市家庭把他们的住房作为工作地点——生产物品、完成交易和提供其他服务。这种家庭为基础的企业（HBEs）现象对获得收益和提供就业是非常重要的。

尽管以家庭为基础的活动通常被归类在非正规部门，并且面对着政府有敌意的政策，然而承认和支持他们逐步正规化而不是忽略、甚至损害他们的利益才是更有效的办法。

4.3.5 动员存款和发展金融

发展中国家住房和相关设施的金融资源很有限，所以，对可持续住房来说，明确金融对策是非常关键的。住房金融资源可能包括传统的按揭贷款、补助金、小额信贷、移民汇款及非正规金融等。许多证据表明，传统的正规金融（按揭贷款）已经非常不适用于穷困人口，而通过高额的补贴来实现可持续性也不能长久。在这种情况下，一些国家开始寻求不同的方式来发展住房金融体系。

例如，住房小额贷款（HMF）被广泛认为适用于增值的建筑过程而被许多贫困家庭所采用——当住宅被看作是一个缓慢持续的建设和改善过程，而不是一个已完成的产品。HMF也是依据对低收入家庭金融需求更细微的理解。

但是，当HMF模式完全利用非正规的金融实践时，它们可能会造成过度地剥削甚至犯罪——收取高额利润以及暴力对待未支付者。好的实例是将正式的和非正式的实践相结合，例如，以社区为基础的集体贷款安排。通过社区组织管理他们自己的财政资源，社区不仅能更好地了解居民的需求，并且为他们提供一种简单、规范的机制来发展集体管理技能和相互协助。

4.4 实现整体可持续性的途径

4.4.1 寻求各个可持续方面的平衡点

改善住房可持续性的不同维度之间存在着交叉的联系，有时轻易地把措施划分成环境、社会、文化或者经济等类别甚至是不可能的。例如，在环境和经济方面共赢的例子就不少。

但是从实际出发，为达到可持续性的目的并不是没有阻力的，因为它涉及冲突与争议、权利的问题和财富的再分配，而不是多赢的局面。

尽管关注于可持续性各维度中多赢的平衡是必要的，不丢弃权衡的必要性也是非常重要的，但解决的方案通常决定于特定的动机、社会文化背景以及政治形势。

一般来说，设计或者评估一个可持续的保障住房项目时，从可支付性和社会公正的角度出发可能是更有益的。涉及这点的可能有以下一些问题：

①谁从这个项目中受益？

②项目有没有确保社会公正并防止社会空间的不平等？

③有没有优先考虑集体消费（公共服务，公共空间和技能）或者只关注精英消费（例如，依靠汽车的流动性，封闭社区，房地产投机）？

④项目更广泛的社会含义是什么？

如果住房项目满足了必要的可支付性要求，就需要进一步交叉考虑其他可持续性问题。作为一个说明，表1-4-3提供了范例，说明哪些问题可以在可持续性不同方面的项目中加以考虑。当然，这些问题并不是详尽的，只是简单给出了说明。

住房可持续性问题范例　　　　表1-4-3

项目注意事项	环境注意事项	社会注意事项	文化注意事项	经济注意事项
能源效率	对于健康和地方环境是安全的吗	是否为不同的社会群体提供了各种需求	能源效率的特性是否容易运行	有没有使用当地的材料和技术
租赁房屋的发展	是否包含了绿色空间	是否允许社会混合	是否考虑到居民的文化习惯和期许	是否考虑了公共交通和工作地点的可达性
遗产修复	是否节水和节能	是否促进或破坏了社区融合	是否保护了新的迁移居民	经济上是否可行
贫民窟升级	是否改善了针对气候变化的恢复力	是否包含了社会服务（教育，医疗）	是否包含了文化发展的机会	是否满足地方企业的需求
新建"社会"住房	有没有对当地生态系统带来负面影响	是否成了城市和其服务的一部分	是否支持地方的文化规范、传统和生活方式	潜在的受益者能够负担得起住房吗

4.4.2　更有效地使用空间规划工具

空间规划涉及城市经济的各个方面，重要的是它将不同部门和城市系统组织并融合在一个统一的空间策略中。有着长期牢固的土地使用规划、公共交通和绿地战略的城市才是健康和安全的。

在城市和农村地区，住房和规划曾被充分结合起来，改善有效的住房项目，但是近几十年，这种联系又被削弱了。住房逐渐依赖于市场而不是规划，结果伴随着产生一系列负面效应，例如住房的土地短缺、城市扩张、不平衡的住房市场、刚性住房分化、绿地缩减等。

但是空间规划仍是一种增强住房可持续性的重要工具，它通过提供不同区域规模（从地区到社区）的发展、重建及未来提升的政策（包括贫民窟改造），从而提升社会融合、环境绩效以及住房项目的能源有效性，同时也有助于提高气候适应性。

4.4.3 提高住房的恢复力

提高对气候的适应性和恢复力是提高住房可持续性的重要措施。为了克服气候变化的内在不确定性，新的投资和总体能力建设应提倡灵活性和多样性。2010年世界发展报告（2010 World Development Report）中提出了一些重要的原则：

①提倡"无遗憾"的行为，即这种行为可以提供效益，但不影响气候变化，也不受气候变化的影响。例如，提高住房能源和水资源的有效利用；

②灵活的规划，把可能的错误决定降到最低；

③提高安全余量（例如，支付更多的资本建造更加坚固的房屋，或者将社会保障网延伸到弱势群体）；

④编制基于方案分析的长期规划并从一系列的未来图景中选择和评价城市发展策略；

⑤设计与实施应针对当地的知识缺陷，并通过其受益者来促进该项策略的实施。

社区的整体弱点取决于一系列的结构因素，不可能在一夜之间轻易改变。破旧和无效的资本存量、违反建筑法规的建筑、缺乏维护的城市工程设施、不发达的公共服务、社会不平等、两极分化和贫困等都是造成社区暴露在危险中的因素。住房的恢复需要逐步地加强，需要通过提高社会幸福度和房屋质量而日渐积累。

4.4.4 推广良好的实践经验

世界各国有许多优秀的案例取得了可持续保障住房的良好成果，尽管他们通常只关注于可持续性的某些方面，甚至在推广上是非常有限的。真正的挑战在于如何将这些案例中最好的方面加以推广，使其主流化。

一般来说，完成可持续住房的两种途径是被认同的。一种是"自上而下"的方式，依赖于政府推动和政策与多边合作。另一种是"自下而上"的途径，依赖于小型团体或者个人的推动和努力（包括非政府组织、社区、企业）。两种方式对于可持续住房的实践都是非常重要的。

主要参考文献

[1] UN Habitat, Sustainable Housing for Sustainable cities——a policy framework for developing countries, 2012.

5 可持续住区规划建设案例与分析

为更好地借鉴国内外经验，探究提高住房项目可持续性的路径和策略，本节选取了4个较为成功的住区项目案例并加以分析。这4个项目分别是英国BedZED项目、美国Via Verde项目、德国Vauban项目和我国香港牛头角上邨（二、三期）重建项目。

5.1 案例分析

我们所选的4个案例各有千秋，但归纳起来可以看出以下几个值得重视的特点：

（1）**集约利用土地**。土地是一种宝贵有限的物质资源，各国对节约集约利用土地都十分重视。英国的BedZED社区及美国的Via Verde社区分别建于废弃的污水处理厂和废弃加油站，前者在不降低环境质量的前提下尽量增加建筑密度，后者则通过土壤填充、化学氧化等措施治理受污染的土地。这两个项目中对废弃工业用地的整治和再利用，一方面降低了土地成本，另一方面节约了土地资源。

（2）**采取各种节能环保措施**。所选四个项目均采用了一些环保节能手段来有效减少资源的利用。

①充分利用太阳能。英国BedZED项目、美国Via Verde项目和德国Vauban社区均在屋顶或房屋的立面安装了太阳能电板，美国的Via Verde社区还创新了面板的自定义系统，使面板的悬挂达到最佳发电角度，同时最大限度地减少面板造成的阴影面积。

②采用社区热电联产技术。英国的BedZED社区利用树木的修剪废料建立了热电联产厂，产生的热能和电能不仅完全满足了该社区的用电需求，还可以向国家电网输送多余的电量。

③采用高气密性、高隔热性技术和微气候利用技术。英国BedZED社区和德国Vauban社区的部分住宅均采用保温的隔热材料，良好的热工性能使这部分住房不再需要传统的供热系统；美国Via Verde社区中的窗户材料为高性能的低辐射玻璃，也可防止热量流失并阻隔一定的紫外线光及太阳辐射。除了以上尖端的节能技术外，还有一些通用的节能手段，仅需很少的额外费用便可带来较为明显的效果。例如，香港牛头角上邨二、三期项目采用的微气候研究，合理布局项目的建筑排列及朝向，使社区及住宅内的通风效果提升了150%，并且最

大限度地引入了自然光。

④采用水循环、再利用技术。所有项目都不同程度地使用了水循环、再利用技术。除了收集雨水用于冲洗厕所和浇灌花草这种普遍的方法外，BedZED中的每户住宅安装了小型的生物污水处理设备，可将污水中的养分提取出来作为肥料，污水经过净化后继续冲洗厕所；Vauban社区则在一处住宅进行了新型的生态污水系统试点，污水通过管道进入沼气厂进行厌氧发酵，产生沼气；牛头角上邨二、三期还使用了取自临近海水的非传统水源，用于冲洗厕所。提高社区室外地面的透水率也是减少地面径流的普遍做法。

⑤采用绿化技术。在所研究的几个案例中，美国Via Verde住区的绿色屋顶最引人注目。坡度不同的梯田式屋顶建设成为集中的绿色屋顶，以提高生物的多样性，同时在社区内还种植了针叶林、果园和都市农场等，为居民提供更为优质的室外空间。

（3）引入生态交通理念。

①建立汽车共享制度。英国BedZED项目和德国Vauban社区均采用了汽车共享制度。在BedZED社区中，会员只需交付一定的费用，即可享用社区的共享汽车；除社区的共享车辆外，德国Vauban社区所在的弗莱堡地区还为该社区居民提供了80辆收费的共享汽车，购买公共交通年卡的居民可以减免20%的费用。

②社区尽可能提供工作岗位。为从根本上减少交通需求，BedZED社区将工作与生活模式混合，尽可能提供工作岗位，商店、幼儿园等生活必要设施的设置也进一步减少了交通需求。

③鼓励居民减少私家车的使用量。德国Vauban社区仅设三个停车场，且每年收取高昂的费用，促使该区居民逐渐放弃私家车的出行方式。

④鼓励公共交通出行。为鼓励公共交通，BedZED提供了两个火车站和两条公交线路，弗莱堡地区也将有轨电车修建到Vauban社区，所有住户距离电车站均不超过400m，且大部分电车可通过再生制动系统返还能量，供其他车辆继续使用。

⑤合理安排步行道和自行车道。Vauban社区在设计之初就被定位成安全、舒适、除特定车行道外的非机动车住区模式。每户家庭拥有至少一处自行车存放点，通常位于安全的地下室内；社区内的自行车服务维修店也对居民免费开放。居民自行车出行12分钟内可到达市中心。

（4）实现住区的社会可持续性。该项目目标可因项目具体条件不同而迥异。

①住区融合策略。应当根据社区的位置、人群组成等情况进行适度的社区融合，避免形成新的贫民区。BedZED住区中的83套住宅，混合了多种产权形式，其中50%用于销售，25%的住房为共有产权房，其余25%则为出租用社会住房。美国Via Verde住区的222套住房中，151套是面向低收入居民的租赁住宅，71套共有产权的住房面向收入水平达到中等家庭收入80%~100%的家庭。德国Vauban社区共占地38公顷，共建2 200栋低层住宅，其中

20%为保障性住房，容纳大约5 000居民。

②公民参与规划建设全过程。一般来说，提高社区建设中的公众参与度是实现社会可持续目标的主要途径之一。德国的Vauban社区和香港牛头角上邨二、三期项目均通过多种形式来推动社区和公众人士的参与，使居民更好地融入社区。德国Vauban社区的公众参与主要通过"Vauban论坛"实现，该"论坛"是由相关市民组成的非政府组织，在社区规划建设的起始阶段就参与了项目理念与总体规划的编制。"Vauban论坛"的代表与市政府的执行机构进行合作，共同决定部分规划细则，包括房屋限高、绿色屋顶或墙面和雨水的过滤系统。在项目建成运营后，"Vauban论坛"则组织居民参加各项活动，在居民中竖立环保意识和节能概念，并对社区开发进行监督。为避免过高的建造成本，"Vauban论坛"结合了一部分对项目感兴趣的建筑师、居民以及投资商组成了几个联合建设团队，每个团队负责该项目的一部分区块。团队中的居民也对建设细节如色彩搭配、平面布置等都有充分选择权。香港牛头角上邨项目为重新缔造社区的归属感，在项目的建设期间，当地房屋署与居民、区议会及关注团体举办了多次会议、工作坊及项目简介会。设计阶段也及时听取居民的意见反馈，多处细节均表现出对居民需求的回应，例如走廊的扶手设计、厨房及卫浴台盆的设计模式等。入住后的社区管理制度仍沿用1996年推出的"屋邨管理咨询委员会计划"，咨委会由居民代表、区议员及社区的物业经理组成，从而保持双向、有效、及时的沟通、交流。

（5）**实施社区运营策略。**

在可持续的社区建成之后，大部分项目也都提供了一些社区管理及维护的策略。英国BedZED在居民入住时提供各类辅导服务，引导居民可持续的生活方式；此外，社区还为居民提供了选择环保材料及电器的建议；社区中心举办的会议及其他的社交活动也都由部分居民管理。美国Via Verde社区的管理机构定期发布绿色生活指南手册，提出了运动及营养饮食的建议，为居民的健康和可持续生活提供了指引。除此之外，社区还发起了"花园俱乐部"的活动，负责和管理社区中的果园和蔬菜园，并培训居民关于可持续、有机的栽种方式。

5.2 案例

5.2.1 英国BedZED案例

BedZED贝丁顿零能耗开发项目是英国最全面的环保住宅项目，也是世界第一个零碳社区。该项目位于伦敦南部的萨顿区，开发用地原为城市污水处理厂。工程始于2000年10月，2002年3月竣工。整个项目共有83套住宅，混合了多种产权形式，其中50%的住宅用于销售，25%的住房为共有产权房，其余25%则为出租用社会住房。除此之外，项目还建造了2 500m^{2}的办公、商业、服务等配套设施（图1-5-1）。

图1-5-1 BedZED平面图

该开发项目具有以下特点:
(1) 资源的集约利用
①土地资源

BedZED建造于废弃的污水处理厂,并且在不降低环境质量的前提下尽可能地增加建筑物的密度,从而达到节约土地资源和成本的目的。

②建筑材料

BedZED项目在选择建筑材料时均以尽量减少对环境的影响为基本原则,尽可能使用天然、再生或者回收材料。因此,该项目中的所有木材均通过森林管理协会(Forest Stewardship Council)或其他国际认可组织批准,以确保使用的木材是来自可持续管理的林区。此外,设计师认为使用当地的材料和传统的建造方式可以最大限度地减少建设对环境的破坏,同时增加工程的耐久性。因此BedZED制定了"就地取材"的政策,减少交通运输距离,甚至使用了大量回收或再生的材料。项目完成时,95%的结构用钢材都是从56.3km范围内的拆毁建筑场地回收的,其中部分来自一个废弃的火车站。建筑窗框则选用了木材而不是未增塑聚乙烯,从而减少了12%(约800t)的二氧化碳排放量。

③水资源利用

雨水利用:每栋建筑的基础部位都配备了大型蓄水池,屋顶雨水可通过过滤管道流入蓄水池中，用于冲洗厕所和浇灌花草。建筑的屋顶花园种植大量景天属植物，减缓雨水流入地表的速度，防止因雨量过大造成地表积水。停车场使用带孔地砖铺砌，以减少地面径流。经屋顶花园、路面和铺装地面流走的雨水被排向社区入口一侧曾经干涸的渠道里，营造了水系景观。

废水利用：BedZED中的每户住宅都安装了小型生物污水处理设备，称作"生活机器"（Living Machine）。可以将污水中的养分提取出来作为肥料，污水处理后与收集的雨水一起用来冲洗厕所。冲厕的废水经过生化处理后的一部分用来灌溉社区中的植被，一部分重新汇入蓄水池，继续作为冲洗用水。

节水措施：安装节水设备，采用低水量浴器、节水型龙头和阀门；采用的节水型马桶卫生洁具，每户每年可节约用水55 500L。

④能源利用措施

BedZED社区中的能量均由树木修剪废料（CHP木屑锅炉）、太阳（被动式太阳能、光电板）以及风力（先进的热回收通风系统）提供，结合性能优异的保温隔热系统，社区住户的总能耗降低60%，采暖能耗降低90%。

为了最大限度地获取日照，BedZED的房屋均为南向。居住与工作空间集中在三层高密度建筑中。办公室等工作场所放置在底层，位于南向住宅平台下的阴影区内，在获得充分自然光线的同时，避免了阳光直射引起的夏季过热。工作场所上方的平台设计成空中花园（图1-5-2）。

图1-5-2　标准单元剖面图

屋顶、墙体及地面均采用性能优良的保温隔热材料。例如，住宅外墙为夹心结构，采用150mm的混凝土空心砖和150mm的石砖，中间为30mm厚度的岩棉，当温度过高时，房屋即可自动储存热能；外层玻璃采用三层中空玻璃。由于围护结构的优良热工性能，BedZED社区中不设中央取暖系统。

BedZED社区中所有的热能和电能均由该社区的热电联产厂CHP（Combined Heated and Power）提供。CHP的燃料来自附近地区树木的修剪废料，燃烧后成为可利用的有机肥；此外，木屑在全封闭的燃烧器系统中碳化，发出热量并产生电能，不产生二氧化碳，因此其碳排放为零。功率为130kW的CHP可满足社区中240名居民和200名工作人员的能量需求。而通过CHP产生的热水可通过保温管道输送到每户的热水灌中，并起到暖气的作用。该热电联产厂还与国家电网相连，在用电量较低时，产生的多余电能可输送至国家电网。

除了零采暖设计，BedZED还采用了自然通风系统来使通风能耗最低。经特殊设计的"风帽"（图1-5-3）可随风向的改变而转动，利用风压给建筑内部提供新鲜空气，同时排出室内污浊气体。而"风帽"中的热交换模块利用废气中的热量来预热室外寒冷的新鲜空气。经试验，在此热交换过程中挽回的通风热损失最高可达70%。

图1-5-3　BedZED中的"风帽"、空中花园及光电板

社区中的每家住户均设计了阳光房，在阳光房的玻璃顶及建筑的南立面上安装了太阳能光电板，共计1138片（图1-5-4）。这些光电板的最高功率达109kW，一年提供88 000kWh的电能，可供40辆电动汽车行驶10 000mi。

（2）交通策略

①为用车出行提供更多选择

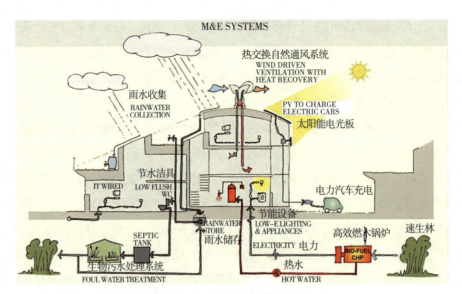

图1-5-4　BedZED能源系统

BedZED提供了充足的自行车停车场，并有与萨顿区相连的自行车道，也为每户家庭提供了两到三辆的自行车储存空间。

为鼓励汽车的低保有量，BedZED设立了共享车辆系统。共享车俱乐部是城市交通的新生事物，会员无需拥有私家车辆，共享俱乐部的汽车可根据需求使用，按时间和行程支付费用，可节省保险、税、贷款、维护等日常开支。数据表明，一辆共享车辆可代替4~6部私家车。除传统汽车外，共享车俱乐部还拥有一部分电动汽车，其电能由社区安装在每户的电光板自产电力供给，可解决短距离交通。

②减少交通需求

BedZED的生活与工作的混合模式，使部分住户享有就地从业的机会，减少远途上下班。商店、咖啡店、健身中心、幼儿园等生活必要设施的设置进一步减少了交通需求。开发商还尝试与当地超市洽谈网上购物事宜，通过定期送货的方式减少远途大批量购物。

③鼓励公共交通

BedZED提供了两个火车站和两条公交线路，构成了良好的公共交通网络。通过限制停车场的数量来减少对机动车的使用。

（3）管理策略

在居民入住时，BedZED为居民提供各类辅导服务，包括说明手册、信息服务、社区博客等，引导居民可持续的生活方式。此外，社区会为居民提供如何选择合适家具、节能电器、环保装修材料等建议。

BedZED中的共享空间包括了步行街区、儿童玩耍空间、足球场以及社区中心。中心提供了为运动及舞蹈课程配备的更衣室、沐浴间及餐饮设施；社区中心举办的会议、聚会及其他的社交活动通常由一部分居民管理。数据显示,超过66%的居民使用过社区活动中心。除了共享设施外,每个单元前的开放空间也可以提高居民间的互动性。屋顶花园以及连接建筑之间的廊桥都可以为居民间的社交活动提供场地空间。

(4)经济的可持续性

BedZED项目在建设中并未采用特别复杂的技术,只是吸收了最新的环保概念,并将其他项目中已使用过的技术综合运用到该项目上;此外,由于BedZED建立在废弃污水厂上,节约了大量的土地成本,萨顿区政府还给予了优惠政策,因此,项目的总体花费仅比普通住宅高约20%。

由于能源价格的不断上涨,该项目会有明显的增值空间。英国政府规定,有关绿色住宅的贷款和保险均可享受优惠条件,因此,能源和水资源消耗的降低可使BedZED的居民获得"超高倍贷款"。除此之外,该项目中工作场所的设置为当地居民提供了超过200个工作岗位。

5.2.2 美国Via Verde案例

纽约在20世纪80年代开始针对城市空地进行保障性住房建设的探索。目前,纽约已经颁布的各类宗地支持计划多达三十余个,其中相当多的项目都与保障性住房及低收入社区建设直接或间接相关。由于小幅宗地地块相对分散,所以将这类污染地块进行整合,规划为宗地片区并对其进行综合开发不但可以提升建设效益,而且也有利于更大区域的社区开发。在建设实践领域,纽约针对宗地二次开发的建设项目通常采取示范性项目的方式,集结各方力量合作积累开发经验,最终形成完善的宗地开发流程。位于布朗克斯区的Via Verde住区就是一个成功建设的示范性项目,该项目为后续开发的宗地住宅及保障性住宅建设积累了诸多有益经验。

Via Verde住区项目于2006年启动,由纽约住房保护部(HPD: Department of Housing Preservation and Development)和建筑师协会纽约分会联合发起设计竞赛,地块位于纽约南布朗克斯区,占地约0.55公顷,其所在区域是布朗克斯最衰败萧条的地区。最终的开发权由纽约当地的建筑设计公司、私营开发商以及非营利开发商组成的团队获取。从最初方案到落地最终耗时6年,该项目于2012年6月建成开放,总计住房222套,其中151套是面向低收入居民的租赁住宅,71套共有产权的住房面向收入水平达到中等家庭收入80%~100%的家庭。此外,住区还拥有697m^2的商铺和社区共享空间以及3 716m^2的屋顶花园(图1-5-5、图1-5-6)。该项目于2013年获得了美国建筑师协会(AIA)颁发的"住房奖"(Housing Awards)。

该项目的特点如下:

(1)可持续的设计

Via Verde住宅区在建成投入使用后通过了美国LEED绿色建筑的金级认证,其显著特征

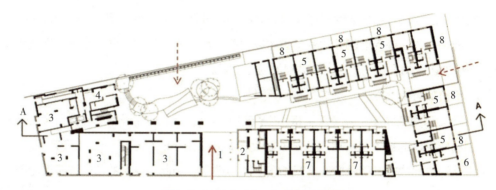

图1-5-5 Via Verde单元布局图

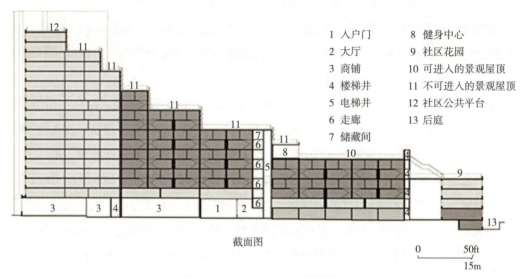

图1-5-6 Via Verde截面图

包括以下几点：

①宗地整治

Via Verde的建造用地前身为被污染的废弃加油站，并且容易受到临近火车站的影响。该地块的土壤、地下水中均检测出了有机溶剂和石油相关的化合物。此外，有证据表明临近的铁路站点也造成了多氯联苯、重金属及挥发性有机化合物等污染。Via Verde住区在建造前，开发团队制定了相关的整治策略，包括挖掘和处理现场土壤，使用干净的土壤填充，采用化学物质氧化浅层地下水域，并通过设置屏障防止其他污染物进入。对废弃工业用地的整治和再利用，一方面降低了土地成本，另一方面节约了土地资源。

②绿色屋顶

由于南布朗克斯区的哮喘发病率一直高于美国平均水平，设计希望能够为居民提供更优质的室外空间，因此在Via Verde项目的设计阶段，利用多种绿色建筑策略促进居民健康生活就被作为该项目首要的核心特征。其中一项重要目标即为通过建造庭院来最大限度地创造开放空间和绿地,并把建筑的屋顶打造为绿色空间。社区采用住宅组团的形式,由三种不同高度的建筑围绕而成,由南向北依次为2~4层的连排住宅,6~13层的中层建筑,最北端为20层的高层建筑,环绕和梯田形式的结构形成了阶梯式的绿色纽带,从地面的庭院至七层的健身花园,延伸到20层的屋顶露台。各平面的屋顶花园是由一系列的阶梯连接,结合绿色建筑技艺,为社区居民提供了多种用途的空间:2层屋顶为露天剧场;3层和4层的屋顶分别为针叶林和水果种植园;社区园林设置在第5层的平台;7层则为通往社区室内健身中心的室外健身平台;其余楼层屋顶共提供了6个种植床作为社区菜园(图1-5-7)。

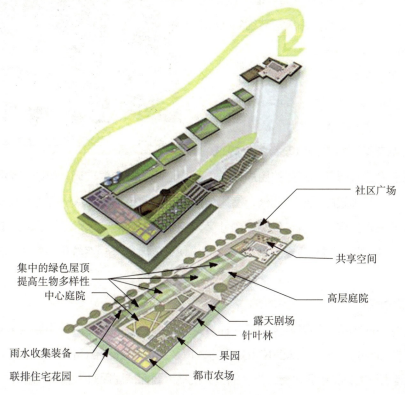

图1-5-7　Via Verde绿化概况

除基本的植被外,该项目采用了雨水收集系统,用于灌溉屋顶植被。为成功维护社区花园,在Via Verde社区运行的前两年,开发商与GrowNYC[①]组织合作管理和维护所有的社区花园,确保在经过最初启动期后,Via Verde社区的居民能够独立地管理绿色屋顶。

---

① GrowNYC:GrowNYC是纽约的非营利机构,通过为居民提供免费工具和服务来提升城市环境和可持续性。

③太阳能板

太阳能电板对于屋顶面积有限的中高层建筑来说通常不是较好的选择，而Via Verde项目则通过使用各处阶梯，并利用多处屋顶的水平和垂立面最大限度地安装了太阳能板。此外，项目还创新了面板的自定义内置机架系统，使面板的悬挂达到最佳发电角度，同时最大限度地减少面板造成的阴影面积。该项目共计放置了288块光电板，最多产生66kW电能，达到社区用电总量的15%~20%，每年可节约12 000美元的用电成本（图1-5-8）。

④室内节能环保装置

Via Verde的每户单元内都安装有一系列的节能装置，包括了"能源之星"认证的产品，节能灯、自然交叉通风设备以及挥发性较低的

图1-5-8　住宅垂直立面上的太阳能光板

材料来提高室内空气质量。房屋的窗户材料均为高性能的低辐射玻璃，可防止热量流失并阻隔一定的紫外线及太阳能辐射。此外，室内还配备有温度传感器，只有在温度降低到一定数值时，取暖系统才会启动。所有供暖均由社区内的中央蒸气冷凝锅炉系统提供，建筑的外墙使用热阻达到20的嵌板以确保最佳的气密性，模块化的幕墙连锁系统也有利于消除各楼层的热桥效应。

（2）管理策略

绝大多数的绿色建筑都需要其中的居民接受各方面有关绿色生活的引导与教育，例如绿色建筑所需要的节能措施、特殊的垃圾处理方式以及如何使用清洁环保的设备及涂料等。Via Verde的管理者认为维持社区可持续生活的最大挑战是要保持居民对于该种生活方式的兴奋度。

社区的管理机构发布的绿色生活指南手册为居民的健康和可持续生活提供了指引，它提出了运动及营养饮食的建议，并解释了该社区的花园俱乐部及循环利用效应等显著特点。除此之外，Via Verde还定期举办一系列有关健康的培训项目，包括运动类课程，管理蔬菜园和果园的花园俱乐部，并发起了"食品箱"的倡议，使得该区居民能够以10美元的价格购得重量为12磅的有机食品。花园俱乐部也成了Via Verde社区中非常成功的项目，通过与GrowNYC组织的合作共同管理负责屋顶果园和蔬菜园。俱乐部里三分之二的成员为小区业主，其余则为承租人，GrowNYC为这些成员提供关于可持续、有机栽种方式的培训。当生长季结束时，多余的种植物料则会被合成肥料。

社区管理团队会在20层的屋顶广场上定期开展电影之夜及其他的社交活动，所有项目由捐赠的资金支持，并对居民免费开放。此类活动的开展有助于居民更好地融入社区生活中。每年发布的刊物为管理人员和业主间搭建了有利的沟通桥梁，24小时值班的服务台鼓励居民及时反映问题。

（3）经济可持续性

Via Verde项目促进了在棕地利用、能源有效性及清洁能源生产方面的投资，因此得到了国家及州政府的大力支持。开发商在棕地整治中投入了260万美元，获得了政府棕地清理计划的税收抵免指标。纽约州能源研究与开发局为该项目资助了50万美元，提供技术援助并为实施节能计划的业主融资，旨在提高15%的建筑物能源效率。除了各项财政支持外，Via Verde还获得了一项由市长办公室颁发的额外赦免，由于该项目位于良好的公共交通节点位置，地面也有大量的停车位，因此免除了区域法规要求的36个地下停车位，从而节省了大量的建造成本。

Via Verde项目中的一些可持续设计也可促进住房的可支付性，具体体现在节约了设备及能源消耗费用。据统计，Via Verde每年可节省11.5万美元，比普通的住宅楼减少了27%的支出。

5.2.3 德国Vauban案例

Vauban社区位于德国弗莱堡的南端，距离老城商业中心约有2.5km。该地区原为二战后法国占领军的兵营。法军在1992年撤出该地区之后，弗莱堡政府以200多万欧元的价格从联邦政府处购得了此地块，并把其纳入城区的发展规划。弗莱堡在20世纪90年代初期面临着住房短缺的严重问题，因此Vauban所处的地块则被政府规划为住房用地，尤其针对城市中的年轻家庭、学生以及老年人。该区的住宅项目于1993年开始进行规划讨论，1998年投入建设，工程一直持续到2014年。到目前为止，Vauban社区项目已完成了三期工程，占地38公顷，共建2 200栋低层住宅，其中20%为保障性住房，容纳大约5 000居民，并提供了600个工作岗位（图1-5-9）。由于该项目中全面的可持续发展绩效，以及政府、市议会、开发商及社区居民参与制度和多方合作发展模式，Vauban社区成为德国可持续住区的典范，并于2002年获得了"迪拜改善人居环境最佳实践奖。"

该项目的特点如下：

（1）公众参与

① Vauban论坛

弗莱堡政府制定了该项目的主要目标为通过多方合作参与的形式来满足住区的生态、社会、经济及文化需求，并提出了"规划与学习"的理念，使公民参与扩大到超过当前的法律需求，甚至参与到项目的规划阶段。因此，于1994年由相关市民组成的非政府组织

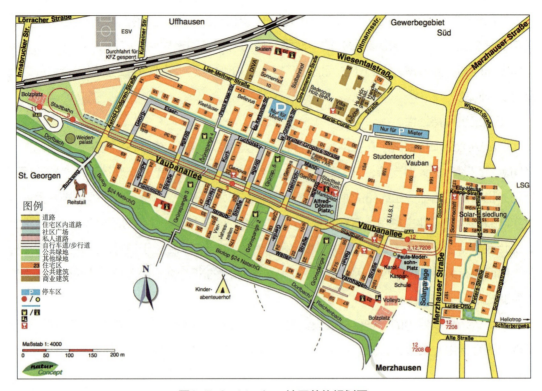

图1-5-9　Vauban社区总体规划图

"Vauban论坛"便应运而生，并于1995年成为弗莱堡的合法团体，其运作经费来自会费、捐赠、政府资助及少部分的创收。该组织在Vauban 社区规划建设的起始阶段就参与了项目的理念与总体规划的编制。

　　Vauban项目共有三个管理主体，即市政府的执行机构——Vauban项目组（Project Group Vauban）、市议会（Committee of the City Council）及居民组成的Vauban论坛。Vauban项目组与市政府进行行政合作，构建了项目建设团队，负责社区的配套设施建设与后续发展，并承担出售建筑用地的责任；市议会则成立了专门处理Vauban事务的委员会，议会的各政党代表与管理机构代表以及Vauban论坛的代表共同协商项目事务；而由民众成立的Vauban论坛则成为扩大公众参与度与处理该区社会服务的合法机构。市议会是介于市政府和社区公民之间，负责信息交换、讨论和决策准备的平台。原则上，只要Vauban项目组与Vauban论坛双方达成一致，决策就可以实施，整体决策的风险也明确由所有居民共同承担。

　　在Vauban论坛的协作下，确立了Vauban社区发展的理念和五项基本原则。这五项原则为：减少个人汽车的交通方案；丰富的社会、文化融合；私人合作建房的自助模式；基础设施的短期方案；局部生态供热的概念等。

　　在项目的规划设计阶段，论坛的参与民众与政府共同商讨决定部分规划细则，包括房屋限高、绿色屋顶或墙面和雨水过滤系统。在项目建成和运营阶段，Vauban论坛的主要功能则是组织居民、在居民中竖立环保意识和节能概念、开展居民参与的活动、对社区开发进行监督、搜集整理并宣传有关可持续发展的信息等。除在社区内开展讨论会外，论坛还定期发行免费季刊，或举办旅游参访活动，与其他社区互访学习，也负责接待慕名而来的观光者。

②联合建设团队

为避免过高的建造成本，Vauban项目组将该处地块划分成若干个小区块，在预先规定好土地容积率的情况下，优先分配给私人开发商和联合建设团队。在市政府的要求下，Vauban论坛结合了一部分感兴趣的建筑师、居民以及投资商组成了几个联合建设团队。在社区总体规划设定的容积率和能源标准下，每个团队负责建设一部分区块。在整体规划框架下，社区建设呈现出了多样性与良性竞争。联合团队中的居民对于住宅的方位、平面布置、色彩搭配、材料选择、节能措施、开放空间比例与用途等，都有充分的选择权。这种联合团队的住宅建设模式主要集中在Vauban项目的第一和第二阶段，共完成大约385套房屋的建设。经统计，在整体造价相同的施工品质下，实际的开发成本比预算减少了25%，从而明显增加了民众的接受度。

（2）可持续的设计

①能源效率

Vauban社区的所有新建房屋都尽可能地提高能源标准，每套房屋的平均能耗值均降低到65kWh/（$m^2 \cdot a$）（千瓦时/平方米每年），而德国在1995年到2000年间的新建房屋平均能耗标准为100 kWh/（$m^2 \cdot a$）。

一期、二期工程建设中共有超过90套被动式节能住宅，这部分住宅围护结构采用150~200mm以上厚度的外墙保温材料，具有良好的密闭性和通风设计，并通过建筑的朝向来实现太阳能供暖，从而不再使用传统的供热系统（图1-5-10）。投资者还在项目一期中增加了十套能源自给型房屋（Plus Energy House），并计划在整个社区中改建100~200套类似的住宅。2001年，社区建成了高效的燃烧木屑的热电联产工厂CHP，2002年投入使用，并与该地区的供热系统相连。一期项目共安设了超过450m^2的太阳能集热器，截至2000年底，通过光伏发电系统共产生了120kWp的能量。

图1-5-10 位于屋顶的太阳能电板

②节水措施

Vauban社区80%的地面都覆盖有雨水渗透系统，并在其中一处住宅进行了新型生态污水系统的试点。污水粪便通过真空管道被运送到沼气厂，与有机垃圾一起进行厌氧发酵，产生沼气。剩余的部分灰水①（grey-water）经过生物膜处理后被重新利用。

（3）生态交通系统

Vauban社区的交通理念从一开始就不局限于单纯的小范围无车社区，而是尽量减少整个地区的汽车使用量，使该社区的所有居民受益。

①"无停车场"计划

Vauban社区的停车场面积比例不足0.5，包含了三个分布在不同位置的地上及地下停车区，以及分布在社区外围、能够提供470个车位的室内收费停车场，费用约为每年26 000美元。Vauban的发展计划禁止居民在住区内拥有私人停车位，所有车辆必须放置在以上几个停车场内，车辆仅允许在接送居民时进入居住区。社区外围主干道的车速被限制在30km/h，而住区内的车速则不能超过5km/h。如果住区的居民选择不再购买汽车，那么他们可以签署一份"无车生活"的合约。高昂的停车费以及较远距离的停车场，促使居民更偏向于"无车"的出行方式。

②公共交通系统

2006年，弗莱堡的有轨电车系统修建到Vauban社区，居民能够在14~18分钟内到达城市中心和火车站，所有住户距离电车站均不超过400m。2009年起，市政交通部门为所有有轨电车安装了"绿色节能"系统。大部分车辆可以通过再生制动返还一部分能量到高架电线中，供其他车辆继续使用。沿Vauban社区周边的电车轨道铺设在草地上（图1-5-11），以降低噪声并减少非渗透地面的径流量，同时增加社区周边的美观度。

③步行道和自行车道

Vauban社区在设计之初就被定位成安全、舒适、除特定车行道外的非机动车住区模式。每户家庭拥有至少一处自行车存放点，通常位于安全的地下室内；社区内的自行车服务维修店也对居民免费开放。居民自行车出行12分钟内可到达市中心。

图1-5-11　铺设在草地上的有轨电车

---

① 灰水：grey-water，主要指厨房用水、沐浴、清洗等可再利用的废水。

④汽车共享制度

社区内共有12辆共享汽车,其中五辆位于太阳能停车场。除此之外,位于弗莱堡地区的非营利汽车组织也可为居民提供80辆收费的共享汽车。为鼓励居民尽量选择非机动车辆或共享汽车出行,购买区域交通年卡的居民可以减免20%的共享车辆费用和自行车租赁费。

以上几种方式共同营造了Vauban社区的生态交通系统。经调查,截至2009年,57%的居民在搬进该社区后放弃了私人汽车,41%的居民开始选择使用自行车出行。机动车辆的减少也使部分道路成为社区的开放空间。

5.2.4 中国香港牛头角上邨(二、三期)重建项目

中国香港牛头角邨住区是由香港房屋委员会于1967年建成的公营廉租房屋,主要为15、16层高的长型楼宇。由于其钢筋混凝土的结构已超出使用年限,且安全及卫生条件较差,因此该住区在2003年被纳入需清拆重建的公屋。牛头角上邨的二、三期项目作为下邨居民的就近拆迁安置社区,必须致力于两个重要问题:其一为如何在新建社区中保留延续当地的社区文化,并帮助居民恢复归属感;其二是如何在香港高密度的城市形态下解决社区热岛强度高、通风状况差、空气质量差等环境问题。该社区的重建项目占地32 200m², 于2009年完工,共包括6栋约40层高的大楼,提供了超过4 500套住房、2 500m²的零售商铺及31个私家车位的露天停车场(图1-5-12)。由于其卓越的建造品质和可持续的特征,该项目自规划至今,获得了香港环保建筑大奖及2010年优质建筑大奖,并在最近的中国绿色建筑标识评价中达到

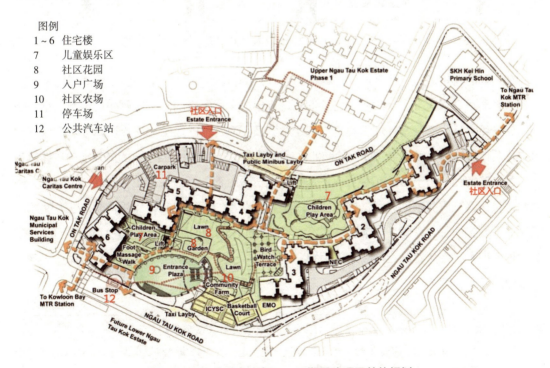

图1-5-12 牛头角上邨二、三期重建项目总体规划

了三星级，成为首个获此最高等级的公屋项目。为提高效率和生产力，并节约成本，该项目采用了模块化的户型设计，共涵盖了5种户型，通过合理的平面布局和组织模块，最大化各类户型的提供量。立面的设计也采用专门的预制设计，并结合目标住户的意见反馈来满足居民需求。

该项目具有以下几个特点：

（1）公众参与

为从用户的需求和切身利益出发，牛头角房委会首先将牛头角上邨二、三期定位为下邨居民的安置房屋，可以减少居住环境的变化对居民造成的影响；其次，由于原社区中平均年龄达65岁以上住户约有1 500户，为重新缔造社区的归属感和认同感，从重建项目的起始、规划、建造及使用的各个阶段，房委会运用了问卷调查、会议讨论等多种形式鼓励居民参与其中，并积极采纳居民的意见，包括总体规划、设施类型、环境部署、用料及颜色等。2003~2008年间，当地房屋署与居民、区议会及关注团体共举行了50多次会议、工作坊①及项目简介会（图1-5-13）。

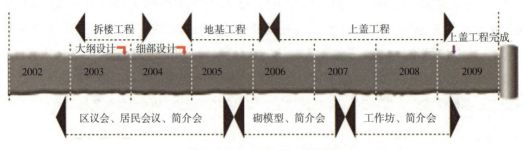

图1-5-13　社区参与流程图

在规划的起始阶段，社区居民可参与到该项目的讨论中，从而进一步了解项目的设计理念，并及时反馈意见。设计阶段的各处细节均来自于居民需求的回应，例如在走廊及室外空间设计扶手；在大堂及室外加设座椅；确定厨房及卫浴台盆的最优化设计模式等。在保留社区文化及传统方面，房委会在项目的商业区设立"文物展览馆"，展示居民捐献出的多件具有历史意义的物品，用于描述20世纪60~70年代的公屋社区生活。在施工完成的交付阶段，房委会提供一系列服务帮助居民选择合适的户型，协助签约手续的办理，并聘请入住大使解答居民关于设施问题的咨询及安排所需修葺。入住后的社区管理制度仍沿用1996年推出的"屋邨管理咨询委员会计划"，咨委会由居民代表、区议员及社区的物业经理组成，可保持双向有效及时的沟通、交流。

---

① 工作坊（workshop）：20世纪60年代，"工作坊"的概念被引入城市规划中，成为可以提供各种不同立场、族群的人们思考、探讨、相互交流的一种方式，甚至在争论城市规划或是对社区环境议题讨论时成为一种鼓励参与、创新以及找出解决对策的手法。

（2）可持续的设计

①微气候研究

牛头角上邨二、三期是首个采用微气候研究辅助规划和设计的社区。香港是个众所周知的高密度城市，根据土地规划大纲，公共租屋的容积率通常为5~7.5。高密度的高层建筑阻挡了自然风的通过，因此不利于缓解热岛效应及污染物的扩散。在项目的设计阶段研究室外风环境时，首先利用风洞试验确定该项目基地实际的主导风向，再利用计算机流体动力学技术（CFD），结合实际数据来模拟该项目区块上建筑布局的风环境，从而最佳优化建筑的布局和设计。通过研究决策，牛头角上邨二、三期的建筑布局最终采用了排成两列的呈锯齿状6幢大楼的设计。在社区的中间地带形成了通风走廊，从而最大限度地引入主导风向（图1-5-14）。

此外，具体的建筑设计中，在标准层靠近天井的位置安装对流窗，增加公共区域和电梯

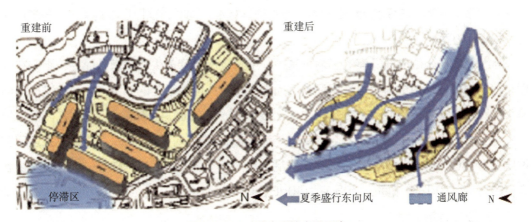

图1-5-14　重建后的主导风向

间的通风度，并有效扩散天井内的空气污染物。微气候研究验证了该设计为项目增加了150%的通风效果，也为室内通风提供了良好的解决方案。例如大楼每层东侧增设的百叶窗有利于东风向直接进入大堂，通风效果提升了100%（图1-5-15）。

除了住宅的通风状况外，微气候研究还对项目的光环境进行了分析，各幢住宅建筑的平均体型系数为0.38；平均窗墙比为0.18。通过综合类比分析，大约87%的住宅单位达到1%及以上日光系数，满足《建筑采光设计标准》对起居室、卧室的

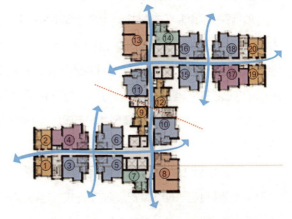

图1-5-15　公共走廊的对流通风设计

采光系数要求。公共走廊加设的对流窗优化了自然通风和采光条件，减少13%的日间照明耗能量，相当于每月可节省42 500元港币的电费开支。

社区公共空间的设计也结合了微气候的研究，研究分析了某些特殊区域全年不同季节和不同时段的风向、风速、采光和遮阴情况，从而为居民创造更舒适的室外活动空间。例如，公共休息区通常位于住宅楼提供的阴影区域中，可避免午后的西晒，风速一般在0.8~2m/s范围内；而供娱乐或球类活动的场所，风速则为1~3m/s之间。CFD的模拟研究表明，中央广场内的人行道及休憩处种植树木或者增设顶棚有利于提高热舒适性，如位于中央广场表演舞台和观众席上的张拉膜结构，在夏季可有效地将风导向广场。

②土地的有效利用及室内外环境

该项目的地形状况较差，原有的住宅建于山地的3个平台上，主要通过陡峭的山坡与外围道路连接。重建项目从经济性和保留原有城市肌理的角度出发，尽量保留了原有的3个建设平台，并对原有的斜坡进行改建，以符合现行的安全标准。同时，项目也尽量保存或移植原具有保留价值的乔木。

为缓解项目西侧交通噪声的影响，其中一组建筑尽量远离牛头角道，而另一组则在大楼布局上与牛头角道成斜角度，再配合锯齿形大楼形成自我阻挡的效果，可有效减少交通噪声的影响。最靠近高架天桥和铁路的住宅楼则被放置在地块的最高点，同时在西面地界设立4.5m高的围墙以减低对靠近牛头角大道住宅楼的影响。除此之外，该楼还采用了围护结构为150mm厚的混凝土墙、6mm厚的单层玻璃。经实测，该栋住宅的卧室在关窗状态下的噪声为30dB（夜间），起居室为40dB（昼间），均符合三星级绿色建筑的评估标准。

③能源的有效利用

由于该项目是政府资助的公屋计划，因此在提高能效方面，并没有采用较多昂贵的高科技节能技术，而是通过微气候研究，利用自然条件，合理设计建筑形态、窗墙面积比等被动式手段使通风采光最优化。

项目采用了建筑内公共走廊对流通风的设计，改善了通风环境及室内的热舒适度。分析表明，二、三期项目的建筑单位空气流通率为9.1~12.9ACH（每小时换气量），远远优于香港绿色建筑标准要求的1.5 ACH的通气量。此外，整体布局中通风廊道的设置降低了该社区夏季的热岛效应。经模拟实验分析，社区内日平均热岛强度为0.8℃，低于绿色建筑三星级评估标准的1.5℃。一系列的通风措施可以为每户家庭减少34%的冷风机用量，相当于每户每年可节约510港元的电费支出。

在采光设计上，除了最大限度地引入自然光外，每栋建筑还采用节能、高效、环保灯具，并为采光较好位置的灯具安装独立光控，当室内照度达到500 lux时则自动关闭，减少不必要的能耗。

④水资源的利用

牛头角上邨二、三期项目在节水方面的显著特点包括使用非传统水源、采用雨水回收灌溉系统、透水地面等措施。非传统水源主要取自临近海水,用于冲厕使用,而社区内的坐便器也都为节水型,节水率为16.67%。经统计得出,该社区年度总用水量为1 012 510m³,其中来自非传统水源的用量为410 990m³,可达40.6%。该社区使用的雨水回收系统也是香港房屋署在2003年的第一个实验性项目,将收集来的雨水用于灌溉绿化苗圃。雨水从垃圾回收站的屋顶回收,汇入1.5m³的玻璃纤维蓄水箱中,再通过水管流入苗圃园中。整个收集过程均以地心引力引流,故不需设水泵,节能的同时也完成了环保的目标。社区重建后的室外透水地面积达到7 039m²,占了总用地面积的38.05%,比旧区提高了约48%。

⑤运营策略

该社区在建成运营阶段,采用了一系列的智能化系统,包括闭路电视监控系统、门禁管理系统、语音对讲装置以及电子巡更管理等安全防范系统,停车场管理系统、消防控制器等管理监控系统,以及通信网络系统等。

社区的垃圾管理采取了压缩处理系统(图1-5-16),该系统结合了生物技术以及碳过滤排气系统以降低垃圾对周围住宅建筑的影响,可提高项目的环境和卫生状况。

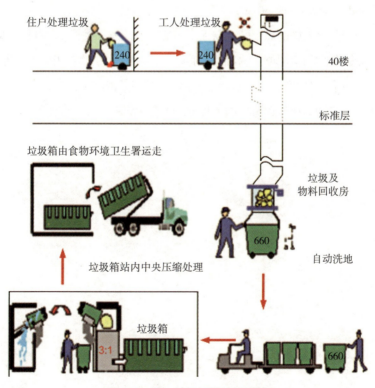

图1-5-16 垃圾压缩处理系统

主要参考文献

[1] 薛明. BedZED——综合应用生态策略的典范[J]. 建筑知识，2004（4）.

[2] Twin C. Dunster ZED Factory [J]. The Arup Journal，2003（1）.

[3] Shirley-Smith C. & Butler D. Watermanagement at BedZED: some lessons [J].Engineering Sustainability, 2008（161）.

[4] 夏菁，黄作栋. 英国贝丁顿零能耗发展项目[J]. 世界建筑，2004（8）.

[5] Chance T. Towards sustainable residential communities: the BedZED and beyond [J]. Environment & Urbanization, 2009（21）.

[6] Department of Housing and Urban Development, Case Studies: Via Verde.

[7] Winner M.S. 2013 Rudy Bruner Award: Via Verde – The Green Way [M], Cambridge: Bruner Fundation, 2014.

[8] Urban Land Institute, ULI Case Studies: Via Verde, 2014.

[9] Institute for Transportation & Development Policy, Europe's Vibrant New Low Gar（bon） Communities, 2011.

[10] Coates G.J. The sustainable urban district of Vauban in Freiburg, German [J]. Journal of Design & Nature and Ecodynamics, 2013（4）.

[11] 谢统胜. 德国弗莱堡Vauban社区：以人为本的可持续发展模式[J]. 社区，2007（5）.

[12] 陈艳鑫. 德国弗莱堡市沃班生态村居民对城市可持续发展的贡献[J]. 人类居住，2004（1）.

[13] 冯宜萱，刘少俞，林萍英等. 以住户为导向的高层高密度可持续社区设计——香港牛头角上邨（二、三期）重建项目. ECGB，2011.

第二部分 ｜ 国家篇

1　法国
2　德国
3　俄罗斯
4　英国
5　巴西
6　美国
7　印度
8　日本
9　韩国
10　新加坡
11　南非

1 法国

GDP：28 291.92亿美元（2014年）

人均GDP：42 732.6美元

国土面积：54.9万km²

人　　口：6 620万人

人口密度：121人/km²

城市化率：79%

1.1 住房基本情况

1.1.1 住房存量与结构

2015年，法国本土住房共计3 509.7万套，其中个人住房占比为57%。近30年来，法国本土住房总数每年仅增加1%。目前，法国的100套住房内约有82套是家庭主要住房，8套为家庭第二套住房（度假房等），剩余10套是空置/待售住房。法国家庭主要住房的增长量为每年1%，2014年总数为2 870.1万套。30年来，家庭第二套房（度假房等）的数量保持稳定，2015年总数为330.7万套，2011年以来以0.6%的年增长率增长。2014年空置/待售房存量在法国住房总量中所占的比率与1984年一致，1984年以来，法国的空置/待售房数量先有下降，2006年后又开始增加，到2015年为288万套（表2-1-1）。

法国住房总量与结构（单位:千套） 表2-1-1

	2005	2006	2007	2008	2009	2010	2011	2012	2013	2014	2015
主要住房	26 349	26 666	26 986	27 263	27 528	27 780	28 034	28 269	28 495	28 701	28 909
别墅	14 940	15 135	15 341	15 523	15 687	15 833	15 981	16 109	16 233	16 346	16 459
公寓	11 409	11 531	11 645	11 740	11 840	11 948	12 054	12 160	12 262	12 356	12 450
空置/待售住房	1 992	2 021	2 088	2 181	2 288	2 387	2 472	2 573	2 675	2 777	2 880

续表

	2005	2006	2007	2008	2009	2010	2011	2012	2013	2014	2015
别墅	945	969	1 004	1 049	1 100	1 148	1 193	1 242	1 291	1 340	1 390
公寓	1 047	1 053	1 084	1 132	1 188	1 239	1 279	1 332	1 384	1 437	1 490
第二套住房	3 047	3 088	3 107	3 126	3 127	3 138	3 157	3 196	3 234	3 270	3 307
别墅	1 878	1 905	1 903	1 894	1 873	1 863	1 864	1 878	1 891	1 903	1 914
公寓	1 169	1 183	1 204	1 232	1 255	1 275	1 292	1 318	1 343	1 368	1 393
住房总计	31 388	31 776	32 181	32 570	32 943	33 306	33 663	34 038	34 404	34 749	35 097
别墅	17 763	18 008	18 248	18 466	18 660	18 844	19 038	19 229	19 415	19 588	19 763
公寓	13 625	13 767	13 933	14 104	14 283	14 462	14 625	14 809	14 989	15 161	15 334

数据来源：法国国家统计与经济研究所insee; SOeS, estimation anuuelle du parc de logement

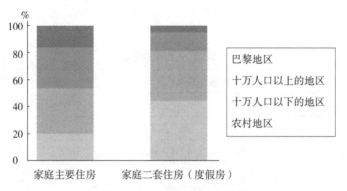

图2-1-1 法国住房分布情况

数据来源：法国国家统计与经济研究所

从住房产权来看，拥有主要住房产权的家庭所占比例明显上升，2005年为56.8%，而2010年增至57.6%，随后稳定在57.7%。超过70%的房主无需还贷，剩下的30%的房主仍在还贷。从租房市场来看，约17.6%的家庭居住在社会住房内，该比例十年来保持平稳；私有租房市场也保持稳定，约21.7%的家庭租住私有住房（图2-1-1、表2-1-2）。

法国主要住房的产权占比分布（单位：%）　　　　表2-1-2

	2005	2006	2007	2008	2009	2010	2011	2012	2013	2014	2015
房主	56.8	57.1	57.3	57.4	57.6	57.6	57.6	57.6	57.7	57.7	57.7
无需还贷	37.0	37.6	38.1	38.6	39.0	39.4	39.7	40.1	40.4	40.8	41.1

续表

	2005	2006	2007	2008	2009	2010	2011	2012	2013	2014	2015
仍需还贷	19.9	19.5	19.2	18.9	18.5	18.2	17.9	17.6	17.2	16.9	16.6
租户	39.3	39.2	39.2	39.1	39.0	39.1	39.1	39.2	39.2	39.3	39.3
社会住房	17.6	17.6	17.5	17.5	17.5	17.5	17.5	17.5	17.5	17.6	17.6
私人住房	21.7	21.7	21.6	21.6	21.6	21.6	21.6	21.7	21.7	21.7	21.8
其他	3.8	3.7	3.6	3.5	3.4	3.3	3.2	3.2	3.1	3.0	3.0
住房总数（千户）	26 349	26 666	26 986	27 263	27 528	27 780	28 034	28 269	28 495	28 701	28 909

数据来源：法国国家统计与经济研究所；SOeS, estimation anuuelle du parc de logement

法国家庭数量及构成　　　　　表2-1-3

家庭构成		家庭数量（户）		家庭人口数量（人）	
		1999年	2012年	1999年	2012年
单人家庭（户）		7 380 109	951 217 1	7 380 109	9 512 171
其中	男性（人）	2 964 035	4 017 141	2 964 035	4 017 141
	女性（人）	4 416 074	5 495 031	4 416 074	5 495 031
一对夫妇的家庭（户）		7 825 529	14 888 523	30 864 564	44 226 852
单亲家庭（户）		1 911 560	2 434 402	5 067 336	6 448 299
组合家庭*（户）		485 594	732 817	1 064 627	1 726 581
总计		23 808 072	27 567 914	57 220 124	61 913 903

数据范围：法国本土。

*组合家庭：指由两个以上家庭或几个单独人员综合组成的家庭。

数据来源：法国国家统计局，2012年人口普查

　　法国住房平均面积不断增加，自1978年的77m^2增长至21世纪初超过90m^2。平均面积的增长主要归根于个人独栋别墅面积的增长，而公寓面积几乎保持不变。同时，住房的平均居住人数有所下降，1984年平均每套住房居住2.7人，而2014年平均每套住房居住2.3人。根据国家统计与经济研究所（Insee）的预测，2030年平均每套住房将居住2.0人（表2-1-4）。法国有270万家庭的居住条件处于拥挤状态。私有住房的拥挤情况近年来有所降低，但是集合住房的拥挤态势却日趋紧张。1973年有15%的家庭认为他们的住居面积不足或严重不足，

然而在2014年，这一数字降为6%。近半数的家庭表示希望更换更大的住房。在过去的12个月内已有140万家庭向法国低租金住房机构（HLM）提交或更新了住房申请，这一数据在过去十年内呈现持续增长态势。

住房平均面积、平均房间数量和平均居住人数统计　　　　表2-1-4

项目	住房类型	全法	农村地区	十万人口以下的城市地区	十万人口以上的城市地区	大巴黎地区
单套住房平均面积（单位：m^2）	总体	90.9	113.5	94.4	81.9	71.1
	别墅	112.2	116.4	109.4	111.5	107.9
	公寓	63.0	70.3	64.4	63.4	60.4
单套住房平均房间数量（单位：间）	总体	4.0	4.8	4.2	3.6	3.3
	别墅	4.9	4.9	4.8	4.9	4.9
	公寓	2.9	3.2	3.0	2.9	2.8
单套住房平均居住人数（单位：人）	总体	2.3	2.4	2.2	2.1	2.3
	别墅	2.5	2.5	2.4	2.5	2.9
	公寓	1.9	1.8	1.8	1.9	2.1

数据范围：法国本土。
数据来源：法国国家统计与经济研究所，2014年住房情况调查

1.1.2　住房条件与设施

2014年，法国本土99%的住房都配备厨房、内部厕所和浴室，该比例30年来不断增加，但保证住房舒适的其他设施仍有不足：2014年，1.3%的住房墙面严重受损，5.7%的住房存在漏水的现象，10%的住户存在暖气不足或房屋隔热差的问题（表2-1-5）。总的来说，超过半数的家庭称没有下列九项住房问题：拥挤，无浴室，无厕所，无热水，无供暖，面积过小，供暖困难，潮湿，噪声等。但是近30%的家庭称仅有其中一项问题，20%称有两项或更多问题。

法国居民住宅存在的问题（单位：%）　　　　表2-1-5

	1992	1996	2001	2006	2014
墙面严重受损	nd	2.3	1.1	1.0	1.3
漏水	nd	nd	6.3	5.1	5.7
暖气不足或隔热差	nd	nd	5.9	9.1	10.0
无厨房	0.8	0.5	0.4	0.4	0.2
无浴室	4.2	2.4	1.3	0.7	0.7
无厕所	3.4	2.7	1.3	0.6	0.1

续表

	1992	1996	2001	2006	2014
电路未嵌入墙体	nd	4.4	2.9	2.2	1.4
电源插座无接地线	nd	nd	2.4	2.0	1.6
无热水或无自来水	3.1	2.0	1.1	0.7	0.5
主要住房数量（万套）	2 213.0	2 328.6	2 452.5	2 666.6	2 849.5

nd：无可用数据。

数据范围：法国本土。

数据来源：法国国家统计与经济研究所2014年住房情况调查

1.2 社会住房状况

社会住房指由法国低租金住房机构（HLM）或其他社会住房出租机构（例如，地产合资公司SEM）面向社会出租的住房。这些住房的租金制定遵守低租金住房机构（HLM）制定的关于社会住房租金规定。

据社会住房联合会（l'Union sociale pour l'habitat）2014年对社会住房调查显示：社会住房数量从1950年到1980年间增长迅速，社会住房租户占家庭总数比例逐年增加，从1984年至2013年租户占比总体来看比较稳定，一直保持在15%左右（图2-1-2）。

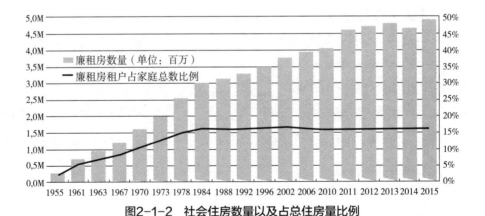

图2-1-2　社会住房数量以及占总住房量比例

2015年1月，法国有4 760 500套社会住房（廉租房），以1.6%的年增长率增长，即比2014年同期增加74 700套。2014年，法国有89 300套社会住房投入使用，比2013年增长9.2%。其中，87%为新建住房。同时，14 300套被拆除，9 900套被出售，800套被改造或用作其他用途。在2015年的4 760 500套社会住房中，45 730 400套用于出租，83 500套为空置房，29 900套由各组织机构进行管理，73 700套为免除租金的住宅（表2-1-6~表2-1-9）。

法国社会住房量和构成（单位：%） 表2-1-6

	2011	2012	2013	2014
住房种类				
别墅	15.4	15.6	15.8	15.8
公寓	84.6	84.4	84.2	84.2
住房规模				
一室或两室	23.6	23.9	24.3	24.5
三室或四室	65.9	66.0	66.5	66.5
五室及以上	10.4	10.2	9.2	9.0
社会机构类别				
廉租房机构办公室（Office public d'HLM）	47.7	47.2	47.0	46.6
社会住房公司	42.1	42.2	42.2	41.8
混合经济公司	7.6	7.7	7.8	7.8
其他	2.6	2.4	2.9	2.9
空房率	3.2	3.2	3.2	3.0
其中长期空房率	nd	nd	1.7	1.6
新迁入房客的住房比例	9.8	9.8	9.9	9.7
新投入出租的住房（千套住房）	97.5	87.2	88.8	81.8
其中新住房（%）	76.9	79.4	77.3	72.0
住房总数（千套住房）	4 576	4 652	4 728	4 685

注：三个月以上的空置 nd：无可用数据 范围：法国，除马约特（海外省）

数据来源：法国环境、能源和海洋部，统计与观察服务网站（SOeS），RPLS 2015年1月1日

法国社会住房存量（单位：套） 表2-1-7

社会住房构成情况		截至2014年12月31日的社会住房数量
供出租的	已租出	4 430 700
	未租出	142 700
空置住房		83 500
组织机构管理		29 900
有偿或无偿居住		73 700
社会住房总数		4 760 500
SEM未签约住房		8500

数据来源：法国环境、能源和海洋部，统计与观察服务网站（SOeS），RPLS 2015年1月1日

法国社会住房平均租金统计表   表2-1-8

地区	2014年1月至2015年1月已租出的住房	2015年每平方米平均租金（欧元）	2014~2015年涨幅（%）
法国本土	4 294 443	5.65	1.2
法国海外省	136 229	5.73	+1
全法国	4 430 672	5.65	1.2

数据来源：法国环境、能源和海洋部，统计与观察服务网站（SOeS），*RPLS 2015年1月1日*

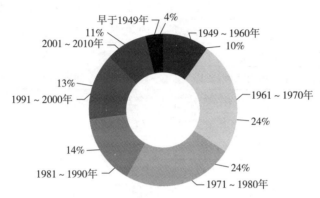

图2-1-3　社会住房建造年代与比例

社会住房空置率和社会住房搬迁率（或流动率）　表2-1-9

地区	已出租或待出租的空置住房	空置率（%）				搬迁率（%）	
		所有住房		空置超过3个月			
		2015	2014	2015	2014	2014年	2013年
法国本土总计	4 432 276	3.1	3.0	1.6	1.7	9.6	9.7
法国海外省总计	141 086	3.4	3.4	1.9	1.6	8.7	8.5
全法国总计	4 573 362	3.1	3.0	1.6	1.7	9.5	9.6

数据来源：法国环境、能源和海洋部，统计与观察服务网站（SOeS），*RPLS 2015年1月1日*

社会住房类型：社会住房中很大一部分是大型楼房（28%），最近10年建设的住房倾向于小型住房（表2-1-10、图2-1-4）。

法国新建社会住房统计　表2-1-10

	2005	2006	2007	2008	2009	2010	2011	2012	2013	2014
法国本土	29 428	36 454	37 412	43 498	53 414	56 675	63 445	61 944	55 176	63 356
全法国	31 783	38 812	38 665	45 212	55 450	59 635	66 668	65 437	59 659	67 719

数据来源：法国环境、能源和海洋部，统计与观察服务网站（SOeS），*RPLS 2015年1月1日*。

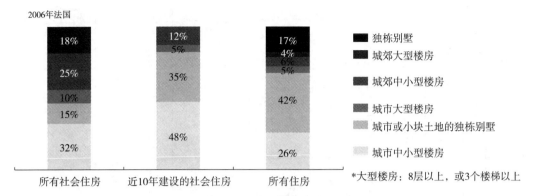

图2-1-4 社会住房的类型构成

1.3 住房建设量

近十年来,法国新建住房量一直保持在30万~40万套,2005~2007年超过40万套,2008年后开始回落至40万套左右。对法国住房建设量维持在40万套属于合理的范围,其中29万~30万套为新购房者购买,2.5万~3万套为有房者购买的第二套住房,3万~4万套为空置房,4万~5万套为替代已毁坏的住房(图2-1-5、表2-1-11)。

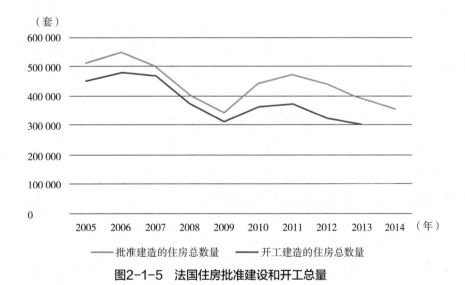

图2-1-5 法国住房批准建设和开工总量

法国住房的平均面积根据住房类型有所不同,私人建造别墅(独立屋)的平均面积近十余年来一直保持在125m² 左右,2004~2009年达到峰值129m² 左右,此后回落到125m² 以下的面积;而开发商建造的群体别墅(独立屋)的平均面积一直保持在98m² 左右;普通公寓住宅的平均面积近十余年来也保持在75m² 左右。据统计,别墅类住宅套均面积在100m² 以上的

表2-1-11 十年内法国批准建造的住房数量和面积（全法国数据）

	2005	2006	2007	2008	2009	2010	2011	2012	2013	2014
批准建造的住房数量										
私人建造的别墅	202 648	203 646	195 543	156 399	126 661	159 364	157 641	140 979	122 348	107 303
开发商建造的群体别墅	61 415	66 427	59 625	54 679	52 769	60 673	61 164	56 297	52 295	42 802
集合住房（公寓）	226 231	250 053	217 369	171 339	141 534	192 206	225 469	211 421	190 422	177 341
特定社会人群/用途住房	22 789	27 940	26 880	21 880	23 378	29 410	28 069	32 184	24 368	30 195
批准建造数量总数（套）	513 119	548 066	499 417	404 297	344 342	441 653	472 343	440 881	389 433	357 641
批准建造的住房面积（m²）	2005	2006	2007	2008	2009	2010	2011	2012	2013	2014
私人建造的别墅	27 841 489	28 139 788	26 953 179	21 137 690	16 599 276	20 825 780	20 905 252	17 986 810	15 032 409	13 115 439
开发商建造的群体别墅	6 235 738	6 674 886	6 141 017	5 375 480	5 031 401	5 733 414	5 889 583	5 257 761	4 750 004	3 865 791
集合住房（公寓）	16 167 678	18 025 188	15 709 033	12 237 918	10 235 105	13 361 250	15 792 576	14 676 668	12 615 121	11 506 782
特定社会人群/用途住房	1 141 355	1 370 148	1 500 972	1 176 566	1 232 773	1 435 863	1 393 164	1 633 665	1 129 802	1 298 717
批准建造的住房总面积（m²）	51 386 260	54 210 010	50 304 192	39 927 654	33 098 555	41 356 370	43 980 575	39 554 904	33 527 336	29 786 792

数据来源：法国环境、能源和海洋部，统计与观察服务网站（SOeS），Construction de logements–Sit@del2

十年内法国开工建造的住房数量和面积（全法国数据）

表2-1-12

开工建造的住房数量	2005	2006	2007	2008	2009	2010	2011	2012	2013
私人建造的别墅	192 344	197 137	190 895	156 956	114 739	133 032	137 563	118 376	105 657
开发商建造的群体别墅	54 506	55 698	52 780	43 921	41 614	49 173	49 015	41 280	38 571
集合住房（公寓）	185 230	204 331	203 526	155 332	138 601	158 671	163 590	145 228	141 034
特定社会人群/用途住房	19 801	20 989	22 179	18 056	17 546	22 506	21 545	18 506	18 539
开工建造的住房总数量（套）	451 881	478 155	469 380	374 265	312 500	363 382	371 713	323 390	303 801
开工建造的住房面积（m²）	2005	2006	2007	2008	2009	2010	2011	2012	2013
私人建造的别墅	26 410 455	27 234 200	26 504 139	22 123 045	16 734 677	17 429 722	18 125 863	15 348 570	13 110 336
开发商建造的群体别墅	5 466 243	5 641 435	5 361 205	4 453 943	4 270 005	4 730 701	4 679 827	4 006 872	3 630 978
集合住房（公寓）	13 269 246	14 535 371	14 627 957	11 244 340	9 961 727	11 294 918	11 565 616	10 291 370	9 630 628
特定社会人群/用途住房	919 477	971 331	105 3359	905 781	921 688	1 077 616	1 064 222	896 652	878 178
开工建造的住房总面积（m²）	46 065 421	48 382 337	47 546 660	38 727 109	31 888 097	34 532 957	35 435 528	30 543 644	27 250 120

数据来源：法国环境、能源和海洋部，统计与观察服务网站（SOeS），Construction de logements – Sit@del2

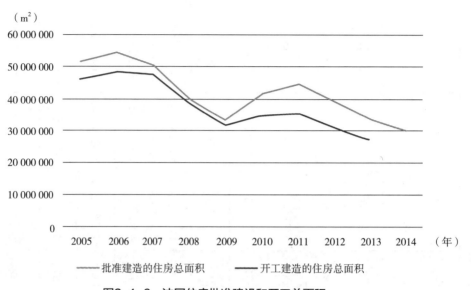

图2-1-6　法国住房批准建设和开工总面积

数据来源：法国环境、能源和海洋部，统计与观察服务网站（SOeS），Construction de logements-Sit@del2

占69%，而公寓住宅中在100m²以上的不足10%（表2-1-13）。

2014年法国各类新建住房比重（单位：%）　　表2-1-13

别墅	2014年比重	公寓	2014年比重
不足60m²	4.8	不足20m²	5.1
60~80m²	7.9	20~40m²	6.8
80~100m²	18.8	40~60m²	15.3
100~150m²	42.2	60~80m²	42.1
大于150m²	26.3	80~100m²	21.6
总计	100.0	大于100m²	9.1
		总计	100.0

目前住房需求一直保持较高水平。据相关专家介绍，法国现在还至少缺50万~90万套社会住房，还约有350万人居住条件很差。根据现在对出生率、死亡率以及单身比例的预测，住房需求将持续下去。同时，对住房的面积和房间数的需求有所降低，但对住房套数仍保持较高的需求。

1.4 住房市场

近十年来，法国住房消费占国民生产总值的比重一直保持在21%~22%左右。受2008年经济危机的重挫，2009年法国房地产市场进入低谷，2010年调整后才得以恢复，但在2012年后又开始下行。2014年，法国国内生产总值（GDP）的涨幅（+0.2%）比2013年放缓（+0.7%）。这种放缓是由于2014年消费支出增长疲软导致的。在法国，住房支出增长率要远高于消费支出增长率。2011年后，法国住房支出的增长率和消费支出均开始下降。2014年，法国住房支出的增长值（+0.3%）要小于国内需求的增长值（+0.9%），以至于住房支出占消费总支出的比重自2009年以来出现首次下降（图2-1-7）。总的来说，由于法国经济、投资和消费的不景气，住房消费未来将持续走低（表2-1-14）。

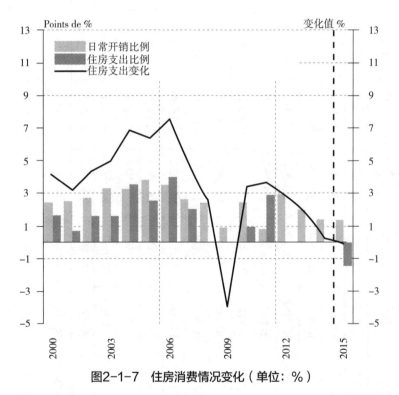

图2-1-7 住房消费情况变化（单位：%）

资料来源：Insee，CSL2014

2015年，法国住房销量比2014年上涨7.2%，达到10万套，表明法国房地产市场开始从2014年的低迷走向活跃。2015年公寓住宅的预订量比2014年上涨18.6%，成交价格与2014年相比变化不大，仅有1%的价格增长，平均成交价格为3 890欧元/m^2。2015年，别墅的预订量比2014年上涨了11%，新别墅的价格也比2014年上涨了1.4%。2015年，法国二手房价

表2-1-14 法国新房销售情况

年份	个人住房（独栋别墅）				公寓				全部		
	本年投入销售住房	本年度被预订住房	年末住房结余	平均价格（欧元/套）	本年度投入销售住房	本年度被预订住房	年末住房结余	平均价格（欧元/m²）	本年度投入销售住房	本年度被预订住房	年末销售住房结余
2015	8 278	8 237	8 960	249 315	91 929	94 301	90 326	3 892	100 207	102 538	99 286
2014	8 392	7 419	10 491	253 182	85 113	79 531	95 192	3 867	93 505	86 950	105 683
2013	10 994	8 801	10 962	247 716	92 778	80 514	93 162	3 877	103 772	89 315	104 124
2012	11 955	8 531	10 550	250 506	106 805	80 373	85 561	3 874	118 760	88 904	96 111
2011	12 119	10 272	8 651	246 369	111 169	94 728	64 173	3 782	123 288	105 000	72 824
2010	12 842	12 752	8 770	239 463	97 427	102 533	50 560	3 572	110 269	115 285	59 330
2009	10 728	12 761	10 341	243 446	66 552	93 041	58 880	3 368	77 280	105 802	69 221
2008	13 985	10 727	15 362	250 098	77 641	67 780	94 425	3 345	91 626	78 507	109 787
2007	19 527	16 478	14 201	250 540	127 835	110 539	87 866	3 273	147 362	127 017	102 067
2006	19 668	16 535	11 134	243 203	129 846	109 429	67 506	3 070	149 514	125 964	78 640
2005	18 560	18 432	8 181	220 507	113 197	102 991	44 590	2 850	131 757	121 423	52 771
2004	18 215	16 524	7 919	200 531	94 970	95 667	31 943	2 563	113 185	112 191	39 862
2003	13 546	15 729	6 403	189 699	78 996	87 733	31 101	2 350	92 542	103 462	37 504

数据来源：http://www.statistiques.developpement-durable.gouv.fr/

格比2014年下降了2.7%，是自2012年来最猛烈的一次下降。其中，二手公寓的价格下降了3.1%，二手别墅的价格下降了2.4%（图2-1-8、图2-1-9）。

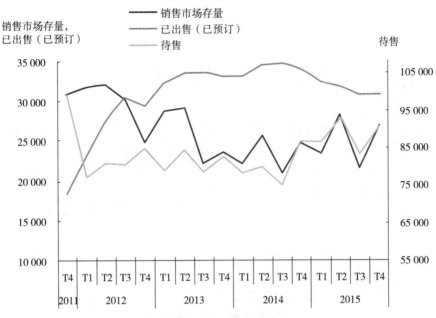

图2-1-8　全法新房交易量

数据来源：SOeS, ECLN

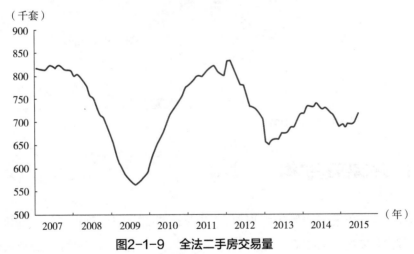

图2-1-9　全法二手房交易量

数据来源：CGEDD d'après DGFiP（MEDOC）et bases notariales

1977年以前建造的住房中，有1/4平均房租低于4.4欧元/m^2，有1/4平均房租高于5.7欧元/m^2。1977年后建造的住房平均房租为5.2欧元/m^2（图2-1-10）。

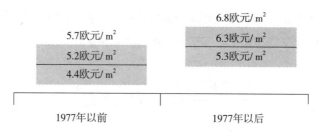

图2-1-10 社会住房平均房租与建筑年代

数据来源：SOeS，RPLS au 1er janvier 2014

社会住房平均房租（欧元/m², 可居住面积） 表2-1-15

地区	平均房租（欧元/m², 可居住面积）				
	住房数量	平均值		所占比例%	
		2014年	年变化率2013~2014年（%）	<4.70欧元/m²	>6.40欧元/m²
Hors lie-de-France	3 236 800	5.29	+1.2%	28%	15%

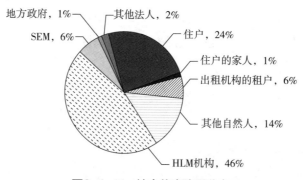

图2-1-11 社会住房购买分布

数据来源：SOeS，RPLS au 1er janvier 2014

1.5 住房管理机构

在国家层面，设有住房与国土平等部，主管各地住房等领域的事务，负责制定相关领域的政策并促进其实施。

在社会住房层面，组建了低租金住房机构（HLM），兼有社会住房建设与管理职能。

"HLM"是社会非营利组织，经过几十年发展，目前在全国各区共有900多家，6.5万职工。每一处机构的成立，都需经国家批准。该类组织分为两大类型：一类属于行政管理型，有300多家，由政府派官方代表和地区租房住户代表组成董事会，其房屋产权属于国家；另一种类型是由私人大型企业、保险公司、社会团体组成的住房管理股份公司，该类公司须由

7股以上的发起单位组成,其董事会中有2~3名租房住户的代表。"HLM"经营管理的主要内容有:开发建造福利住宅;出租或出售住房,以出租房为主;对房屋及其设备进行经营管理、维护保养和大修改造。在建房、出租房、维修改造房屋上,都可以从国家获得政策性补贴和优惠贷款。

在300多家管理型机构中全国最大的唯一跨地区的OPV管理局,是第二大住房管理局,其特点在房屋经营管理上不断创新开发、新建和改造旧房,使其资金能自我平衡,不需政策补贴,且使政府及住户双方都感到满意。

1.6 住房政策

1.6.1 政策沿革

内容详见《国外住房发展报告2014第2辑》第43~47页。

1.6.2 社会住房发展的2015~2018计划书

法国政府对低收入和贫困群体的住房保障有两种——"公共住房"与"社会住房",自20世纪80年代至今,法国政府为了减少财政的负担,促进经济可持续发展,将直接投资建设公共住房转向以政策引导企业、社会团体及个人投资建设社会住房。目前,社会住房供应主要有三种:①由私人或HLM机构提供的低租金住房;②由私营部门建造的补贴性住房;③由社会团体提供的廉租房。

2014年住房与国土部发布的《2015~2018计划书》旨在增强国家与廉租房机构之间的合作,提高低收入群体的生活质量,支持住房产业,创造本地就业机会。它呼应了法国住房行业最关心、最紧迫的话题:推动住房建设,能源类型转换,降低贫困家庭房租,社会购买等。该计划具体共有七大目标。

目标1:促进社会住房的建设。未来25年内将继续减免房产土地税(TFPB);维持现有的石料补贴水平以适应生产要求(2015年预计达到4亿欧元);向社会住房(建设、出租)机构开放更多建设、修缮方面的互助资源。

目标2:加快社会住房修缮工作。3年内,与社会住房机构共同承担7.5亿欧元资金,用于支持社会住房的修缮和改建工作;新创建一项优惠贷款,用于支持住房改造工程;拓宽储蓄与信托银行(CDC)修缮贷款(PAM)发放渠道,用于支持房屋改造;简化社会住房的生态贷款发放程序,促进社会住房能源改造。

目标3:能源类型转换。在生态、可持续发展和能源部发起的"实现绿色经济,建立200个正能源区域"项目的框架下,在社会住房机构内部试验正能源住房(住房设施所产生的能量高于所消耗能量的住房)项目;发展正能源社会住房;启动各地区社会住房机构针对正能源的未来投资计划（PIA）。

目标4：促进社会购买。创建有利条件，促进贷款发放（PSLA贷款），刺激社会住房租户购买住房；提供一项新贷款-Gaï贷款，支持社会购买。

目标5：增加社会住房供给，降低房租。三年内与社会住房机构共同出资3亿欧元，用于创建15000套享受特殊PLAI贷款的廉租房（平均每年5000套），PLAI-HLM贷款（融合补贴住房贷款，Prêt locatif aidé d'intégration）的房租水平低于享受普通PLAI贷款的社会住房的房租水平（最低可达到10%，根据具体情况而异）；根据某些条件和地区情况，降低现有社会住房的房租水平；发展10 000套帮助住房，帮助措施是指帮助有困难的家庭购买住房。

目标6：改进住房管理。社会住房分配机制实现现代化；促进社会住房的搬迁和流动，帮助所有人找到适合的住房；与社会住房机构建立全国服务质量协议。

目标7：改善城市优先发展社区的服务质量。针对1300个城市优先发展社区，继续实行减免社会住房房产土地税（TFPB）的政策，换取改善服务质量的举措。

1.6.3 购买住房及城市更新法（ALUR法2014）

在法国，从社区内或社区间层次上来说，城市规划的最主要文件是地方城市化规划书（le plan local d'urbanisme，PLU），在2000年12月13日颁发《社会团结与城市更新法（SRU）》后，取代了土地占用规划书（POS）。地方城市规划书的制定必须符合城市化法典的有关规定。

2014年3月24日，法国通过购买住房与城市更新法（ALUR），根据该法律，住房与国土平等部的主要举措与改革有：

省长颁发、撤销建设许可证需得到省议会的法令。在此法令颁布之前，市长可以代表国家颁发建筑许可证。

①可拆卸、可移动公寓（移动别墅、船屋等）的建设需要遵守土地整治的手续和条件，需要得到省议会法令；负责工程的土地规划专家必须在申请材料中体现该工程符合卫生、安全条件，满足居住者的用水、排污、用电需求，这些条件也必须体现在法令中，有具体的规定。

②准用土地权（ADS，控制土地的合理使用、使城市化和土地开发符合城市化法典规定的文件——地方城市规划书、社区规划地图——的规定，这项职权主要是指颁发城市化许可证、建设许可证的权力）将逐渐自动移交给拥有社区规划地图[①]的社区。ALUR法颁布前，已有社区规划地图的社区可以经过磋商，最晚于2016年12月31日决定拥有准用土地权。若晚

---

① 社区规划地图：它是没有地方城市规划书（PLU）、规模较小社区的城市规划文件，内容相对简化。它规定了国家城市化条例法规的具体执行办法，可适用于整个社区或其中一部分的规划，也可以是关于几个社区的共同规划。

于此日期，则市长代表该社区行使此职权。准用土地权（ADS）将自动移交给社会住房建设不足的社区（没有完成建设目标）。省长需得到省议会法令才能行使准用土地权，在此之前由市长代表国家行使此职权。

③降低动用评估准用土地指令的国家机构的门槛。

④若市长提出要求，则申请城市化许可证时，申请材料必须包括集体住房的建设计划。

⑤若要使用生态技术或生态材料，颁发的城市化许可证时，需将城市化具体措施细化。

⑥土地划分（用以出售）的文件失效。

⑦对土地划分的文件，小片土地（lotissement，lots）的补贴进行修改。

⑧申请建筑许可证和修整小片土地时，必须证明已做过相关土地研究并将研究结果考虑到项目的规划中。

1.6.4 困难城区的优先发展政策

2014年2月21日颁发的法律规定了优先区域优先发展的城市发展政策，是建立在确定"优先社区"的基础上，发展大量低收入人群集中的城市区域。由于收入作为唯一的确立标准，该政策的"地图"也就集中了一些贫困城市。今天，居民在10 000人以上的城市中共有1 300个城区符合该政策的"优先"标准。

该政策的目标之一是改变城区之间贫困差距巨大的现象。巴黎地区、法国北部、东南部的城区分布较多，而在巴黎地区优先发展区域大多集中在郊区；中部大区正在流失人口走向空城化，如朗格多克-罗西永，皮卡迪等大区。

调查显示，这些"优先"区域具有居民年龄较年轻、社会经济情况困难、众多单亲家庭、高额的失业补贴等特征。

这些区域中，社会住房占重要比例，例如巴黎地区东部"优先"地区，是廉租房数量、租住廉租房家庭数量最多的地区。法国西部沿海地区，尤其是北半部分，市中心的单亲家庭数量众多。

1.7 住房补贴与税收

1.7.1 住房补贴

二次世界大战以后，法国为恢复生息大兴土木，法国人及外国劳工对住宅的需求迅速提高。1977年，时任总理Raymond Barre提出将"社会福利房"建筑和租赁市场化，国家只为其提供政策扶助。例如，法国人最喜欢的A型储蓄利息高、免征所得税、国家调节，就是用来支持建设社会福利房的。法国目前所谓的"社会福利房"事实上范围相当广泛，从设立之初就不单是为低收入者，但租金低于市场价，参与建筑者都受到国家政策扶助。

考虑到住房在经济和社会中的重要性，法国一直采取各种性质的补贴措施：

（1）"零利率贷款"（PTZ+：Prêt à taux zéro）政策：法国政府于2011年1月1日出台的PTZ+——新"零利率贷款"政策，其规定："零利率贷款"贷款条件：两年内没有任何房产者第一次购买待建的房产（包括工程许可证或房产所在地皮费）；购买未曾有人居住过的新房；由非居住用途的建筑改建成住房（与待建的房产性质相似）；翻新老房（一切房屋所必需的费用）。

政策规定：在所有贷款还清前，业主必须以此住房作为自己的主要居所。但若出现以下特殊情况，业主有权将该住房出租：①工作地点与住房相距超过50km或超过1个半小时路程；②与己分担税务的家庭成员去世；③离婚或PACS（同居合约）解除；④残疾；⑤失业超过一年。

在还贷期限终止之前欲售出房产，就必须立即清偿所有贷款。而之后贷款者若要再购置新房，则可继续享受"零利率贷款"政策（新购房仍要满足之前的条件）。

"零利率贷款"的申请没有收入限制，但还贷期限却与申请者的收入、房屋的居住人数和房屋所在区域有关。申请者的收入越高，所能获得的还贷期限就越短。

（2）"住宅储蓄"制度（Epargne logement）：人们在银行开立CEL账户或参加PEL住宅储蓄计划。CEL账户是一种存取自由的储蓄账户，从开立该账户后的第18个月开始，账户所有人可以得到最高1144欧元的国家津贴；PEL住宅储蓄计划，个人可以与银行订立合同，在一个不短于4年的确定期限内每个月都向其在银行的账户存入一定金额。该期限到期后，合同订立者可以得到最高1525欧元的国家津贴，并享受优待利率贷款。

（3）社会住宅用途租金补贴（PLUS：PrêtsLocatifs à Usage Social），它是用于资助典型的最高限额低租金住宅，大约62%的法国居民可以获得；

（4）社会租金贷款（PLS：PrêtsLocatifs Social）：用于资助那些收入超过PLUS租户30%的家庭，大约70%的法国家庭可以获得；

（5）中等租金贷款（PLI：PrêtsLocatifs Intermédiaire）：用于资助购买中等价格住房的家庭，这些价格处于社会租赁房和自由市场价格间，任何人都可以申请，没有收入限额；

（6）援助租金贷款（PLAI：Prêts Locatif Aidé d'Intégration），是为那些特别困难的家庭所提供的补贴，其家庭收入是PLUS租户收入最高限额的60%；

（7）"援助购买产权贷款"（PAP：Prêts Aidés à l'accession à la Ppropriété），对购买新房和二手房、收入微薄家庭提供的补贴，且配以"零利率贷款（prêt à 0%）"政策；

（8）个人住房补助（APL）：个人住房补助可以补助所有符合条件的申请者，无论是单身还是已婚，无论有无小孩负担，无论是有工作还是没有工作，无论是法国人还是外国人，都可以申请领取这项补助。外国人只需持有合法的居留证件就可以申请。

（9）家庭住房补助（ALF）：家庭住房补助的发放对象有：一个单身者或一对已婚夫妻必须负担至少一个家庭成员（小孩、老人或残疾人）；一对结婚不到5年的年轻夫妇，且双方在结婚时都不超过40岁。

（10）社会住房补助（ALS）：社会住房补助的发放对象是给既不能领取APL也不能领取ALF的人。

按照目标租户的收入水平，福利房的建设可分为四个级别：

A：为贫困人群建设/PLAI；

B：为中等收入者建设/PLUS；

以上两级因针对不富裕人群，是标准的"社会福利房"，国家对其有相对严格的控制。

C：为富裕阶层建设/PLS；

D：经济租赁房/PLI。

根据2014年的统计数据，85%的法国居民有资格申请C型福利房，有资格申请D型福利房的人群更是高达90%。然而，这两种福利房市场化程度也更高，公共机构、私人都可申请建设租赁，尽管贷款仍旧是从国家作保的A型储蓄中出，但为其融资资格把关的只有银行。

根据巴黎市府官网2015年公布的标准，单身者年收入低于12 725欧元可申请A型社会福利房，低于23 132欧元有资格申请B型，低于30 072欧元可申请C型，低于41 638欧元可申请D型。法国人的平均年薪是25 507欧元（表2-1-16）。

2015年法国各类福利住房补贴标准（单位：欧元） 表2-1-16

家庭人口数量	家庭最高收入（欧元/年）			
	A等补贴	B等补贴	C等补贴	D等补贴
1	12 725	23 132	30 072	41 638
2	20 744	34 572	44 944	62 230
3	27 191	45 320	58 916	74 804
4	29 763	54 109	70 342	89 602
5	35 406	64 378	83 691	106 072
6	39 844	72 443	94 176	119 363
增加一人	+4 439	+8 072	+10 494	+13 300

各类租金最高限额（欧元/使用面积） 表2-1-17

PLAI援助租金贷款	PLUS公共住宅租赁补贴	PLS社会租金贷款	PLI中等租金贷款
4.46	5.03	7.54	9.47

在1990~2010年间，法国政府所发放补助金个人补贴、贷款买房补贴和租房补贴、减税、减息、贷款等各类补贴，占GDP的比重从1.6%增长到2.1%，约合406亿欧元（图2-1-12）。20多年来住房补贴以平均每年4.6%的速度增长。住房补贴作为行政机关解决众多家庭住房问题的重要措施，2010年补助金额高达406亿欧元，它涉及房屋的居住、建设、购买以及修缮工程的补贴。近一半的住房补贴是直接发放给需要支付住房费用的家庭和促进社会住房供应的社会机构；另一半补贴主要是税收补助（低税率增值税、税收抵免、减税等）或低息贷款（表2-1-18）。

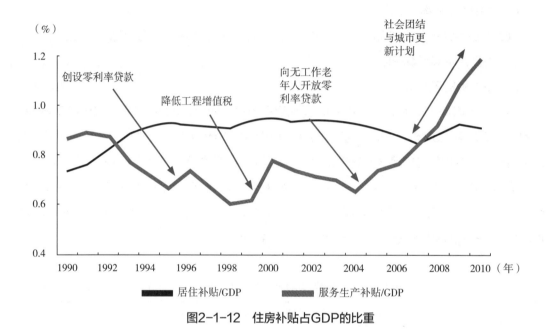

图2-1-12　住房补贴占GDP的比重

法国不同种类的住房补贴（单位：%）　　表2-1-18

	1990	1995	2000	2005	2010	
	%	%	%	%	%	百万欧元
住房居住补助	46.0	58.4	54.9	55.2	43.3	17 610
发放补助[①]	46.0	58.1	50.5	50.4	39.8	16 196
其中个人补助	45.7	57.2	49.5	49.2	39.2	15 928
税收优惠	0.0	0.2	4.4	4.8	3.5	1 414
住房服务生产补助[②]	54.0	41.6	45.1	44.8	56.7	23 034
发放补助	7.3	8.0	3.8	4.0	5.4	2 176
定价优惠	22.7	13.4	8.5	6.7	13.9	5 652
税收优惠	21.5	19.1	24.4	24.9	27.7	11 276

续表

	1990	1995	2000	2005	2010	
	%	%	%	%	%	百万欧元
其他补助	2.6	1.2	8.5	9.2	9.7	3 930
补助总计	100.0	100.0	100.0	100.0	100.0	40 645
占GDP比重（%）	1.6	1.6	1.7	1.6	2.1	—

①个人补助和其他补助（住房连带责任基金，临时住房补助），不包括管理费。
②住房服务生产补助主要是指能够促进投资的补助，不管是以建设、购买住房，还是翻修现有住房的形式，它涉及居住自己住房的房主和住房出租人、私人或社会出租人。

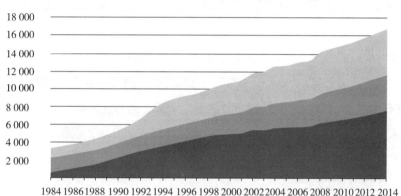

图2-1-13　法国历年发放的住房补助金

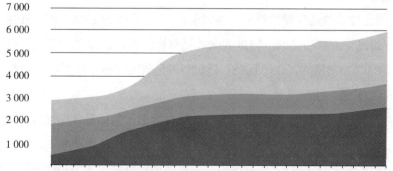

图2-1-14　法国历年领取住房补助金人数

2014年6月~2015年6月,法国各地共登记了186万余份社会福利房申请,驳回了48万份申请。根据巴黎市政府官网,在法国拥有合法居住身份的法国人或外国人,只要是收入不超过一定限度,都有权利申请社会住房。

社会福利房供不应求现象矛盾的另一个现象是,法国存在大量空置的社会住宅。截至2015年9月,法国有77 310套社会福利房空置。这些空置的公寓多位于中小城镇,位置偏僻,商贸冷清,难以就业。据2010年统计,巴黎南郊的Villejuif社会住房空置率达11.60%,法国东南Modane地区的小城Savoie,社会住房空置率更是高达18,3%。

福利房申请可以到各地区政府。2015年4月起,法国社会福利房在线申请启用。网址是www.demande-logement-social.gouv.fr。用户可以通过互联网注册账户、递交申请。需要注意的是:福利房审核是按照两年前的报税数目。比如,在2013年申请福利房,审核的是2011年的报税收入。如果2011年以来,申请人的收入因失业等原因大幅度下降,需要出示司法公证。

在其他条件类似的情况下,以下人群会优先分配到福利房:①残疾人或共同居住者中包括残疾人;②居住环境恶劣;因经济问题难以找到住房;被房东驱逐出门者(不付房租者除外);③居住在公共部门或私人提供的临时住宅;④家庭暴力受害者;⑤55岁以下的年轻家庭;⑥单亲家庭;⑦孕妇;⑧寻找第一套出租房的年轻人;⑨收入暴跌、难以支付昂贵房租者;⑩老年人。

1.7.2 住房类税收

具体内容见《国外住房发展报告2015第3辑》第57~59页。

1.8 住房可持续发展

1.8.1 建筑节能

目前在法国的社会终端能源消耗中,建筑能耗为70.6万t油当量,占到社会终端总能耗的40%以上,超过了工业和交通,位居终端能耗总量的首位;建筑的二氧化碳年排放量为120Mt,占到法国总排放量的23%。因此,建筑节能是法国的重点节能减排领域。

(1)住房耗能诊断(DPE)

住房耗能诊断是通过预测住房耗能和温室气体排放率,来体现住房能效情况的指标。除非住房的预测居住时间不超过4个月/年,所有住房都必须进行耗能诊断。耗能诊断在10年内有效。为了对住房节能进行评估,需要进行测量并依照能耗标签(表示住房年能耗量)和环境标签(表示温室气体排放量)进行评估。

2014年,约2/3的社会住房都进行了耗能诊断,其中大部分住房都处于耗能D级,都是标准耗能水平。1/3的住房处于排放温室气体E级。总体看，社会住房的耗能等级要好于温室气体排放等级。

（2）建筑能耗构成及建筑节能目标

法国的建筑节能标准规定建筑能耗包含生活热水、采暖、空调、通风和照明等能耗，而电梯和家用电器等用能设备的能耗不算作建筑能耗。建筑能耗中近70%为采暖和生活热水消耗，主要采用天然气、电力和热油3种形式。

在建筑节能方面，法国政府在2004年制定的《气候变化对策实施纲领》中明确规定建筑节能规范每5年更新一次，节能目标是每5年新建建筑的单位能耗降低10%，2020年以前实现建筑能耗比2000年降低40%的目标。

（3）建筑节能标准

法国政府在1973年石油危机之后，制定与实施第1部有关住房采暖节能标准，对建筑单位面积的采暖能耗进行限制，并对建筑物墙体等围护结构的热工性能做出了强制性要求，同时开始在全国大力推广各种住房节能技术，以降低新建建筑的单位采暖能耗。第1部建筑节能规范（RTI974）出台之后，节能标准也在不断提高。RT2000之前的建筑节能规范主要考虑如何降低居住建筑的采暖能耗，而RT2000开始对建筑的空调能耗进行规范。

随着建筑节能规范的修订，建筑节能的目标也经历了4个阶段的发展。第1部节能标准（RTI974）提出了节能25%的目标（与1974年能耗水平相比）；第2部节能标准（RTI988）提出了新的节能衡量指标；第3部节能标准（RT2000）提出了在1988年的基础上节能25%的目标；目前执行的节能标准提出在2000年的基础上再节能15%的目标，并提出了具有绿色建筑概念的"HQE"高环境质量标准。

（4）节能改造

为鼓励建筑的节能化改造，法国政府还出台了"节能—零利率贷款"（Éco-PTZ+: Éco-Prêt à taux zéro）政策，用于资助个人（房主/房东）对住房进行节能改造。适用于该政策的住房必须是建造于1999年1月1日前的住房，且为家庭主要住房。"节能-零利率贷款"的最高贷款额为30 000欧元。

申请"节能—零利率贷款"需要至少符合以下其中2个条件：

①屋顶节能改造；

②外墙节能改造；

③外墙门窗节能改造；

④暖气或热水净化器节能改造；

⑤安装循环能源暖气；

⑥安装循环能源热水净化器；

⑦污水排放处理系统节能改造；

⑧房屋用电改造。（如房屋改造前耗能在180kW/（m²·年）以上，改造后需在150 kW/（m²·年）以下；如房屋改造前耗能在180 kW/（m²·年）以上，改造后需在80 kW/（m²·年）以下。）改造前需由专业机构进行评估以认证是否可以达到改造预期。

1.8.2 老年人住宅

法国针对不同自理能力的老人，推出不同类型的养老机构。

①老人可独立生活：可独立生活的老人是指可以自己进行日常生活所需活动，接待这些老人的有如表2-1-19所示的机构。

可接待独居老人的机构及其提供的服务　　　　表2-1-19

机构种类	所提供服务
普通服务型老年公寓 （Logements-foyers/ résidence autonomie）	非营利性机构，无医疗设施，也被称为老人公寓（RPA），提供租赁房间或公寓（单间或两间）。提供公共设施及服务，例如餐厅、洗衣店、娱乐活动等，老人实际为租房房客。接受60岁以上自理能力在4~6度的老人
服务型住区 （Résidences services）	无医疗设施，提供出租或出售酒店式公寓内部的单独公寓（单间或多间），该种机构提供豪华的公共设施和服务，例如饭店、图书馆、家政服务等。月租金在500~900欧元之间
乡村老人之家 （Marpa）	公司或私人投资的乡村老人之家。无医疗设施，该类机构规模较小，提供公寓出租（单间或多间），提供公共设施和服务，例如饭店、家政服务、娱乐活动等

②老人无法独立生活，依赖他人照料：老人若是逐渐丧失自理能力，需要定期医疗看护，可以入住医疗型老年公寓（EHPAD）。这些机构配备医疗设施，提供单独房间住宿和医疗服务，提供公共设施、服务，例如饭店、家政、娱乐活动等。

③老人完全无法生活自理：无法自己完成日常生活的活动例如洗澡、吃饭等，需要持续的医疗看护，可由如表2-1-20所示的医疗机构接待。

可服务于完全无法生活自理老人的机构及其特供的服务　　　　表2-1-20

机构种类	所提供服务
中长期护理院（ULSD：unités de soins de longue durée）	为生活完全不能自理的60岁以上老年人开设的医疗服务机构，此机构挂靠在医院旗下，提供个人单间住宿，要进入该机构一般是在住院或医治结束恢复服务后
阿兹海默综合征或相似病症的特殊医疗护理院unité de soins spécifiques Alzheimer ou syndrome apparenté	通过收容服务的特殊医疗机构，提供符合建筑设计适应性规范的单人房住宿、合格的护理人员、家庭的参与和特殊照顾

此外，面对为生活起居而需要得到帮助或需要定期看护护理，因而在一定程度上生活无法自理的人群，实行生活自理补贴（Apa）。

表2-1-21　2014年老年住宅数量（单位：栋）

类型	数量
普通服务型老年公寓Logements-foyers	2200
服务型住区Résidences services	20 000
医疗型老年公寓EHPAD	7 750
中长期护理院ULSD	1 293
乡村老人之家Marpa	4 500
其他	1 500
总计	37 243

主要参考文献

[1] Insee; SOeS estimation du parc de logements 2015.

[2] Insee, enquêtes Statistiquessur les revenus et les conditions de vie（SRCV）.

[3] Commissariat général au Développement durable, Conjoncture de l'immobilierRésultats au deuxième trimestre 2014.

[4] Commissariat général au Développement durable, Compte du logement 2013－Premiers résultats 2014.

[5] Commissariat général au Développement durable, Compte du logement 2014－Premiers résultats 2015.

[6] Commissariat général au Développement durable, Conjoncture de l'immobilier Résultats au deuxième trimestre 2014.

[7] les aides financières aux logements 2015.

[8] 赵明，弗兰克·舍雷尔. 法国社会住宅政策的演变及其启示[J]. 国际城市规划，2008，23（2）.

[9] 武涌，孙金颖，吕石磊. 欧盟及法国建筑节能政策与融资机制借鉴与启示[J]. 建筑科学，2010，26（2）.

[10] 法国政府官方网站：http://www.gouvernement.fr/gouvernement/composition-du-gouvernement.

[11] 法国环境、能源和海洋部网站：http://www.statistiques.developpement-durable.gouv.fr/accueil.html.

[12] 法国国家统计和经济研究网站：http://www.insee.fr/fr/default.asp.

[13] 法国公共服务网站：https://www.service-public.fr.

2 德国

GDP：38 682.91亿美元（2014）
人均GDP：4.78万美元（2014年）
国土面积：35.7万km²
人　　口：8 089.2万人
人口密度：232人/km²（2014年）
城市化率：75%

2.1 德国住房现状

2014年德国住房市场共有约4 122万套住房，4 022.3万户家庭（每户家庭平均有2.0人），即平均每两人拥有一套住房，每套住房平均有4.4个房间，平均居住面积为46.5m²。住房市场总体供需平衡（表2-2-1）。

从家庭规模来看，根据德国联邦统计局统计，截至2014年年底，德国约有8 080.2万人口，4 022.3万户家庭[①]，即每户家庭平均有2.01人。约有75.2%的人为单人或两人家庭，五人及五人以上的大家庭仅占3.3%[②]。从纵向数据来看，德国人口总数在减少，家庭规模也在随之缩小，单人户的比例则在增加（表2-2-2）。

---

① 联邦统计局，https://www.destatis.de/DE/ZahlenFakten/GesellschaftStaat/Bevoelkerung/Bevoelkerungsstand/Tabellen/Zensus_Geschlecht_Staatsangehoerigkeit.html
https://www.destatis.de/DE/ZahlenFakten/GesellschaftStaat/Bevoelkerung/HaushalteFamilien/Tabellen/1_1_Privathaushalte_Haushaltsmitglieder.html, 2016.4.10.

② 联邦统计局，https://www.destatis.de/DE/ZahlenFakten/GesellschaftStaat/Bevoelkerung/HaushalteFamilien/Tabellen/1_1_Privathaushalte_Haushaltsmitglieder.html, 2016.4.10.

表2-2-1 历年现有住房数据[1]

	单位	2000年	2008年	2009年	2010年[2]	2011年	2012年	2013年	2014年
住房总数	套	38 383 645	40 057 282	40 183 563	40 479 270	40 630 302	40 805 805	40 995 141	41 221 210
每千人拥有住房数	套	467	488	491	495	506	507	508	508
居住面积总数	千m²	3 245 487	3 462 334	3 479 042	3 680 628	3 699 480	3 720 884	3 743 543	3 769 376
每套住房居住面积	m²	84.6	86.4	86.6	90.9	91.1	91.2	91.3	91.4
人均居住面积	m²	39.5	42.2	42.5	45.0	46.1	46.2	46.3	46.5
房间数总计	个	167 636 286	176 859 737	177 523 489	177 813 831	178 563 517	179 410 436	180 298 583	181 306 356
每套住房的房间数	个	4.4	4.4	4.4	4.4	4.4	4.4	4.4	4.4
人均房间数	个	2.0	2.2	2.2	2.2	2.2	2.2	2.2	2.2

[1] 联邦统计局，《2015年数据统计年鉴》Statistische Jahrbuch 2015，第567页，https://www.destatis.de/DE/Publikationen/StatistischesJahrbuch/Bauen.pdf?__blob=publicationFile, 2016.4.7.

[2] 自2010年的数据结果均基于Zensus 2011最终的调查结果，其中包含住合。

2005~2014年家庭数量及家庭规模[①]　　　　　表2-2-2

年	总家庭数（单位：千户）	单人户	多人户	家庭成员数	
		（占总家庭数的百分比）		总计（单位：千人）	每户（单位：人）
2005	39 178	37.5	62.5	82 438	2.10
2006	39 766	38.8	61.2	82 315	2.07
2007	39 722	38.7	61.3	82 218	2.07
2008	40 076	39.4	60.6	82 002	2.05
2009	40 188	39.8	60.2	81 802	2.04
2010	40 301	40.2	59.8	81 752	2.03
2011	39 509	40.2	59.8	80 328	2.03
2012	39 707	40.2	59.8	80 524	2.03
2013	39 933	40.5	59.5	80 768	2.02
2014	40 223	40.8	59.2	80 802	2.01

　　2014年，德国人口变化不大，但由于2015年夏天难民的大量涌入，德国各大城市均接纳了为数不少的申请庇护者。2015年，德国接纳难民总人数接近110万，这让原本供求关系紧张的德国住房市场更加供不应求。另外，在德大学生人数也居高不下，这使得德国大城市和大学城的住房市场供求关系继续激化，在这些地区也继续观察到房租的上涨。

　　但长期来看，德国人口仍旧在减少，虽然大城市和大学城住房需求在持续升温，但其他地区的人口也在加速缩减。预计到2030年，该地区人口的减少将使其空置住房数量翻三番（在不拆除空置住房的前提下）[②]。

　　从住房建造时间来看，德国（无论是东西地区）近十年来新建住房所占比例很小，近半数的现有住房是在战后至1978年间建成的，尤其是西部德国。2011年的统计数据显示，2004年以后德国新建住房仅占总数的3.2%，约为124.2万套。

　　从住房类型来看，德国住房分为独户住房、两户住房、多户住房（三户以上）及其他住房。从2013年1月1日的统计数据可以看出，一楼多户的住房在德国占比较大，其次为独户住房。从住房所有权来看，2013年初德国住房市场上，租房家庭占比57%，43%的家庭拥有自有住房，住房租赁市场成熟。其中，79%的租房家庭选择多户住房，其平均居住面积也最小。而购买自有住房的家庭则有约66%选择独户住房，其平均有4.7间房间，平均居住面积达

---

① 联邦统计局，https://www.destatis.de/DE/ZahlenFakten/Indikatoren/LangeReihen/Bevoelkerung/lrbev05.html
https://www.destatis.de/DE/ZahlenFakten/GesellschaftStaat/Bevoelkerung/HaushalteFamilien/Tabellen/1_1_Privathaushalte_Haushaltsmitglieder.html, 2016.4.10.

② GdW Daten und Trends 2014, S.8

128.5m² (表2-2-3)。

2013年初德国住房类型及其规模、面积、所有权[①]　　表2-2-3

	独户住房	两户住房	多户住房	其他住房
总家庭数的占比	33.1%	11.1%	53.9%	2.0%
平均每户居住面积（单位：m²）	128.5	101.1	68.0	81.3
平均每户居室数（单位：间）	4.7	3.7	2.6	3.0
租房家庭占比	8.3%	10.2%	79.0%	2.5%
自有住房家庭占比	65.9%	12.3%	20.6%	1.2%

2.2 德国住房建设

鉴于近年来持续升温的住房需求，2013年新的联邦政府组阁后，其联合执政方案中提出要通过加强住房建设投资行为，建设新房及社会住房来解决住房紧张问题。2014年德国新建住房总量为111 610幢，占房屋建设总量的80%，竣工量为103 331幢，占房屋竣工总量的78%，新建住房投资预算总量达39 884百万欧元，占德国房屋总建设投资的62%（表2-2-4~表2-2-7）。

房屋建筑批准新建量（包括住房和非住房建筑）[②]　　表2-2-4

年份	住宅楼数（单位：幢）	总体积（单位：千m³）	住房套数（单位：套）	使用面积（单位：千m²）	居住面积（单位：千m²）	建设预算（单位：百万欧元）
2011	144 797	338 033	204 724	36 061	23 324	55 751
2012	139 492	339 051	216 594	36 166	23 953	58 279
2013	141 902	339 388	242 149	35 424	25 967	63 357
2014	138 375	327 463	251 175	33 052	26 499	63 937

---

① 联邦统计局，《2014年数据统计年鉴》Statistische Jahrbuch 2014，第153页，https://www.destatis.de/DE/Publikationen/StatistischesJahrbuch/Wohnen.pdf?__blob=publicationFile, 2014.11.19.

② 联邦统计局，《2015年数据统计年鉴》Statistische Jahrbuch 2015，第568页，https://www.destatis.de/DE/Publikationen/StatistischesJahrbuch/Bauen.pdf?__blob=publicationFile, 2016.4.7.

2014年批准新建住宅数量[①] 表2-2-5

	住宅楼数 单位：幢	总体积 单位：千m^3	住房套数 单位：套	公用面积 单位：千m^2	居住面积 单位：千m^2	建设预算 单位：百万欧元
总计	111 610	140 702	246 024	6 709	26 107	39 884
	按住宅楼类型（单位：%）					
独户住房	79.0	50.7	35.8	51.6	50.5	50.3
两户住房	8.6	8.1	7.8	8.3	8.1	8.1
三户及以上住房	12.2	39.9	52.1	38.7	40.1	40.1
宿舍楼	0.2	1.4	4.3	1.4	1.3	1.5
其中：自有住房的住宅楼	7.1	24.0	29.2	23.7	24.2	24.0
	按住房所有权（单位：%）					
公共机构	0.7	1.9	3.3	2.1	1.9	2.2
住房企业	17.8	31.6	39.6	29.0	32.1	31.3
房地产基金	0.2	0.7	0.9	0.8	0.8	0.8
其他企业	3.5	5.6	6.9	5.1	5.5	5.4
私人户主	77.9	60.2	49.3	63.1	59.7	60.3

新建房屋建筑竣工量（包括住房和非住房建筑）[②] 表2-2-6

年份	房屋楼数 （单位：幢）	总体积 （单位：千m^2）	房屋套数 （单位：套）	使用面积 （单位：千m^2）	居住面积 （单位：千m^2）	建设预算 （单位：百万欧元）
2010	84 340	88 026	140 096	4 161	16 165	21 226
2011	96 549	100 959	161 186	4 728	18 636	25 056
2012	100 816	108 419	176 617	4 998	20 183	27 577
2013	103 331	113 787	188 397	5 310	21 181	29 893
2014	108 908	127 682	216 120	6 023	23 740	34 502

① 联邦统计局，《2015年数据统计年鉴》Statistische Jahrbuch 2015，第568页，https://www.destatis.de/DE/Publikationen/StatistischesJahrbuch/Bauen.pdf?__blob=publicationFile, 2016.04.07.

② 联邦统计局，《2015年数据统计年鉴》Statistische Jahrbuch 2015，第569页，https://www.destatis.de/DE/Publikationen/StatistischesJahrbuch/Bauen.pdf?__blob=publicationFile, 2016.04.07.

表2-2-7　2014年住宅竣工量[①]

	住宅楼数 单位：幢	总体积 单位：千m³	住房套数 单位：套	公用面积 单位：千m²	居住面积 单位：千m²	建设预算 单位：百万欧元
住宅楼	103 331	113 787	188 397	5 310	21 181	29 893
按住宅楼类型（单位：%）						
独户住房	82.6	59.9	45.3	61.3	59.4	59.8
两户住房	8.2	8.7	9.0	9.2	8.7	8.7
三户及以上住房	9.1	30.2	41.9	28.3	30.8	30.2
宿舍楼	0.1	1.1	3.8	1.2	1.1	1.4
其中： 自有住房	5.6	18.2	23.6	17.6	18.7	18.2
按住房所有权（单位：%）						
公共机构	0.5	1.4	2.4	1.2	1.3	1.6
住房企业	16.5	26.6	34.7	23.7	27.6	26.5
房地产基金	0.2	0.4	0.5	0.4	0.4	0.4
其他企业	3.5	4.4	5.5	4.2	4.3	4.1
私人户主	79.3	67.2	56.8	70.5	66.3	67.5

2.3　住房发展管理体制

在德国，住房建设被视为德国社会福利机制的重要部分。在政府层面，住房保障责任在三级政府间有明确划分：联邦负责设立法律框架，为地方社会住房建设提供财政资助；16个联邦州参与法律制定，并具体负责社会保障房项目，提供融资支持；而市镇级地方政府则负责城市土地管理，为住房提供基础设施，具体办理社会保障房出租管理等。2006年生效的联邦制度改革，将住房职责划归各州政府，联邦政府从2007~2019年仍会向地方发放财政资金，但之后将由各州自主负责住房领域。

联邦层面主管住房与建设领域的是联邦环境、自然保护、建筑和核安全部（BMUB），该部前身是交通、建设和城乡建设部（BMVBS），主要负责城市发展、居住和建设领域。而联邦经济与能源部（BMWi）负责能源方面，包括建筑能耗的立法。联邦家庭、老人、妇女和青年部（BMFSFJ）也会在例如老年人居住等方面和联邦环境、自然保护、建筑和核安全部或其他第三部门机构共同合作。另外，联邦财政部（BMF）会提供财政支持。

[①] 联邦统计局，《2015年数据统计年鉴》Statistische Jahrbuch 2015，第569页，https://www.destatis.de/DE/Publikationen/StatistischesJahrbuch/Bauen.pdf?__blob=publicationFile，2016.4.7.

各州层面上有州建设部长会议常务委员会（ARGEBAU），由德国各联邦州主管住房领域的部长和议员组成，委员会每年定期举行一次会议，并为制定及修改各州相关法律条款提供框架意见。

在房地产市场上，政府鼓励市场建设住房，通过市场来解决住房供给。在普遍房荒时期（如二战后，20世纪60、70年代和两德统一后），政府会通过财税金融政策鼓励个人和私人房产企业进行建设、购置住房。而至20世纪90年代末，德国住房供给基本能满足市场要求，政府便逐渐退出住房建设。

住房领域的第三部门机构参与住房领域在德国可追溯到19世纪中期，德国第一个非营利性住房合作社诞生于普鲁士时期，它集中使用会员缴纳的资金和国家贷款及补贴来建设保障性住房，所建住房的产权归集体所有，而社员享有其使用权。政府会对住房合作社提供财税金融等方面的政策性支持[1]。随着合作社形式的发展，1949年，德国住房与不动产企业联邦协会（Bundesverband deutscher Wohnungs-und Immobilienunternehmen, GdW）在柏林诞生，该组织代表各地方联合会和全国众多的住房合作社，是德国房地产业最大的联合会。目前，协会旗下有3 000余家房产企业，管理超过1 300万人口居住的600万套出租住房，占全德出租市场的近三分之一。

另外，德国租房者协会也是成立较早的、至今影响力较大的法团组织[2]。自20世纪60年代起，协会能较成功地表达和实现租房者的政治诉求（租房法中的"解约保护"等）。协会主要任务是保护租房者的利益，并为会员提供法律咨询及帮助，另外还会在地方住房政策制定过程中发挥影响作用。租房者协会的政治主张主要是要让所有人付得起房租，要求有效的住房补助金和足够的住房，特别要求持续推进社会保障房的建设。协会还会在城市建设和发展、房产中介、水电燃气和暖气费用规定等方面的问题提供意见与建议。租房者协会和政府共同建立较为详细、持续更新的租金数据库，为本地区不同类型的住房提供市场可比的租金标准，为住房租金价格管理提供重要基础。该协会在全德国16个联邦州共有350个当地租房者协会[3]。

除了这两个协会外，住房领域还有许多其他协会、利益集团参与，如德国房屋土地中央协会[4]、德国自由不动产和住房企业联邦协会[5]等。

---

[1] Oezguer Oener：《德国的保障房与住房租赁市场》，载《中国发展研究基金会研究参考》第135期，第1页。
[2] 正式成立于1900年。
[3] 德国租房者协会（der Deutschemieterbund），http://www.mieterbund.de/aufgaben_ziele.html，2012.11.10.
[4] 德国房屋土地中央协会（Zentralverband Haus & Grund Deutschland）
[5] 德国自由不动产和住房企业联邦协会（Bundesverband freier Immobilien-und Wohnungsunternehmen, BFW）

2.4 住房立法与政策

住房具有"社会物品"及"经济物品"的双重属性。德国政府从二战结束后就一直将住房的"社会物品"属性置于其另一属性之上，在住房市场供求关系紧张的时期都明确禁止有关方追求经济利益最大化。在20世纪90年代末，在住房市场供求基本平衡的前提下，联邦政府才逐步转变其住房政策，逐渐减少在住房市场中政府、国家的角色，从强调社会公平转向更多突出经济自由，开始注重住房的"经济物品"属性。但随着近年因能源价格大幅上涨而带来住房成本的增加，德国住房市场上对"可支付得起的住房"需求也迅速增加，住房缺口再次扩大，新联邦政府便重新回归住房的"社会物品"属性，修订租房法，重兴社会住房建设，以缓解紧张的供求关系。

2.4.1 法律框架条件

德国非常重视住房领域的相关立法，出台了多项法律法规，对居民的居住权、住房建设、住房租赁、住房保障等进行详细规定。最重要的法律基础是德国《民法典》，它规定了居住权是公民权利的重要组成部分，国家和政府必须保障公民的基本居住条件。

在住房建设方面，德国先后于1950年通过了第一部《住房建设法》，明确规定了联邦、各州、地方政府在住房建设方面的公共资金支持、税费减免、融资支持、住房保障等方面的职责和具体措施。政府通过联邦预算投入资金，同时通过政府贴息和税收优惠等措施鼓励民间自由投资，将建设任务交由包括企业和个人在内的私人部门承担[1]。在1956年出台的第二版《住房建设法》中规定，"各级政府的重要任务之一是促进适合社会不同阶层的住房建设，在面积大小、房屋设施和租金或购买能力等方面，满足不同阶层需求"[2]。

在住房租赁方面，德国《民法典》第535~580条规定了房屋租赁当事人的基本权利和义务。其中，第535条~548条规定了租赁合同的一般规范，适用于所有租赁关系；第549~577条专门规范住房租赁制度。与其他租赁法相比较，住房租赁法最重要的是对承租人的解约保护。这样的以承租人利益为导向的租赁法规定，早在德国1917年的《民法典》中就确立了下来，是德国住房市场管理的基本立场，主要保护房客不被房东驱逐、房租不盲目上涨，着重维护住房租赁合同的稳定性。这就使得德国住房市场上的租赁住房不弱于自有住房能提供的各种条件，租赁住房和自有住房有较强的替代性，这也是德国租房率高于欧洲平均水平的法律保障。2013年，德国对住房租赁部分的条款进行修订，各地住房市场上的房租，尤其是供求关系紧张地区的房租在三年内的涨幅由原来的最高20%调整成最高15%。另外，修订后的

---

[1]《政策工具的制度属性——以德国住房投资模式为例》，《德国研究》。
[2]《德国经验与金融危机——兼论中国住房模式转型》，《北京社会科学》，2014（1）。

租房法还将住房能源改造中产生的成本更公平地分摊给房客和房东,并在租赁住房转为自住住房时更好地保护租客利益①。

在住房保障方面,社会住房建设和住房补贴发放是两大最主要的手段。第一部《住房建设法》中明确规定了联邦至地方各个层面对社会住房建设的职责,政府在战后至1960年间住房建设中扮演了主要角色。1960年,联邦政府终止了住房管制政策,开始转向让住房市场商业化发展的时期。1965年,联邦政府颁布《住房补贴法》,规定向低收入家庭发放住房补贴,补贴数额考虑家庭人口、收入水平和租金水平等因素,使补贴后家庭实际负担的住房支出相当于税后收入的20%~25%,自此住房补贴逐渐转变为更重要的保障手段。2002年,红绿政府颁布《房屋促进法》,取代了1956年的《住房建设法》,停止了社会住房建设,继续加强住房补贴的作用,政府的住房调控目标从"向广大的各阶层人民提供适当的住宅空间"转为"资助那些不能在市场上获得适当住宅空间并且依赖于辅助措施的家庭",为的是能让这些家庭真正融入社会。在2001年也颁布了新《住房补贴法》,提高了住房补贴,并将房租和收入的变化纳入考虑范围,使之更符合家庭需求;家庭人口变化也成为住房补贴数额计算的考虑因素之一。这样,可以增强弱势群体在住房市场上的自主能力。考虑到住房市场近年来房租价格及能源价格上涨较快,自2016年1月1日起联邦政府开始施行新的住房补贴改革,根据当前租金和居民收入情况调整住房补贴的发放金额。上一次德国联邦政府调整住房补贴金额是2009年。自2016年起,联邦和各州的住房补贴预算将再次升至约15亿欧元,接受住房补贴的家庭数也会增至87万户,其中将有超过32万户家庭可以申请或重新获得住房补贴。以一个两人家庭为例,目前两人家庭平均每月得到住房补贴113欧元,改革后每月将获得186欧元②。

另外在住宅现代化、住房节能改造、老年人住房、税收、城市建设等多个与住宅有关的方面,德国均有相关法律条款。而对住房市场上如住房售价过高、房租定价过高或其他投机行为,德国法律也有严格限制。如《刑法》规定,房地产商制定的房价或是房东所定的房租超过"合理价格"的50%,则构成犯罪,会处以罚款或最高被判三年徒刑;房地产商制定的房价或是房东所定的房租超过"合理价格"的20%,也将面临高额罚款。

随着欧盟一体化的深入,欧盟法对于德国住房市场的影响也逐渐加深。虽然具体住房职责是归各成员国及地方政府所有,但欧盟法还是会对各国的住房和城市规划政策产生间接影响。例如,在发放住房补贴领域,欧盟在2011年12月出台的新补贴审查规定就为给社会提供公共服务的企业提供补贴,这一定程度上也会改变企业的决策。欧盟的能源政策也影响着德国住房建设和修缮房屋时,节能原则的优先度。另外,欧盟对金融市场规制的某些措施,也

---

① http://www.bmjv.de/DE/Themen/BauenundWohnen/Mietrecht/Mietrecht_node.html,2014年12月2日。
② 联邦环境、自然保护、建筑和核安全部。

会对德国住房市场产生影响。2011年3月，欧盟提出立法建议，主张严格管理抵押贷款市场，建立负责任的抵押贷款市场，加强对消费者的保护。

2.4.2 德国住房政策

在较为完备的法律框架基础下，为满足不同时期民众的住房需求，联邦政府不断调整其住房政策调控手段及各手段的侧重。德国战后的最初几十年的任务主要是以向广大各阶层的人民提供足够适当的居住空间，重点主要是加强社会住房的建设和住房质量的改善，也有对自有住房的促进。而自20世纪90年代末期以来，住房政策的主要侧重点是废除自有住房补贴、增强住房补贴的作用及对老年人自住住房的补贴等。2013年，新任联邦政府组阁后，由基民盟和社民党组成的大联合政府在其联合执政方案中对住房政策的调整主要集中在租金、社会住房建设、城市发展及能源转向等方面。

（1）限制租金上涨

2014年，联邦政府已经通过了平抑房租（Mietpreisbremse）的决定。2015年起，在供应紧张的住房市场中，新签房租合同的房租上涨比例高出本地一般参考租金不超过10%，所涉及的具体地区则由各州自行确定。即如果参考租金为每平方米6欧元，则租金最高不可超过6.6欧元。而由于大城市住房紧缺，这一限制性规定不适用于新建住房和全面翻新住房。这一法规于2015年春季实施[①]。这一试图抑制过快上涨房租的规定，也被批评会抑制对住房建设的投资行为。

（2）重兴社会住房建设

社会住房建设将会重新得到联邦政府的支持，至2019年年底，每年联邦会向各州提供5.18亿欧元，仅供各州用于新建社会住房，将现有住房转为社会住房及对现有社会住房的修缮，同时各州也应该继续自己出资共同建设。并且要求所有相关资金使用必须详细记录，并向联邦政府提供报告。

联合执政方案承诺对弱势人群的住房补贴会继续发放，而补贴金额也会根据实际房租加以提高。联邦政府对城市建设加大了资金的投入，将从每年1亿欧元增加到每年7亿欧元，这给地方在实际进行城市旧房翻新、空置房屋的改造等方面提供了更多的资金支持。

（3）推进城市发展问题

在老联邦州主要针对人口密度大、居住拥挤、基础设施不完善的社会区域，通过科学建设住房、安置居民、翻新住房、完善基础设施、创造更多工作岗位等方式来改善这些地区的居住条件和生活水平；而在人口密度小、经济不发达的东部地区则主要想要解决住房空置现象，目标是提高东部城市和乡镇的生活、住房和就业水平。2014年起，联邦政府会将新老联

---

① 《德国快讯》2014年19期，http://de.tongji.edu.cn/deutschen_nachrichten/2014_19.pdf，2014年12月10日。

邦州的城市改造项目纳为一体，进行统一化管理和考评，而"社会城市"计划则作为促进社会融入的主要项目继续施行。另外，联邦政府支持地方将闲置的公用土地以低价提供给住房建设，以缓解人口密集地区住房紧缺问题。

（4）合理化能源转向

联邦政府强调了在能源转向过程中，会同等考虑住户的经济承受力、能源安全和环境保护这三个因素，并同时要保证经济的持续发展。房屋在进行能源方面的改造不能是强制和盲目的，仍然应该是以经济性为主要考虑因素。但同时联合执政方案也再次强调了德国至2050年要达到建筑物基本实现"气候中性"（klimaneutral）的目标，建筑物必须继续降低能耗，并继续提高可再生能源在住房供暖方面的使用率。

2.5 德国公共住房政策

2.5.1 德国社会住房建设

德国采用"社会住房"概念，得到政府资助是这类住房的最大特征，其社会住房政策的核心是，为在住房市场上难以获得住房的家庭提供能够租得起的住房。在德国，社会住房建设的方式主要有两种：一是政府运用住房建设基金直接主导建设，主要出现在"二战"后住房极度短缺时期，为稳定住房市场而实施的，现在已很少采用；二是由房屋投资商、私人或住房合作社等社会力量组织建设（含在商品住房项目中配建的社会住房），政府采取财政拨款、低息贷款、减免税收等方式予以支持，后者是德国社会住房建设的主要形式。由社会力量建设的社会住房，投资者拥有住房产权，但在与政府事先商定的限定期内（限定期为12~40年不等，投资者获得政府资助越多，限定期越长），需要按与政府约定的社会住房租金标准出租给符合条件的家庭。限定期期满后，投资者可按市场价格自由出租或出售[①]。

由于社会住房的限定期较短（现通常为15~20年），且政府要减轻自身财政负担，导致市场上社会住房大量私有化。加之社会住房的租户多为城市中收入较低的贫民和新移民，新型的中产阶级则选择远离社会住房社区居住，导致具有特定"社会伤痕"（soziale Stigmata）（例如收入、肤色、残障等）的人士越来越集中于城市中特定的居住区域，形成"社会隔离"（soziale Segregation）。因而2002年生效的德国《房屋促进法》则逐渐停止新建社会住房，将重点放在社会住房促进方面（包括对房屋的节能修缮，对老年人住房进行宜居、无障碍设施改造，对低收入家庭发放更高的住房补贴等），以抑制"社会隔离"现象的深化。叫停社会住房建设，加上现有社会住房的大量私有化，两者共同导致全德国社会住房的数量急剧减少，

[①]《借鉴德国经验加快建设以公租房为主的住房保障体系》，第78~79页。

2012年仅剩约154万套，约占全德国住房比例的3.8%[①]，预计今后每年还将有约10万套社会住房退出。而人口密集的大城市和大学城近年来住房市场租金的持续走高，对低房租的社会住房需求不断增加，据德国住房与不动产企业联邦协会（GdW）调查，现德国需新建社会住房约8万套。

对"能够租得起的住房"的大量需求，使得重兴社会住房建设成为2013年联邦政府竞选的热议话题。新组阁的大联合政府在其联合执政方案中明确了联邦政府将重新向各州提供资金，用于新建社会住房，资助将私有化的住房再转为社会住房，并对现有的社会住房进行修缮。至2019年年底，每年联邦政府将会向各州提供专项资金5.18亿欧元，各州也应继续出资共同建设或维护社会住房（一共每年约10亿欧元）。州政府和地方还必须将相关资金的使用情况详细记录并提交联邦政府，以确保资金的正确使用。2006年时，联邦政府停止对社会住房的资金投入，将社会住房交与各州主管。

但对社会住房建设的质疑，并未随联合执政方案的出台而消失。有专家认为，现有的社会住房限定期太短，导致大部分的资金最终流入私人投资者手中，真正需要帮助的"以自己能力无法获得住房的人群"（如失业者，单亲家庭，老人，残疾人等）则并不能从中受益。当务之急应将现有的社会住房能长期作为低租金住房稳定下来，例如在社会住房限定期满后，不能任其私有化，而是只能由地方的公有住房企业和社会福利基金会等机构收购。还有研究机构指出，德国的住房问题区域差异大，在人口密集地区是住房紧张，需要新建社会住房；但在人口密度小的联邦州却有大量空置住房，房租也很低，故而提出政府对社会住房投入的资金应在各地有更为严格地针对性使用，以免资金用于垫付旧工程的尾款。还有专家认为，不能重兴社会住房建设，还是应该加强住房补贴的作用，以免"社会隔离"现象加剧。

据估计，全德国现每年有约1.1万套住房成为低租金的社会住房（新建社会住房和现房转社会住房），但每年还会有10万套社会住房到期退出，对低租金住房的需求还会持续增加[②]。

社会住房的准入条件、规则和具体审核工作由地方政府制定，申请人需要有住房权利证书（Wohnberechtigungsschein）。一般准入条件要求申请人至少18岁以上，在德国有固定的居住地，总收入在政府规定的收入线以下。社会住房的租金水平由政府参考成本租金进行核定，租金标准约为同地段同质量房屋市场上的租金的50%~60%，一般租金不受市场价格波动的影响（只有在少数情况下，如在相关部门允许下翻新房屋，抵押贷款利率提高或是官方规定的管理维修费用提高等，可以提高租金）。若租住在社会住房的居民收入超过规定收

---

① GdW, Daten und Trends 2014, S.8。

② http://news.immowelt.de/mietpreise/artikel/2367-sozialer-wohnungsbau-ade-staat-foerdert-wohneigentum-fuer-mittelschicht.html

入的上限，政府一般不会强制要求其搬出，而是提高租金标准，收取额外租金或符合市场水平的租金，也利于实现不同收入人群的共同居住，减少"社会隔离"。但是，若承租者将住房出租给不符合规定的承租人，政府有权即时终止其租赁关系或要求承租人搬离住房。若承租者要改变其受资助住房的使用目的，也必须得到主管机构的许可。

2.5.2 住房补贴

1965年联邦政府颁布的《住房补贴法》规定，向低收入家庭发放住房补贴，补贴后家庭实际负担的住房支出应相当于税后收入的20%~25%。补贴数额考虑家庭人口、收入水平和租金水平等因素，补贴资金由联邦政府和州政府共同负担。2014年，德国约有56.5万户家庭领取了住房补贴，约占总家庭数的1.4%，相比2013年，领取了住房补贴的家庭数减少了15%，其中约90%的家庭为所有成员都能享受住房补贴的家庭。从家庭规模来看，超过一半领取住房补贴的家庭（55%）为单人家庭，26%所有成员都能享受住房补贴家庭为四人或四人以上的家庭。

所有成员都能享受住房补贴的家庭在2014年平均每人获得114欧元的住房补贴，而部分成员享受补贴的家庭平均领取131欧元住房补贴[1]。

2014年德国政府共投入约8.45亿欧元用作住房补贴，与2013年相比补贴投入下降了约14%[2]。平均计算下来每位居民享受住房补贴10欧元，比2013年减少2欧元（表2-2-8）。

2006~2013年德国发放住房补贴的情况（单位：百万欧元）[3]   表2-2-8

年份	2006	2007	2008	2009	2010	2011	2012	2013	2014
住房补贴金额	1 162.2	923.9	750.1	1 555.3	1 780.4	1 502.0	1 184.7	984.9	844.8

2.6 德国住房消费与财政金融

2.6.1 住房消费

2005~2012年，德国居民在住房方面的月平均支出持续增长，涨幅在2%~5%，但住房

---

[1] 联邦统计局，https://www.destatis.de/DE/ZahlenFakten/GesellschaftStaat/Soziales/Sozialleistungen/Wohngeld/WohngeldstatistikAktuell.html

[2] 联邦统计局，https://www.destatis.de/DE/ZahlenFakten/GesellschaftStaat/Soziales/Sozialleistungen/Wohngeld/WohngeldstatistikAktuell.html

[3] 联邦统计局，https://www.destatis.de/DE/ZahlenFakten/GesellschaftStaat/Soziales/Sozialleistungen/Wohngeld/Tabellen/2_ZV_BL_AusgInsg.html，2016.4.13。

贷款在此期间却没有明显变化，鉴于德国过去十年居民消费价格指数平均为2%，即德国住房贷款利率实际一直在下调。住房贷款的利息目前已达到历史最低水平。2013年，住房贷款超过十年期的利息平均为2.94%，2014年（至6月）利息更是降到了2.76%[①]。

除去还贷部分，德国家庭在住房方面的月平均支出占家庭总支出的三分之一，这一比率在2005~2013年间都没有大的变化（表2-2-9）。

2014年德国家庭每户每月平均支出结构（按家庭规模大小）（单位：欧元）[②] 表2-2-9

支出类型	总家庭数	家庭成员数				
		一人	两人	三人	四人	五人及以上
家庭总支出	2 375	1 519	2 692	3 151	3 647	3 979
住房、能源和住房维修	856	631	944	1 063	1 156	1 281

2014年，德国家庭在住房方面的月平均支出约为856欧元，占家庭月总支出的36%。其中，在单人家庭中，这一占比达到了41.6%，成为月最大支出项。

在德国约4 000万套住房中，有近2 400万套住房为出租住房（表2-2-10）。

2013年年初德国自有住房者和租房者占比（按家庭净收入和地区）[③] 表2-2-10

每户净收入	全德国		前联邦德国地区		前民主德国地区	
	租房者	自有住房者	租房者	自有住房者	租房者	自有住房者
	单位：%					
900以下	86.4	13.6	85.8	14.2	87.8	12.2
900~1 300	79.1	20.9	77.0	23.0	84.5	15.5
1 300~1 500	70.4	29.6	67.7	32.3	78.4	21.6
1 500~2 000	64.7	35.3	62.8	37.2	71.0	29.0
2 000~2 600	52.1	47.9	49.8	50.2	61.0	39.0
2 600~3 600	40.5	59.5	38.8	61.2	49.4	50.6
3 600~5 000	29.2	70.8	28.4	71.6	34.2	65.8
5 000~18 000	20.9	79.1	20.6	79.4	22.7	77.3

① GdW, Daten und Trends 2014, S.7

② 联邦统计局，https://www.destatis.de/DE/ZahlenFakten/GesellschaftStaat/EinkommenKonsumLebensbedingungen/Konsumausgaben/Tabellen/PrivaterKonsum_Haushaltsgroesse_LWR.html

③ 按户计算，不包括农业家庭。

联邦统计局，https://www.destatis.de/DE/ZahlenFakten/GesellschaftStaat/EinkommenKonsumLebensbedingungen/Wohnen/Tabellen/HuG_Nettoeinkommen_EVS.html

在租房率很高的德国，房租的变化更为受关注。2010~2012年，纯房租分别比上年上涨5.1%、2.4%，而能源价格分别上涨4.2%、4.7%，对现有住房维修的费用则维持基本不变。由于德国租房法对承租人的保护，续租合同的房租在2012年仅上涨了0.8%，而新签订合同的房租上涨较为明显，2012年上涨达2.6%。新修订的租房法对房租上涨的控制会一定程度上缓解上涨，但能源价格的持续增长仍将会是推动德国房租走高的主要推动力，能源价格与2000年价格相比已上涨了110%，而纯房租与2000年水平相比仅上涨18%①。

2014年德国平均房租价格（不包含暖气及热水费用）为每平方米每月7.1欧元，一套约为70m^2的住房则每月租金约为500欧元。但是，德国不同地区租金差异较大，例如山区或农村地区租金最低，每平方米每月为4.08欧元，到最贵的慕尼黑市区，房租（不包含暖气及热水费用）每平方米每月最高达13.99欧元。总体来看，德国大城市和大学城的租金价格最高，大城市平均房租（不包含暖气及热水费用）达每平方米每月8.79欧元，许多高校所在地平均房租（不包含暖气及热水费用）则为每平方米每月8.49欧元②。算上暖气及热水等能源类消耗的费用，2014年德国平均房租价格为每平方米每月8.60欧元。

2.6.2 住房价格

2010年至2012年德国住房价格涨幅平稳，平均比上年增长3.5%。其中，以现有住房交易为主（占约87%），而新建住房价格在2010/2011年上涨5.1%，2011/2012年则回落到2.9%。从影响住房价格因素来看，2011年与2010年相比土地价格涨幅为2.8%，建设新房的材料成本和人工成本涨幅分别为4.5%、2.0%，各种成本的提高是造成新房价格涨幅较大的原因。至2012年，土地价格和成本价格涨幅回落（分别为0.6%，1.9%），房价涨幅也较为温和。2014年，全德国成交90万套不动产，价值1 910亿欧元，其中住宅成交额达到1 300亿欧元，65%的交易在大城市。2009~2014年间房屋和住宅的交易额以每年8%的速度增长③。

在现有住房维修保养方面，三年内价格涨幅都在3%上下，没有大的波动。

2010~2013年，德国的住房价格与当年居民消费价格指数相比略高，即扣除物价因素，德国住房价格实际涨幅约为1.5%。

---

① GdW, Daten und Trends 2014, S.9
② 联邦环境、自然保护、建筑和核安全部（BMUB），《2014年住房补贴和租金报告》http://www.bmub.bund.de/fileadmin/Daten_BMU/Download_PDF/Wohnraumfoerderung/wohngeld_mietenbericht_2014.pdf，第14页，2016年4月28日。
③ 《德国快讯》2015年第23期，http://german-studies-online.tongji.edu.cn/_upload/article/79/a8/f6af7c844a1a97f1a33c87dae8b0/f57aa6f8-e5ca-46e4-a41f-924d6e982152.pdf

2.7 德国住房金融与税制

2.7.1 住房金融体系

德国拥有多元化的住房融资体系。在德国从事住宅信贷的金融机构很多,主要包括抵押银行、住房储蓄银行、复兴信贷银行(KfW)、各州促进银行、保险公司和商业银行等。其中,住房储蓄银行以独特的融资机制,在住房市场上占有重要的位置。

德国住房贷款的融资安排特点在于,大多数人需要从多家金融机构来获得购房所需的全部贷款,例如比较健康的融资安排可以是家庭储蓄积累、抵押贷款和住房储蓄金各占三分之一,自有资本比例高。这样多元化的融资安排不仅有利于金融机构分散风险,而且家庭的还款负担较小,是德国人对贷款工具的有效选择。

目前,德国居民使用的主要住宅金融工具有以下四种。一是,第一抵押贷款,主要由抵押银行和储蓄银行提供,多为可调整利率,期限为20~30年,银行对抵押资产有第一处置权。二是,第二抵押贷款,主要由住房储蓄银行提供,一般期限为6~18年,平均期限为11年,这一贷款利率低且固定不变。三是,浮动利率的短期抵押或无抵押贷款,主要由商业银行和保险公司提供。四是,向低收入家庭提供的低息、无息贷款,主要由公营抵押银行和储蓄银行提供。

德国住宅金融工具的多样化和多种融资安排,促进了各金融机构在住房市场上的公平竞争,可促进其改善金融服务。德国的抵押银行、住房储蓄银行、商业银行和保险公司之间均有密切合作,可以为客户提供"一揽子住宅金融服务",即客户只需在一家金融机构提交申请并接受审查,最后签订一份合约,即可从多家相关金融机构同时获得所有所需贷款。

除了以投资为目的(赚取租金,实现资产保值或是以自住为目的)的私人购房者外,住房合作社这一更为体现德国特性的组织有其特殊的融资模式。作为公法性质的非营利组织,住房合作社可以在其所在地区发起不同的互助项目,它从地方政府申请土地或/和其他优惠政策和资助,邀请有需求的家庭参与共同开发,参与者支付规定数量的本金获得租住权或所有权。住户租住期间租金从优,并对所居住的房产拥有优先购买权,未被住户购买的房产产权归合作社所有,同时合作社负责房产物业的维护、管理和经营[1]。这一金融体系外的融资方式,不仅可以在最大限度地动员社会资源参与住房投资,短期内解决大量家庭的居住问题,还能保证住房和居住环境的质量。

2.7.2 独特的住房储蓄制度

德国住房储蓄制度是为自助而相互合作,以达到住房融资的目的,通过大量储蓄者的参

---

[1]《政策工具的制度属性——以德国住房投资模式为例》,第85页。

与形成一个互助集体,实行自愿、平等、互利互惠的原则。1885年,德国就建立了第一家住宅储蓄银行,最初的理念就是大家共同集资建房购房。二战后,由住房储蓄银行专门开展这一住房储蓄业务。

与一般商业银行的住房贷款不同,住房储蓄银行的资金是封闭运作的,它只向住房储蓄客户吸存,也只向自己的住房储户发放购建房屋贷款,即住房储蓄其实是份期权合同,只有借款人履行了合同规定的储蓄义务,才能获得低利率贷款的权利。客户首先与银行签订一份一定金额与一定期限的住房储蓄合同,客户按月向银行存款,当存款总额达到合同金额的40%~50%时,储户即可向银行申请合同规定的全额购房贷款。住房储蓄银行还会用一套严格的借款人资格评定体系,按存款额与存款时间等指标决定配贷顺序,以保证资金的安全、公平使用。

住房储蓄制度主要有以下特点:一是先储蓄,后贷款;二是贷款利率固定,低息互助;三是政府实行储蓄奖励[①]。该制度保障了所有需要购房的人都有机会参加住房低息储蓄,并按照购房者的储蓄来确定其获得贷款的资格,保证了储蓄与贷款之间权利与义务的对称,也保证了储户之间的机会均等。另外,住房储蓄银行的储蓄品种多样,实行多种利率,再配合政府实行的储蓄奖励和税收减免等措施,调动了居民参加住宅储蓄的积极性,得以吸引大量的社会闲散资金流向住宅储蓄[②]。

虽然住房储蓄银行的资金是封闭运作,但为了加强风险控制,住房储蓄银行一般不单独发放贷款,而是与普通银行联合发放贷款,组成组合贷款,即上文所提到的第一抵押贷款与第二抵押贷款。由于住房储蓄互助的性质与一般商业贷款不同,客户通过先期的储蓄已证明了自己的偿还能力,所以住房储蓄贷款要比一般住房贷款的风险小,故而其利率固定且低于普通住房贷款。

另外,政府还对住房价格进行有效调控,保证储蓄的住房购买力不会出现大幅贬值,这也是德国住房储蓄制度得以稳定、有效发展的一个重要外部条件。

2.7.3 住房税制

从税收角度看,德国的房地产税收在欧洲是属于非常重的,且税种的设置分布在房地产建设、销售和持有等各个环节,有效抑制了房地产投资投机的行为。其税种主要有以下几种:

地产税(或土地税)属于市镇征收范围,其征税基础是每年年初按税收评估法(由相关

[①] 余南平:《金融危机下德国住房模式反思》,载《德国研究》2010年第三期,第13页。
[②] 中国社会科学院国际合作局,http://bic.cass.cn/info/Arcitle_Show_Study_Show.asp?ID=2157&Title=%B5%C2%B9%FA%A1%A2%D3%A2%B9%FA%D7%A1%B7%BF%D6%C6%B6%C8%BF%BC%B2%EC%B1%A8%B8%E6&strNavigation=%CA%D7%D2%B3-%3E%BF%BC%B2%EC%D1%D0%BE%BF-%3E%BE%AD%BC%C3%D7%DB%BA%CF, 2012.11.22.

机构根据成交土地价格得出同类土地的纳税价值）所确定的课税标准，一年一缴。同时，单户住房和多户住房也分别有不同的税率。为了鼓励居民购买住房自住，政府对居民用于自住而购买的首套住房免征地面建筑物部分的税，即此类居民每年仅需缴纳住房基地部分的地产税[①]。

地产购置税是在土地交易环节中征收，该税曾长期是联邦税，全德国统一税率为土地和地面建筑物两者价值总和的3.5%。自2006年起，该税转变为地方税，税率由各联邦州自主决定。近年来，地产购置税税率在多数联邦州均有大幅上调（多调为4.5%或5%）。

用于出售的房地产，还需要缴纳房屋评估价值1%~1.5%的不动产税。德国鼓励发展居民自住型购房需求，故而自有自用的住房无需缴纳不动产税。而用于盈利的房产，其盈利部分也要征收税，税率为15%。如果购买的住房在十年内再次交易，则其盈利部分需要征收25%的税，同样租金也要纳入所得税征收范围，租金收入会扣除房屋折旧、房屋修缮费用等与住房有关的费用后再进行纳税。这样便大幅减少了投机炒房的收益，目的就是在鼓励房主长期持有房地产。

对拥有多套住房的人，其第二套或第二套以上住房所在地的政府，可对其第二套或第二套以上住房征收"二套房税"，该税税率约为当地平均房价的10%且每年都需缴纳，这也大大抑制了投机炒房的行为。对于闲置空房，政府也会进行行政干预，会通过提高税率的方式来减少闲置空房的增加。

在房屋的继承环节，德国还有遗产与赠与税，其税率的高低取决于房产的价值及接受者与实施方之间的关系，例如给直系亲属的遗产与赠与税要低于给陌生人的税，税率从7%~50%不等。

另外，德国的税收征管也很严格，偷税漏税的行为将受到严厉处罚，延迟缴税也需要缴纳罚金。

总体来看，德国房地产的税收主要并非以房地产的现价来征税，而是从收益部分来征税的（土地税和遗产与赠与税除外）。这样的税制设置使投机资本在德国房地产市场很难有收益，这也和德国将房地产业定位为福利事业的理念息息相关。

2.8 住房可持续发展

2.8.1 住房节能

受日本福岛核事故的影响，2011年默克尔政府做出了退出核电的"能源转向"决定，出

[①] 住房的基地部分价值会单独评估，并在其房产证书上备注。

台"2050能源概念"（Energiekonzept 2050），明确了德国至2050年的气候保护政策目标、扩大可再生能源利用和提高能效的目标，提出以1990年为基准年，至2050年德国能源消耗应减半，温室气体排放量削减80%~95%，减少对石油及天然气进口的依赖，将可再生能源在发电量中所占的份额提高80%，可再生能源占最终能源消耗比达到60%，并将"能源转向"视为推动德国经济创新和经济增长的动力。德国2015年财政预算将为能源研究、能效、可再生能源促进与房屋节能改造投入约11.4亿欧元。此外，2015年联邦经济部还通过能源与气候基金（EKF）向能源转换项目的投资附加投入约13.1亿欧元。联邦政府还将增加1.75亿欧元的联邦补贴，以巩固能源政策这一核心资助手段[1]。

由于房屋建筑领域能耗目前约占德国总能耗的40%，为实现"能源转向"总目标，德国联邦经济和能源部为该领域制定了"至2050年房屋建筑基本实现气候中性（klimaneutral）"的目标，也意味着房屋建筑领域的初级能源需求必须减少80%[2]。为此，德国近年来不断根据新情况和法律施行效果及时调整相关法律法规条款。例如，德国建筑领域节能的基本法《建筑节能法》（EnEG），在1976年出台后，前后历经四次修订（分别在1980年、2005年、2009年和2013年），不断对建筑能耗提出更高的要求，其配套的《建筑节能条例》也随之修订，规定了新建建筑和现有建筑节能修缮必须达到的最低能效标准。不过，新节能条例对业主和房东来说意味着更高的成本，房地产价格可能会因此上涨。虽然新规定在未来可能让新建房屋的能效提高约25%，但中长期看来，业主的贷款必定提高。

总体来看，德国在建筑领域的主要节能措施有：提高可再生能源在住房供能中的比重，旧房节能改造，将能效作为建筑物的重要衡量参数，作整体性房屋建筑能效规划。除此之外，德国还重视加强新型节能技术的宣传普及，建立针对明确目标受众的宣传信息和咨询系统，培养民众的节能意识。

（1）可再生能源

在住房领域，能源消耗主要集中于电力和热能，德国相关法律详细规定了可再生能源在电力供应和热能供应方面应有的占比。

2000年初生效、而后经过多次修订的《可再生能源法》（EEG），主要目标是促进可再生能源电力的发展，对可再生能源的使用给予补贴和入网保证。其中该法根据发电技术类别、电站装机规模、建设的难易程度等对电价补贴进行了差异化的定价。这种差异性补贴不仅可以鼓励企业从事可再生能源发电，而且个人家庭都可以参与，在所有住宅楼都装有并网

---

[1]《德国快讯》2014年13期，http://de.tongji.edu.cn/deutschen_nachrichten/2014_13.pdf，2014年12月10日。
[2]《德国快讯》2014年13期，http://de.tongji.edu.cn/deutschen_nachrichten/2014_13.pdf，2014年12月10日。

的地下电缆。凡是家庭利用可再生能源发电自用剩余部分均可并入公共电网，并获得政府补贴。例如，2014年下半年，按照装机规模大小划分了四种屋顶光伏发电系统的并网补贴，从8.92~12.88欧分/kWh不等，推动了德国小型分布式屋顶光伏系统的快速发展。2014年，最新修订后的《可再生能源法》再次细化了德国可再生能源电力的中长期发展目标，要求在2025年之前，可再生能源在德国电力供应中的份额应升至40%~45%，2035年之前达到55%~60%。

除了在电力供应方面，可再生能源在住房的热能供应方面也应起到越来越重要的作用。2009年初生效的德国《可再生能源供热法》（EEWärmeG）规定，新建建筑必须使用部分可再生能源采暖（Nutzungspflicht），这一规定涉及每年约15万套新建房屋建筑。另外，该法还计划对现有住房的暖气设备改造提出可再生能源使用的要求，这将会每年涉及约60万套暖气设备的更新。《可再生能源供热法》要求在2020年之前，可再生能源在建筑的冷热供能中的份额至少达到14%（2009年为8.8%）。该法在德国出台后，欧盟于2009年4月颁布了其可再生能源规定，要求其成员国在2014年年底前达到，新建建筑和现有建筑使用部分可再生能源采暖。

另外，德国还重视投资可再生能源技术应用的研究。

（2）旧房节能改造

德国主要采取税收优惠、优惠贷款和财政补贴三种政策途径支持现有住房的节能改造，以期实现提高建筑舒适度、降低建筑能耗和减少环境污染三大目标。

1999年起，德国开始在燃油税的基础上附加征收生态税，其目的是提高化石燃料的价格，使得化石燃料燃烧对气候和环境产生危害的治理成本内部化，最终使得消费者承担相关治理费用，用价格激励消费者节约能源和提高能源利用率，减少家庭温室气体的排放。而征收的生态税收入大部分用于补充职工养老金，降低企业养老金费率，从而减轻企业和个人的税收负担。另外，2013年组阁的大联邦政府最新计划，自2015年起，凡是符合节能规定的现房修缮改造的业主，可以享受一定的税收优惠，其修缮成本的10%可在一定年限内在其缴纳的税中抵扣。具体实施规定还有待联邦和各州商定。

在旧房节能改造时，可从国家获得低息贷款，各信贷机构都有这样的贷款项目。复兴信贷银行（KfW）是其中最主要的机构，凡是符合《建筑节能条例》规定的翻新改造，均可申请KfW的贷款，且改造后建筑能效越高，享受的优惠也越多。在其"二氧化碳建筑改造项目"（CO_2-Gebäudesanierungsprogramm）框架下，私人、企业、住房合作社等对各类住房进行部分改造（供暖、通风、住房气密性和防散热方面的设备增加或更新）或整体改造时，可向KfW申请最高100%的贷款。改造后的住房在保温值、建筑外墙热穿透系数的最高允许值、建筑的气密性和通风换气量等方面都必须满足规定。从项目推行至今，约有三分之一的旧房节能改造享受了此项资助，自2006~2014年中，共投入1 650亿欧元用于提高建筑能效，平均每年大约减少730万t二氧化碳的排放量[①]，2015年对于该项目的投资更是达到了200亿欧元。

德国政府还通过财政补贴的方式，资助建筑节能领域的项目，以调动企业和个人投资的积极性。在现有住房进行外墙保温、门窗隔温、安装通风设施和更换高能耗的暖气设备时，可享受最高达投资成本7.5%的补助，每套住房总补助最高为3 750欧元；若现有住房进行整体改造并达到"KfW节能房屋标准"的，则可享受投资成本的10%~20%，最高每套住房可享1.5欧元的补贴，不管住房是用于自住还是出租[②]。

在新政府的联合执政方案中还强调了房屋节能改造经济性的重要，即房屋在进行节能改造时不能是强制的、盲目的，要同等考虑住户的经济承受力、能源安全和环境保护这三个因素，并同时要保证经济的持续发展。

（3）量化能效

2014年修订后的《建筑节能条例》（EnEV 2014）规定，在买卖及租赁房地产的广告中必须加上住房能耗值说明，标注房屋在能耗方面的能效等级（取决于每平方米（使用面积）消耗的能源）。另外，所有房地产必须持有"能源证书"（Energieausweis），证书长达5页，包含建筑每年消耗的能量，使用的供暖能源（石油、天然气还是电），分项列出所需电能、燃油、燃气、燃煤数量，支撑建筑能耗计算表，并给出如何合理进行房屋节能改造的建议[③]。在房屋买卖、租赁时都必须出示并移交住房的能源证书，要定期抽查能源证书及对空调设备的检查。量化能耗，重视"能源证书"的推广，将意味着能效指标也成为租房及买房者选择房地产的重要指标，也将会是控制建筑能耗的一项非常有效的手段。

（4）房屋整体性规划

要实现《可再生能源供热法》规定，在2020年之前，可再生能源在建筑冷热供能中的份额至少达到14%的目标，目前的房屋翻新改造率必须加倍才能完成。故而在2014年7月，德国启动了"能源转向平台—房屋建筑"（Energiewende Plattform Gebäude）论坛，该论坛首次汇集了这一方面的各个重要行为体，尤其是来自房地产业、建筑业、工业、消费者方面及政府部门。这一论坛旨在共同挖掘房屋建筑行业在能源转向方面的潜力，应对当前面临的挑战，制定行动领域，对可能的措施进行初步讨论。论坛旨在拿出整体性的房屋建筑战略，

---

① http://www.bmwi.de/DE/Themen/Energie/Gebaeude/co2-gebaeudesanierungsprogramm.html
② http://www.focus.de/immobilien/energiesparen/tid-25173/energetische-gebaeudesanierung-so-foerdert-der-staat-ihre-ganz-persoenliche-energiewende-zuschuesse-und-kredite-wie-viel-gibt-es-zu-holen_aid_719765.html
③《德国快讯》2014年09期，http://de.tongji.edu.cn/deutschen_nachrichten/2014_09.pdf, 2014年12月10日。

除了考虑到单个建筑外,还必须把整体区域纳入视野,包括营业性区域和居住区域。这样才能实现德国2050年的节能目标,同时不让民众负担过重。

2.8.2 老年人住宅

除了建筑能源方面的可持续性外,对老年人住宅的无障碍设计和改造也是德国住宅领域可持续发展理念的重要组成。

由于德国社会老龄化发展进程的推进,老年人占德国总人口比例越来越高。2013年,德国65岁以上老年人口占总人口的20.8%,预计到2040年这一比重将达30%,而1980年65岁以上老人仅占15.5%。

德国老年人生活大致分为三种模式:一是居家养老,即选择独立留在自己的住处养老,生活能够自理;二是社区养老,即也独立留在自己住处,生活部分自理,但需要由家人护理或接受上门护理服务;三是机构养老,即住在养老院或护理院,接受护理或康复治疗。但整体而言,只要健康状况允许的前提下,绝大多数老年人愿意居住在原有的住房/社区内,选择由自己、家人或是专业护理机构提供的流动性护理服务。

由老年人居住住房的房龄来看,有约58%的独居老人住在1970年以前建的住房内,另有56%和家人同住的老人住在1970年以前建的住房内(表2-2-11),故而对住宅进行适老化改造并在社区建设护理系统,成为德国养老设施建设的主要内容。

有老人和无老人家庭住房与房龄的关系① 表2-2-11

家庭	住房的建造时间									
	1959年及以前		1960~1969年		1970~1979年		1980~1989年		1990年及以后	
	万套	%	万套	%	万套	%	万套	%	万套	%
家庭总数	1 369.2	36.6	605.0	16.2	585.0	15.6	407.5	10.9	779.4	20.8
只有老人家庭	298.7	36.3	181.2	22.0	162.9	19.8	77.2	9.4	102.4	12.5
带有老人家庭	128.1	38.4	58.3	17.5	68.3	20.5	36.9	11.1	42.0	12.6
没有老人家庭	942.3	36.4	365.5	14.1	353.8	13.7	293.5	11.3	635.1	24.5

德国联邦内阁2012年通过的人口战略决议中,决定开展"自主老年"的长期项目,旨

---

① 联邦统计局,https://www.destatis.de/DE/Methoden/Zensus_/Tabellen/Wohnsituation_HH_Zensus11_Baualter.html, 2014.11.26.

在为老年人的自主生活创造放心而便捷的环境①，政府投入资金用于现有住房及住房周围的设施改造。截至2020年，将约有390亿欧元的投入用于对现有300万套住房的相应改造。新建住宅必须满足无障碍设计要求，而对现有住房进行无障碍设施及防盗改造时，可以向德国复兴信贷银行（KfW）的"住房适老化改造"项目申请补贴和低息贷款：对进行部分改造的现有住房，每套住房可获得改造成本的8%、最高4 000欧元的补贴；对整体进行改造且改造后符合老年人住宅标准的住房，则可获得改造成本的10%、最高5 000欧元的补贴。2014年，联邦政府对该项目提供5 400万欧元的补贴，2015年为2 700万欧元②。而从2009~2015年中，联邦政府和德国复兴信贷银行共对约17万套住房的"适老化改造"提供了资助。

另外，联邦政府2006年开展"多代居住住房"（Mehrgenerationenhaus）项目，鼓励设计和建造多代居住住房，即多个家庭自愿长期共同生活在一个较大的住房中，通过不同代际的混合，实现"家庭内"互助（如做家务，照看老人和小孩等）。联邦及欧洲社会基金（ESF）每年为该项目提供4万欧元的资金。

主要参考文献

[1] 德国联邦统计局，《2015年统计年鉴》。

[2] 德国联邦统计局，《2014年统计年鉴》。

[3] GdW, Daten und Trends 2014.

[4] 政策工具的制度属性——以德国住房投资模式为例[J]. 德国研究.

[5] 德国经验与金融危机——兼论中国住房模式转型[J]. 北京社会科学，2014（1）.

[6] http://www.bmjv.de/DE/Themen/BauenundWohnen/Mietrecht/Mietrecht_node.html.

[7] 德国快讯，2014年、2015年。

[8] http://news.immowelt.de/mietpreise/artikel/2367-sozialer-wohnungsbau-ade-staat-foerdert-wohneigentum-fuer-mittelschicht.html

[9] 余南平. 金融危机下德国住房模式反思[J]. 德国研究，2010（3）：13.

[10] http://www.bmwi.de/DE/Themen/Energie/Gebaeude/co2-gebaeudesanierungsprogramm.html.

---

① BMVBS, Bericht über die Wohnungs-und Immobilienwirtschaft in Deutschland 2011, P 80-81.

② 联邦环境、自然保护、建筑和核安全部（BMUB），《2014年住房补贴和租金报告》http://www.bmub.bund.de/fileadmin/Daten_BMU/Download_PDF/Wohnraumfoerderung/wohngeld_mietenbericht_2014.pdf，第13页，2016年4月28日。

[11] http://www.focus.de/immobilien/energiesparen/tid-25173/energetische-gebaeudesanierung-so-foerdert-der-staat-ihre-ganz-persoenliche-energiewende-zuschuesse-und-kredite-wie-viel-gibt-es-zu-holen_aid_719765.html.

[12] BMVBS. Bericht über die Wohungs - und Immobilienwirtschaft in Deutschland 2011: 80-81.

[13] Oezguer Oener. 德国的保障房与住房租赁市场[J]. 中国发展研究基金会研究参考, 第135期, 第1页。

3 俄罗斯

GDP：18 605.98亿美元（2014年）

人均GDP：12 735.9美元（2014年）

国土面积：1 709.8万km^2

人　　口：14 382万人（2014年）

人口密度：8.4人/km^2

城市化率：74%（2014年）

3.1 住房基本情况

据《俄罗斯统计年鉴2015年》数据，2014年现有住房总量为34.73亿m^2。人均住房面积为23.7m^2（2013年为23.4m^2）。2014年，6 290万套中一室户1 450万套，二室户2 390万套，三室户1 750万套，四室及四室以上户490万套。2014年，每套平均面积为54.0m^2（2013年为54.1m^2），其中一室户34.4m^2，二室户47.6m^2，三室户64.3m^2，四室及以上户102.5m^2。2014年，危旧住房量为9 330万m^2（2013年为9 390万m^2），占住房总量2.7%（2013年为2.8%）。2014年，登记申请住房的户数为271.6万户，占总户数的5%，得到住房的户数为13.8万户（占5%）（表2-3-1~表2-3-5）。

俄罗斯住房条件主要指标[①] 表2-3-1

年份 项目	1990	2000	2005	2008	2009	2010	2011	2012	2013	2014
人均住房面积（m^2）	16.4	19.2	20.8	21.8	22.2	22.6	23.0	23.4	23.4	23.7
住房套数（百万）	48.8	55.1	57.4	59.0	59.5	60.1	60.8	61.5	61.3	62.9

① 俄罗斯统计年鉴2015年

续表

项目 \ 年份	1990	2000	2005	2008	2009	2010	2011	2012	2013	2014
其中										
一室	—	12.8	13.3	13.7	13.9	14.1	14.4	14.6	14.5	14.5
二室	—	22.6	23.2	23.6	23.7	23.9	24.1	24.3	24.0	23.9
三室	—	16.2	16.8	17.2	17.3	17.4	17.6	17.7	17.6	17.5
四室及以上	—	3.5	4.1	4.5	4.6	4.7	4.8	4.9	4.9	4.9
每套平均面积（m^2）	46.6	49.1	50.4	51.8	52.4	52.9	53.2	53.6	54.1	54.0
一室	—	32.0	32.3	32.9	33.3	33.4	33.6	35.8	34.6	34.4
二室	—	45.4	45.7	46.5	46.9	47.1	47.3	47.5	48.1	47.6
三室	—	60.4	61.0	62.3	62.8	63.4	63.6	64.0	64.4	64.3
四室及以上	—	82.6	91.8	97.5	100.0	101.9	103.7	105.4	102.8	102.5
年内大修住房面积（千m^2）	29 103	3 832	5 552	12 381	17 316	8 660	4 326	3 995	3 045	2 836
年内居住条件得到改善的户数（千户）	1 296	253	151	144	147	244	181	186	153	138
占申请住房户数的百分比	14	4	4	5	5	9	6	7	6	5
申请住房户数（千户）	9 964	5 419	3 384	2 864	2 830	2 818	2 799	2 748	2 683	2 716
占总户数的百分比	20	11	7	6	6	6	5	5	5	5

住房存量（单位：百万m^2） 表2-3-2

项目 \ 年份	2000	2005	2010	2011	2012	2013	2014
全部住房存量	2 787	2 955	3 231	3 288	3 349	3 359	3 473
其中							
私有	1 819	2 280	2 765	2 838	2 915	2 950	2 999
其中居民所有	1 620	2 182	2 657	2 725	2 795	2 840	2 873
国有	177	188	139	133	125	114	116
地方所有	739	487	321	311	302	258	233
其他	52	…	6	6	7	11	12

住房设施状况　　　　　　　　　　　　　　　　　　表2-3-3

年份	有下列设施住房所占面积比重（单位：%）						
	供水	排水	采暖	浴室	燃气	热水	落地电灶
2000	73	69	73	64	70	59	16
2005	76	71	80	65	70	63	17
2008	77	73	82	66	69	64	18
2009	77	73	83	66	69	65	19
2010	78	74	83	67	69	65	19
2011	78	74	83	67	69	65	19
2012	78	74	84	67	68	66	20
2013	80	75	84	68	68	66	21
2014	77	73	82	65	65	64	20

俄罗斯危旧住房状况（单位：百万m²）　　　　　　　　表2-3-4

项目＼年份	1990	2000	2005	2007	2008	2009	2010	2011	2012	2013	2014
破旧与危险住房总量	32.2	65.6	94.6	99.1	99.7	99.5	99.4	99.0	99.9	93.9	93.3
其中：破旧房	28.9	56.1	83.4	84.0	83.1	80.1	78.9	78.4	77.7	70.1	69.5
危险房	3.3	9.5	11.2	15.1	16.6	19.4	20.5	20.6	22.2	23.8	23.8
破旧与危险房所占比例（%）	1.3	2.4	3.2	3.2	3.2	3.1	3.1	3.0	3.0	2.8	2.7

2011年不同房龄住房所占比例和损坏率（单位：%）　　　表2-3-5

建成年份	住房总面积	独户住房数量	多户住房数量
1920年以前	2.6	4.9	4.4
1921~1945年	4.5	10.2	7.2
1946~1970年	29.7	43.3	36.9
1971~1995年	42.5	27.7	44.1
1995年以后	20.7	13.9	7.4
损坏率			
0~30%	62.1	39.5	39.4
31%~65%	34.3	53.5	51.5
66%~70%	2.6	5.2	6.6
70%以上	1.0	1.8	2.5

从住房建设年代看，房龄在40年以上的住房占很大比重，其损坏程度在30%以上。

2009年，俄罗斯社会调查数据显示，大约有60%的家庭在不同程度上存在着需要改善居住条件的问题，其中32%的家庭面临严重的住房问题并需在近3年内加以解决。有1/4家庭的住房条件非常差，等待分配社会住房的时间，2009年为8年，2010年降低到5~7年。

3.2 住房投资与建设

3.2.1 住房投资

2000年以来，俄罗斯住房投资一般占GDP 2%~3%之间，2013年住房投资21 266亿卢布，占GDP 667 550亿卢布的3.2%。2000年以来住房投资在固定资产投资中所占比例一般在11%~15%之间，2014年较高为15.3%（表2-3-6）。

固定资产投资状况　　　　　　　　　　　　　表2-3-6

年份	2000	2005	2010	2011	2012	2013	2014
（单位：十亿卢布）							
固定资产投资总额	1 165.2	3 611.1	9 152.1	11 035.7	12 586.1	13 450.2	1 355.7
其中：							
住房	132.0	434.2	1 111.7	1 395.6	1 533.7	1 681.5	2 076.7
除住房外的建筑物与构筑物	502.2	1 460.2	3 965.5	4 776.8	5 560.2	5 582.7	5 551.4
机械、设备	426.6	1 484.0	3 472.7	4 185.6	4731.6	5 212.8	4 856.3
其他	104.4	232.7	604.9	677.7	760.6	973.2	1 073.1
（单位：百分比）							
固定资产投资总额	100	100	100	100	100	100	100
其中：							
住房	11.3	12.0	12.2	12.7	12.2	12.5	15.3
除住房外的建筑物与构筑物	43.1	40.4	43.3	43.3	44.2	41.5	40.9
机械、设备	36.6	41.1	37.9	37.9	37.6	38.8	35.9
其他	9.0	6.5	6.6	6.1	6.0	7.2	7.9

3.2.2 住房建设

2000年后俄罗斯住房建设量一直在6 000万m²上下，2011年后不断攀升，2012年达到6 570万m²，2013年达到7 050万m²，2014年达到8 420万m²（表2-3-7、表2-3-8、图2-3-1、图2-3-2）。

住房竣工量 表2-3-7

年份	建筑总面积（百万m²）	其中		在总量中所占比例（%）	
		个人资金和借贷资金	住房建筑合作社	个人资金和借贷资金	住房建筑合作社
1990	61.7	6.0	2.9	9.7	4.7
1995	41.0	9.0	1.7	22.0	4.2
2000	30.3	12.6	0.7	41.6	2.4
2005	43.6	17.5	0.6	40.2	1.4
2010	58.4	25.5	0.3	43.7	0.6
2011	62.3	26.8	0.4	34.0	0.6
2012	65.7	28.4	0.3	43.2	0.4
2013	70.5	30.7	0.5	43.5	0.7
2014	84.2	36.2	0.4	43.0	0.4

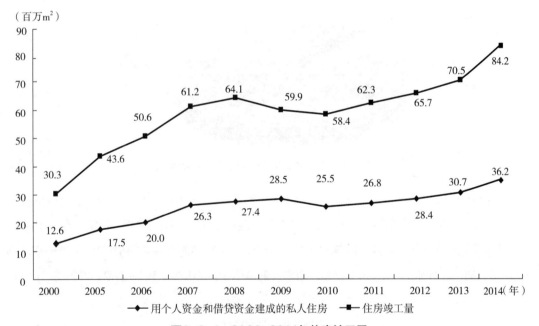

图2-3-1 2000~2014年住房竣工量

不同所有制住房竣工量 表2-3-8

年份	2000		2005		2010		2012		2013		2014	
项目	总面积（百万m²）	所占比例（%）	总面积（百万m²）	所占比例（%）	总面积（百万m²）	所占比例（%）	总面积（百万m²）	所占比例（%）	总面积（百万m²）	所占比例（%）	总面积（百万m²）	所占比例（%）
竣工总量	30.3	100	43.6	100	58.4	100	65.7	100	70.5	100	84.2	100
国有住房	3.5	11.6	3.0	6.9	3.5	6.0	3.4	5.1	3.5	5.0	2.9	3.4

续表

年份	2000		2005		2010		2012		2013		2014	
项目	总面积（百万m^2）	所占比例（%）	总面积（百万m^2）	所占比例（%）	总面积（百万m^2）	所占比例（%）	总面积（百万m^2）	所占比例（%）	总面积（百万m^2）	所占比例（%）	总面积（百万m^2）	所占比例（%）
其中 联邦	2.4	7.8	1.5	3.5	2.0	3.4	2.0	3.0	1.5	2.1	1.4	1.6
其中 各联邦主体	1.1	3.8	1.5	3.4	1.5	2.6	1.4	2.1	2.0	2.9	1.5	1.8
地方	2.8	9.2	2.8	6.3	2.0	3.4	1.7	2.6	1.5	2.1	1.7	2.0
私有	19.3	63.9	33.0	75.7	50.4	86.3	57.7	87.8	62.1	88.1	75.4	89.6
其他	4.2	13.9	4.2	9.5	1.0	1.7	0.8	1.2	0.7	1.0	0.6	0.8

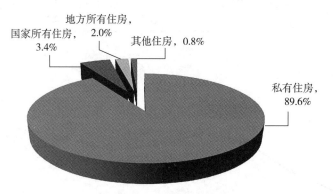

图2-3-2　2014年竣工住房不同产权的构成

从不同所有制来看，国有住房所占比例不断下降，2014年建成的住房中，国有住房仅占3.4%。私有住房所占比例不断上升，2014年私有住房已占89.6%（表2-3-8、图2-3-2）。

从竣工套户的类型看，2014年竣工112.4万套（每套平均面积74.9m^2），其中一室户占41%、二室户占31%、三室户占19%、四室及四室以上户占9%（表2-3-9、图2-3-3）。

竣工住房基本特征　　　　　表2-3-9

项目		年份	1990	2000	2005	2010	2011	2012	2013	2014
套数（千）			1 044	373	515	717	786	838	929	1 124
平均面积（m^2）			59.1	81.1	84.5	81.5	79.3	78.4	75.8	74.9
其中不同户型所占比例（%）	一室		18	20	28	34	36	38	39	41
	二室		33	29	32	32	31	32	31	31
	三室		42	34	27	23	21	20	20	19
	四室及以上		7	17	13	12	12	10	10	9

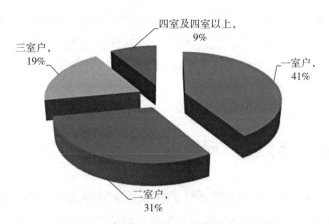

图2-3-3　2014年竣工住房的户型构成

在改善居住条件方面，2014年已改善居住条件的户数为13.8万户，占申请住房户的5%；2014年申请住房户为271.6万户，占家庭总数的5%（表2-3-10）。

住房改善情况　　　　　　　　　　　表2-3-10

项目＼年份	2000	2005	2010	2011	2012	2013	2014
年内取得住房家庭数（千）	253	151	244	181	186	153	138
占申请住房家庭数的比例（%）	4	4	9	6	7	6	5
申请住房家庭数（千）	5 419	3 384	2 821	2 799	2 748	2 683	2 716
占家庭总数的比例（%）	11	7	6	5	5	5	5

3.3　联邦管理机构—建设和居住公用事业部

根据俄罗斯总统2013年11月1日命令，将地区发展部所属的建设和居住公用事业署（Агенство）组建为建设和居住公用事业部，执行原建设署的职能，即在建筑工程、建筑学、城市建设、建筑材料工业、住房政策和居住公用事业等领域制订与实施国家政策和定额立法调节；提供国家服务；管理建筑、城市建设和居住公用事业领域的国有资产；协调住宅建设促进基金会、居住公用事业改革促进基金会和奥林匹克工程建设与发展山地气候疗养城市索契的国家社团的活动[①]。

该部内设住房政策司、居住公用事业司、城市建设与建筑学司、许可活动与监管司、价格构成与城市建设分区司、法律司、财务司、行政人事司这八个司。

---

① 俄罗斯联邦建设和居住公用事业部条例（2014年3月18日政府决议）。

目前该部在住房领域的重点工作是：①对各类需要改善居住条件的居民给予支持；②改善市场购房条件；③消除危房；④为公用事业项目吸引私人投资、现代化改造和提高其能源效率；⑤完善建筑部门定额法规；⑥改善存量住房质量，提高居住的舒适性；⑦提高住房建设量。

3.4 到2020年的发展规划

3.4.1 《向公民提供可负担的舒适住房和公用事业服务》规划（2013~2020年）

俄罗斯2014年4月颁布了《向俄罗斯公民提供可负担的舒适住房和公用事业服务》的规划（2013~2020年）。规划主要目标是提高住房的可负担性和住房质量；提高提供住房公用事业服务的质量和可靠性。规划划分为三个阶段：第一阶段2013~2015年，第二阶段2016~2017年，第三阶段2018~2020年。规划指标如下：

（1）住房竣工量：2015年7 600万m^2，2017年9 300万m^2，2020年1亿m^2，其中经济型住房的年竣工量：2015年4 760万m^2，2017年6 140万m^2，2020年6 600万m^2；

（2）得到可负担的舒适住房家庭占希望改善居住条件家庭总数的比例：2015年22.5%，2017年37%，2020年60%；

（3）联邦促进住房建设发展基金会为住房建设（包括经济型住房，含低层住房）划拨的土地地段面积不少于7 500hm^2：2013年不少于5 000hm^2，2014年不少于5 500hm^2，2015年不少于6 000hm^2，2016年不少于6 500hm^2，2017年不少于7 000hm^2，2018~2020年不少于7 500hm^2；

（4）采用节能与环保工艺与材料的低层住房成套设计，到2016年累计不应少于70套；

（5）降低一级市场每平方米住房的造价：2015年10.6%，2018年20%，2020年20%。

（6）住房可负担系数（54m^2标准住房市场价与3人家庭年均总收入的比值）：2015年2.5，2017年2.1，2020年1.8；

（7）以自有资金和借贷资金有能力购买住房家庭的比例：2015年达到30%，2018年40%，2020年50%；

（8）提供住房抵押贷款的数量：2015年87.1万件，2018年94.6万件，2020年105.3万件；

（9）贷款平均利息高于价格指数的百分比：2015年不大于3.8个百分点，2018年不大于2.2个百分点，2020年不大于2.2个百分点；

（10）出租住房占多户住房竣工总面积的百分比：2015年3.8%，2017年7.4%，2020年9.4%；

（11）多户住房大修面积占2000年前所建多户住房总面积的百分比：2015年3.6%，

2017年6.2%，2020年11.6%；

（12）供热、供水、排水、污水处理领域中，借贷资金在基建投资总额中的百分比：2015年16.5%，2017年30%，该百分比一直保持到2020年。

3.4.2 《俄罗斯家庭住房》规划

该规划是《向俄罗斯公民提供可负担的舒适住房和公用事业服务》规划框架下的一个规划，其目的是对需要改善居住条件的若干类居民给予支持，提高住房建设量，通过降低市场住房每平方米造价提高住房的可获得性。

2014~2017年"俄罗斯家庭住房"规划要求建造2 500万m^2经济型住房（经济型住房标准见本书本章3.7.2节），同时需配套建设必要的社会基础设施。这类经济型住房每平方米的价格要比市场价低20%，且不超过35 000卢布。

该规划住房的适用居民为家庭人均居住房间总面积不超过各联邦主体政权机关的有关规定，但不超过18m^2（单身居民不超过32m^2），同时家庭收入和需缴税的财产价值不超过各联邦主体政权机关的规定：

（1）被认定居住在不适于居住的或居住在危险和需拆除或改造的多户住房中的家庭；

（2）拥有两个和两个以上未成年儿童且是母亲资金（материнский капитал）的领取者；

（3）拥有三个或三个以上未成年儿童；

（4）老战士；

（5）家庭成员收入水平为45 000卢布，可以通过抵押贷款、家属资金和其他国家与地方的支持购买住房的居民。

适用居民的类别由俄罗斯联邦政府决定，而具体优先类别的条件则由各联邦主体决定。

3.4.3 《到2020年的居住公用事业发展战略》

在俄罗斯，居住公用事业是保证居民生活服务和工业生产基础设施的主要部门，其年经营额超过4.1万亿卢布，占国内生产总值的5.7%。

俄罗斯的住房存量为33亿m^2，其中多户住房24亿m^2（占总存量的72%），私人住房近10亿m^2。

近年来，该领域却存在着许多亟待解决的问题。

①在未提高服务质量的情况下，居住公用事业服务的费用都提高了；

②居住公用事业服务质量差；

③居住公用事业项目的损坏程度和改造更新的必要性较大。

在上述背景下，俄罗斯政府批准颁布了《到2020年的居住公用事业发展战略》（以下简称《发展战略》），内容包括居住公用事业领域国家政策的优先重点、目标和任务以及优先重点的发展措施。

《发展战略》指出，居住公用事业领域国家政策的基本目标是通过提高居住公用事业服务的质量和可靠性来提高居民生活的质量，同时保证居民对居住公用事业服务的可获得性。

《发展战略》的主要篇幅阐述了居住公用事业各个重点方面的发展措施，内容包括：多户住房的管理，多户住房共用资产的大修，消除危房，市政公用项目的现代化改造，固体废物的处置，完善居住公用事业国家信息系统（ГИС ЖКХ），社会政策，干部政策，社会监管这9个方面。

下面从住房发展角度着重介绍多户住房的管理、多户住房的大修以及消除危房等三个方面的国家政策、目标和措施。

（1）在多户住房的管理方面，国家政策的主要目标是提高居民对多户住房共用资产保养与日常维修的质量与成本的满意水平。为此，要解决以下问题：①保证对多户住房的良好的物业管理；②通过发展多户住房委员会、住房业主互助会等居民自主管理的形式提高业主的积极性和责任感；③形成业主对资产保值的激励机制。

（2）在公用资产的大修方面，国家政策的目标是实现地区大修业务稳定运行，保证大修及时、质量良好、价格合理，同时要从以国有单位进行大修为主过渡到通过专门的账单方式组织进行大修。2014年大修计划的拨付资金为361亿卢布，其中居住公用事业基金56亿卢布（15.5%），各联邦主体预算拨付183亿卢布（50.7%），业主资金121.9亿卢布（33.8%）。

（3）在消除危房方面，国家政策的目标是建立危房更新的长效机制，该机制以对无社会保障的居民给予国家支持以及实现房主权利的原则为基础。为提高消除危房的效率，拟采取以下措施：①加强对拆迁计划中在建住房质量的监督检查；②强化各联邦主体无条件完成专项指标的监督检查；③加强居民搬迁资金保证的检查。

3.5 住房制度改革的特点

住房制度的改革过程已在本书前文中作了介绍，本文只着重阐述改革的几个较突出的特点。

3.5.1 完善法律体系

俄罗斯宪法规定：每个公民有权拥有住房；联邦和地方政府支持建房，为公民实现住房权创造条件；贫困公民及由法律规定的特定群体，可免费获得公有住房或公有廉租房。这些要求为俄罗斯进行住房制度改革提供了法律指导原则。1991年6月，俄罗斯议会通过了《俄罗斯联邦住房私有化法》；1992年5月，俄罗斯政府颁布了《关于联邦住房原则》；1993年11月，俄罗斯政府又公布了《俄罗斯境内住房资源无偿私有化示范条例》，详细规定了公民参与住房私有化的条件、范围、权利和义务。为了进一步巩固住房制度改革的成果，2004年12月，俄罗斯国家杜马通过了《住房法》和《城市建设法》等17项配套的法律文件，为发展国内住房市场及改善居民住房条件奠定了法律基础。

《住房法》规定，根据居民的实际住房状况、家庭成员收入及资产状况，政府可与符合条件的困难居民签署协议，向其提供公有廉租房，其中特别困难户可获租金优惠或免缴租金。另外，俄罗斯住房政策的法律基础还有《城市建设法》《土地法》和《不动产抵押法》等多项法律。它们分别规定了城建住房用地、个人建房用地以及个人住房抵押贷款规则。这些有关住房的配套法律文件将推动解决长期存在的住房问题，保障全体居民的住房权益。

3.5.2 强调政府责任

拥有住房是公民的宪法权利，创造条件使公民实现其权利是政府的宪法义务，这是俄罗斯住房政策的法律渊源。《住房法》明确表明了俄政府在解决住房问题中的主体地位，体现出了政府的宪法义务。相关法律规定，对2005年3月1日前所有登记改善住房条件的居民，政府将继续承担提供住房的义务。对此后登记的居民，则依2005年3月开始实施的俄罗斯联邦《住房法》提供公有社会住房或公有廉租房。

俄罗斯相关法律专门就老战士和伤残人、退役军人、低收入者及其他特定群体的住房问题做出规定，政府将向此部分居民直接提供住房。例如，符合条件的退役军人，可免费得到由国防部或其他相应机构颁发的记名有价《国家住房证书》，持有证书者可在常住地获得一套标准住房或相当于标准住房成本的购房补贴；参加过卫国战争及苏联境内外军事行动的人、模范退役军人、模范公职人员和劳动模范都可获得住房社会保障，而老战士和残疾人还可优先获得政府提供的公有社会住房或优先改善住房条件；为了吸引青年参军，俄罗斯国防部决定把不再需要的财产出售以筹集资金，为军人及其家庭建造住房，而所有在军中服役三年和三年以上的俄罗斯军人都将获得享受优惠住房贷款的权利。

俄罗斯年轻人的收入总是赶不上房价上涨的速度，他们难以用自己的积蓄购置住房。为此，政府在鼓励个人建房、购房的同时，还通过诸如"年轻家庭住房计划"和"年轻家庭住房保障"等专项计划向年轻家庭提供购房补贴。2006年为4.95万个家庭，2007年为5.22万个家庭（拨款额为110亿卢布），2007年为1万名此类公民的抵押贷款提供国家保险（10亿卢布）。2006年，俄罗斯从联邦预算中划拨20亿卢布、从地方预算中划拨27亿卢布为青年专家及其家人建设经济型住房，为1.6万名青年专家及其家人解决住房问题。另外，政府还向夫妇双方均不超过30岁的年轻家庭提供购房（或建房）补贴。补贴方式是政府为其支付部分购房款（含支付购房首付）。对于政府补贴加个人储蓄仍不足以购房的年轻家庭，政府将以提供贷款担保的形式帮助其办理贷款，或帮助其办理住房抵押贷款。这一国家项目受到了俄罗斯年轻人的热烈欢迎。

3.5.3 完善公共服务

为了适应住房制度改革的需要，俄罗斯实行了一系列新的物业管理机制。其主要目的是将竞争机制引入住房的维修和保养领域，但政府仍然继续承担居民区公共基础设施建设的公共责任。在将竞争机制引入物业管理领域后，政府得以集中精力完善居民区的公共服务体系。俄罗斯住房社会政策的目标是要形成一个能够保障居民基本住房需求的住房保障体系，既保证贫困居民的住房条件达到国家确定的住房标准，又保证居民住房安全，以形成高效的住房、住房建筑用地、建筑材料和住房公共服务等市场，满足居民的住房需求。为此，在坚持住房私有化和市场化的过程中，俄罗斯《住房法》规定：政府在促进房产市场发展的同时，还要保障公民在公共服务（水、电、暖、气等）和房屋修缮方面的权益。根据俄罗斯《城市建设法》《公共服务单位价格管理原则》和《关于租让协议》，从2005年10月起，改由地方政府承担与住宅小区配套的公共基础设施（水、电、暖、气、道路和交通等）的建设，其目的是为了减少行政壁垒和行业垄断，使建筑商集中资金和力量建房，降低单位成本和增加市场供给，最终使普通购房者受益。而《2002~2010年俄联邦住房专项规划》和相关细则纲要也规定，地方政府投资上述基础设施，可从联邦政府获得国家贷款担保和利息补贴。投资的回收方式是把公共基础设施用地使用权租赁给从事公共服务的私人公司以及收取合理的设施接入费等。针对居住公用事业领域的存在问题，于2015年联邦政府还公布了《到2020年居住公用事业发展战略》，规定了国家政策的优先重点、目标、任务以及优先重点的发展措施。

3.6 住房维修与改造

俄罗斯认为，住房维修与改造是解决住房问题十分重要的一个方面。20世纪后半期以来，主要是注重提高新建住房量，对住房维修改造不够重视，投入不足，以致维修改造欠账过多。目前情况是大约60%多的存量房房龄在30年以上，危房约占3%（至少需建房1.1亿m^2）。住房领域，每年每平方米面积的耗能量为87~89kg标准燃料，比相当气候条件的挪威和加拿大高2.5倍。因此，现在如不及时进行维修改造，再过10~15年将会产生严重后果。

俄罗斯认为，及时进行住房维修改造能取得很大的社会经济效益。第一是不需要增加用地；第二是与新建相比，增加面积所需的费用要便宜50%，材料消耗和工程设施费用减少25%~40%；第三是通过改造可以增加稀缺户型；第四是此类住房一般在市内中心区，住房位置也是一个具有诱惑力的卖点。

住房改造措施包括改善街坊空间平面布置；改变套户、单元、楼层或非居住房间的布局；通过增设阳台、飘窗的办法增大厨卫面积；在一、二层或顶层设计双层户型；通过增加层数或加大住宅楼层平面扩大住宅楼空间；改变住宅楼用途；提高居住舒适性和住房的建筑艺术质量；提高围护结构保温性能等。

为实现住房维修与改造的规范化，俄罗斯编制了《住房改造与现代化》组织标准 CTO 00043363-01—2008，该标准由建筑学与建筑科学院建筑理论与城市建设科学研究院编制，由地区发展部批准执行。内容包括：法规与技术标准基础、住房技术状况评价、建筑与城市建设方案、结构方案、工程设备系统的现代化、防火措施和卫生保健要求、设计前期工作特点、维修改造工程特点以及名词与定义等几个部分，同时还安排了相关实例作为附件。

3.7 住房的可持续发展

3.7.1 发展低层住房建设[①]

所谓低层住房是指：供一户居住的三层以下独立住房；联排三层以下住房，联排单体不多于10个，每一单体供一户居住；三层以下多户单元住房，单元不超过4个，每一单元有若干户。

近十几年来，上述低层住房出现了持续发展的趋势。低层住房的建设量，1990年为620万m²，2000年上升到1 260万m²，2010年又上升到2 530万m²（图2-3-4）。到2014年，低层住房的建设量占住房总竣工量的42.4%。

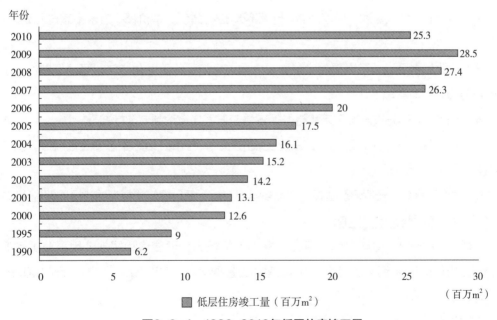

图2-3-4　1990~2010年低层住房竣工量

---

① 俄罗斯低层住房建设发展问题，莫斯科，ЦНФPPA—2011。

2002~2010年低层住房建设量　　　表2-3-11

	2002	2003	2004	2005	2006	2007	2008	2009	2010
住房建设总量（百万m^2）	33.8	36.4	41	34.5	50.2	60	63.8	59.8	58.3
低层住房建设量（百万m^2）	14.2	15.2	16.1	17.6	19.8	26	27.4	28.5	25.3
低层住房所占比例（%）	42	41.7	39.2	40.1	39.5	42.5	43	47.7	43.4

根据俄罗斯相关专家分析，低层住房建设量持续上升的原因主要有两个：

（1）住房需求结构出现了新的变化。据社会调查，约有59%的居民愿意住在个体的住房内，只有27%的居民希望住在单元户套内。大多数居民都希望"接近地面"。

（2）政府支持发展低层住房建设。俄罗斯国家杜马2009年通过了发展低层住房建设的纲要，现行的联邦住房规划中特别指出优先发展低层住房建设，并提出了具体专项措施。联邦地区发展部还发布了《发展低层住房建设》部门规划，支持低层住房发展。

俄罗斯认为，低层住房具有以下优势：

（1）居住的心理舒适性；

（2）造价低：私人住房可由家庭或一个建筑队进行建设，造价每平方米不超过1.5万~2万卢布；

（3）工业化水平高：可以采用大量建设低层住房的现代工业化方法，可降低造价，使用费也比多层建筑低得多；

（4）节能：采用先进施工工艺和材料很容易使低层建筑达到节能标准；

（5）生态条件好：低层建筑多数是建在城市郊区，与市区相比生态安全性较好，对环境影响较小；

（6）建设周期短：低层建筑建设周期比多层建筑短，低层建筑建材厂的建设周期也比较短。

3.7.2　发展经济型住房[①]

根据《2013~2020年向俄罗斯公民提供可负担的舒适住房和居住公用事业服务》规划，到2015年，符合经济型住房标准的住房竣工量要达到4 760万m^2，2017年6 140万m^2，2020年6 600万m^2。

多户住房的套户推荐面积如表2-3-12所示。

---

① 经济型住房标准。

多户住房的套户推荐面积　　　　　　　表2-3-12

居住房间数	1	2	3	4	5	6
套户推荐面积的上下限（单位：m²）	28~45	44~60	56~80	70~100	84~116	103~126

多户住房房间面积推荐值不低于以下值：一室户的房间——14m²；两室及两室以上套户的起居室——16m²；卧室——8m²（双人为10m²）；厨房——6m²；居住房间高度（从地面到顶面）不低于2.7m。

低层住房采暖通风能耗推荐值（кДж/m²·℃昼夜）　　　　表2-3-13

住房采暖面积（m²）	层数			
	1	2	3	4
60及以上	140	—	—	—
100	125	135	—	—
150	110	120	130	—
250	100	105	110	115
400	—	90	95	100
600	—	80	85	90
1 000及以上	—	70	75	80

多户住房采暖通风能耗推荐值[（кДж/m²·℃昼夜）或（кДж/m³·℃昼夜）]　　表2-3-14

建筑物类型	层数					
	1~3	4~5	6~7	8~9	10~11	12层及以上
住房、旅馆、集体宿舍	按上表取值	85[31] 4层按上表取值	80 [29]	76 [27.5]	72 [26]	70 [25]

3.7.3　建筑节能

（1）建筑节能现状

据统计，建筑领域能耗约占全国总能耗的40%~45%，低于发达国家，高于发展中国家（图2-3-5）。

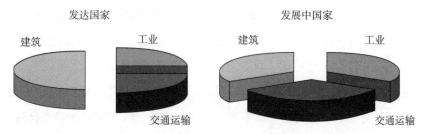

图2-3-5　发达国家和发展中国家能耗的大致比较

1917~2000年，俄罗斯建成住房25亿m²，这些住房的能源消耗大多不符合当前的要求。据俄罗斯地区发展部数据，住房采暖的平均能源消耗为350~380W·h/（m²·年），比德国和其他欧盟国家高4倍~6倍，某些类型住房达到680W·h/（m²·年）。

应用最适合于莫斯科气候条件的图集Π-44的17层三单元定型住房的能源消耗结构见图2-3-6。

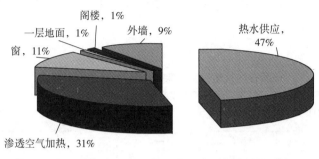

图2-3-6　图集Π-44 17层三单元定型住房的能源消耗

由图2-3-6可见，能源消耗最多的是热水供应占47%，渗透空气加热占31%，通过围护结构的能源消耗占22%。

2009年以来，许多大城市对20世纪70、80年代兴建的多层住房进行了大修，包括保温墙体、更换窗户、改装工程设施等。但是由于种种原因（多选择造价低的方案，改善旧房采暖系统并加装计量表有困难等），效果不明显，采暖能源消耗只降低了10%~15%，与德国住房改造效果相差甚远。

新型能源的利用（太阳能、风能、地热等）在俄罗斯还很少，在这方面节能空间还是很大的。

（2）节能法规标准

俄罗斯第一个与节能有关的法律是1996年4月发布的联邦《节能法》。该法要求将能源有效利用指标，以及建筑物采暖、通风、热水供应和照明等耗能指标纳入规范文件。根据这一要求编制了节能的国家标准：《节能·标准方法保障·基本规则》ГОСТ Р51387—99和《节能·能源效率·指标构成·基本规则》ГОСТ Р51541—99。

2009年11月，颁布了《节能、提高能源效率和修改联邦若干法律条文》的联邦法律。该法提出的主要目标是为激励节能和提高能源效率建立法规的、经济的和组织的基础，并提出了极难完成的任务：2007~2020年，要将GDP的能源消耗降低40%。

为执行这一法律文件，经政府2010年12月批准实施《到2020年节能和提高能源效率》国家专项规划。该规划是多部门的，其主要目标为到2020年GDP的能源消耗降低13.5%，规划中有关住房领域节能和提高能源效率方面的要求是：第一阶段（2011~2015年）一次能源总节约量为2 918万t标准燃料,在整个规划期(2011~2020年)节约9 783万t标准燃料。同时该规划还设置了一章《各联邦主体节约和提高能源效率的激励》,提出了激励措施。

为使节能不以降低建筑物房间内部小气候质量为代价,建筑物理研究院(НИИСФ)编制了《居住和公共建筑物·房间小气候参数》ГОСТ30494—96。在建筑物理研究院参与下,编制了法规《独户住房》СНиП31-02—2001,其中在节能部分提出了建筑物单位能耗定额原则,编制了《建筑物热防护》СНиП2302—2003和《建筑气候分区》СНиП,建筑物理研究院还编制了规范《建筑物热防护设计》СП23-101—2000以及标准《建筑物和结构物·房间和建筑物在实体条件下空气渗透性的计算方法》ГОСТ31167-03和《居住建筑物·建筑物采暖热能使用量的计算方法》ГОСТ31168-03。

主要参考文献

[1] 俄罗斯统计年鉴 2015年;www.gks.ru.

[2] 俄罗斯联邦建设和居住公用事业部条例(2014年3月18日政府决议).

[3] www.minstroyrf.ru.

[4] 2013~2020年向俄罗斯公民提供可负担的舒适住房和居住公用事业服务规划.

[5] www.yandex.ru.

[6] www.gov.ru.

[7] 高晓慧等,俄罗斯住房制度改革及绩效[J]. 俄罗斯中亚东欧市场,2008年第8期.

[8] 肖来付,从住房问题看俄罗斯的住房社会政策[J]. 俄罗斯中亚东欧市场,2010年第5期.

[9] 组织标准(СТО 00043363-01-2008)住房改造和现代化莫斯科 2008.

[10] 俄罗斯低层住房建设发展问题. 莫斯科ЦНФРРА-М,2011.

[11] 院长 С.В. Николаев等,中央住宅与公共建筑科学研究设计院(ЦНИИЭПжилища). http://www.ard-center.ru/home/pub1/ts3-2012/kpd 3-2012.

[12] 经济型住房标准. http://www.pandia.ru/text/77/22/52630.php.

4 英国

GDP：29 888.93亿美元（2014年）
人均GDP：46 332.0美元（2014年）
国土面积：24.4万km²
人　　口：6 451万人
人口密度：267人/km²
城市化率：82%

4.1 住房现状

4.1.1 住房类型与家庭户数[①]

英国住房供给方式主要有四种，即租赁私房、自有住房、租赁住房（协会房）和租赁地方政府住房（议会住房）。

截至2015年，全英国有1 871.2万户家庭，总住宅户数达到了2 699万户（表2-4-1、表2-4-2）。

1996~2015英国历年家庭数（单位：千户）[②]　　　表2-4-1

年份	全部家庭数
2010	18 075
2011	18 102
2012	18 362
2013	18 359
2014	18 601
2015	18 712

---

① http://www.ons.gov.uk/peoplepopulationandcommunity/birthsdeathsandmarriages/families/bulletins/familiesandhouseholds/2015－11－05
② Office for National Statistics,Families and Households：2015
http://www.ons.gov.uk/peoplepopulationandcommunity/birthsdeathsandmarriages/families/datasets/familiesandhouseholdsfamiliesandhouseholds

2002~2015年英国住宅户数①（单位：千户）　　　　　表2-4-2

年份	单户家庭	无血缘关系家庭	单户家庭	多户家庭	全部家庭
2004	17 254	747	16 833	201	24 993
2005	17 424	770	17 020	197	25 217
2006	17 470	811	17 072	194	25 379
2007	17 571	820	17 134	215	25 609
2008	17 729	863	17 239	239	25 875
2009	17 940	820	17 441	247	26 042
2010	18 075	831	17 579	239	26 240
2011	18 102	920	17 576	253	26 409
2012	18 362	848	17 765	283	26 614
2013	18 359	847	17 769	287	26 654
2014	18 601	855	17 948	313	26 703
2015	18 712	861	18 109	295	26 994

表2-4-3为按表2-4-1、表2-4-2推算的2010~2015年家庭平均住房套数。

家庭平均住房套数　　　　　表2-4-3

年份	家庭数（千套）	住宅户数（千套）	家庭平均住房套数
2010	18 075	26 240	1.5
2011	18 102	26 409	1.5
2012	18 362	26 614	1.4
2013	18 359	26 654	1.5
2014	18 601	26 703	1.4
2015	18 712	26 994	1.4

从表2-4-4中可以看出：在2014~2015年间，英格兰的总共住户数量为2 251万，自有住房住户数量为1 432万（63%），其中52%为完全自有住房，48%为贷款购房住户，社会租赁房住户为391万（17%）。自1980年开始，购买权（Right to Buy）政策使众多社会租赁房住户以折扣购买住房，社会租赁房住户的比例由1980年的31%降至2014~2015年的17%。

---

① Office for National Statistics, Families and Households, 2015

http://www.ons.gov.uk/peoplepopulationandcommunity/birthsdeathsandmarriages/families/datasets/familiesandhouseholdsfamiliesandhouseholds

在2014~2015年，所有住户中私人租赁住户数量为427.8万，占全部住户的19%。然而，在20世纪80、90年代这个比例只有10%（表2-4-4）。2002年至今私人租赁住房业经历了巨大的变化，数量增加一倍，这方面的原因有很多：20世纪90年代的取缔租赁限制、保障短期租赁户权益、增大租期弹性等。同时，房东还可以为住户提供购房出租抵押贷款。

1981~2014年英格兰各类型住户数量①（单位：千户）　　　表2-4-4

年份	自有住房住户			私人租赁房	社会租赁房住户			全部住户
	完全自有	贷款购房	全部		当地政府出租房	住房协会	全部	
2005	6 352	8 440	14 791	2 445	—	—	3 696	20 932
2006	6 425	8 365	14 791	2 565	—	—	3 737	21 092
2007	6 505	8 228	14 733	2 691	—	—	3 755	21 178
2008	6 653	7 975	14 628	2 982	—	—	3 797	21 407
2008~2009	6 770	7 851	14 621	3 067	1 887	1 955	3 842	21 530
2009~2010	6 828	7 697	14 525	3 355	1 745	1 930	3 675	21 554
2010~2011	7 009	7 441	14 450	3 617	1 835	1 992	3 826	21 893
2011~2012	6 996	7 392	14 388	3 843	1 782	2 026	3 808	22 040
2012~2013	7 152	7 184	14 337	3 956	1 684	2 000	3 684	21 977
2013~2014	7 386	6 933	14 319	4 377	1 641	2 279	3 920	22 617
2014~2015	7 475	6 849	14 324	4 278	1 639	2 272	3 912	22 514

由表2-4-5可以看出，在伦敦，私人租赁住户自2003~2004年的14%上升至2013~2014年的30%。图2-4-1为同一时期伦敦不同住房所有权住户类型比例。伦敦自有住房中贷款购房住户自39%下降至27%。私人租赁住户所占比例很大（表2-4-5）。

2003~2014年伦敦各类型住户比例　　　表2-4-5

年份	自有住房			私人租赁	社会租赁房			全部伦敦家庭
	完全自有	贷款购房	全部		当地政府	住房协会	全部社会租赁房	
2003~2004	22.3	38.8	61.1	13.6	16.2	9.1	25.3	100.0
2004~2005	23.1	34.5	57.6	18.3	15.1	9.0	24.1	100.0
2005~2006	20.7	39.2	59.9	16.5	14.6	9.0	23.5	100.0

① https://www.gov.uk/government/statistics/english-housing-survey-2013-to-2014-headline-report

续表

年份	自有住房			私人租赁	社会租赁房			全部伦敦家庭
	完全自有	贷款购房	全部		当地政府	住房协会	全部社会租赁房	
2006~2007	23.4	35.5	58.8	18.5	13.8	8.9	22.7	100.0
2007~2008	23.4	34.4	57.8	18.9	13.9	9.4	23.4	100.0
2008~2009	21.7	31.2	52.9	21.5	16.4	9.1	25.5	100.0
2009~2010	22.1	31.4	53.5	23.0	15.1	8.4	23.5	100.0
2010~2011	21.5	29.2	50.7	25.4	14.3	9.7	23.9	100.0
2011~2012	19.6	29.7	49.2	26.1	16.3	8.4	24.7	100.0
2012~2013	21.8	28.9	50.7	24.1	14.7	10.5	25.2	100.0
2013~2014	21.5	26.6	48.2	29.6	11.7	10.6	22.3	100.0
2014~2015	22.8	26.7	49.5	27.2	12.3	11.0	23.3	100.0

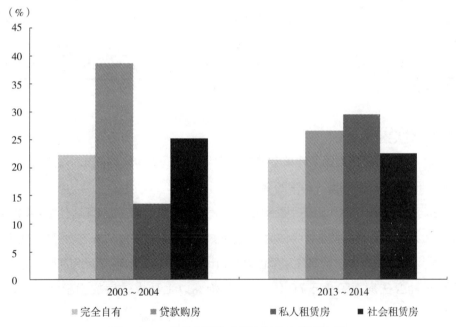

图2-4-1 伦敦不同住房所有权住户类型比例

4.1.2 住房规模

2002~2015年，每户人口数十余年基本维持稳定在2.36~2.37人。2人户增加最多为75.0万户，5~6人户以上增量仅为3.0万~6.0万户（表2-4-6）。

每户人口数①（单位：千户） 表2-4-6

年份\人口数	1人	2人	3人	4人	5人	6人及以上	总人口数	平均人口
2002	7 221	8 690	3 840	3 432	1 144	465	24 792	2.36
2003	7 255	8 772	3 816	3 448	1 157	469	24 917	2.36
2004	7 213	8 768	3 941	3 456	1 162	452	24 993	2.37
2005	7 230	8 925	4 017	3 436	1 148	461	25 217	2.36
2006	7 302	8 968	4 015	3 436	1 176	481	25 379	2.36
2007	7 440	8 959	4 065	3 480	1 189	475	25 609	2.36
2008	7 534	9 093	4 124	3 450	1 179	494	25 875	2.36
2009	7 534	9 140	4 210	3 524	1 157	476	26 042	2.36
2010	7 591	9 213	4 229	3 558	1 153	496	26 240	2.36
2011	7 660	9 246	4 255	3 530	1 169	548	26 409	2.36
2012	7 717	9 286	4 367	3 555	1 165	524	26 614	2.36
2013	7 752	9 152	4 367	3 638	1 211	533	26 654	2.37
2014	7 586	9 342	4 311	3 708	1 208	548	26 703	2.38
2015	7 729	9 443	4 332	3 787	1 173	530	26 994	2.37

数据来源：Labour Force Survey（LFS），Office for National Statistics

4.1.3 住宅建筑面积

（1）套均建筑面积：英国新建住宅的建筑面积、房间数量和房间大小逐年减小。目前，平均面积为76m²，平均4.8室，每室的平均面积为15.8m²。

自有住房相对于出租房建筑使用面积要大。表4.7表明②，在2014年，住宅平均使用面积为94m²。私人住房的面积大于社会住房。社会住房的平均面积为67m²，而私人住房的平均面积为99m²。私人住房中，自有住房面积为106m²远大于私人出租房面积的77m²。

55%的社会住房面积小于70m²，然而80%以上私人住房的面积大于70m²（表2-4-7）。

---

① Office for National Statistics, Families and Households, 2015

http://www.ons.gov.uk/peoplepopulationandcommunity/birthsdeathsandmarriages/families/datasets/familiesandhouseholdsfamiliesandhouseholds

② English Housing Survey Headline Report 2010−11, Department for Communities and Local Government, 2012

2014年英格兰各类型住房不同使用建筑面积（单位：%）　　表2-4-7

使用面积（单位：m^2）	自有住房	私人出租房	地方议会	注册社会业主
<50	3.5	14.8	22.4	23.1
50~69	15.3	32.2	33.5	33.9
70~89	28.8	30.9	34.4	31.6
90~109	19.5	11.8	7.5	7.9
≥110	33.0	10.4	2.1	3.4

英国新建住宅套均面积与欧洲其他国家相比较低，其主要原因是英国政府对土地的住房开发限制很严格。

与拥有自住房者相比，社会和租赁私房者居住在较拥挤的环境中（表2-4-8）。可能是拥有自住房者收入较高，也可能是拥有自住房者有更大的自由度来修改住房，通过阁楼的转换和扩展，以满足他们的家庭需要。

2014年英格兰各类型住房不同使用建筑面积[①]（单位：千套）　　表2-4-8

面积（单位：m^2）\住房类型	私人部门 private sector			社会部门 social sector			总计
	自有住房	私人租赁房	合计	地方政府	住房协会	合计	
少于50	515	675	1 190	377	546	923	2 113
50~69	2 253	1 471	3 725	563	801	1 363	5 088
70~89	4 251	1 413	5 664	578	746	1 324	6 988
90~100	2 873	539	3 412	126	186	312	3 724
超过110	4 865	477	5 342	35	81	116	5 458
平均面积	106	77	99	67	67	67	94

（2）住房拥挤度：2013~2014年英格兰住房的拥挤度[②]为3%，过度拥挤的住户数量为666 000户，和2012~2013年度持平。社会租赁住房的拥挤度（6%，236 000）高于自有住房（1%，212 000户），而私人租赁住房的拥挤度在2013~2014年度为5%（218 000户）

[①] English housing survey headline report 2014 to 2015: section 2 housing stock tables
　https://www.gov.uk/government/statistics/english-housing-survey-2014-to-2015-headline-report
[②] Overcrowding and under-occupation: Levels of overcrowding and under-occupation aremeasured using thebedroom standard. This is essentially the differencebetween the number of bedrooms needed to avoid undesirable sharing (given the number, ages and relationship of the householdmembers) andthe number of bedrooms actually available to the household

（见图2-4-2、表2-4-9）。

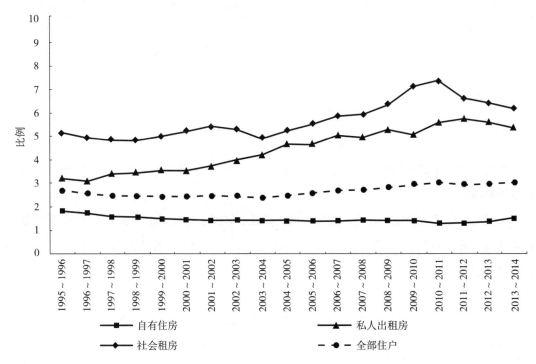

图2-4-2　1995~1996年度至2013~2014年度住房拥挤度①

1995~1996年至2013~2014年住房拥挤度（单位：千户）　　表2-4-9

年份＼类型	自有住房	私人出租房	社会租房	全部住房
2001~2002	201	75	226	502
2002~2003	204	80	216	501
2003~2004	203	86	197	486
2004~2005	203	102	206	511
2005~2006	202	108	216	526
2006~2007	200	125	229	554
2007~2008	206	126	234	565
2008~2009	203	145	251	599
2009~2010	204	152	273	630
2010~2011	191	187	278	655
2011~2012	187	207	249	643
2012~2013	197	214	241	652
2013~2014	212	218	236	666

① https://www.gov.uk/government/statistics/english-housing-survey-2013-to-2014-headline-report

4.1.4 住房存量

（1）不同住户类型住房存量：2013年，英国住房存量有27 914千套，其中有17 714千套属于自有产权住房中，2 775千套属于注册社会业主租赁房屋，2 180千套属于当地政府租赁公有住房，5 174千套属于私人租赁房屋（表2-4-10）。

2000~2013年英国住房存量（按住房所有权分类）[①]（单位：千套）　　表2-4-10

年份\类型	自有住房	私人出租房或就业单位提供	注册社会业主	地方议会出租房	其他公共部门住房	全部住房
2000	17 437	2 387	1 477	3 917	101	25 319
2001	17 603	2 441	1 637	3 682	103	25 468
2002	17 761	2 512	1 712	3 540	112	25 636
2003	17 714	2 888	1 967	3 162	104	25 835
2004	17 980	2 955	2 039	2 984	83	26 042
2005	18 131	3 121	2 140	2 798	82	26 274
2006	18 117	3 410	2 205	2 702	82	26 516
2007	18 180	3 632	2 303	2 583	75	26 772
2008	18 184	3 920	2 440	2 427	74	27 047
2009	18 064	4 244	2 531	2 355	74	27 266
2010	17 983	4 492	2 591	2 316	66	27 448
2011	17 899	4 727	2 694	2 230	63	27 614
2012	17 788	4 964	2 747	2 193	75	27 767
2013	17 714	5 174	2 775	2 180	73	27 914

2014年，英格兰住房存量有23 372千套，其中有14 709千套属于自有产权住房中，2 343千套属于注册社会业主租赁房屋；1 669千套属于当地政府租赁公有住房、4 588千套属于私人租赁房屋（表2-4-11）。

2002~2014年英格兰住房存量（按住房所有权分类）（单位：千套）　　表2-4-11

年份\类型	自有住房	私人出租房或就业单位提供	注册社会业主	地方议会出租房	其他公共部门住房	全部住房
2002	14 846	2 197	1 492	2 706	112	21 354

[①] National Statistics website：www.statistics.gov.uk，Live tables on dwelling stock
https://www.gov.uk/government/statistical-data-sets/live-tables-on-dwelling-stock-including-vacants

续表

年份\类型	自有住房	私人出租房或就业单位提供	注册社会业主	地方议会出租房	其他公共部门住房	全部住房
2003	14 752	2 549	1 651	2 457	104	21 513
2004	14 986	2 578	1 702	2 335	83	21 684
2005	15 100	2 720	1 802	2 166	82	21 870
2006	15 052	2 987	1 865	2 087	82	22 073
2007	15 093	3 182	1 951	1 987	75	22 288
2008	15 067	3 443	2 056	1 870	74	22 511
2009	14 968	3 705	2 128	1 820	74	22 694
2010	14 895	3 912	2 180	1 786	66	22 839
2011	14 827	4 105	2 255	1 726	63	22 976
2012	14 754	4 286	2 304	1 693	75	23 111
2013	14 685	4 465	2 331	1 682	73	23 236
2014	14 709	4 588	2 343	1 669	64	23 372

（2）住房空置率与自住率：表2-4-12说明了历年来普通住房以及老年人住宅的空置情况。可以看出普通住房的空置率有所降低（自2007年的2.1%到2014年的1.4%），但在2012~2014年度保持平稳。

福利住房与老年住宅的空置率相对于整体住宅的空置率来说一直是下降趋势，近两年开始平缓。值得注意的是，自2012年开始，数据只包括主要的福利住房私人房东，例如独立的普通住宅供应商，福利住房与老年人住宅的空置率并没有将小私人房东计算在内。

2007~2014年住房空置量（单位：套）　　　　　　表2-4-12

年份	一般需要			支持住房/住房老年人		
	房产	空置量	空置率（%）	房产	空置量	空置率（%）
2007	1 620 476	33 875	2.1	405 076	19 294	4.8
2008	1 713 124	31 935	1.9	415 551	21 145	5.1
2009	1 776 095	35 242	2.0	420 030	22 296	5.3
2010	1 825 510	29 044	1.6	417 930	22 077	5.3
2011	1 896 253	28 372	1.5	424 053	21 594	5.1
2012	1 896 360	26 156	1.4	374 202	16 613	4.4
2013	1 920 301	27 551	1.4	370 850	15 730	4.2
2014	1 934 389	27 893	1.4	367 096	15 460	4.2

根据地区和住房的性质对空置率进行分类。区域当中有30%~54%的住房是由于不可租赁性导致的住房闲置，例如有的房屋等候拆迁或者需要进一步维护。可租赁住房的闲置原因主要是住房租赁期限与租赁者所需租赁期限之间的落差。

考虑到占整个住房产业的比例，英格兰北部地区拥有着1.9%~2.0%的最高空置率。东南地区则拥有最低空置率（0.9%）。北部地区可租赁住房的空置率相对于其他地区来说同样也是最高的。约克郡与亨伯河的住房空置率最高（1.4%），东南和西南地区的空置率则为0.5%。相应的住房市场需求则展现出这种区域差距。

在最近十年间，置业自住的比率不断下跌，由高峰期2003年的73%下跌至2013~2014年度的63%。年轻人置业自住的下跌率尤其明显，在2015年年初，25~34岁的年轻人的置业自住比率只有36%，为29年新低，但在十年前，其比率为59%。

4.2 住房建设与标准

4.2.1 住房建设量

2015年英新建住宅的数量与往年同期相比有显著提高。2015年最后一个季度，英国新建住宅的动工数量达37 080栋，比前一年上升了23%。而完成数量则达37 230栋，比前一年上升了22%.

由表2-4-13，截至2015年12月底，总计有143 560栋住宅破土动工，这项数据比2014年上升了6%，比2009年的低谷期还是上升了91%，但是相比2007年的高峰期低了22%。

私人开发商建造的住宅方面，最新数据显示，总体新建住宅数量上升了8%，然而房产协会建造的住宅数量下降了1%。

住宅建造完成度最高的地区是伦敦绿腰带周边地区，从剑桥郡、贝德福德郡、北安普敦郡到莱彻斯特郡，西南部的Devon和Gloucestershire.

而住宅建造完成度最低的地域包括Thames上的Kingston、Southend-on-Sea以及Gravesham。对于目前英国住宅整体建造数量上升趋势，英国又开始了新一轮的建筑热潮。

目前的新建住宅数量还远远不能满足居民的需要。2014年新建的住宅数量，比全球金融危机以前的新建住宅数量，仍要少20%。

2000~2014年英国永久性住房开工量[①]（单位：套） 表2-4-13

财年	英国	英格兰	威尔士	苏格兰	北爱尔兰
2000~2001	183 480	140 490	9 350	22 310	11 330
2001~2002	194 140	149 010	9 100	23 180	12 860
2002~2003	197 110	153 070	9 520	22 270	12 240
2003~2004	213 190	162 330	10 060	26 990	13 810
2004~2005	225 050	174 310	9 510	27 000	14 230
2005~2006	233 880	183 360	8 970	26 370	15 180
2006~2007	222 630	170 320	9 140	28 440	14 730
2007~2008	218 840	170 440	10 200	26 350	11 850
2008~2009	118 580	88 010	4 910	19 300	6 360
2009~2010	124 470	95 560	5 310	15 180	8 430
2010~2011	138 380	111 150	5 800	13 520	7 920
2011~2012	136 230	110 820	4 970	13 950	6 490
2012~2013	127 050	103 520	5 290	13 390	4 840
2013~2014	160 800	134 110	5 790	15 590	5 320
2014~2015	166 900	137 740	6 960	16 220	5 990

由表2-4-14和表2-4-15可见，英国在2014~2015年完成建设152 440套的永久性住宅，相比2013~2014年增加14 070套。地方政府永久性住宅在总住宅数量中的比例非常小，在2011~2012年的建成数达到了1995~1996年以来的最高峰，为3 080套。而私营企业住宅的建设量则从2006~2007年的192 180套下降到2014~2015年度的118 060套。

2000~2014年英国永久性住房竣工量[②]（单位：套） 表2-4-14

财年	英国	英格兰	威尔士	苏格兰	北爱尔兰
2000~2001	175 370	133 260	8 330	22 110	11 670
2001~2002	174 200	129 870	8 270	22 570	13 490
2002~2003	183 210	137 740	8 310	22 750	14 420
2003~2004	190 590	143 960	8 300	23 820	14 510
2004~2005	206 620	155 890	8 490	26 470	15 770
2005~2006	214 010	163 400	8 250	24 950	17 410

① https://www.gov.uk/government/statistical-data-sets/live-tables-on-house-building#history
② https://www.gov.uk/government/statistical-data-sets/live-tables-on-house-building#history

续表

财年	英国	英格兰	威尔士	苏格兰	北爱尔兰
2006~2007	219 080	167 680	9 330	24 270	17 800
2007~2008	218 530	170 610	8 660	25 790	13 480
2008~2009	178 850	140 990	7 120	21 010	9 720
2009~2010	152 940	119 910	6 170	17 110	9 750
2010~2011	135 910	107 870	5 510	16 420	6 120
2011~2012	145 740	118 510	5 580	15 980	5 690
2012~2013	133 010	107 980	5 450	14 060	5 530
2013~2014	138 370	112 330	5 840	14 890	5 320
2014~2015	152 440	124 490	6 170	16 270	5 510

英国永久性住宅竣工量（按住房所有权分类）[①]（单位：套） 表2-4-15

年月	私营企业	住房协会	地方政府	全部
2000~2001	152 740	22 250	380	175 370
2001~2002	153 580	20 400	230	174 200
2002~2003	164 300	18 610	300	183 210
2003~2004	172 360	18 020	210	190 590
2004~2005	184 500	21 990	130	206 620
2005~2006	189 700	23 990	320	214 010
2006~2007	192 180	26 650	260	219 080
2007~2008	189 660	28 630	250	218 530
2008~2009	144 980	33 040	830	178 850
2009~2010	117 980	34 190	780	152 940
2010~2011	103 860	30 300	1 760	135 910
2011~2012	108 830	33 870	3 080	145 740
2012~2013	103 290	27 390	2 330	133 010
2013~2014	109 920	26 390	2 060	138 370
2014~2015	118 060	31 870	2 510	152 440

4.2.2 住房标准

英国对保障居民的居住标准一直非常重视，制订了：（1）《住宅最低居住面积》，以满足

---

① https://www.gov.uk/government/statistical-data-sets/live-tables-on-house-building#history

基础功能和活动；（2）《体面住房标准》：其中：准则a：符合当前住房法定的最低标准；标准b：住房应可修复；标准c：它有合理的现代化设施和服务；标准d：它提供了一个合理的热舒适程度。（具体内容详见《国外住房发展报告2015第3辑》第111页）。

2007~2014年度不符合"体面住房"标准的住房量（单位：套）　表2-4-16

年份	前提方案社会出租存量			社会出租存量（%）		LA国有存量		LA（%）
	全部自有住房	不符合标准住房	租户拒绝不升级	不符合住房标准	租户拒绝不升级	总共拥有（'000s）	不符合标准（'000s）	不符合标准
2007	2 025 552	254 263	17 349	12.6	0.9	1 974	618	31.3
2008	2 128 675	224 585	22 947	10.6	1.1	1 861	492	26.4
2009	2 196 125	182 463	24 806	8.3	1.1	1 804	397	22.0
2010	2 243 440	120 185	24 826	5.4	1.1	1 780	292	16.4
2011	2 320 306	54 813	31 487	2.4	1.3	1 721	217	12.6
2012	2 380 143	45 603[1]		1.9		1 693	214	12.6
2013	2 405 896	26 757[1]		1.1		1 682	184	10.9
2014	2 416 550	21 578[1]		0.9				

私人注册房东所提供住宅对于"体面住房"标准的不合格率要低于地方统计数据（2013年私人注册房东住宅的不合格率为1.1%，而地方统计数据为10.9%）。表2-4-17说明了英国各区域"体面住宅"的数据情况。私人注册社会房东提供住房对于"体面住房"标准不合格率最低的地区为西米德兰，为0.2%。伦敦与西南地区则为不合格率最高的地区，均为1.7%。

截至2014年3月31日不符合英国安居标准的住房存量（单位：套）　表2-4-17

区域	住房存量	不合格住房数	不合格率（%）
东米德兰	134 027[1]	1 624[1]	1.2[1]
英格兰东部	244 831[1]	1 096[1]	0.4[1]
伦敦	395 011[1]	6 909[1]	1.7[1]
东北	158 968[1]	1 015[1]	0.6[1]
西北	489 826[1]	2 696[1]	0.6[1]
东南	330 839[1]	2 589[1]	0.8[1]
西南	222 372[1]	3 734[1]	1.7[1]
中米德兰	249 647[1]	555[1]	0.2[1]
约克郡和亨伯河	191 029[1]	1 361[1]	0.7[1]
英格兰	2 416 550[1]	21 579[1]	0.9[1]

l：表示加权数字

4.2.3 住房满意度

除了现实人口问题，英国的住房调查也非常关注住房满意度问题。本节主要对人们针对现有住房和地方政府的满意度进行详细调查。这种主观性的调查对于人们对其居住环境评价非常重要，也在一定程度上反映出人们的住房需求。

调查者将"满意"至"不满意"划分为0~10分，要求接受调查的户主对自己所居住的环境进行形影的等级评估。2013~2014年度，满意度平均为7.5分。自有住房者满意度打分较社会住房高（图2-4-3）。

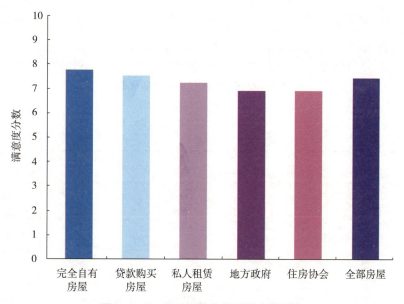

图2-4-3 不同居住者类型住房满意度

4.3 住房经济与投资

4.3.1 全国住房价格与指数

（1）住宅价格指数：英国2015年12月综合调整的平均房价为288 000英镑，年增长率为6.7%（图2-4-4）。

在全国范围内，伦敦的平均房价比英国非首都地区的平均房价高135%（在2014年第四季度），这个平均值的差接近235 000英镑（约合347 160美元），英国首都房价的猛增主要是由首次购房者驱动的，并且是由国外投资者而非国内投资者推动的（图2-4-5）。

英格兰2015年12月的住房价格指数（219.6）比2015年11月的最高水平220.3低0.3%（图2-4-6），比经济衰退前期的峰值，即2008年1月的住房价格指数（180.8）高21.5%。

图2-4-4　英国住房价格变化率

图2-4-5　英国不同地区住房价格

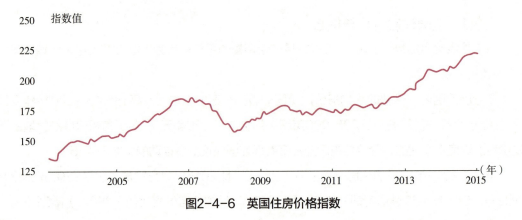

图2-4-6　英国住房价格指数

（2）平均住房价格①：2015年12个月，英国主要城市房价伦敦最高为英镑536 000、英格兰为英镑301 000，苏格兰英镑193 000、威尔士英镑175 000与北爱尔兰英镑148 000。东南与东部的房价高于英国平均水平（图2-4-7）。

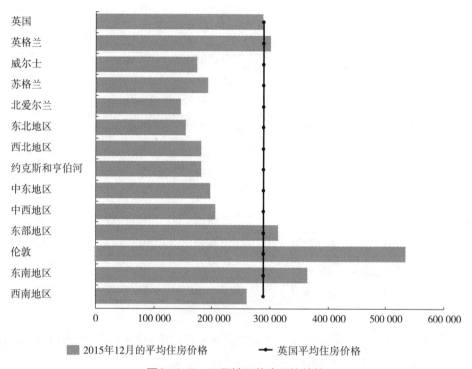

图2-4-7　不同地区住房平均价格

2002~2008年期间，英国各地区新建住宅价格普遍增长，直到2008年1月，最高达221 000英镑；2008年2月~2009年金融危机时期，各地住房价格开始回落，最低达到199 000英镑；2009年后金融危机缓解，各地住房价格又开始回升，2014年达到了273 000英镑。

英国每年需要新建20万套左右，而目前新建量不足50%，供不应求，导致国内房价飞涨。而央行维持现行宽松货币政策，是房价涨幅超过市场预期的主要原因。而业主惜售等因素也成为楼市火爆的重要推手。统计显示，英国2015年12月房价环比增长0.8%，同比增长更是达到4.5%。英国房地产公司Hometrack的城市房价指数显示，英国房价2015年涨幅达到9.4%。2016年,预计房价上涨速度将放慢至4%~6%。

---

① http://www.ons.gov.uk/economy/inflationandpriceindices/bulletins/housepriceindex/december2015#house-price-index-uk-summary

1986~2014年英国住宅平均价格① (单位：英镑)　　　表2-4-18

年份	新住宅	其他类型住宅	全部住宅	首套房	自居房
2000	122 000	99 000	102 000	76 000	122 000
2001	132 000	110 000	113 000	85 000	132 000
2002	158 000	125 000	128 000	104 000	139 000
2003	186 000	154 000	156 000	109 000	165 000
2004	208 000	177 000	180 000	132 000	191 000
2005	212 000	188 000	191 000	141 000	209 000
2006	222 000	204 000	205 000	146 000	239 000
2007	224 000	223 000	223 000	159 000	258 000
2008	221 000	228 000	228 000	163 000	263 000
2009	199 000	228 000	226 000	166 000	260 000
2010	214 000	254 000	251 000	184 000	284 000
2011	223 000	248 000	245 000	180 000	280 000
2012	231 000	247 000	246 000	182 000	283 000
2013	240 000	251 000	251 000	190 000	292 000
2014	273 000	267 000	267 000	202 000	312 000

伦敦是英国房价最高的地区，自二十年前有记录以来，伦敦目前20~30岁自有住房者数量达最低水平，其中仅有45%左右的人拥有自己的独立住房。

（3）租金：私人出租部门租金比社会部门高。在2014~2015年度，英格兰私人出租每套平均租金为178.8英镑/周，社会出租每套平均租金为98.5英镑/周（表2-4-19）。

英格兰平均房租（单位：英镑（周·套））　　　表2-4-19

年份	私人出租房	社会出租房
2008~2009	153.0	71.0
2009~2010	156.3	74.9
2010~2011	159.9	78.9
2011~2012	164.4	83.3

① Source of ONS data：House Price Index, September 2015：House Price Index, September 2015：Annual Tables 20 to 39

http://webarchive.nationalarchives.gov.uk/20160105160709/http://www.ons.gov.uk/ons/publications/reference-tables.html?edition=tcm%3A77-390469

续表

年份	私人出租房	社会出租房
2012~2013	163.0	88.9
2013~2014	176.4	94.3
2014~2015	178.8	98.5

在2014~2015年度，伦敦私人出租平均每周每套租房金297.9英镑，社会出租房平均每周每套租金129.5英镑（表2-4-20）。

伦敦平均房租 [单位：英镑/（周·套）] 表2-4-20

年份	私人出租房	社会出租房
2008~2009	233.4	86.2
2009~2010	254.5	94.6
2010~2011	240.8	102.4
2011~2012	258.1	106.2
2012~2013	258.3	114.4
2013~2014	280.8	124.6
2014~2015	297.9	129.5

4.3.2 家庭收入与支出[①]

（1）家庭收入：在截至2015年财政年度，收入中位数（即所有家庭按收入最低到收入最高进行排名，排在中间的家庭的收入）为25 600英镑（P），比2014年财政年度高3.0%。由此可见自2013年以来家庭经济收入中位数持续上涨，并且收入中位数额与经济衰退前的水平相似。几十年以来收入不平等的变化相对较小，即S80/S20比率（用最高收入的1/5人口的总收入与最低收入的1/5人口的总收入之比）截至2014~2015年的财政年间从5.3小幅降到5.1（P）（图2-4-8）。

（2）家庭支出：2014年按揭还款占了住房支出的28%，包括贷款本息还款、贷款保护保险和贷款本金偿还。净租金占住房支出的19%。

公共事业费（包括：议会费、水费和垃圾收集费等）大约占总住房支出的19%。房屋改善费（包括：安装中央供暖系统和双层玻璃等）占15%，房屋维修费（包括修理中央供暖系统及内墙装饰面）占房租总支出的4%。

---

① http://www.ons.gov.uk/peoplepopulationandcommunity/personalandhouseholdfinances/incomeandwealth/bulletins/nowcastinghouseholdincomeintheuk/2015-10-28

图2-4-8 2000~2015家庭实际可支配收入[①]

在2014年，35%为租房住户，31%为抵押贷款者，34%为完全业主。自2006年（当时40%为抵押贷款者）以来抵押贷款家庭的比例有所下降，并且租房的比例相应增加（2006年租户29%）。

（3）家庭负担率[②]：家庭负担率用抵押贷款/房租—周收入比（即每周抵押贷款、还款额或房租占当周收入的比例）表示。表2-4-21为2013~2014年英格兰抵押贷款/房租—周收入比，表2-4-22为2013~2014年英格兰抵押贷款/房租—周收入比。

自住房家庭抵押贷款负担率为18%，社会住房租户为29%，私人租赁房住户为43%。

2013~2014年英格兰抵押贷款/房租—周收入比（单位：%） 表2-4-21

	含房贴	不含房贴
自住房抵押贷款	19.3	19.3
私人租赁房住户	43.0	51.5
地方政府租赁房住户	29.0	38.9
住房协会租赁房住户	32.1	43.8

[①] A household's disposable income is made up of all its earnings and investment income (including private pensions), plus cash benefits received from the state, minus direct taxes such as Income Tax and Council Tax..

[②] English housing survey 2013 to 2014：household report

https://www.gov.uk/government/statistics/english-housing-survey-2013-to-2014-household-report

2013~2014年英格兰各抵押贷款/房租—周收入比区间的住户比例（单位：%）　表2-4-22

偿还贷款或房租占周收入的比例区间 住房类型	0~20%	20%~40%	40%~60%	60%~80%	80%~100%	≥100%	总数	平均值
1. 自住房抵押贷款住户	71.1	23.6	3.4	0.9	0.4	0.6	100.0	17.9
2. 租赁住户								
①私人租赁房住户	28.1	38.4	14.6	8.3	4.1	6.5	100.0	41.0
②社会租赁房住户	23.5	41.5	20.6	6.6	3.5	4.3	100.0	38.5
其中：A.地方政府租赁房住户	27.3	41.0	19.0	5.9	3.4	3.4	100.0	36.0
B.住房协会租赁房住户	20.7	41.9	21.8	7.0	3.6	4.9	100.0	40.3

（4）住房交易量：图2-4-9显示了英国2006~2014年度住宅房产交易的走势（住宅交易量为左侧坐标轴，非住宅交易量为右侧坐标轴）。由于2008年底住房市场的低迷与信用紧缩，此时住宅与非住宅的交易量都下降了50%左右。直到2009年，住宅与非住宅交易量开始有所回升。

图2-4-10、图2-4-11显示自2006年以来，在英国不同地区住房交易量和住房交易总价

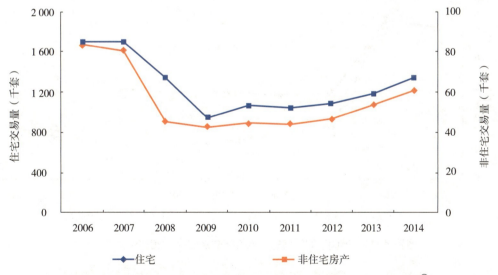

图2-4-9　2006~2014年住宅与非住宅房产交易量（单位：千套）①

① https://www.gov.uk/government/statistics/annual-uk-property-transactions-statistics-2013

值的变化指数（2006年指数为100）。从这两个图表中可以看出，2008年因经济危机，住房交易市场处于低迷期。2009年以来，住房交易的总价值显著增长。近两年来英国住房交易市场开始复苏。伦敦的住宅市场比全国其他地区复苏更快。伦敦2014年平均房租的增长稳固在1.5%左右，这是世界平均标准的2倍。

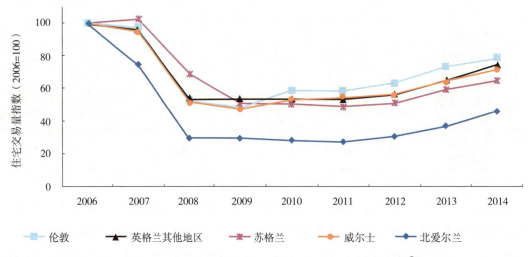

图2-4-10　英国不同地区住宅交易指数（2006=100）[1]

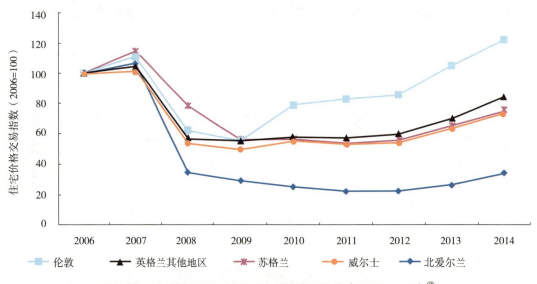

图2-4-11　英国不同区域的住宅价格交易指数（2006=100）[2]

---

[1] https://www.gov.uk/government/statistics/annual-uk-property-transactions-statistics-2013

[2] https://www.gov.uk/government/statistics/annual-uk-property-transactions-statistics-2013

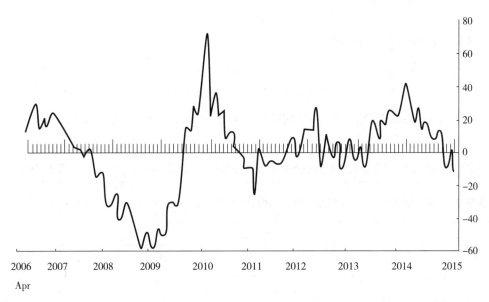

来源：HM Revenue & Customs

图2-4-12 英国房产交易变化率

根据英国税务海关总署提供的资料显示，在2015年1月住宅房产交易量下降约-9.8%。在2014年的房产交易总量为1 219 710套，是自2008年以来的最高水平（图2-4-12、表2-4-23）。

英国不同地区住宅交易量和变化率　　　　表2-4-23

	住宅交易量		住宅交易变化率	
	2014年12月	2015年1月	2014年12月	2015年1月
England英格兰	92 500	67 620	1.33	（12.06）
Scotland苏格兰	6 690	6 530	（8.23）	（1.36）
Wales威尔士	4 620	3 130	3.36	（7.94）
Northern Ireland北爱尔兰	2 090	1 460	12.37	（13.61）
UK英国	105 400	78 740	0.95	（11.13）

数据来源：HM Revenue & Customs

4.4 社会住房

4.4.1 社会住房建设量[①]

在英格兰家庭及社区管理局（Homes and Communities Agency, HCA）旗下有10 592套住房开工，其中已经完工住房9 471套，在建可支付住房7 572套（71%），比2014年可支付住房9 439套减少了20%（不包括住房援助（Help to Buy）计划的建设量）。

英格兰家庭及社区管理局以及大伦敦政府的可支付住房开工和完建量[②]（单位：套） 表2-4-24

英格兰	2009~2010	2010~2011	2011~2012	2012~2013	2013~2014	2014/2015 4月~9月
开工量						
社会租赁住房	39 492	35 645	3 123	4 639	3 961	805
可支付租赁房屋	—	—	8 873	23 286	30 134	8 789
中价租赁住房	3 581	1 517	14	75	65	0
可支付产权房	10 844	11 303	3 400	8 090	7 494	1 962
可支付住房开工总量	53 917	48 465	15 410	36 090	41 654	11 556
完成量						
社会租赁住房	30 939	36 713	34 021	14 388	7 759	1 389
可支付租赁房屋	—	—	928	6 856	19 320	8 585
中价租赁住房	1 935	2 470	1 638	717	552	0
可支付产权房	20 298	16 726	15 144	14 772	8 721	2 723
可支付住房完成总量	53 172	55 909	51 731	36 733	36 352	12 697

数据来源：DCLG Live Table 1012

2015年4~9月，开工的可支付住房中有5 965套为可支付租赁房屋，相对于2014~2015年度同期降低了20%；竣工的可支付住房中有4 733套为可支付租赁房屋，相对于2014~2015年度同期降低了36%；此外，有1 031套为"中价可支付住房计划"，包括共有产权，相对于2014~2015年度同期降低了52%，其余的683套为社会租赁住房（Social

---

① National Statistics，Housing statistics 1 April 2015 to 30 September 2015
https://www.gov.uk/government/statistics/housing-statistics-1-april-2015-to-30-september-2015-2 Housing Statistics December 2015

② http://www.york.ac.uk/res/ukhr/ukhr15/commentaries-pdf/Commentary%20Ch4%202015.pdf

Rent），相对于2014~2015年度同期降低了23%。

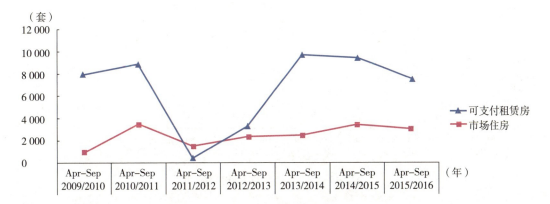

图2-4-13　可支付租赁、市场住房开工量①

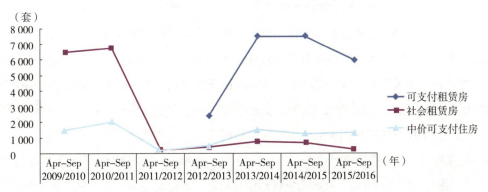

图2-4-14　可支付住房开工量②

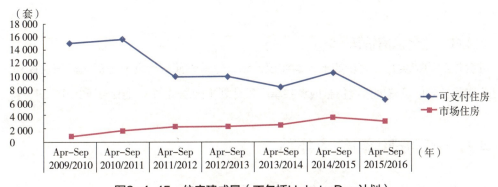

图2-4-15　住房建成量（不包括Help to Buy计划）

---

① National Statistics，Housing statistics 1 April 2015 to 30 September 2015

　https://www.gov.uk/government/statistics/housing-statistics-1-april-2015-to-30-september-2015-2

② National Statistics，Housing statistics 1 April 2015 to 30 September 2015

　https://www.gov.uk/government/statistics/housing-statistics-1-april-2015-to-30-september-2015-2

　Housing Statistics December 2015

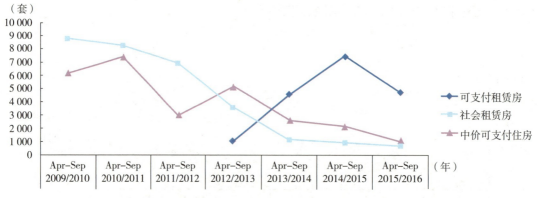

图2-4-16 可支付住房建成量①

4.4.2 社会住房供应量

英国社会住房在2012年国家规划政策中分为三类。第一类是社会租赁住房，指主要由地方政府和私有注册供应者持有、出租和管理，租金标准符合国家租金规定，且只租给符合承租资格家庭的住房。第二类是可支付租赁住房，提供者为地方政府或具有社会租赁住房提供资格的私有注册供应者。政府允许收取的房租高于社会租赁住房，但不超过当地租赁市场房租的80%（不含水、电、气费）。第三类是中价住房，介于社会租赁住房与市场化住房之间，分为：共享权益住房和用于低价出售或中价租赁的低成本住房。中价住房市场化程度比社会租赁住房高，是一种半市场化的住房，其租金或价格介于政府持有住房与市场住房之间。以英格兰为例，2014~2015年社会租赁住房9 590套，占社会住房的14.4%，可支付租赁住房40 710套，占社会住房的61.0%，中价可支付住房16 340套，占社会住房的24.6%（表2-4-25、图2-4-17）。

4.4.3 社会住房销售

社会住房的购买方式大多如下：购买权计划，保留购买权计划，住房可获得权计划，社会住房购买计划以及其他直接贷款或者共享产权计划（图2-4-18、图2-4-19）。

4.5 不动产税和住房补贴

4.5.1 不动产税或房产税占GDP比重

据经济合作与发展组织（OECD）的研究，在发达国家中，英国人支付的房产税是最高

---

① National Statistics，Housing statistics 1 April 2015 to 30 September 2015

https://www.gov.uk/government/statistics/housing-statistics-1-april-2015-to-30-september-2015-2 Housing Statistics December 2015

表2-4-25 2002/2003~2014/2015英格兰社会可支付住房供应趋势① （单位：套）

英格兰		2002~2003	2003~2004	2004~2005	2005~2006	2006~2007	2007~2008	2008~2009	2009~2010	2010~2011	2011~2012	2012~2013	2013~2014	2014~2015
①社会租赁住房（Social Rent）		23 960	22 660	21 670	23 630	24 670	29 640	30 900	33 180	38 950	37 680	17 620	10 920	9 590
②可支付租赁住房（Affordable Rent）		—	—	—	—	—	—	—	—	—	930	6 980	19 740	40 710
③中价可支付住房（Intermediate Affordable Housing）		8 970	15 410	15 800	22 350	19 630	23 530	24 600	24 800	21 530	19 500	18 320	12 210	16 340
其中	中价租赁房（Intermediate Rent）	—	280	1 510	1 680	1 200	1 110	1 710	2 560	4 520	1 920	1 070	790	270
	可支付产权房（Affordable Home Ownership）	8 970	15 120	14 280	20 680	18 430	22 420	22 900	22 240	17 010	17 590	17 260	11 410	16 080
总计		32 920	38 070	37 470	45 980	44 300	53 180	55 500	57 980	60 480	58 110	42 920	42 870	66 640

① https://www.gov.uk/government/statistical-data-sets/live-tables-on-affordable-housing-supply

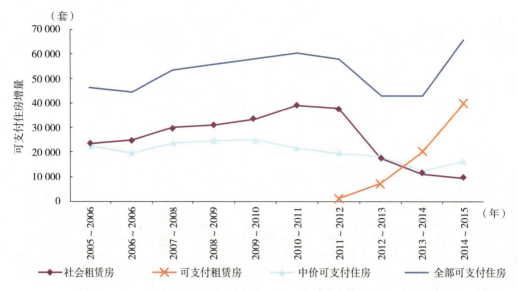

图2-4-17　2005~2006年到2014~2015年英格兰社会住房供应趋势

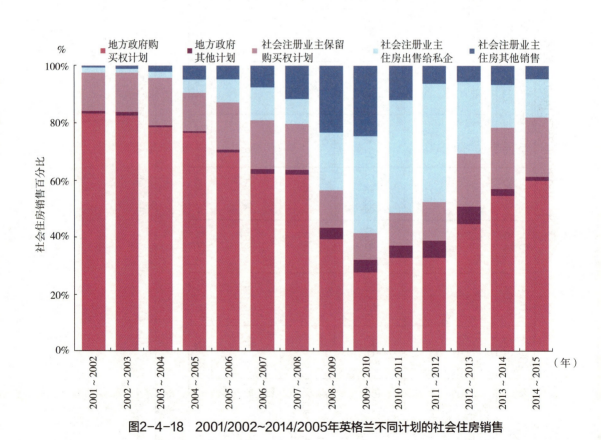

图2-4-18　2001/2002~2014/2005年英格兰不同计划的社会住房销售

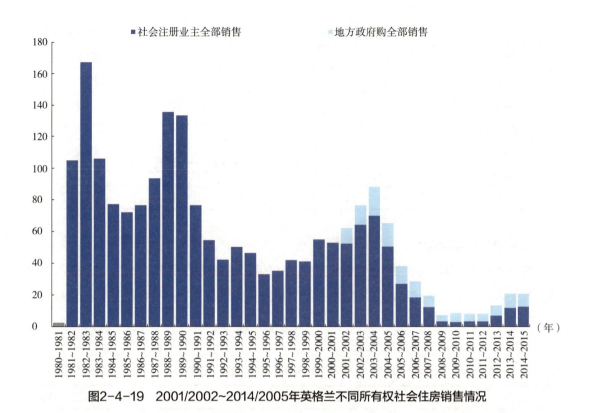

图2-4-19 2001/2002~2014/2005年英格兰不同所有权社会住房销售情况

的。OECD针对顶尖经济体的年度税务分析显示,英国2014年总税负占GDP为32.6%;商业及服务税占33%,房产税占12%(表2-4-26)。

2000~2014年英国年税收结构①(单位:百万英镑)　　表2-4-26

年份	总税收	收入税	财产税	常规不动产税
2000	354 881	138 591	41 134	14 205
2001	368 707	146 179	42 247	15 342
2002	372 007	141 691	44 644	16 668
2003	391 641	143 859	46 555	18 693
2004	419 032	153 755	50 393	20 125
2005	447 758	171 995	53 838	21 306
2006	483 470	191 809	59 647	22 456
2007	504 697	198 918	63 378	23 609
2008	515 887	206 299	60 064	24 718

① http://www.oecd.org/tax/revenue-statistics-united-kingdom.pdf
　http://www.oecd-ilibrary.org/taxation/taxes-on-property_20758510-table7

续表

年份	总税收	收入税	财产税	常规不动产税
2009	479 001	184 475	58 387	25 419
2010	511 071	191 745	61 345	25 913
2011	543 272	199 360	62 813	26 263
2012	547 017	194 878	64 613	26 610
2013	564 164	199 816	69 358	27 624
2014	583 689	204 450	73 639	28 343

4.5.2 住房补贴

在2013~2014年，63%的社会租房者和26%的私人租房者获得房租补贴。2008~2009至2013~2014年，社会和私人租房的家庭收到补贴的比例有所增加，社会租赁房家庭从59%提高到63%，私人出租房家庭从19%到26%（表2-4-27）。

2008/2009~2013/2014获住房补贴家庭　　　　表2-4-27

	2008~2009	2009~2010	2010~2011	2011~2012	2012~2013	2013~2014
	千户					
全部社会出租房家庭	2 269	2 276	2 395	2 439	2 416	2 478
全部私人出租房家庭	598	797	890	982	988	1 120
	百分数					
全部社会出租房家庭	59.1	61.9	62.6	64.0	65.6	63.2
全部私人出租房家庭	19.5	23.7	24.6	25.5	25.0	25.6

4.6 住房新政与新规

4.6.1 住房新政

英国内阁政府提出了2015/2016财政年度报告，有关在住房方面的主要内容如下：

（1）2018/2019年起住房预算升至20亿英镑；建成40万套经济适用房；3%的额外印花税政策，该政策适用于伦敦的住房援助计划。

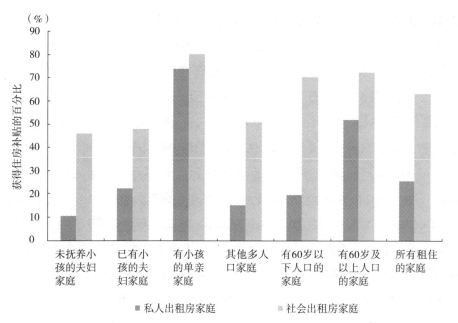

图2-4-20　2013~2014年不同家庭获得住房补贴的情况[①]

伦敦的住房援助计划是面对所有年收入低于80 000元英镑（伦敦地区标准为90 000元英镑）的家庭。计划内容包括：为40岁以下的首次购房者提供低于市场价格20%的优惠；提供23亿英镑资金，5年内建设20万套新建Starter Homes住宅；推出13.5万套共享产权房；同时，取消了以前的购买限制，将有10 000套住房允许租户在承租的同时存购房首付；为老年人和残疾人建设8 000套特殊住房。投资3.1亿英镑，在Ebbsfleet建设近一百年来首座"花园城镇"。

（2）出租房按揭的更严格限制：据Councilo fMortgage Lenders统计，买房出租抵押贷款所占比例越来越大。2015年最后一季度，新贷款中房东贷款占比17.1%，与2014年末的14.2%相比有所增长。对此，英国央行也对过热的买房出租市场表示出担忧。

2014年，财政部授权银行通过他的金融政策委员会对市场进行监管。从而使对房东需要交纳更高比例的订金以及对租金控制的减弱。

此外，随着2016年欧盟新规则（抵押信贷管理）的引入，贷款申请规则将变得更加困难。任何房东都将被视作消费者而非专业人士，将被要求进行更为严格的承受能力和收入测试。这意味着申请买房出租抵押贷款变得更加困难，申请过程也更漫长。

（3）首次置业者获益买房更容易：2015年秋季，英国财政预算翻倍至一年20亿英镑。到2020年，政府将新建40万套能够让普通人负担得起的住房。专门为首次置业者兴建的住宅将

---

① https://www.gov.uk/government/statistics/english-housing-survey-2013-to-2014-headline-report

达20万套。这是从20世纪70年代以来最大规模的住房建设计划。在2016年中，5处公共用地建造13 000套住宅，其中40%将专门为首次置业者而建。首次购房者若在伦敦购买450 000元英镑以下住房或伦敦以外购买250 000元英镑以下住房，可获得20%的优惠。

（4）改善租赁住房：2015年秋季，英国财政预算还将对共享房屋所有权计划进行投资，为那些储蓄存款的人和住在专门公寓的老年人及残疾人减少租金。目的是减轻人们拥有房产的负担，并帮助减少住房福利支出。5个住房协会的租户有权购买他们租住的房屋。

（5）减少共享产权计划的限制：英国将在2016年4月开始实施放宽共享产权计划（Shared Ownership Scheme）的限制，包括可允许市民半买半租（Part-buy, Part-rent Properties），预料可惠及约200 000名市民；同时，年薪低于9万镑的伦敦上班族和年薪低于8万镑的伦敦外上班族均可使用该计划置业，不再受以往的条例影响。

共享产权计划放宽的措施还包括允许市民使用该计划多于一次，以鼓励市民可以小房换大房；计划中条例限制申请人的居住区域和职业的规定亦会被取消，计划开放予任何职业人士申请。

如市民有稳定的收入，但储蓄并不多的话，申请人可利用借贷计划，以及申请人的储蓄来购买该房屋的25%~75%的产权。

（6）政府继续缩减持有的土地和房产：政府部门出售手中持有的公共土地，以实现政府200亿英镑的开支缩减计划。这些土地出售后将被用于帮助在2020年前修建15万套住宅。过去5年，英国中央政府手中持有的地产总共减少了200万平方米，共节约管理资金8亿英镑，出售所得17亿英镑。英国的公共部门目前仍然持有价值约3 000亿英镑的房地产。

4.6.2 规划法

英国通过规划手段促进可支付住房建设始于1979年，并通过1990年《城乡规划法》第106条款正式化。英国的规划法要求开发项目必须向地方规划管理部门提出规划申请并获得规划许可（planning permission）。1990年《城乡规划法》第106条款授权地方规划管理部门在审批开发项目时，与开发商就一些必需或重要的附属条款进行谈判。这些附属条款通常是为了减少该项目开发对周边地区的负面影响，或者是为了提高当地社区的公共利益。开发商要获得规划许可证必须要承担这些规划责任（planning obligations），其中一项重要内容就是配建可支付住房。这些住房的价格通常在市场价的70%~85%，在一定年限内不得上市销售，或只能向当地居民或特定人群出售。

第106条款协议配建可支付住房的最大特点是，通过地方规划管理部门和开发商之间具体协商决定可支付住房建设的规模、数量、标准、产权类型和位置等具体要求。包括：开发项目规模门槛（如15个住房单元以上），可支付住房的供应比例（如25%）以及是否能获得社会住房基金。

由于可支付住房供应比例是地方规划部门与开发商之间就个别项目协商的结果，不同地区的规划部门可能采取不同的策略。如在伦敦和英格兰东南地区等住房需求增长快、可支付住房供应不足的地区，规划部门对开发商提供可支付住房提出强制性要求；而在住房需求较低的地区，提供可支付住房可以不作为获取规划许可的必要条件。

目前英国约90%的地方政府实施了第106条款。1999~2000年度全英格兰的可支付住房中有五分之一是通过第106条款的协议配建方式供应的，而这一比例在逐渐增加。

第106条款协议配建住房的最主要特点是在土地价值的基础上撬动了私人投资进行可支付住房建设。此前，可支付住房的补贴主要来自于政府，尤其是中央政府的公共住房基金或者社会住宅基金。

4.7 住房规划、设计、建设技术

4.7.1 英国城市规划体系

（1）1947~2008年：控制性和灵活性的权衡

2009年前英格兰城市规划体系的演变过程分三个阶段（图2-4-21）。第一阶段奠定规划体系的法制化基础：颁布了《城乡规划法》，规定政府控制土地开发权；第二阶段规划向政策型转变：确立了"二级"体系并相应对不同级政府进行事权划分；第三阶段更重视开放性和弹性发展：明确规划仅给予开发指导而不规定开发指标，由开发商提出申请，由地方政府决定是否通过审批。

（2）2009年以来：简化规划和高效发展

2009年又面临新一轮的衰退危机，国民经济持续处于低迷态势。规划程序的繁冗被认为是延缓项目落实、阻碍经济发展的主要原因之一，因而政府企图通过简化规划流程来实现高效发展。

引导此次改革进行的主要文件有四项，即核心文件《国家规划政策框架》以及三项重要辅助性文件：《开放规划绿皮书》《地方主义法案》（2011）和《发展和基础设施法案》。

此次改革主要带来了四个方面的新特征：第一，规划审批程序精简，削弱了规划对发展的控制，以实现发展为要务；第二，调整了空间等级，取消区域层面原有的《空间战略规划》，改设"地方企业区"（LEZ: Local Enterprise Zone）；第三，放权地方，社区有权自主制定"邻里规划"；第四，限制公众参与的条件，缩小公众参与范围，以提高项目落实的效率。

4.7.2 伦敦低碳城市建设

自2003年英国首次提出"低碳经济"这一概念以来，作为低碳城市规划建设实践的先驱者，政府成立了私营"碳信托基金会"。该基金会的主要任务就是专门负责联合政府公共部门

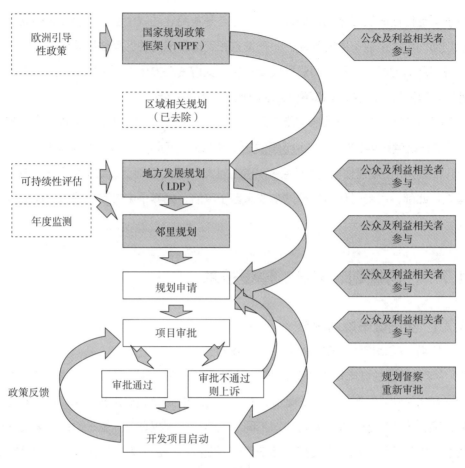

图2-4-21 2009年英国新规划体系框架图

与各类企业筹资，发展低碳环保技术和实现减少碳排放总量的目标。如伦敦市为了实现低碳城市建设目标，提出了一系列建设计划。

英国大伦敦规划涉及能源、建筑、市政、交通等方面，同时规定城市规划的修订必须融入可持续发展和气候变化的内容，于2007年颁布了《市长应对气候变化的行动计划》（表2-4-28）。

伦敦建设低碳城市的主要途径　　　　表2-4-28

重点领域	碳排放比例	实现途径与具体措施	截至2025年的减排总目标
存量住宅	40%	①"绿色家居"计划； ②顶楼与墙面绝缘改善补贴； ③家庭节能与循环利用； ④咨询； ⑤社会住宅节能改造	770万t

续表

重点领域	碳排放比例	实现途径与具体措施	截至2025年的减排总目标
存量商业公共建筑	33%	①"绿色机构"计划； ②建筑改造伙伴计划； ③绿色建筑标识体系	700万t
新开发项目	—	①修正伦敦城市总体规划对新开发项目的要求； ②采用分布式能源供应系统； ③规划中强化对节能的要求； ④节能建筑和开发项目的示范；	100万t
能源供应	—	①向分布式、可持续的能源供应转型； ②鼓励垃圾发电及其应用； ③本地化可再生能源； ④建设大型可再生能源发电站； ⑤通过新的规划和政策激励可再生能源发电； ⑥鼓励碳储存	720万t
地面交通	22%	①改变伦敦市民出行方式，加大在公共交通、步行和自行车系统上的投资； ②鼓励低碳交通工具和能源； ③对交通中的碳排放收费	430万t

此外，伦敦市大力发展可持续能源，如建设大型可再生能源发电站，鼓励垃圾发电等；通过征收"交通拥堵税"，小汽车交通量减少了20%，并将每年所得的约1.22亿英镑的"拥堵税"用来改善道路。伦敦大力发展电动汽车，打造电动汽车的首都，并提出"氢动力交通计划"。伦敦推行"绿色家居计划"，向市民提供家庭节能方面的咨询服务，改善建筑的能源效益。

4.8 住房可持续发展

4.8.1 绿色建筑能效量化

（1）能源效益证书：英国自2007年6月起所有房屋在出售前均应获得能源效益证书，以满足2002年实施的欧盟建筑能效指令的规定，即各类建筑物在建成、售买及出租时，都要有建筑物能源效益证书。该证书按建筑物的能源效益表现分成A至G七个等级。且列出建筑物未来3年的能源开支及节能空间，让买家、租户在决定前可以先考虑能源和环境的因素；商厦商场等建筑则要展示其能源效益证书，并显示其与同类建筑物的评级标准比较，让大众可从中知道该建筑物的实际能源表现。

根据最新研究发现，为私人出租房引入英国最低能效标准，每间房的花费不到1 500英镑，远低于先前研究结果，但每年将可为租户节省超过400英镑的电费。根据2011年能源法案（Energy Act 2011）之规定，从2018年4月开始，若是私人出租房的能源效益证书（Energy Performance Certificate, EPC）被评为F或G等级，房东则有义务为其升级，以符合最低能效标准。反之，法规将禁止不参加能效升级的房屋进行出租。

政府的标准评估程序（Standard Assessment Procedure, SAP）用于监控住宅的能源效率。英国存量住房的能源效率不断提高，在2014年，英格兰私有部门出租房平均SAP等级为59.7分，社会部门为60.9分。

（2）可持续住宅规范：可持续住宅规范对住宅的生命周期环境影响进行整体评价。它使用了可持续性等级统一用星级来表示。一星是初级，高于建筑规范的标准；六级是最高标准。其中一星级到五星级分别在2006版《国家建筑节能标准》（Part L）基础上节能10%、18%、25%、44%和100%，高于五星级的六星级标准被视为"零碳住宅"，成为世界上第一个"零碳住宅"评价标准。最严格六星级标准要求"住宅没有净排放，从电网获得的能源少于或等于住宅通过可再生能源和技术手段向电网输送的能源"。该计划奠定了英国迈向"零碳住宅"的坚实基础，英国政府随后在全社会推出渐进式减排要求，规定到2016年，所有政府资助的新建住宅必须达到零碳排放标准。

对新建住宅，可持续住宅规范从能源/二氧化碳、水资源、材料、地表水径流、废弃物、污染、健康和幸福感、管理、生态9个方面评定其可持续性。对能量/二氧化碳排放、水资源设置了各等级的最低标准；对材料、地表水径流、废弃物设置了获得可持续住宅规范认证的最低门槛标准；对污染、健康和舒适、管理、生态无最低标准。

截止到2014年12月底，使用阶段的住宅有197 851套通过认证，其中32%为私人住房，68%为公共住房；设计阶段的住宅有297 375套通过认证，其中44%为私人住宅，56%为公共住宅；在使用阶段。

4.8.2 可持续住宅

（1）工业化住宅：预制部门在1998年贡献了7.31亿英镑附加值，2007年上升至20.8亿英镑的峰值，并在2008年下跌至15.37亿英镑在Callcutt审查预测中，预估预制结构到2016年的市场占有率将有大幅度的上升，如表2-4-29所示。

英国预制结构2016年预估量　　　　表2-4-29

预制体系	2005 产出	2005年英国总数比例	2016年英国总数比例
木框架结构—所有类型	42 000	18.60%	30%
轻钢框架结构（LSF）	8 800	3.90%	25%
预制混凝土墙板（横墙）	<4 000	<1.5%	高速增长预测

续表

预制体系	2005 产出	2005年英国总数比例	2016年英国总数比例
预制结构隔热板	600	0.30%	4%
单元模块	2 000	0.70%	4%
混合模块	300	0.15%	没有数据

（2）智慧型住宅：智能住宅从原理上讲应该是智能建筑的一种，是将建筑、设备、运行服务及管理等要素进行综合优化，使其发挥多功能、高效益和高舒适性的住宅建筑及运营模式。

英国政府大力推广一个耗资超过100亿英镑的智能仪表项目，该项目计划到2020年让英国每一个家庭都用上能接入互联网的智能仪表，可实时监测每户家庭的能源使用情况。至今已安装了160万个智能仪表，最终可能要安装1 600万个。这种智能仪表直接与电力和燃气公司的服务器连接，可以把价格等信息直接传送到用户的智能手机上，并同时提供电价上涨或降低的信息，让用户更有选择性地用电，避开用电高峰。

（3）老年人住宅：老年人住房有三种：①退休住房：专为55岁以上需要辅助护养或全面疗养的年迈者设计和打造的；②辅助护养房：这种住房仅提供给独立居住，偶尔需要帮助但无需24小时护理的年迈者。辅助护养房通常配备一名监护管理员当班，同时还会设置呼叫系统和一间公用休息室；③全面疗养房：这种住房通常包含24小时私人及家政服务支持，并配备呼叫设施等。

目前英国绝大部分65岁以上人士住在普通的住宅中，仅有0.6%的退休人士住在专为他们设计和打造的全面疗养房中，这个比例远低于目前的退休住房市场需求量。据调查显示，到2025年对全面疗养房的需求量将净增72.5万套，占新建房总数的50%。

HCA可支付住房2015~2018年项目中，适合于老年人的住房计划为：

（1）可支付租赁住房（Homes for Affordable Rent）。

（2）提供租赁房租金设定（Rent setting）：在保证老年设施齐全的前提下，租金不超过市场租金的80%。

（3）老年房屋共享产权（Older People's Shared Ownership, OPSO）：对年龄在55岁或55岁以上老年人，就能够享受"老年人共享产权"。这项计划在原有的共享产权基础上，老年人只需购买房屋产权的75%，在这之后就不需要再对剩余部分支付任何租金了。

4.8.3 低碳节能技术

英国的房地产低碳技术，是指在进行房地产建设过程与户主居住中所采用的碳排放量低于普通建筑耗能所有相关环节的新技术与新工艺。其中包括7个系统30大类近千项技术与工艺，其中包括：楼板盘管类、建筑结构类、房屋围护类、采暖制冷类、家居装修类、太阳能利用类、可再生能源利用类。

（1）小型再生快速建造砌块（SRRCB）：SRRCB是采用建筑垃圾中的废砖、废瓦、混凝土废块与废弃粉尘等再生加工的碎料与特殊混凝土制成的。采用SRRCB建筑住宅，其建筑速度快于普通现浇混凝土和预制混凝土结构，建造一幢住宅楼通常只需数日或十多天；这幢住宅楼的外墙、内墙、柱子、楼板、肋型梁等以及室外台阶、室外场院的地面，可全部用SRRCB建造，其整片墙体和楼板肋型梁均是采用预应力技术把小型砌块拼装而成的，而且生产率高，可以大幅度降低人工和建筑成本。

（2）速成低碳墙工艺（QLCWT）：QLCWT是英国房地产业在低碳住宅施工技术上的另一项重大突破。这项新型建筑部件是一种中间透空的墙体板材，由工厂预制并在工厂完成成玻璃纤维及水密聚酯材料等的混合体粉刷。这种墙体板材标准尺寸为12m（长）×3.2m（宽）×12mm（厚）。它只需要一次性安装便能形成住宅建筑的整片墙体，同时也可裁剪成任何长度和高度的组合件。而在其中间孔洞处灌注混凝土，则可使其具备很好的防火、隔声、隔热效果及承载能力。

（3）低碳集成技术（LCIT）：LCIT是把所有的低碳专业技术集成到一个住宅中，其品质取决于先进低碳技术的集成程度。近年来，为了推行住宅建筑产业低碳化，英国建筑工业联合会和英国混凝土制品研究中心将全国近百家构件预制厂组织在一起，由各厂家提供低碳产品的新技术和新工艺，统一协调规则并系统编制出一套统一模数与兼容安装的建筑部件（主要是外墙构件、内墙构件、楼板、柱和梁、楼梯和各种技术管道等）产品目录。采用这套产品目录的建筑，具有把任何一个建筑设计"转变"成为用工业低碳化产品而又不改变原设计的特点。

（4）快速组装冷钢构件（FACSM）：随着高应力、轻质量、冷成型与快速组装预制冷钢在低碳结构技术上的突破，英国房地产商实现了快速组装房屋愿望。与砖木结构对比，FACSM和混凝土速成墙系统具有若干明显的优越性，例如能够创造出更灵活的建筑空间；能承受高应力状态的高强度结构钢；与相同承载力的木材相比，其重量仅为其1/3，施工方便和快速；FACSM还有良好的经济性，不仅在价格上极具优势，还能明显减少土方工程，节省施工现场劳力，安装及运输简便；它比砖木结构具有更长的耐久性，表面经镀锌处理以防锈蚀，其耐久性在免大修的情况下可达75年。

（5）再生骨料促进低碳化建筑发展：在英国以再生骨料促进低碳化建筑发展的新潮中，首先是O'Donovan公司已经投入大量资金用于废弃物分类，将再生和可再生材料最大比例分离出来；通过人工和自动系统分类，像砖头和砾石使用现代设备压碎，在用于工程项目前依据WRAP质量手册进行分级。公司每个月收集的废弃物平均97%回收再利用，这些废弃物大部分来自于房地产建筑项目，符合WRAP质量的再生材料又全部回到建筑施工中。

据英国LCRI最新统计，英国房地产业是欧盟中对再生材料和次生材料用于混凝土骨料中要求比例最高的，未来可能会进一步提高。

（6）供暖技术：采用中央空调的家庭逐年增加，截至2014年已达到住宅数的95%，而同期采用局部采暖的住宅降到2.8%。采用蓄热炉供暖的家庭保持在5.6%~8%。冷凝锅炉是最有效的锅炉类型，自2000年中期，已强制作为更新和替换产品。

（7）隔热、保温技术：英国住房采用的保温措施主要有阁楼保温、空心墙保温、双层玻璃窗保温、蓄热水箱保温等。2014年38.5%的住房采用厚≥200mm阁楼保温（1996年仅为3%）。

2014年71.1%自有住房、57.9%的私人出租房、71.3的地方议会出租房、74.5%的住房协会房屋采用空心墙保温。5.6%自有住房、5.5%的私人出租房、26.2%地方议会出租房、30.9%的住房协会房屋采用实心墙保温（表2-4-30）。

英国不同类型住房的保温方式所占比例（2014年）[①]　　表2-4-30

空心墙保温	自有住房	71.1
	私人出租房	57.9
	地方议会出租房	71.3
	住房协会	74.5
实心墙保温	自有住房	5.6
	私人出租房	5.5
	地方议会出租房	26.2
	住房协会	30.9

---

① English housing survey 2014 to 2015：headline report
　　https://www.gov.uk/government/statistics/english-housing-survey-2014-to-2015-headline-report

5 巴西

G D P：23 460.76亿美元（2014年）
人均GDP：11 384.4美元（2014年）
国土面积：851.6万km²
人　　口：20 203万人（2014年）
人口密度：24人/km²（2014年）
城市化率：85%（2014年）

5.1 住房基本情况

5.1.1 住户数量和住房类型情况

（1）私有住房数量、住户数量与住房类型

巴西住房分为别墅、公寓和单间公寓三类：别墅（casa）是楼房的全部楼层，或楼房的一层且没有楼梯过道等公共空间的住宅；公寓（apartamento）指楼房的一层中有多间私有住宅，有楼梯过道等公共空间；或楼房中连续多层的私人住宅，有独立的楼梯出入。单间公寓（Cômodo）指的是厨房、浴室、卧室、客厅都在一间房屋中的住宅，常见于贫民窟、蜂窝式住房中。根据住房使用条件，分为自住、租赁、赠与或其他。

根据最新统计：2014年新增住房数190.9万套，比2013年增加2.9%。平均每户3.02人（表2-5-1～表2-5-5）。

新建住房数（单位：千套）　　　　　　表2-5-1

年份 住房类型	2007	2008	2009	2011	2012	2013	2014
全部	1 592	1 842	1 072	2 864	1 651	1 362	1 909
别墅	1 500	1 780	1 023	2 286	1 154	1 184	1 589
公寓	63	87	14	564	558	178	340
单间公寓	29	-25	35	14	-60	-1	-20

新增住房数增长率（单位：%）　　　　　　表2-5-2

住房类型＼年份	2007	2008	2009	2011	2012	2013	2014
全部	2.9%	3.3%	1.8%	4.8%	2.7%	2.1%	2.9%
别墅	3.1%	3.6%	2.0%	4.3%	2.1%	2.1%	2.8%
公寓	1.1%	1.4%	0.2%	9.2%	8.3%	2.4%	4.6%
单间公寓	15.5%	−11.6%	18.3%	6.2%	−25.0%	−0.6%	−11.2%

私人住房数（单位：千套）　　　　　　表2-5-3

住房类型＼年份	2007	2008	2009	2011	2012	2013	2014
全部	56 339	58 181	59 253	62 117	63 768	6 513	67 039
别墅	50 072	51 852	52 875	55 161	56 315	57 499	59 088
公寓	6 051	6 138	6 152	6 716	7 274	7 452	7 792
单间公寓	216	191	226	240	180	179	159

私人住房中住户人数（单位：千人）　　　　　　表2-5-4

住房类型＼年份	2007	2008	2009	2011	2012	2013	2014
全部	188 975	191 115	193 163	196 889	198 806	200 607	202 486
别墅	172 288	174 559	17 649	179 079	179 929	18 135	182 944
公寓	16 234	16 141	16 151	17 291	18 527	18 855	19 216
单间公寓	453	415	522	519	351	402	326

每户住房平均住户数　　　　　　表2-5-5

住房类型＼年份	2007	2008	2009	2011	2012	2013	2014
全部	3.354 2	3.284 8	3.26	3.169 6	3.117 6	3.080 1	3.020 4
别墅	3.440 8	3.366 5	3.337 9	3.246 5	3.195	3.154	3.096 1
公寓	2.682 9	2.629 7	2.625 3	2.574 6	2.547	2.530 2	2.466 1
单间公寓	2.097 2	2.172 8	2.309 7	2.162 5	1.95	2.245 8	2.050 3

数据来源：巴西全国住房样本调查2014，IBGE

（2）永久性私人住房数、住户数与住房类型、占用条件的分布

巴西2007~2014年，别墅住宅在私人住房中所占比例均在88%左右，别墅住户人数占

比在90%左右，别墅是所有住房类型比例最大的一类。2014年，74.91%的住户都有自有住房，只有17.45%的人租房住。从2007~2012年，自有住房的住户占比逐年增加，2012年达到顶峰（76.07%）；2012年后随着巴西经济的衰退，该比例下降到了2014年的74.91%。而租房者从2007年15.11%增加到2014年的17.45%，7年增长了2.34%（表2-5-6）。

（3）每户人口收入情况

根据巴西地理数据统计局数据显示，截止到2014年，巴西约有6 837.6万户，平均每户人数为3.07人。相比2013年，增加248.2万户，每户增加0.09人。

根据住户位置、家庭月收入的统计数据[①]，2014年，巴西城镇中居住的家庭占全国的86.01%，并且家庭月收入低于3倍最低工资的低收入家庭数量，占54.09%，多于中产和富裕家庭数量（表2-5-7）。

（4）巴西住房建设

巴西大部分住房，无论是正规还是不正规的，基本都由预制混凝土砖和（或）陶瓷砌块建成。这些砖块通过灰浆固定、相互交合地堆砌在一个浇筑好的混凝土地基上。一旦墙体建成，工人会在空心砖块中放置垂直的钢筋并浇灌混凝土。墙顶的现浇混凝土过梁会固定整个墙体结构。外墙表面通常会涂一层水泥装饰。房顶用混凝土板、木材、带有陶瓷或PCV面板的钢框架建成，有些临时房屋中也会使用屋面板。在正规建设的公共住房中，窗户一般是铝合金或铁合金材质的，在不正规的住房里，窗户材质更多样（图2-5-1）。新建住宅区都是使用类似的方法和材料建造的，主要的区别是新房通常会用现浇混凝土楼梯和混凝土板屋顶。

图2-5-1 非正规房屋与正规公共住房

---

① 巴西住房可以根据地理位置分为城镇和农村两类。城镇区域包括郡县及其周围的城市区域、联邦直辖区及其周围村庄、其他独立的城市区域。其余地区的住房皆属于农村区域（根据2010年巴西人口普查所指定的标准。适用于区别城镇和农村人口及住房）

表2-5-6

巴西私人永久性住房数量与户数量（单位：%）

住房类型	住房占用条件	年份							年份						
		2007	2008	2009	2011	2012	2013	2014	2007	2008	2009	2011	2012	2013	2014
全部	总计	100	100	100	100	100	100	100	100	100	100	100	100	100	100
	自有	73.99	74.42	73.63	74.79	74.79	74.36	73.74	75.68	75.9	75.12	76.06	76.07	75.38	74.91
	租赁	16.63	16.54	16.97	17.27	17.69	17.9	18.51	15.11	15.18	15.6	16.01	16.42	16.85	17.45
	赠与	8.86	8.47	8.86	7.45	7.14	7.36	7.4	8.66	8.34	8.72	7.4	7.1	7.38	7.27
	其他	0.52	0.56	0.53	0.48	0.38	0.38	0.35	0.55	0.57	0.57	0.53	0.41	0.4	0.37
	未申报	—	—	—	—	—	—	—	—	—	—	—	—	—	—
别墅	总计	88.88	89.12	89.24	88.8	88.31	88.28	88.14	91.17	91.34	91.37	90.95	90.5	90.4	90.35
	自有	66.82	67.4	66.76	67.59	67.23	66.86	66.19	69.82	70.18	69.46	70.07	69.7	69.08	68.6
	租赁	13.33	13.19	13.69	13.85	14.07	14.2	14.72	12.66	12.64	13.1	13.43	13.68	13.99	14.55
	赠与	8.26	8	8.29	6.93	6.65	6.88	6.9	8.18	7.97	8.26	6.97	6.73	6.97	6.84
	其他	0.46	0.53	0.5	0.44	0.35	0.34	0.33	0.51	0.54	0.54	0.49	0.4	0.36	0.35
	未申报	—	—	—	—	—	—	—	—	—	—	—	—	—	—
公寓	总计	10.74	10.55	10.38	10.81	11.41	11.44	11.62	8.59	8.45	8.36	8.78	9.32	9.4	9.49
	自有	7.06	6.93	6.76	7.1	7.49	7.43	7.48	5.78	5.66	5.57	5.91	6.32	6.25	6.26
	租赁	3.1	3.17	3.1	3.23	3.46	3.56	3.67	2.35	2.43	2.37	2.46	2.64	2.76	2.82
	赠与	0.53	0.41	0.49	0.45	0.44	0.43	0.46	0.42	0.33	0.39	0.38	0.34	0.37	0.39
	其他	0.05	0.03	0.03	0.03	0.01	0.03	0.02	0.04	0.02	0.02	0.03	0.01	0.02	0.02
	未申报	—	—	—	—	—	—	—	—	—	—	—	—	—	—
单间公寓	总计	0.38	0.33	0.38	0.39	0.28	0.27	0.24	0.24	0.22	0.27	0.26	0.18	0.2	0.16
	自有	0.11	0.08	0.11	0.1	0.07	0.07	0.07	0.08	0.06	0.09	0.08	0.05	0.05	0.05
	租赁	0.2	0.18	0.19	0.2	0.15	0.15	0.12	0.1	0.11	0.12	0.12	0.09	0.1	0.07
	赠与	0.07	0.06	0.09	0.07	0.05	0.05	0.04	0.05	0.04	0.06	0.05	0.03	0.04	0.03
	其他	0.01	0.01	0	0.02	0.01	0.01	0	0	0.01	0	0.01	0.01	0.01	0
	未申报	—	—	—	—	—	—	—	—	—	—	—	—	—	—

数据来源：巴西全国住房样本调查2014，IBGE

巴西居民私有住房与家庭月收入情况（单位：%）　　　表2-5-7

住房位置	家庭月收入	2007	2008	2009	2011	2012	2013	2014
全国	总计	100	100	100	100	100	100	100
	低于1倍最低工资	14.21	13.51	14.06	12.88	13.45	12.78	13.31
	1倍~2倍最低工资	22.37	22.34	22.99	22.32	23.06	22.96	22.96
	2倍~3倍最低工资	16.84	16.91	16.89	17.23	17.06	18.01	17.82
	3倍~5倍最低工资	18.61	19.17	19.19	19.07	19.74	18.47	19.66
	5倍~10倍最低工资	14.19	14.56	13.87	14.04	13.86	13.71	14.39
	10倍~20倍最低工资	6.07	6	5.49	5.24	4.94	4.97	4.98
	高于20倍最低工资	2.49	2.49	2.19	2.08	1.9	1.88	1.99
	无收入	2.71	2.21	2.34	2.22	2.13	2.44	1.36
	未申报	2.51	2.82	2.96	4.91	3.87	4.77	3.52
城镇	总计	84.57	84.62	84.78	—	85.99	85.76	86.01
	低于1倍最低工资	10.06	9.51	10.05	—	9.64	9.04	9.73
	1倍~2倍最低工资	17.58	17.45	18.15	—	18.48	18.37	18.44
	2倍~3倍最低工资	14.2	14.23	14.31	—	14.72	15.59	15.35
	3倍~5倍最低工资	16.69	17.17	17.21	—	18	16.7	17.88
	5倍~10倍最低工资	13.34	13.69	13.06	—	13.1	12.94	13.57
	10倍~20倍最低工资	5.85	5.79	5.29	—	4.81	4.78	4.78
	高于20倍最低工资	2.42	2.43	2.15	—	1.86	1.85	1.96
	无收入	2.21	1.8	1.89	—	1.79	2.05	1.15
	未申报	2.2	2.55	2.67	—	3.59	4.44	3.15
农村	总计	15.43	15.38	15.22	—	14.01	14.24	13.99
	低于1倍最低工资	4.14	4	4.02	—	3.81	3.74	3.58
	1倍~2倍最低工资	4.8	4.89	4.84	—	4.58	4.58	4.53
	2倍~3倍最低工资	2.64	2.68	2.58	—	2.33	2.42	2.47
	3倍~5倍最低工资	1.92	2	1.98	—	1.74	1.77	1.78
	5倍~10倍最低工资	0.84	0.87	0.82	—	0.76	0.77	0.82
	10倍~20倍最低工资	0.21	0.21	0.2	—	0.13	0.19	0.19
	高于20倍最低工资	0.07	0.06	0.04	—	0.04	0.04	0.03
	无收入	0.5	0.41	0.45	—	0.33	0.39	0.22
	未申报	0.31	0.27	0.28	—	0.28	0.33	0.37

私有住房与家庭收入（单位：千套） 表2-5-8

住房位置	家庭月收入	年份						
		2007	2008	2009	2011	2012	2013	2014
全国	总计	1 758	1 933	2 056	238	2 669	2 876	3 109
	低于1倍最低工资	291	320	351	413	480	511	554
	1倍~2倍最低工资	584	649	719	846	978	1 052	1 129
	2倍~3倍最低工资	939	104	1 151	136	1 556	1 703	1 803
	3倍~5倍最低工资	1 474	1 617	1 795	2 112	2 417	2 636	2 807
	5倍~10倍最低工资	262	2 875	3 196	3 742	4 295	4 627	4 959
	10倍~20倍最低工资	5 167	5 684	628	7 333	8 462	9 161	9 798
	高于20倍最低工资	1 295	1 389	15 392	17 954	21 559	22 669	23 253
	无收入	0	0	0	0	0	0	0
	未申报	—	—	—	—	—	—	—
城镇	总计	1 911	2 102	223	2 559	2 872	3 091	3 336
	低于1倍最低工资	301	331	364	432	505	534	576
	1倍~2倍最低工资	587	652	721	846	980	1 053	1 128
	2倍~3倍最低工资	939	1 043	1 152	1 361	1 559	1 708	1 804
	3倍~5倍最低工资	1 478	1 621	1 799	2 116	2 421	2 641	2 814
	5倍~10倍最低工资	2 624	2 882	3 202	3 748	4 302	4 634	4 968
	10倍~20倍最低工资	5 173	5 692	6 287	7 339	8 466	9 168	9 809
	高于20倍最低工资	12 931	139	15 416	17 939	21 409	22 493	23 273
	无收入	0	0	0	0	0	0	0
	未申报	—	—	—	—	—	—	—
农村	总计	930	1 014	1 101	1 294	1 453	1 624	1 732
	低于1倍最低工资	269	295	321	369	421	457	496
	1倍~2倍最低工资	574	638	715	847	972	1 048	1 133
	2倍~3倍最低工资	937	1 028	1 146	1 353	1 535	1 673	1 794
	3倍~5倍最低工资	144	1 583	1 759	2 076	2 374	2 587	2 739
	5倍~10倍最低工资	2 553	2 776	309	3 643	4 179	4 505	4 804
	10倍~20倍最低工资	5 002	5 455	6 105	7 163	8 332	8 988	9 538
	高于20倍最低工资	13 594	1 349	14 207	18 488	28 869	30 609	21 887
	无收入	0	0	0	0	0	0	0
	未申报	—	—	—	—	—	—	—

数据来源：巴西全国住房样本调查2014，IBGE

2001~2014年巴西私有住房特征（单位：%）　　　　　表2-5-9

类目	特征	2001	2005	2009	2011	2012	2013	2014
墙体材质	全部	100	100	100	100	100	100	100
	耐用	96.41	97.20	98.00	98.00	98.52	98.43	98.65
	不耐用	3.58	2.81	2.00	1.99	1.48	1.56	1.35
屋顶材质	全部	100	100	100	100	100	100	100
	耐用	96.41	97.20	98.00	98.00	98.52	98.43	98.65
	不耐用	3.58	2.81	2.00	1.99	1.48	1.56	1.35
浴室厕所	全部	100	100	100	100	100	100	100
	有	92.35	94.64	96.44	97.04	97.41	97.56	97.86
	有-专用	90.76	93.55	95.65	96.37	96.8	97.05	97.34
	有-公用且一个以上	1.58	1.08	0.79	0.67	0.61	0.51	0.53
	有-未申报	0.02	0	—	—	—	—	—
	没有	7.65	5.36	3.56	2.96	2.59	2.44	2.14
	未申报	0	—	—	—	—	—	—
家用电器	全部	100	100	100	100	100	100	100
	炉灶-有	97.62	97.5	98.38	98.63	98.76	98.76	98.81
	炉灶-没有	2.37	2.5	1.62	1.37	1.24	1.24	1.19
	炉灶-未申报	0.01	—	—	—	—	—	—
	滤水器-有	52.72	51.01	51.34	53.21	53.08	53.17	51.97
	滤水器-没有	47.27	48.99	48.66	46.79	46.92	46.83	48.03
	滤水器-未申报	0.01	0	—	—	—	—	—
	收音机-有	88.03	87.95	87.84	83.47	80.91	75.71	72.08
	收音机-没有	11.95	12.05	12.16	16.53	19.09	24.29	27.92
	收音机-未申报	0.02	—	—	—	—	—	—
	电视机-有	89.04	91.25	95.61	96.88	97.21	97.16	97.14
	电视机-有-彩色	82.98	88.55	95.21	96.63	96.97	96.98	96.97
	电视机-有-黑白	6.06	2.69	0.39	0.26	0.23	0.18	0.17
	电视机-没有	10.93	8.75	4.39	3.12	2.79	2.84	2.86
	电视机-未申报	0.03	0.01	—	—	—	—	—
	冰箱-有	85.11	87.79	93.32	95.76	96.65	97.21	97.56
	冰箱-没有	14.87	12.21	6.68	4.24	3.35	2.79	2.44
	冰箱-未申报	0.02	—	—	—	—	—	—
	冷藏柜-有	18.73	16.65	15.27	16.44	16.65	17.05	16.48

续表

类目	特征	2001	2005	2009	2011	2012	2013	2014
家用电器	冷藏柜-没有	81.26	83.34	84.73	83.56	83.35	82.95	83.52
	冷藏柜-未申报	0.01	0.01	—	—	—	—	—
	洗衣机-有	33.64	35.58	44.36	51.01	55.16	57.46	58.68
	洗衣机-没有	66.35	64.42	55.64	48.99	44.84	42.54	41.32
	洗衣机-未申报	0.01	—	—	—	—	—	—
供水系统	全部	100	100	100	100	100	100	100
	有内部管道	87.31	89.9	93.06	94.23	94.72	94.89	95.45
	有内部管道-整体管网	77.81	79.64	82.93	83.58	84.41	83.96	84.53
	有内部管道-其他形式	9.49	10.26	10.13	10.65	10.32	10.92	10.92
	有内部管道-无申报	0	0	—	—	—	—	—
	无内部管道	12.69	10.1	6.94	5.77	5.28	5.11	4.55
	无内部管道-整体管网	3.25	2.51	1.36	1.05	0.99	1.02	0.87
	无内部管道-其他形式	9.44	7.59	5.58	4.72	4.28	4.1	3.68
	无内部管道-无申报	0.01	—	—	—	—	—	—
	无申报	—	—	—	—	—	—	—
污水系统	全部	100	100	100	100	100	100	100
	有	92.35	94.64	96.44	97.04	97.41	97.56	97.86
	有-下水道系统	45.43	48.12	52.58	55.02	57.16	58.16	57.62
	有-化粪池	21.32	21.3	—	—	—	—	—
	有-化粪池连接到下水道	—	—	6.58	7.64	6.12	5.25	5.85
	有-化粪池未连接到下水道	—	—	13.06	14.53	14.5	12.74	13.28
	有-简易粪池	—	—	20.65	16.58	16.58	18.59	18.17
	有-其他	25.59	25.22	3.57	3.27	3.06	2.81	2.94
	有-无申报	0.01	—	—	—	—	—	—
	没有	7.65	5.36	3.56	2.96	2.59	2.44	2.14
	无申报	0	—	—	—	—	—	—
电力照明	全部	100	100	100	100	100	100	100
	有	96.01	97.09	98.86	99.33	99.52	99.57	99.65
	没有	3.98	2.91	1.14	0.67	0.48	0.43	0.35
	无申报	0.01	0	—	—	—	—	—

续表

类目	特征	2001	2005	2009	2011	2012	2013	2014
电话	全部	100	100	100	100	100	100	100
	有	58.91	71.37	84.15	89.89	91.23	92.53	93.46
	没有	41.05	28.63	15.85	10.11	8.77	7.47	6.54
	无申报	0.04	0	—	—	—	—	—
电话与网络	全部	—	100	100	100	100	100	100
	电脑-有	—	18.46	34.67	42.95	46.39	48.88	48.54
	电脑-有-联网	—	13.58	27.38	36.56	40.32	42.41	42.09
	电脑-没有	—	81.54	65.33	57.05	53.61	51.12	51.46
	电脑-无申报	—	—	—	—	—	—	—
	电话-有	—	71.37	84.15	89.89	91.23	92.53	93.46
	电话-有-仅手机	—	23.46	41.08	49.73	51.37	53.97	56.32
	电话-有-仅固话	—	12.27	5.77	3.47	2.96	2.73	2.37
	电话-有-手机和固话	—	35.63	37.31	36.7	36.9	35.82	34.76
	电话-有-无申报	—	0	—	—	—	—	—
	电话-没有	—	28.63	15.85	10.11	8.77	7.47	6.54
	电话-无申报	—	0	—	—	—	—	—

低收入群体住房的正规和非正规之分，主要在装配质量和场地适宜性，而不是建材质量。在巴西国内活跃着诸多没有建造资质的承包商，因此，不正规房屋是自建房或由不专业的承包商建造的。正规的住房建设往往能获得更高的装配工艺、更牢固的地基、更佳的防潮密封性以及更优秀的通风和灯光设计。而不正规房屋有的不连续施工，未完工的建筑物会暴露在各种天气下，如果设计方案改变还需要拆除重建，这些情况都会降低建筑质量、造成成本的增加与材料的浪费。

5.1.2 住房短缺与非正式聚居区

"住房短缺"是近一个世纪以来巴西政府一直致力于解决的核心问题，也是巴西公共住房规划与建设面临的最大挑战，而非正式聚居区直至今天仍然是巴西贫困群体解决居住问题的最主要途径，也是住房"质量不足"的重要体现。在圣保罗市，住在各类非正式聚居区中的人口规模高达344.8万，占城市总人口的近1/3[①]。

这些聚居区主要分布于城市边缘地区的环境恶劣或敏感地带，大部分缺乏土地所有权的

---

① The Cities Alliance. Social Housing in São Paulo：Challenges and New Management Tools. 2009a.

保障而属于非法建设,建筑质量低下,缺乏基本的城市基础设施和公共服务,并常常受到暴力、犯罪和频繁驱逐的威胁,已成为威胁社会稳定的重要问题地区。相关的主要社会问题如下。

(1)高风险的居住安全问题。大量的非正式聚居区都存在非正式的土地所有权、配套设施短缺、建设过程没有制度或技术支持、构筑物存在严重安全隐患等物质环境和法律规程上的高风险特点。同时,非法占领城市土地,不仅给居住者的生命安全,而且对整个社会和环境的可持续发展造成了威胁。在圣保罗市,49.3%的聚居区位于河岸地区,32.2%位于周期性的河滩地,29.3%位于陡坡地段,24.2%位于正被侵蚀的土地,9%位于废弃地或垃圾堆填区[1],尤其近三十年来呈现向城市南部的水源保护地区迅速入侵态势,带来森林砍伐、水体污染和河床淤塞等一系列问题。

(2)快速增长的暴力犯罪问题。20世纪70年代初以前,暴力问题在巴西城市地区曾经十分罕见。而近十年来,城市暴力和犯罪现象迅速增长,并在非正式聚居区中大量爆发,很大程度影响了城市形象和社会稳定。

(3)强制性驱逐引发的社会冲突问题。为了改善非正式聚居区的居住条件,政府往往采取驱逐、拆迁、改造等强制性手段,加上聚居区内部常常爆发的违章建设纠纷,从而引发了居民的对抗性矛盾,甚至演变为社会冲突事件。2004年5月至2006年5月间,巴西住房权利和驱逐中心(COHRE)收到全国强制驱逐事件的信息共涉及7万余人[2]。

(4)社会隔离与社会排斥问题。非正式聚居区往往成为社会隔离和社会排斥问题高度聚集的地区,容易引发社会群体间的敌对和仇视情绪,甚至暴力犯罪现象,不利于社会稳定。

(5)贫困循环的问题。非正式聚居区里的居民大部分是年轻人,受教育程度低,缺乏职业技能,难以进入正式劳动力市场。即使存在少量的就业,也主要产生于非正式的雇佣关系中,基本收入缺乏保障,导致整个地区长期深陷于贫困循环的怪圈。在圣保罗市,居住在贫民窟中的家庭中约2/3的月收入低于贫困线标准,约1/3的家庭属于极度贫困[3]。

5.1.3 面向低收入群体住房问题的解决策略

严峻的住房短缺现象,庞大规模的非正式聚居区,使得近年来巴西住房政策的重心明确聚焦于低收入群体,并通过系统化的住房政策、法律和规划制度设计,取代早期独立的项目运营模式。主要策略包括以下几项。

(1)制定综合的城市发展规划

经过半个多世纪的探索,巴西政府认识到,贫民窟的存在,不是简单的贫困群体住房

---

[1] UN-Habitat. The State of the World's Cities 2004/2005: Globalization and Urban Culture. 2004

[2] COHRE. Submission Prepared by Centre on Housing Rights and Evictions (COHRE) for United Nations Committee on Economic, Social and Cultural Rights Concerning Brazil.

[3] The Cities Alliance. Social Housing in São Paulo: Challenges and New Management Tools. 2009a.

短缺的问题，而与城市的社会分化、贫困、犯罪、就业、教育以及城市开发等现象紧密相关。因此，低收入群体住房问题的解决，也必须借助于综合性的城市住房政策，在城市住房条件改善与其他发展层面之间形成协同效应。2001年在圣保罗市启动的"良好邻里"计划（ProgramaBairro Legal），作为保障租户和改善非正式居住区生活质量的创新性举动，获得了住房权利和驱逐中心2004年颁发的住房权保障奖。计划强调通过物质环境的改善、土地规范化和促进社会融合，将衰退区域转变为邻里地区，并通过住房和城市发展实现暴力预防[1]。

（2）推动土地使用规范化，避免强制性驱逐

2001年圣保罗市政府决定停止强制驱逐，取而代之的是支持成千上万住在非正式住宅中低收入群体土地使用权的规范化。实施策略包括废除对贫民窟家庭的相关诉讼，建立冲突协调程序，立法授权非法居住区的合法地位，为占有公共用地提供法律基础等。此外，还通过划定特别社会利益区（ZEIS），为低收入群体免受强行驱逐提供法律保障[2]。

（3）采取包容性的贫民窟改善措施

随着联合国和国际社会加大对于全球贫民窟问题的重视，以及人们对新自由主义在拉丁美洲实践的反思，巴西政府将贫民窟的治理与解决国内贫困和社会公平等问题联系起来，采取了一系列积极的、包容性的贫民窟治理措施，具体包括：承认贫民窟住宅的合法性，并纳入正式城市管理；对贫民窟进行升级改造，改善过度拥挤的居住状况，提高居住水平；完善基础设施配置，建设社区中心等。

（4）倡导多元的社会参与建房机制

通过积极推动自建住房、住房合作社建房以及社区参与等不同层面的参与式建房模式，充分发挥居民个体和社区组织的力量，不仅进一步拓展了住房供应的渠道和规模，并且在培养社区归属感、提高居民进入劳动力市场的基本技能、培育新的社会组织和就业岗位以及推动社会民主化进程等方面显示出强大的推动力。

（5）完善城市住房信息化管理系统

随着城市中非正式聚居区的日益多样化，已难以仅依靠土地性质或建设情况进行识别，或施以标准化的解决方案。针对这一情况，圣保罗市建立了一个全市范围内城市危险聚居区的信息数据库（HABISP），全面、详细地记录了这些聚居区中土地使用、房屋建设、居民构成以及设施配套等各类信息，用于指导住房规划战略的制定。例如根据不同聚居区内居民健

---

[1] The Cities Alliance. Integrating the Poor: Urban Upgrading and Land Tenure Regularisation in the City of São Paulo. 2004.

[2] The Cities Alliance. Integrating the Poor: Urban Upgrading and Land Tenure Regularisation in the City of São Paulo. 2004.

康、建筑结构、消防、基础设施、社会脆弱性等因素构成的综合指标，为确定规划干预行动的优先顺序提供指导[1]。

5.2 城市住房管理部门

巴西联邦政府于2003年成立城市部。城市部的建立本身意味着对巴西原有城市发展和住房体制的改造。以前，联邦政府对市政设施建设无强行规定和要求，结果，经济发达的城市市政设施稍好一些，落后地区的市政府债务累累，求贷无门，城市市政设施就差。从20世纪70年代到2000年，巴西城市市政服务设施投资一直处于不稳定，甚至停滞状态。新设立的城市部主要任务：一是帮助没有市政设施的城市社区建设市政服务设施；二是帮助市政府承担建设市政设施和住房的责任。

市政府建立住房部。按照巴西宪法的规定，城市政府要对城市的建设（市政、交通等）承担责任，其中包括贫民窟的改造。城市政府住房部的主要任务是把城市非法的占地逐步合法化。以圣保罗市为例，市政府住房部下设两个部门，一个部门负责贫民窟非法占地进行合法化过程中的法律问题；另一个部门负责技术改造及相关的民生问题。

目前，联邦政府城市部和各个城市的住房部从事的两项重要工作是：一是偿还历史旧债，改造贫民区市政设施。其基本原则是不主张搬迁，不破坏原有的经济基础和社会关系。二是为穷人建设低价房，目标是在2010年年底建设100万套低价房，下一任的4年要建设200万套低价房。在住房改造计划中，联邦政府的职责是立法、提供房贷等；州政府和市政府要制定住房改造计划。

5.3 巴西公共住房政策的沿革

详见《国外住房发展报告2015年第三辑》第139~143页。

1964~1986年，军事制度时期，政策具有民族主义和国家主义色彩。

1964年，创建国家住房银行（BNH）和住房金融系统（SFH）。

1965年，创建城市化和住房联邦服务办公室（Serfau），旨在规范住房建设，完善地方城镇整体规划，聚焦房屋建设过程中的空间组织的思维原则。

1966年，创建工龄保障基金（FGTS），旨在为社会福利住房募集资金。

1969年，联邦宪法的确立使国家整体发展成为可能，在各州针对城镇问题形成了相应

---

[1] The Cities Alliance. Social Housing in São Paulo: Challenges and New Management Tools. 2009a.

的制度。

1971年,形成首份全国发展计划(PND)。

1974年,形成城市化政策全国委员会(CNPU)和大都会地区政策(RMs)。第74.156号法令确定了9个大都会地区,提出了全国大都会地区体系和《城市化发展政策》。

1975年,创建第二份全国发展计划(PND),城市化问题单独成为一章,承认了巴西的城市化。

1979年,形成城市化发展全国委员会,根据第83.355号法令,代替了城市化和住房联邦服务办公室(Serfhau)和城市化政策全国委员会(CNPU)的职责。

1982年,公布了《城市土地》和《牧师行动》文件,传达了在面对城市化和住房问题上的社会压力和深层矛盾。

1983年,行政机构向国会提交了PL775法案,被认为是《城市法令》之父。

1986年,1986年9月,第2.291法令颁布,国家住房银行(BNH)正式消失。国家卫生计划(Planasa)和住房金融系统(SFH)的余烬被联邦经济储蓄银行(Caixa)继承下来。创建了环境和城市发展部。

1986~2003年,民主时期。去集权化趋势下,中央政府的角色变弱,出现经济危机。

1987年,创建环境、城市化和住房部。

1988年,住房领域过渡到社会福利部的职责范围。

1990年,创建社会行动部,住房政策由其负责。

1991年,工龄保障基金(FGTS)在住房领域的投资全面停止。

1992年,社会普遍提出了建立全国社会福利住房基金会(FNHIS)的设想,该机构在13年后被创立。

1995年,工龄保障基金(FGTS)恢复了在住房领域的投资;创建了城市政策秘书处,由预算与规划部领导。

1999年,创建城市发展特别秘书处,由共和国总统领导(PR)。

2001年,通过《城市法令》。

2003年后,创建城市部和国家城市大会。起草形成了全国城市发展政策。

2004年,利用社会发展基金(FDS)的资源,创立信用援助项目。

2005年,通过11.124法令,创立了SNHS和FNHS。

2007年,发布卫生和住房的"增长加速项目"(PAC)。

2008年,通过11.888法令,保障了低收入人口能获得免费的(住房)技术支持。

2009年,发布"我的家我的生活"项目,目标是建造100万套住房。在2023年通过增加房屋供给,消除住房短缺的目标指导下,巩固形成了全国住房计划(PlanHab)。

5.4 巴西公共住房发展的经验与教训

在快速工业化和城市化发展压力下，巴西的公共住房政策经历了从政府应对不足到积极干预的过程，期间也探索过福利式公共住房建设、鼓励市场化供给、贫民窟改善、制定全面的住房规划和住房政策等多种途径。通过对上述发展历程和成败得失的全面回顾，有助于让我们对城市低收入群体住房问题的理解跳出简单的公共住房建设，而将其放到更为系统的住房政策体系及其与城市社会经济的协调发展中审慎思考。

5.4.1 住房保障应以公民权利为指向，强化政府公共职责

住房是公民的基本权利之一，满足每个居民的住房需求，特别是解决贫困群体的住房问题，是政府不可推卸的公共职责。20世纪60年代的军政府时期，住房保障被视为所有城市居民应当享有的社会福利，甚至覆盖城市外来移民。这种恩惠式的福利供给模式，远远超出了当时政府的财政实力和管理能力，导致非正式聚居区被完全排斥于地方政府公共管理之外，并且容易导致极其有限的公共福利流向少数较富裕家庭。近年来巴西政府转变思路，将住房保障视为公民权利，意味着将住房与教育、医疗置于同等重要的公共职能地位；同时，权利的概念也有助于明确政府在住房发展中的首要任务，即优先保障居民的居住权，尤其关注最贫困群体的居住质量。

面对快速城市化进程中的住房短缺问题，政府应未雨绸缪，责无旁贷。巴西经验显示，城市化水平不是越高越好，而应与城市公共服务和管理能力相协调。大量外来人口进入城市，在带来大规模廉价劳动力的同时，也对城市就业岗位、公共设施和社会福利的供给以及城市管理水平提出挑战。在城市化加速发展时期，面对城市人口的快速增长以及随之而来的住房短缺，各级政府需未雨绸缪，在住房政策、城市建设等方面提前做好准备。否则，如果政府无所作为，这些新增人口（特别是低收入群体）就会自发地在城市中寻求可负担的生存环境，并呈现出高度的聚集性特点。这种聚集不仅体现在物质空间，还往往体现为群体社会脆弱性的高度叠加，这些聚居区同时成为贫困、失业、暴力犯罪等问题的高发区，严重影响城市社会经济和环境的可持续发展。

5.4.2 城市住房问题的解决，需要系统的住房政策和综合的行动战略

巴西长期住房短缺问题的首要原因来自于政府的缺位[①]。在当尼逊[②]关于政府在住房保障政策中角色的分类中，巴西作为雏生型的代表，意味政府面对严峻的住房供需矛盾，长期缺乏

[①] Cid Blanco Junior. Slums in Brazil：A Challenge for the National Social Housing System，2009.

The Cities Alliance. Integrating the Poor：Urban Upgrading and Land Tenure Regularisation in the City of São Paulo. 2004.

[②] David Donnison. The Government of Housing[M]. Harmondsworth：Penguin，1967.

国家层面综合的住房政策和系统有效的行动计划，大多都是在重大矛盾爆发前夕临时采取的项目措施，往往是亡羊补牢或无疾而终[①]。

解决低收入群体的住房问题是一项系统工程，需要在统一的住房政策框架下，制定综合的行动战略，协调多个部门共同推进，包括鼓励就业、提高收入、促进社会融合、预防犯罪、提供可支付住房、改善居住环境等。多年来，呼吁巴西进行城市改革的一项重要议题，就是推动多个城市管理机构的整合。而直至2003年综合性城市部门的成立，才终于实践了这一构想。

新世纪巴西住房政策的根本性变革，在于对住房问题解决思路的转变：要改善低收入群体的居住状况，绝不仅是简单地提高住房供给规模或建设质量，而应促进贫困社区全面融入城市发展。最根本的是，让贫民拥有必要的尊严和社会地位，真正享受城市发展的各项成果，实现健康、教育和住房水平的提升。即恢复城市市民作为权利方，而不是需求方的身份。

5.4.3 多渠道探索低成本住房供给模式，首要是保障居住权

巴西作为典型案例，代表了大部分发展中国家在城市化浪潮中面临的发展困境：大量产业移民向少数大城市的快速聚集，导致城市土地和房产价格高涨，高昂的房地产市场价格与他们较低的支付能力之间形成巨大鸿沟。因而如何为他们提供低成本的住房，成为关系社会稳定、产业发展以及个人安居乐业的重要问题。

巴西的实践，展示出多种低成本住房的供给模式，包括政府大规模兴建公共住房，提供金融支持，改善贫民窟，以及放任低收入群体以非正规途径自行建设、购置或租赁住房等。在以往的政策评估和策略选择时，政府往往从可操作性的角度出发，倾向于选择前两种模式。而从低收入群体的视角来看，由于他们在移动性和资源获取等方面的能力相对有限，住房往往成为其生活体系的中心，因而居住场所的可支付性和生活便利性很多时候比物质外观更为重要。巴西的成功经验是，在尽可能维系原有社区和居民的前提下对贫民窟等非正式聚居区进行升级改造，通过土地和住房的合法化，将其纳入正规的城市管理并完善配套服务。由此，一方面充分扩大低成本住房的供给渠道，降低建设成本；更重要的是，在社区参与更新改造的过程中，维系原有社区社会网络，强化社区归属感和责任感。

5.5 低收入群体绿色住房

住房发展对环境会造成着直接和间接影响。为了减少前期施工费用，特别是在低收入群体的住房项目，材料选择和组装质量不一定每次都与减少长期运行和维护成本、降低环境影

[①] Cid Blanco Junior. Slums in Brazil：A Challenge for the National Social Housing System，2009.

响紧密相关。

住宅开发的地理位置对于城市系统（特别是基础服务和交通运输）的效率有间接影响。为低收入者建造住房而特意在城市边缘地区寻找价格低廉的土地，不仅会造成当地政府极大的财政负担，长距离车辆通勤所带来的温室气体排放也会成为全球环境负担。

"我的家，我的生活（Minha Casa，Minha Vida，MCMV）"项目仅第一期就补贴了100万户低收入家庭的住房建设，后来联邦政府批准了针对200万户家庭的第二期项目。通过这个项目的实行，巴西政府有望实现"一石三鸟"的目标，即：

①社会目标：减少国家住房赤字；

②经济目标：刺激经济，创造建筑业相关的就业岗位；

③环境目标：开发健康住房和社区。

除此之外，巴西不同的城市也开展了各项针对低收入群体的住房计划，从设计、材料和施工过程进行了可持续住房探索。

5.5.1 节能与绿色建筑

巴西工业是能源高度富集的行业。其工业能源消耗在1990～2008年以每年3.5%的幅度平稳上涨，而后巴西受到全球危机带来的巨大冲击，2009年工业能源消耗下降6.3%。根据能源研究中心的统计，2009年巴西工业能源消耗占58%以上。巴西国电力成本位于世界第二位，仅次于德国。这也是促使巴西提高能源效率的主要驱动力之一。国家出台了环保法规，应对气候变化的国家计划（National Climate Change Plan，PNMC）和PROCEL 工业能效标识条例（PROCEL SEAL-Industry），建立比较完善的能源管理体制，这给整个工业提供了节能、环保的大环境，同时也催生了对绿色建筑的需求。

（1）巴西能效法规与标准

2001年颁布的第10295号法律《国家节能与合理使用能源法》是巴西节能的主要法律，是巴西在节能领域的一个重要的里程碑。该法明确了节能的目的在于有效分配能源，并以保护环境的方式合理使用能源。该法规定了机器、耗能设备和用能产品的最高能耗标准和最低能源效率，并制定了相关的处罚条例（表2-5-10）。

2005年7月巴西石油公司（PETROBRAS）制定的《CONPET能效标识条例》规定了CONPET能效标识（SELO CONPET）的目的、技术分析委员会、标准、测试结果、能效测定、使用指导、标识样式以及条例的更改等规定。

2005年9月26日巴西电力公司（ELETROBRÁS）制定的《PROCEL能效标识条例——增补1》规定了PROCEL能效标识（SELO PROCEL）的目的、产品更改、申请方式、授权使用和批准日期及相关的处罚规定。

国家相关法律和能效条例　　　　　　表2-5-10

法律类别	法律编号	法规名称	颁布日期
国家法律	1993年第93号法	制造绿色能效标签	1993年12月8日
	2000年第9991号法	对获得受让资格、准许持股，在电力部门授权以及提供相关供应品的公司投资于研发和能源效率方面的规定	2000年7月24日
	2001年第3867号法	执行2000年7月24日第9991号法	2001年7月16日
	2001年第10295号法	国家节能与合理使用能源法	2001年10月17日
	2001年第4059号法	执行2001年10月17日第10295号法	2001年12月19日
	2006年第5879号法	执行2000年7月24日第9991号法中第3项第4部分	2006年8月22日
	2010年第7224号法	巴西和丹麦于2007年9月13日在哥本哈根签署关于能效和可再生能源的合作备忘录	2010年6月30日
能效条例	无	CONPET能效标志条例	2005年7月
	无	PROCEL能效标志条例——增补1	2005年7月23日

此外，巴西还发布了一系列有关产品能效的标准，在此不逐一列举。

（2）巴西国家电力节能计划（PROCEL）

1985年巴西通过了第1877号决议，启动国家电力节能计划（PROCEL），而后1993年12月8日通过的总统法令正式开展PROCEL计划。PROCEL计划的目的在于整合全国节能行动，引导消费者识别家用产品市场中每一类产品中哪些电器的能效最高。同时，这个计划还激励厂商生产出能效更高、对环境影响最小的产品。该项计划包括几个电力能源效率的子计划：能效评估方法、建筑能效、公共设施能效、政府能效管理、工业能效、公共照明能效和环境卫生能效。PROCEL计划由矿产能源部（MME）提出，INMETRO负责协调，现归巴西电力公司（ELETROBRÁS）执行管理。

PROCEL标志计划是PROCEL计划中的一个分支项目。PROCEL标志（图2-5-2）是一种节能认证标志，该标志源于1993年颁布的法令。电气产品获得该标志意味着其达到最佳能效水平、消耗更少的能量。该标志作为PBE的一部分，每年颁发给已经获得较高能效等级且达到法定要求的电气产品。

2008年申请PROCEL标志的产品有：太阳能沐浴器具、窗式/分体式空调、冷藏箱、荧光灯、钠灯、钠灯电感镇流器、全/半自动洗衣机、高性能/标准三相感应电动机、单门/双门/无霜冰箱、低压/高压太阳能蓄热槽、电视机和吊扇。

图2-5-2　PROCEL标志示例

（3）巴西合理使用国家能源计划（CONPET）

国家合理使用能源计划（SELO CONPET）是"SELO CONPET DE EFICIENCIA ENERGETICA（高能效标志 CONPET）"的简称，也称之为CONPET标志。该计划由矿产能源部（MME）提出，由 INMETRO负责协调，归巴西石油公司（PETROBRAS）执行管理。其职能为反对在生产和使用上浪费石油，提高产品和服务的质量，以减少温室效应和对环境的影响。"SELO CONPET"计划刺激了生产商和进口商不断提高技术水平，鼓励更多高能效产品的供应，提高能效产品的质量达到国际能效水平。

图2-5-3 CONPET标志示例

CONPET标志主要用于烹饪电热板、炉灶和烤箱、快热式燃气热水器和贮水式燃气热水器这些燃气器具。CONPET标志是PBE的一部分。产品只有取得了PBE标签，才有资格申请CONPET标志。CONPET标志为如图2-5-3所示。

（4）巴西PBE能效标签计划

巴西标签计划（Programa Brasileiro de Etiquetagem，PBE）起源于1984年，是在矿产能源部干预下由巴西工贸部与巴西电子电力行业协会（ABINEE）签署的协议。根据2001年10月颁布的《国家节能与合理使用能源法》以及同年12月颁布的第4059号法，该计划成为一种强制性的能效标签计划。该计划的目的是向消费者提供产品能效信息，使他们能够评估和优化家用设备的能源消耗，选择能效高的产品，并更好地利用设备，从而节省能源费用。目前，PBE计划要求冷藏箱、冷冻柜、吊扇、空调、洗衣机、燃气炉灶、燃气热水器、电动淋浴、白炽灯和荧光灯、镇流器、离心泵、电动机和太阳能电池板等产品必须加贴PBE强制性标签（图2-5-4）。

（5）绿色建筑认证体系与标准

在2009年底，联邦政府启动了Procel建筑计划（PROCEL EDIFICA program）。这项计划由矿产能源部负责协调，旨在促进建筑内电力资源的高效利用、减少公共建筑中废水废料等对环境的影响。在2009~2010年，联邦政府向该项目拨款300万美元。

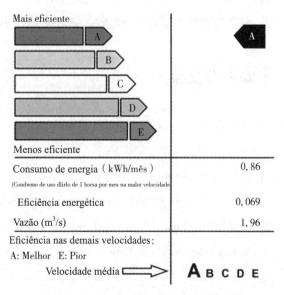

图2-5-4 电冰箱的PBE能效标签示例

巴西有2个绿色建筑认证体系，一是引用美国绿色建筑评价工具LEED——领先能源与环境设计（Leadership in Energy and Environmental Design，LEED）；二是参照法国绿色建筑标准HQA并结合本国国情于2008年推出的一套评价体系——高环境品质（Alta QualidadeAmbiental，AQUA）。这两个标准侧重于建筑选址、废物管理、环保材料使用、资源的可持续利用，特别是施工过程中能源和水源的使用情况。LEED认证过程针对新建筑物或翻新建筑，共7个大类，只认证完成的建筑项目。而AQUA认证有3个阶段：规划阶段、立项阶段和施工阶段，分别根据14个类别的规定进行评估。

在2010年，巴西有25个建筑物获得了Aqua认证、32个获得了LEED认证，超过302个正在申请LEED商标。巴西在世界绿色建筑大国排名位居第五，前四位分别是美国、沙特阿拉伯、加拿大和中国。到了2015年，巴西共有274个LEED认证建筑、241人因为拥有LEED绿色伙伴身份或拥有特殊专业知识而成为LEED认证专家。

（6）供应链优化

涉及建筑供应链条的多个环节采取认证措施——材料质量认证（SiMaC）、建筑施工公司资质（SiAC）、个人专家认证、技术创新（SiNAT）。

通过一系列积极措施，PBQP-H通过优化各个环节的生产和施工质量，有力地推动了巴西可持续住房的实践。而这种更高的品质正是长期可持续性的关键要求之一。建筑行业的改观不仅仅体现在施工效果上，还包括作业和维护成本的降低以及房屋生命周期的延长。

巴西国家银行CAIXA要求"我的家，我的生活"项目中所有的承包商和开发商必须通过SiAC建筑施工公司资质认证，所有应用于MCMV项目的新技术必须通过SiNAT技术创新认证。这无疑是巴西国内改善低收入群体住房品质的一个重要举措。

主要参考文献

[1] Brazilian Institute of Applied Economics. Social Housing Planning in Brazil：Challenges and Perspectives.

[2] COHRE. Submission Prepared by Centre on Housing Rights and Evictions（COHRE）for United Nations Committee on Economic，Social and Cultural Rights Concerning Brazil.

[3] Cid Blanco Junior. Slums in Brazil：A Challenge for the National Social Housing System，2009.

[4] David Donnison. The Government of Housing[M]. Harmondsworth：Penguin，1967.

[5] Flavio Malta. Low Income Housing in Brazil：The Case of Sao Sebastiao[J]. Focus：Journal of the City and Regional Planning Department，2006，3（1）：18-22.

[6] Fundação João Pinheiro. Centro de Estatística e Informações. Déficit Habitacional no Brasil 2007. Belo Horizonte：Fundação João Pinheiro，2009. In：Cid Blanco Junior. Slums in Brazil：A challenge for the National Social Housing System，2009.

[7] Http://data.worldbank.org.cn

6 美国

6.1 基本情况

G D P：174 190亿美元（2014年）

人均GDP：54 629.5美元（2014年）

国土面积：983.2万km^2

人　　口：3.189亿人（2014年）

人口密度：121人/km^2

城市化率：79%

6.1.1 住房户数与住房存量

根据美国人口普查局统计数据显示，截止到2014年，全美大概有123 229千户，其中家庭住户为81 353千户，非家庭住户为41 877千户，平均每户人数为2.54（表2-6-1）。

2005~2014年住户数及每户人口数[①]　　　　表2-6-1

年份	全部住户数	每户人口数（单位：千户）							人数/住户
		1	2	3	4	5	6	≥7	
2014	123 229	34 185	41 589	19 369	16 244	7 454	2 774	1 614	2.54
2013	122 459	33 570	41 503	19 283	16 361	7 425	2 735	1 581	2.54
2012	121 084	33 188	40 983	19 241	16 049	7 271	2 734	1 617	2.55
2011r	119 927	33 020	40 136	18 717	16 049	7 448	2 820	1 738	2.56
2011	118 682	32 723	39 718	18 529	15 910	7 346	2 773	1 684	2.58
2010	117 538	31 399	39 487	18 638	16 122	7 367	2 784	1 740	2.59
2009	117 181	31 657	39 242	18 606	16 099	7 406	2 640	1 529	2.57

① https://www.census.gov/hhes/families/data/households.html
　　Table HH-4. Households by Size：1960 to Present [XLS－22K] [CSV－9K]

续表

年份	全部住户数	每户人口数（单位：千户）							人数/住户
		1	2	3	4	5	6	≥7	
2008	116 783	32 167	38 737	18 522	15 865	7 332	2 694	1 467	2.56
2007	116 011	31 132	38 580	18 808	16 172	7 202	2 702	1 415	2.56
2006	114 384	30 453	37 775	18 924	15 998	7 306	2 562	1 366	2.57
2005	113 343	30 137	37 446	18 285	16 382	7 166	2 497	1 430	2.57

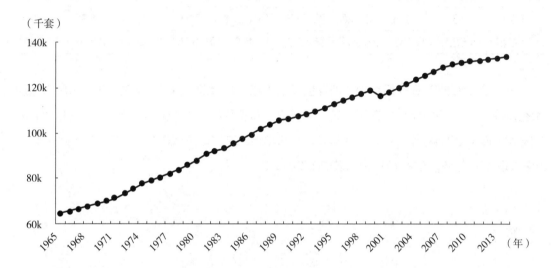

图2-6-1 住房存量[①]

据统计，截至2014年，全美大概有17 897千户空置房，季节性空置房有4 452千户，已入住的房屋有116 031千户（表2-6-2）。

2005~2014年住宅存量（单位：千套） 表2-6-2

		2006	2007	2008	2009	2010	2011	2012	2013	2014
所有住房单元		127 296	129 064	130 415	131 269	131 775	132 163	132 592	133 184	133 928
空置房		16 603	17 806	18 743	18 974	18 903	18 739	18 238	18 178	17 897
	全年空置	12 583	13 391	13 963	14 262	14 419	14 224	13 779	13 734	13 445
	待租	3 772	3 880	4 063	4 431	4 321	4 082	3 818	3 685	3 423
	待售	1 853	2 135	2 230	2 035	2 000	1 901	1 554	1 534	1 448

① http://www.huduser.gov/portal/ushmc/hi_Stock.html

续表

		2006	2007	2008	2009	2010	2011	2012	2013	2014
	已租或已售	1 118	1 142	1 078	1 002	915	983	986	1 072	1 070
	闲置	5 839	6 235	6 593	6 794	7 183	7 257	7 422	7 442	7 505
季节性空置		4 020	4 414	4 780	4 712	4 484	4 514	4 458	4 444	4 452
入住		110 693	111 258	111 672	112 295	112 871	113 425	114 353	115 006	116 031
	自住	76 131	75 793	75 725	75 635	75 442	75 019	74 826	74 881	74 793
	在租	34 563	35 465	35 947	36 660	37 430	38 407	39 528	40 125	41 237

表2-6-2和图2-6-2所示为住房存量及出租和空置情况，2007~2009年住房总数增加量有所降低，而2011年情况有所好转。租房率一直呈平稳增加的趋势，租房需求日渐增加。空置率2008~2011年比较高，2014年较2013年相比空置率下降0.2%，自住率下降0.4%，出租率呈增加趋势，较2012年相比增加0.3%。

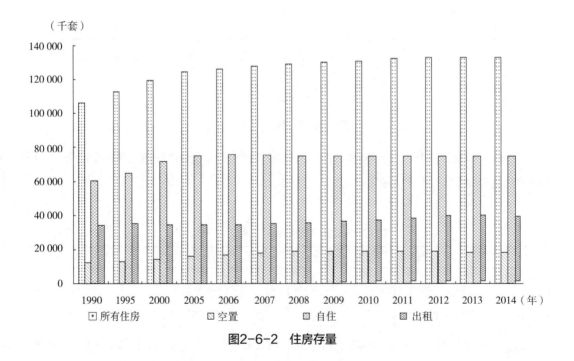

图2-6-2 住房存量

6.1.2 住房自有率

表2-6-3、图2-6-3反映了2000~2015年美国住房自有率。1998~2010年的住房自有率较高，特别是2003~2007年，这与国家鼓励购房的政策有关。在金融危机之后，住房自

有率有所下降。2015年第三个季度的住房自有率为63.7%，比2014年的第三季度（64.4%）低0.7个百分点，比该年的上一个季度（63.4%）高0.3个百分点。

表2-6-3 美国2005~2015年住房自有率（单位：%）①

年份	第一季度	第二季度	第三季度	第四季度
2005	69.1	68.6	68.8	69
2006	68.5	68.7	69	68.9
2007	68.4	68.2	68.2	67.8
2008	67.8	68.1	67.9	67.5
2009	67.3	67.4	67.6	67.2
2010	67.1	66.9	66.9	66.5
2011	66.4	65.9	66.3	66
2012	65.4	65.5	65.5	65.4
2013	65	65	65.3	65.2
2014	64.8	64.7	64.4	64.0
2015	63.7	63.4	63.7	

计算公式：

$$住宅自有率（\%）= \left[\frac{屋主自住房屋数}{有人居住房屋数} \right] \times 100\%$$

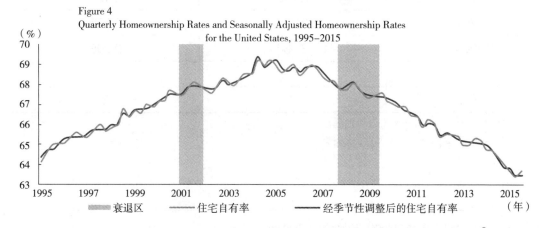

图2-6-3 1995~2015年美国的住宅自有率和经季节性因素调整后的住宅自有率②

---

① http://www.census.gov/housing/hvs/data/q214ind.html
　Table 5. Homeownership Rates for the U.S. [XLSX – 24 KB]

② http://www.census.gov/housing/hvs/files/currenthvspress.pdf

大城市住房自有率[①]　　　　　　　表2-6-4

年 地区	2005	2006	2007	2008	2009	2010	2011	2012	2013	2014
纽约	54.6	53.6	53.8	52.6	51.7	51.6	50.9	51.5	50.6	50.7
华盛顿	68.4	68.9	69.2	68.1	67.2	67.3	67.6	66.9	66.0	65.0

由表2-6-4可知纽约地区2014年的住宅自有率为50.7%比2013年提高了0.1个百分点，而华盛顿地区2014年的住宅自有率为65.0%比2013年降低了1个百分点。

6.1.3 住房规模[②]与人均建筑面积（表2-6-5）

新建单户住房面积的中位数和平均数[③]（ft^2）　　　　表2-6-5

年份	中位数（ft^2）	平均数（ft^2）
	全国	全国
2006	2 248	2 469
2007	2 277	2 521
2008	2 215	2 519
2009	2 135	2 438
2010	2 169	2 392
2011	2 233	2 480
2012	2 306	2 505
2013	2 384	2 598
2014	2 453	2 657
RSE	2	2

注：数据包括用作出租的房屋（未单独列出）。
　　RSE-相对标准误差（%）；NA-不可用。

---

① https://www.census.gov/housing/hvs/data/ann14ind.html
　　Table 16. Homeownership Rates for the 75 Largest Metropolitan Statistical Areas：2005 to Present
② http://journals.plos.org/plosone/article?id=10.1371/journal.pone.0134135
　　120 Years of U.S. Residential Housing Stock and Floor Space
③ https://www.census.gov/construction/chars/?cssp=SERP
　　Characteristics of New Single-Family Houses Sold：Square Feet（includes Median and Average Square Feet）

新建多户住房面积的中位数和平均数[①]（单位：ft^2） 表2-6-6

年份	中位数			平均数		
	所有单元	用作出租	用作出售	所有单元	用作出租	用作出售
1999	1 041	1 012	1 269	1 104	1 050	1 360
2000	1 039	1 014	1 272	1 114	1 059	1 369
2001	1 104	1 045	1 335	1 171	1 087	1 457
2002	1 070	1 034	1 302	1 166	1 096	1 477
2003	1 092	1 052	1 398	1 173	1 094	1 525
2004	1 105	1 048	1 363	1 173	1 079	1 505
2005	1 143	1 061	1 375	1 247	1 131	1 491
2006	1 172	1 090	1 381	1 277	1 116	1 533
2007	1 197	1 080	1 472	1 300	1 121	1 577
2008	1 122	1 049	1 355	1 250	1 108	1 550
2009	1 113	1 054	1 456	1 227	1 116	1 592
2010	1 110	1 071	1 307	1 172	1 120	1 388
2011	1 124	1 117	1 326	1 159	1 131	1 408
2012	1 098	1 081	1 466	1 138	1 107	1 626
2013	1 059	1 043	1 445	1 107	1 082	1 482
2014	1 073	1 080	1 432	1 151	1 132	1 526
RSE	2	2	5	2	2	3

注：平均数是用基于外墙尺寸的所有楼层的总平方英尺除以建筑中住房单元的数量。

"用作出租"包括当作公寓和合作公寓出售的单元；还可能包括可获得的所有房屋产权的单元，包括土地和改进。

RSE-相对标准误差（%）；NA-不可用。

[①] https://www.census.gov/construction/chars/mfb.html
Characteristics of New Multifamily Buildings Completed, floor

新建每单元不同平方英尺数的多户单元的数量[①]　　　　表2-6-7

年份	某平方英尺单元的数量（单位：千户）						百分比分布				
	总数	1 000以下	1 000~1 199	1 200~1 399	1 400~1 799	≥1 800	1 000以下	1 000~1 199	1 200~1 399	1 400~1 799	≥1 800
1999	334	136	105	50	31	13	41	31	15	9	4
2000	332	135	99	52	30	16	41	30	16	9	5
2001	315	105	95	54	43	18	33	30	17	14	6
2002	323	120	94	49	42	19	37	29	15	13	6
2003	292	97	90	52	35	18	33	31	18	12	6
2004	310	104	89	55	41	21	34	29	18	13	7
2005	296	88	82	51	47	28	30	28	17	16	10
2006	325	83	89	67	48	38	26	27	21	15	12
2007	284	75	68	53	51	38	26	24	19	18	13
2008	301	98	74	58	38	34	32	24	19	13	11
2009	274	94	68	51	37	25	34	25	18	14	9
2010	155	52	42	35	17	10	33	27	23	11	6
2011	138	45	40	29	18	6	33	29	21	13	4
2012	166	63	42	35	18	9	38	26	21	11	5
2013	195	81	54	32	21	7	41	28	17	11	4
2014	264	96	71	53	30	15	100	36	27	20	11
RSE	5	8	8	10	16	18	（NA）	2	2	2	2

注：建筑中所有的单元都包括在基于每个住房单元平方英尺的平均值的一个尺寸类别中。平均数是用基于外部尺寸的所有楼层的总平方英尺除以建筑中住房单元的数量。

RSE-相对标准误差（%）；NA-不可用。

6.1.4 住房构成（不同产权、不同层数、不同结构类型及房龄）

美国住房大致上可分为Condo共有式住宅，Co-op集体式住宅，Townhouse与House 四种类型。Condo与Co-Op公寓式的型态，主要出现在人口密集区。House 则是独户家庭的居住模式，此模式比较容易出现在郊区或乡村，非人口密集的区块。Condo 为Condonomium的简称，即共有式住宅。Co-op为Cooperatives 的简称，即集体式住宅。

[①] https://www.census.gov/construction/chars/mfb.html
　　Characteristics of New Multifamily Buildings Completed，floor

Condo 与 Co-op 最大的差异就是法律上财产结构的差异。此差异造就了有形资产与无形资产，并且衍生出房产税务、所有权、管理方式和买卖风险上的显著不同。

（1）所有权

所有权为两者差异的根基：在法律上，Condo 为个人的有形资产，一旦你购买此单元后，该单元就归属于购买人，购买者有％的拥有与处分权。然而，购买 Co-op，你只是购买该单元占大楼或者物业的百分比。例如，你的 A 单元占大楼 10%，因此你拥有此大楼的 10%。换言之，假设这栋大楼为一个股份公司，便是在购买此公司的股票，并拥有此公司 10% 的股票数量。拥有 Condo 单位的人，可以直接行使房屋的使用权，但是购买 Co-op 的人则是借由公司的股份拥有间接的使用权。

（2）管理方式

拥有 Condo 单元的屋主，相对于 Co-op 较有能力对所属单元进行买卖、租赁以及装修；相比之下，Co-op 的屋主，因为只是拥有大楼的股份，所以进行买卖、租赁以及装修等行为时，必须受到大楼的管理委员会（一般股份公司内称为董事会）的规章制约或必须在批准下才能进行。由此衍生出在资产流动性方面，Co-op 较 Condo 不易转移。一般购买 Co-op 的人须先经通过"管委会"的面试，在购买人的财务个人背景等各项指标通过后才能进行买卖。Condo 也有此管委会，但权力没有如此强制性与权威性。

（3）财务：融资自主ＶＳ限制

为了管理该大楼的住户品质，Co-op 的管委会会借由付高额的定金（自备款）或者低融资比率来筛选住户。例如在纽约著名的富人区—上东区（Upper East Side）Co-op 的管委会通常会要求定金必须高于单元总价的 50%，即融资比率必须低于 50%。又或者，你的房贷不能高于月薪或年薪的 1/3，诸如此类的限制。由此来有效隔绝非诚勿扰的客户。这样做的坏处是买卖不便，但好处是住户品质获得良好的保障。

（4）税务

Co-op 和 Condo 都可以在税务上抵免个人房贷的利息，然而 Co-op 的人可以多抵免一项大楼的房贷项目。如前所述，由于类似购买一家公司的股票，所以大楼公司会将申请的房贷作为可扣抵的费用分配给每个股东。因此如果你看到 Co-op 的管理费很高，先试着了解他的扣抵额项目，负担往往可以得到大大减轻。

从 2009~2014 年，新建单户住房还是以一层或两层为主，截至 2014 年，单层住宅有 263 千户，约占总的新建单户住房的 42%，两层的有 327 千户，约占 53%。结构类型以木结构为主，截至 2014 年，在总共 620 千户的新建的单户住房中有 574 为木结构，约占 94%，外墙糊墙结构以乙烯外墙护墙板为主（表 2-6-9、表 2-6-10）。

表2-6-8 住房构成[①]

特征	总的住宅单元	已居住的房屋 总数	自住房屋	出租房屋	全年 总数	用于出租的	出租空置率	空置的房屋 用于销售的	出租或者售出	临时住房	其他空置房屋	过去4年新建的房屋	已建成/移动房屋
样本大小（数量）	70 044	60 097	35 852	24 245	8 248	2 972	10.9	1 010	456	1 760	2 050	994	2 901
总数	132 832	115 852	75 650	40 201	12 914	3 430	7.8	1 365	874	3 292	3 954	2 735	8 603
移动房屋或废弃的房屋	8 603	6 917	5 358	1 559	1 070	183	10.4	88	55	378	366	173	8 603
集体式住宅	853	665	423	242	112	21	8.1	17	3	43	27	13	103
共有式住宅	10 125	8 089	4 401	3 688	1 298	286	7.2	86	83	569	273	230	51
结构层数													
1	42 882	36 895	26 045	10 850	4 335	746	6.4	542	258	1 146	1 642	719	—
2	44 291	39 058	24 815	14 243	4 163	1 310	8.3	423	348	972	1 110	933	—
3	28 055	25 339	16 567	8 773	2 245	733	7.7	243	147	467	655	659	—
4~6	6 381	5 609	2 373	3 236	649	269	7.6	44	39	166	132	179	—
7层及以上	2 620	2 034	493	1 541	452	188	10.8	26	26	163	49	73	—
移动房屋/车房的规模													
已建成移动房屋	8 603	6 917	5 358	1 559	1 070	183	10.4	88	55	378	366	173	8 603
单间宽	4 973	3 847	2 764	1 083	683	141	11.5	64	27	207	244	44	4 973
双间宽	3 462	2 941	2 474	467	360	37	7.3	22	28	157	116	128	3 462
三间及以上宽	128	117	107	10	7	-	-	2	-	5	-	-	128
未知	40	12	12	-	20	5	100.0	-	-	9	6	-	40

[①] http://www.census.gov/programs-surveys/ahs/data/2013/national-summary-report-and-tables-ahs-2013.html
American Housing Survey (AHS)，National Summary Tables-AHS 2013,Table C-01-AH, American Housing Survey, General Housing Data—All Housing Units

新建单户住房量与层数[①]　　　　　表2-6-9

年份	住宅数量（单位：千户）				占比			
	总数1	一层	2层	三层及以上	总数	一层	两层	三层及以上
2009	520	245	255	20	100	47	49	4
2010	496	234	247	15	100	47	50	3
2011	447	205	225	17	100	46	50	4
2012	483	213	249	21	100	44	52	4
2013	569	233	305	31	100	41	54	5
2014	620	263	327	30	100	42	53	5

已完成的新建单户住房结构类型[②]　　　　　表2-6-10

年份	住宅数量（单位：千户）				占比			
	总数	木结构	钢结构	砌体结构	总数	木结构	钢结构	砌体结构
2009	520	494	3	24	100	95	1	5
2010	496	472	3	22	100	95	1	4
2011	447	426	2	19	100	95	（Z）	4
2012	483	455	1	26	100	94	（Z）	5
2013	569	536	2	31	100	94	（Z）	5
2014	620	574	2	43	100	93	（Z）	7

6.1.5　居住标准

详见《国外住房发展报告2015第3辑》第59页。

[①] https://www.census.gov/construction/chars/completed.html
　　Characteristics of New Single-Family Houses Completed：Stories
[②] https://www.census.gov/construction/chars/completed.html
　　Characteristics of New Single-Family Houses Completed：Framing

6.2 住房投资与建设

6.2.1 住房投资

表2-6-11   2002~2015年美国建设投资（单位：百万美元）

年份	私人、政府总投资 建筑总投资	政府总投资 住宅	非住宅	私人投资 私人总投资	私人住宅投资	私人非住宅投资	政府投资 政府总投资	政府住宅投资	政府非住宅投资
2005	1 116 811	630 182	486 629	882 651	624 574	258 077	234 160	5 608	228 552
2006	1 161 282	613 874	547 408	905 896	607 791	298 105	255 385	6 083	249 303
2007	1 147 951	496 068	651 883	858 878	488 846	370 032	289 073	7 222	281 852
2008	1 077 350	366 660	710 690	768 612	359 171	409 440	308 738	7 489	301 249
2009	906 543	255 542	651 001	591 648	247 526	344 121	314 895	8 015	306 880
2010	809 256	252 328	556 928	505 290	242 035	263 255	303 966	10 294	293 672
2011	788 332	252 646	535 686	501 925	244 122	257 803	286 407	8 524	277 883
2012	850 455	276 057	574 399	571 145	269 784	301 360	279 311	6 272	273 038
2013	906 351	329 217	577 134	635 669	323 381	312 288	270 682	5 836	264 846
2014	1 005 628	374 860	630 768	729 500	369 793	359 707	276 128	5 067	271 061
2015	1 112 433	440 255	672 178	823 540	433 691	389 850	288 892	6 564	282 328

① https://www.census.gov/construction/c30/historical_data.html

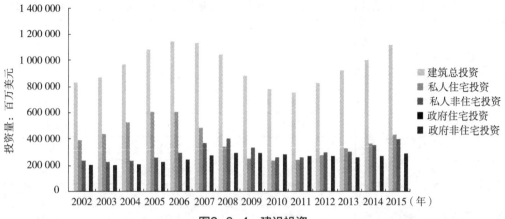

图2-6-4 建设投资

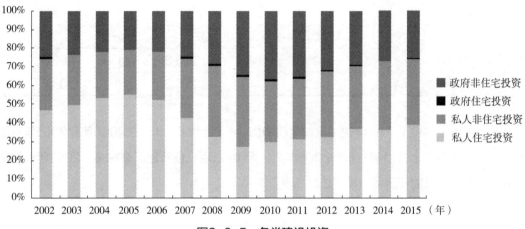

图2-6-5 各类建设投资

6.2.2 住房开工量和竣工量

在2014年住房建设继续增加，房屋开工率上升8.5%，但是因为增长的基数较低，所以新增的住宅单元总数不到80 000户，并且尽管超过了一百万户住宅单元，全年住宅建设仍落后于1959~2007年任何一年的水平（表2-6-12）。

单户住房在2013~2014年只增加了30 300户，直到2014年才增加到647 900户。均为战后时期的最低水平。相比之下，多户住宅继续开工，增长量为48 100户上升至355 400户，事实上，2013~2014年多户住宅建设的增长近16%。

2012~2014年美国住房开工量、完工量以及建筑支出和销售价格（单位：千户）　表2-6-12

	2012	2013	2014
总的开工量	781	925	1 003
单户住宅	535	618	648
多户住宅	245	307	355
总的完工量	649	764	884
单户住宅	483	569	620
多户住宅	166	195	264
建筑支出			
住房固定投资	447	519	550
买卖			
新建的（千户）	368	429	437
已有的（千户）	4.7	5.1	4.9
销售价格中位数（1000美元）			
新建的	252.8	273.3	282.8
已有的	182.3	200.3	208.3

从1991年开始，每年住房竣工量都有所增加，一直到1999年。在2000年和2001年有所减少，之后又呈现上升趋势，直到2006年。2006年以后，住房竣工量锐减，2012年开始略微有所回升。竣工的住房多为单户住房（表2-6-13）。

每年竣工住宅量[①]（单位：千户）　　　表2-6-13

年份	住房总计	结构分类		
		单户住房	2~4个单元	5个及以上单元
2000	1 573.7	1 241.8	27.3	304.7
2001	1 570.8	1 255.9	33.9	281.0
2002	1 648.4	1 325.1	35.0	288.2
2003	1 678.7	1 386.3	31.5	260.8
2004	1 841.9	1 531.5	23.5	286.9
2005	1 931.4	1 635.9	37.5	258.0
2006	1 979.4	1 654.5	40.8	284.2

① http://www.census.gov/construction/nrc/historical_data/index.html

续表

年份	住房总计	结构分类		
		单户住房	2~4个单元	5个及以上单元
2007	1 502.8	1 218.4	31.4	253.0
2008	1 119.7	818.8	23.7	277.2
2009	794.4	520.1	14.5	259.8
2010	651.7	496.3	8.9	146.5
2011	584.9	446.6	8.4	129.9
2012	649.2	483.0	8.7	157.6
2013	764.4	569.1	9.1	186.2
2014	883.8	619.5	8.7	255.6

6.3　住房建设与管理体制

详见《国外住房发展报告2015第3辑》第64页。

6.4　保障性住房建设

详见《国外住房发展报告2015第3辑》第93页。

6.5　住房消费与市场

6.5.1　住房支出及占家庭可支配收入比重

根据美国社区最近的调查，住房整体支出占家庭总收入的30%以上，房价连续3年一直在下降，从2012年的4090万元到2013年的3960万元，住房支出的比重也由35.3%下降到了34.1%。

几乎所有政策改进都偏向于业主一方，收入的增加、抵押贷款成本的利率降低、房屋止赎使中度和严重房屋负担的业主的比重降低到近十年以来的最低水平。即便如此，仍有超过四分之一的业主的住房支出占整体收入的30%以上以及有超过十分之一的在50%以上。

与此相反，租房成本负担在2013年达到了一个新高为2080万美元。虽然严重负担的租房者的数量略有下降，但中度负担的租房者的数量却增加了很多。

由表2-6-14可知，美国的家庭收入除了2009和2010年略有下降之外，基本保持上升的趋势，住房支出也类似，截至2014年，美国家庭的税前收入为66 877美元，平均年支出为53 495美元，居住支出为17 798美元（表2-6-14）。

家庭收入及居住支出①（单位：美元） 表2-6-14

项目	税前收入	平均年支出	居住支出
2001	47 507	39 518	13 011
2002	49 430	40 677	13 283
2003	51 128	40 817	13 432
2004	54 453	43 395	13 918
2005	58 712	46 409	15 167
2006	60 533	48 398	16 366
2007	63 091	49 638	16 920
2008	63 563	50 486	17 109
2009	62 857	49 067	16 895
2010	62 481	48 109	16 557
2011	63 685	49 705	16 803
2012	65 596	51 442	16 887
2013	63 784	51 100	17 148
2014	66 877	53 495	17 798

在沿海地区的住宅成本负担的比例是非常高的，包括洛杉矶、纽约和檀香山，在2013年，有41%居住在十大成本最高城市的家庭面临着住宅成本负担。远远超过了34%的全国平均水平。然而，即使在低成本的城市像拉斯维加斯和奥兰多，也有40%甚至更多的家庭有住宅成本负担。此外，在十大最昂贵市场承受的压力使他们拥有了更高的收入规模，事实上，在这些城市有接近一半（约48%）人的家庭收入在45 000~74 999美元之间，他们的住宅成本负担所占的比例约为全国平均水平（约22%）的两倍，因此，住宅成本最高的十大城市的家庭有近2000万户必须赚得国家平均收入51 900美元以上的收入才能负担得起住房。

同时，对于低收入家庭能负担得起的住房选择在所有的市场中是很有限的。在2013年，收入低于15 000美元的家庭有超过四分之三户面临住房成本负担，收入在15 000~29 999美元之间的家庭有超过一半户面临住房成本负担。

---

① http://www.bls.gov/cex/csxcombined.htm
Consumer Expenditure Survey，U.S. Bureau of Labor Statistics，Income before taxes

表2-6-15 家庭成本负担占家庭收入的比例，承租人家庭：2013年承租家庭比例（单位：%）

城市区域	成本负担																中等收入群体			
	小于15 000美元			15 000~29 999美元			30 000~44 999美元			45 000~74 999美元			大于75 000美元			全部			家庭收入	总数	每月住房成本中位数	收入成本中位数比例
	无成本负担	中度成本负担	严重成本负担	无成本负担	中度成本负担	严重成本负担	无成本负担	中度成本负担	严重成本负担	无成本负担	中度成本负担	严重成本负担	无成本负担	中度成本负担	严重成本负担	无成本负担	中度成本负担	严重成本负担				
十大成本最高的城市																						
波士顿-剑桥-牛顿	21.0	16.6	62.5	25.5	27.0	47.6	32.4	46.9	20.7	65.1	29.9	5.0	94.1	5.7	0.2	52.3	22.4	25.3	41 600	1 200	29.7
布里奇波特-斯坦福-诺瓦克，CT	25.2	14.7	60.2	16.8	24.8	58.4	31.1	43.4	25.5	58.4	38.5	3.1	91.0	8.6	0.4	49.0	24.5	26.5	40 800	1 310	31.7
洛杉矶长滩阿纳海姆，CA	11.1	9.1	79.8	9.1	26.5	64.4	23.4	53.3	23.2	59.0	35.4	5.5	90.2	9.5	0.3	42.4	25.3	32.3	40 000	1 260	35.1
纽约-纽瓦克，新泽西	14.1	12.4	73.5	16.5	23.4	60.0	27.8	49.4	22.8	62.8	32.2	5.0	92.5	7.3	0.2	47.4	22.4	30.3	40 000	1 230	32.4
奥克斯纳德-干橡文图拉	13.3	22.3	64.3	13.9	21.1	65.0	14.3	46.9	38.8	45.2	44.9	9.8	83.4	15.0	1.6	43.6	28.7	27.7	50 000	1 540	33.9
圣地亚哥的卡尔斯巴德，加利福尼亚州	11.4	6.4	82.3	9.6	25.8	64.6	22.9	53.1	24.0	54.2	41.3	4.5	91.0	8.8	0.2	42.5	27.2	30.2	42 000	1 290	34.3
旧金山-奥克兰-海沃德	14.2	13.5	72.3	15.4	24.7	59.9	23.7	51.8	24.6	53.6	40.2	6.2	90.2	9.5	0.3	50.8	24.1	25.2	51 000	1 433	30.4

续表

城市区域	成本负担																	中等收入群体		
	小于15 000美元			15 000~29 999美元			30 000~44 999美元			45 000~74 999美元			大于75 000美元			全部			家庭收入	总数 每月住房成本中位数	比例 收入成本中位数
	无成本负担	中度成本负担	严重成本负担	无成本负担	中度成本负担	严重成本负担	无成本负担	中度成本负担	严重成本负担	无成本负担	中度成本负担	严重成本负担	无成本负担	中度成本负担	严重成本负担	无成本负担	中度成本负担	严重成本负担			
十大成本最高的城市																					
圣何塞-桑尼维尔-至塔克拉拉 CA	12.6	7.7	79.7	12.3	16.3	71.5	10.6	50.7	38.7	44.4	47.2	8.4	91.1	8.7	0.2	51.9	22.4	25.7	60 500	1 630	29.8
檀香山城市, HI	20.1	9.5	70.4	19.6	19.1	61.3	25.0	40.3	34.7	43.0	41.9	15.1	77.9	21.7	0.3	44.7	28.2	27.1	51 600	1 530	33.1
华盛顿-阿灵顿-亚历山大DC-VA-MD-WV	18.8	7.5	73.7	14.1	20.7	65.2	23.1	49.9	27.1	52.4	42.7	4.9	90.8	9.0	0.2	54.0	23.7	22.4	57 000	1 474	29.0
平均十大高成本城市	16.2	12.0	71.9	15.3	22.9	61.8	23.4	48.6	28.0	53.8	39.4	6.8	89.2	10.4	0.4	47.9	24.9	27.3	47 450	1 390	31.9

注：中度（严重）负担是指住宅成本约占家庭收入的30%~50%（超过50%），没有或者家庭收入很少的家庭也被认为是严重负担的家庭，而非现金支付的租户被认为是没有负担的。十大最高成本城市业主的住房成本是第一和第二抵押贷款，保险，房产税，业主协会费用和公用事业，承租人的住房成本是现金租金和公用事业。

6.5.2 全国住房价格

虽然新建住宅的数量接近历史低点,但这些房屋的价格却创下了历史新高。即使这种升值放缓由2013年的8.1%到2014年的3.5%。2014年新建房屋销售价格中位数为283 000美元——约为35%的上述现有单户住房的销售价格中位数。

然而,这一价格的设定在很大程度上是因为新建房屋的规模、质量、类型和位置,而不是一个大致健康的市场发出的信号。虽然2014年新建单户住房销售价格的平均数比2009年的名义周期性低点高31%。在质量不变的情况下,新建房屋的价格指数仅仅上升了14%。规模的增加似乎是一个原因,2013年典型新建住宅的百分比为12.5%比2009年大。这一趋势在中西部地区尤为明显,从2009年至2013年典型的新建住宅的规模增加近25%,使得住宅平均价格提高了43%,事实上,新建住宅平均价格的提高使得中等价位房屋销售的疲软,这种房屋通常占大多数购买量,因此,当低端住宅的销售再次回升时新建住宅的平均价格可能会下降(图2-6-6)。

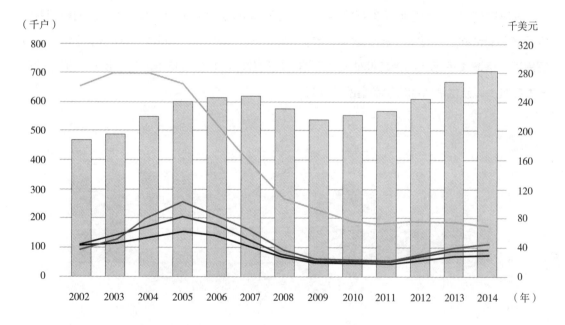

数据来源:JCHS tabulations of US Densus Buresu, New Residential Sales data.

图2-6-6 新建住宅价格的上涨主要是因为低端住宅销售的疲软

根据美国全国房地产经纪商协会统计,2014年,现有房屋销售的价格连续第三年上涨,相比于2013年上涨了4%,达到了208 300美元。在新建住宅市场,现有房屋价格的有利条件不仅是库存少,而且也有来自于高质量单元的强烈需求。MBA调查数据显示,购房申请的平均贷款规模在增长,甚至比2014年的房价增长的还快,并且在2015年3月达到了历史的最高水平。同时,2014年大型抵押贷款市场大大推动了MBA抵押贷款的有效性指数。

在2014年,现有住房销售和NAR测量出的价格综合变化对住房价格指数的影响较小,例如CoreLogic房价指数显示全年冷却,从1月份的11.4%下降到了12月份的4.7%,Zillow报道的稍微小一些为7.8%下降到了4.5%。虽然在2014年现有住房的价格仍在上涨,但是升值速度缓慢。

通过横跨20个城市的追踪调查得出的CoreLogic Case-Shiller指数显示住房价格增长相对缓和,这是很明显的。在高端市场,2014年旧金山公布价格增长9%,明显低于2013年的23%。拉斯维加斯在2014年的价格增长也从26%下降到了7%。与此同时,芝加哥和华盛顿特区的住房价格增长也由之前很高的值下降到了最低值。

在某些情况下,房屋底层价格的增长一般高于其他层,例如,在2014年,芝加哥现有房屋最底层的价格增长12%,相比之下,其他层的价格才增长1%。同样,2015年亚特兰大底层房屋价格增长了15%约为其他楼层的三倍。底层住宅市场的高增值率似乎反映了相应销售压力在减少以及供销售的低价房屋的普遍短缺。

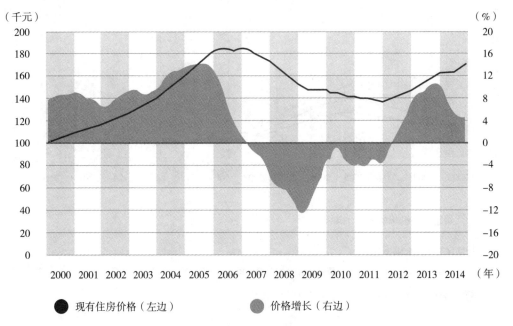

数据来源:JCHS tabulations of Corelagic Case-Shiller Home Price Indexes.

图2-6-7　2000~2014年房屋价格变化情况

由表2-6-16中数据可知，美国新建的单户住房的销售价格在2009年略有下降，直到2013年又开始上升，在2014年，每平方英尺的价格为97.99美元。

出售的新建单户住房的价格指数（包括地段价格）① 表2-6-16

年份	美国					地区（每年）			
	每年	第一季度	第二季度	第三季度	第四季度	东北部	中西部	南部	西部
2005	100.0	96.5	99.2	101.4	103.9	100.0	100.0	100.0	100.0
2006	104.7	104.1	105.7	104.8	103.8	102.6	102.9	105.4	105.2
2007	104.9	107.2	105.9	103.0	102.1	101.5	102.8	107.4	102.6
2008	99.5	98.8	102.2	100.2	95.7	100.8	98.9	103.7	92.7
2009	95.1	92.7	96.2	94.3	96.2	97.1	96.0	101.1	84.8
2010	95.0	94.8	95.2	94.2	96.3	101.1	96.9	99.5	85.4
2011	94.3	93.7	94.5	93.0	94.0	100.0	97.8	99.6	83.1
2012	97.6	94.0	95.2	98.9	100.0	102.1	101.5	102.7	86.3
2013	104.7	101.3	104.7	104.8	105.8	108.2	105.3	110.1	94.7
2014	112.3	106.8	112.7	114.5	119.2	120.0	113.1	117.2	102.6
2015		112.8	111.5	112.8	112.8				
RSE		106.8	112.7ʳ	112.8ᵖ					

p 初步的（ᵖPreliminary）　r 经过改进的（ʳRevised）
[2005=100.0. 指数基于2005年出售的各种房屋]
资料来源：http://www.census.gov/construction/cpi/

新建单户住房售价（单位：美元当年价格） 表2-6-17

年份	名义人均GDP（当年价格：美元）	新建私有单一家庭单户住房售价中位数	新建组装房售价中位数	现有的单一家庭单户住房售价中位数	现有公寓售价中位数	税前收入	新建私有单户住房售价中间值/家庭税前年总收入中间值
2003	38 324.69	195 000	54 900	180 200	168 500	43 951	4.44
2004	40 456.39	221 000	58 200	195 200	197 100	44 649	4.95
2005	42 697.30	240 900	62 600	219 000	223 900	58 712	4.10
2006	44 839.37	246 500	64 300	221 900	221 900	60 533	4.07
2007	46 655.20	247 900	65 400	217 900	226 300	63 091	3.93
2008	47 421.93	232 100	64 700	196 600	209 800	63 563	3.65
2009	46 371.00	216 700	63 100	172 100	175 600	62 857	3.45
2010	46 844.00	221 800	62 700	173 100	171 700	62 481	3.55

① http://www.census.gov/construction/cpi/Price Indexes（Base Year 2005）

续表

年份	名义人均GDP（当年价格：美元）	新建私有单一家庭单户住房售价中位数	新建组装房售价中位数	现有的单一家庭单户住房售价中位数	现有公寓售价中位数	税前收入	新建私有单户住房售价中间值/家庭税前年总收入中间值
2011	47 132.00	227 200	60 600	166 200	165 100	63 685	3.57
2012	49 897.00	245 200	61 900	177 200	173 700	65 596	3.74
2013	51 248.00					63 784	

数据来源：NATIONAL ASSOCIATION OF REALTORS，http://www.realtor.org/topics/existing-home-sales/data

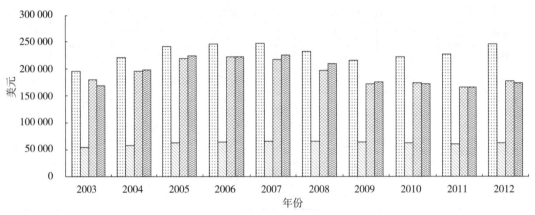

图2-6-8 美国住宅销售价格

现有住房的价格（单位：美元）　　　　　表2-6-18

年	美国	东北部	中西部	南部	西部
	中位数				
2012	$176 800	$237 700	$142 700	$154 000	$230 100
2013	197 100	249 100	154 600	170 700	273 100
2014	208 300	252 700	163 200	179 300	291 800
	平均值				
2012	$225 400	$277 900	$173 700	$198 800	$278 100
2013	245 500	288 900	186 900	216 400	317 400
2014	255 300	292 700	196 500	224 400	334 100

由表2-6-18可知，在2014年，美国现有住房价格的中位数为208 300美元，平均值为255 300美元。

6.5.3 住房可支付指数

自20世纪70年代以来，现房平均价格一直呈上升的趋势，到2006年达到顶点后开始下降，2012年又开始出现回升的趋势；综合住房负担能力指数自1970年一直下降，从80年代中期开始回升。2005年开始又有所下降，2007年逐渐回升并在2012年出现峰值，2013年开始又有所下降。

住房负担能力[①]　　　　　　　　　　　　　　表2-6-19

年份	现房平均价格HAI	按揭利率HAI	家庭收入中值HAI	达标收入HAI	固定利率HAI	综合HAI
2000	147 300	8.03	50 732	41 616	120.5	121.9
2001	156 600	7.03	51 407	40 128	128.1	128.1
2002	167 600	6.55	51 680	40 896	124.2	126.4
2003	180 200	5.74	52 680	40 320	128.2	130.7
2004	195 200	5.73	54 061	43 632	120.3	123.9
2005	219 000	5.91	56 194	49 920	110.9	112.6
2006	221 900	6.58	58 407	54 288	107.1	107.6
2007	217 900	6.52	61 173	52 992	115.3	115.4
2008	196 600	6.15	63 366	45 984	137.4	137.8
2009	172 100	5.14	61 082	36 048	169.2	169.4
2010	173 100	4.89	60 609	35 232	171.3	172
2011	166 200	4.67	61 455	32 976	183.4	186.4
2012	177 200	3.83	62 531	31 824	193.3	196.5
2013	197 400	4	63 623	36 192	176.7	175.8
2014	208 900	4.31	65 321	39 744	164.4	171.4

注：HAI=Housing Affordability Index住房负担能力指数。

6.6　住房金融与政策

6.6.1　住宅金融体系

详见《国外住房报告2014第2辑》。

---

① 资料来源：HUD，http://www.huduser.org/portal/ushmc/hd_hsg_aff.html

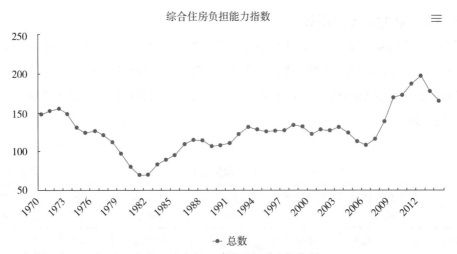

图2-6-9 综合住房负担能力指数

6.6.2 美国住房金融制度

（1）金融机构与市场操作流程

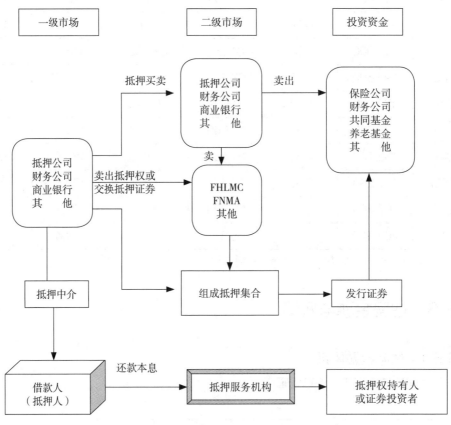

图2-6-10 抵押一、二级市场运作流程

(2) 资金来源

美国住房金融的资金来源更为市场化,商业银行等金融机构发放住房抵押贷款之后,可以在二级市场上出售证券化的住房抵押贷款,向广大投资者筹集资金。

在私营部门,银行和储蓄机构大多专门经营短期、可变利率抵押贷款以及住房建设贷款,而人寿保险公司主要为黄金地段的主要房地产提供长期固定利率融资。房利美(Fannie Mae)和房地美(Freddie Mac)提供主要长期(超过7年)固定利率再融资,包括那些非黄金地段的次要房地产,但不支持任何住房建设贷款。FHA通过再融资贷款为新建或修缮住房提供长期、固定利率融资,但对住房造价有严格限制。

联邦住房管理局、房利美和房地美不发放贷款。但房利美和房地美经营多户住房投资组合业务。

多户住房资金来源和条件[①]　　　　表2-6-20

机构 类型	房利美/房地美	银行和储蓄机构	人寿保险公司	联邦住房管理局	多户住房商业抵押贷款支持证券
融资提供	证券投资组合/证券化保险	证券投资组合	证券投资组合	证券化保险	证券化房地产抵押投资渠道
贷款类型	固定利率/浮动利率	浮动利率/建筑贷款[②]/有些固定利率	固定利率、有些建筑贷款、浮动利率	固定利率/建筑贷款	固定利率
追索权或无追索权	无追索权	追索权(部分)	无追索权	无追索权	无追索权
典型贷款	5年,7年,10年	3~5年,目前包括五年固定利率贷款	3~15年	35~40年	5年,7年,10年
贷款与价值比率	比率高达75%~80%	较低比率(65%~75%)	最低比率(55%~75%)	最高比率(80%~85%)	比率(65%~75%)
对借款人成本	低价位	低价位	低价位	低价位	较高价位
贷款条件的灵活性	灵活	最灵活	灵活	最不灵活	最不灵活
可用借款和社区	大多数地区,优质借款人	大多数接受此结构的地区;广泛的借款人	公共机构/高质量的地区和借款人	最多的地区和最多的借款人	不断变化的保守的核保[③]

[①] Prepared by CWCapital.Used with permission
[②] construction loan:房屋建造的短期周转性贷款,以建成的房屋为抵押物,从抵押贷款中分期支付工程款。
[③] 在保险中,underwriting可以表示保险人,但比较侧重核保的意思。核保一般是指保险核保,保险核保是指保险人对投保申请进行审核,决定是否接受承保这一风险,并在接受承保风险的情况下,确定承保条件的过程。在核保过程中,核保人员会按标的物的不同风险类别给予不同的承保条件,保证业务质量,保证险经营定性。

全美单户住房融资的数量从2006年开始下降,直到2012年开始才略有上升,在2014年,美国常规住房投资数量为311千户,而FHA投保仅为51千户,其余的则更少。总销售的中位数为282 800,平均数为345 800。

全美出售的新建单户住房的融资类型[①]　　　表2-6-21

年份	房屋数量(千户)					百分比分布				
	总数	常规	联邦住房管理局投保FHA	退伍军人管理局担保	现金	总数	常规	联邦住房管理局投保FHA	退伍军人管理局担保VA	现金
2002	973	788	106	34	42	100	81	11	3	4
2003	1 086	911	94	36	41	100	84	9	3	4
2004	1 203	1 047	77	28	46	100	87	6	2	4
2005	1 283	1 150	51	28	52	100	90	4	2	4
2006	1 051	948	38	25	38	100	90	4	2	4
2007	776	693	28	24	30	100	89	4	3	4
2008	485	358	77	27	23	100	74	16	6	5
2009	375	234	92	32	17	100	62	24	9	4
2010	323	189	81	35	19	100	58	25	11	6
2011	306	190	61	35	20	100	62	20	11	7
2012	368	234	75	35	24	100	64	20	10	6
2013	429	296	67	36	31	100	69	16	8	7
2014	437	311	51	38	37	100	71	12	9	9

6.6.3　住房保障金融工具

(1)联邦保险的住房低息抵押贷款

在抵押贷款一级市场的贷款机构(抵押银行、商业银行、储蓄银行、储贷协会等)为了

[①] https://www.census.gov/construction/chars/sold.html
Characteristics of New Single-Family Houses Sold:Financing

降低风险往往需要保险[①][②]。低收入家庭的信用状况、还款能力等各方面都无法满足一般银行的放款要求，为了解决这个问题，政府成立了专门的保险机构，由联邦住房管理局（FHA）和退伍军人管理局（VA）负责为中低收入家庭的住房抵押贷款提供保险，当借款人无力偿还债务时承担未清偿的债务，大大增强了放贷机构的信心，使得住房抵押市场有较为充足的资金来源。

低息贷款的资金来源于联邦住房银行系统通过12家FHL Bank在公开市场发行的联合债务，包括短期的联合折扣票据和中长期的联合债券。票据一般为1年期，债券一般为1~3年期，也有长达5年期的。在资本市场上筹集资金后，再通过低息贷款的方式转给成员银行，供其发放利率优惠的住房贷款，并最终受益于消费者和社区发展。

由于具有政府的隐性担保，联合债务的融资成本远低于同时期的市场利率。2013年末，联合折扣票据和联合债券的加权融资成本分别为0.09%和1.36%，会员的低息贷款利率为1.43%，而同期的10年期国债收益率为3.02%。低息贷款这种融资机制有效降低了会员的融资成本，并形成对贷款发放机构可持续的正向激励。

（2）MBS抵押贷款担保

MBS担保是指二级市场的金融中介（吉利美、房利美、房地美）为其他债券的发行者提供担保的服务。MBS担保费是由服务费和担保费两部分组成，其中服务费占0.44%、担保费占0.06%，总共收取0.5%的担保手续费。美国的住房抵押一级市场有吉利美担保，有效降低了一级市场中抵押贷款发放机构的资金风险。同样，二级市场上"两房"的MBS担保起到了提高债券公信力的作用，保证债券能到期还款付息；提高债券的信用等级以吸引更多的投资者。二级市场的意义在于为一级市场融入资金，提高一级市场资金的流动率，进一步分散一级市场的资金风险，提供更广阔的资金来源。

（3）专项补贴

除低息贷款外，FHLBS还设立可支付住房计划（Affordable Housing Program，

[①] 住房抵押贷款中，金融机构主要面临违约风险、流动性风险、利率风险和提前还款风险。住房抵押贷款一级市场采取以下措施进行风险防范：（1）通过贷款前的审查防范违约风险；（2）通过设定贷款条件（如贷款成数）控制违约风险；（3）通过抵押贷款方式的改进，解决金融机构单方面承担利率风险的问题。例如可变利率贷款抵押方式将利率风险转移给贷款人，但通过利率调整期限、调整幅度的规定，实现了利率风险的借贷双方共同分担。对流动性风险的降低以及对利率风险、提前还款风险的分离只有通过抵押贷款二级市场的建立和创新才能做到。

[②] 抵押保险公司只对超过常规个人住房抵押贷款额的部分提供保险，其保险金额仅限于贷款额的20%~30%。当借款人不按期偿还贷款本息时，贷款机构可要求保险公司根据保险合同的约定向其支付一定比例的赔偿；或者通过清算、自愿交换产权等途径获得房产权属，然后出售房产，若出售所得少于负债，可向保险公司就不足部分提出索赔。

AHP），向会员提供专项补贴，用于中低收入家庭的住房贷款项目。专项补贴的用途包括贷款首付款、利息补贴以及房屋的建造及修缮。AHP自1989年设立以来，已累计提供48.6亿美元资金支持，涉及住房项目81.15万套。

专项补贴的资金来源是AHP专项基金，该基金由12家FHLBank共同缴纳，每家机构每年至少缴纳上年度净收益的10%（或1亿美元），筹集的资金最终由FHLBS统筹分配。具体分配方式上，FHLBS在项目遴选环节引入竞争机制，根据完善的评分标准对会员机构上报的项目支持方案进行评分，按照分数由高到低的顺序将AHP基金进行分配，直至当年（轮）基金分配完成。

（4）财政补贴

HUD2016年的预算增加了8.7%，高于2015年的水平，达到了493亿美元（图2-6-11）。

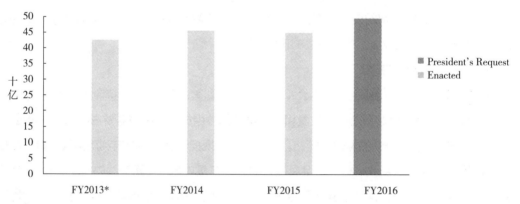

数据来源 *FY2013 Enacted level includes Sequestration reduction

图2-6-11　2016年的预算和2011~2015年补贴的比较

HUD的FY2016年预算保持核心致力于为家庭接受租金援助和住房拥有提供机会。

2014财年HUD请求投入的资金较2013财年制定的有所变化。基于承租人的租房援助增加了160百万美元，基于项目的租房援助（Project-Based Rental Assistance）减少了640百万美元，公共住房计划（Public Housing）营运资金减少了438百万美元，社区发展（Community Development）基金减少了165百万美元，HOME合伙人投资计划（HOME Investment Partnerships）与制定金额持平，无家可归者援助计划（Homeless Assistance）资金增加了330百万美元，第202条款和第811条款增加了85百万美元（图2-6-12）。

（5）MBS债券

住房抵押贷款证券化（Mortgage-Backed Securitization）是指以商业银行为主的金融机构把自己流动性较差的住房抵押贷款重组并出售给证券化机构以取得现金，证券化机构

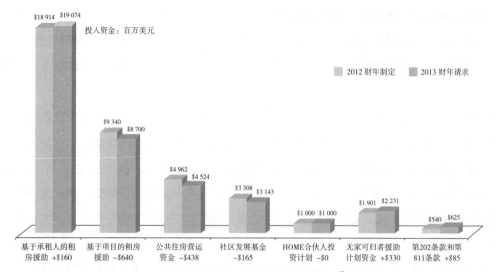

图2-6-12 2012财年主要保障房计划投入资金的变化①（单位：百万美元）

购入并经过担保或信用增级后发行各种抵押证券出售给投资者，这一过程将原来不易出售给投资者且缺乏流动性的资产转换成市场上可以流动的证券。

住房抵押贷款证券化的主要流程是一级市场上的贷款机构在获得FHA为中低收入居民购房提供的保险后，按照房利美等四家机构共同制定的住房贷款标准，向借款人提供住房贷款并获得所购房屋的抵押权；这些抵押权组成抵押权集合发行证券，经评级公司评级，由吉利美、房利美和房地美三家主要政府资助企业担保后经证券发行机构进行发行，其中吉利美主要负责FHA保险的贷款证券化，房利美和房地美主要对贷款额度25万美元以下的非FHA保险的常规贷款证券化，额度在25万美元以上的巨额贷款则由私人机构从事证券化。证券化后的资产将从发行机构的资产负债表中撤出，实行表外运作以降低银行流动性风险。

（6）住房融资投资信托基金

房地产投资信托基金（Real Estate Investment Trusts，简称REITs）是一种集合不特定投资者，将资金集中起来，专门进行房地产投资和经营管理，并共同分享房地产投资收益的一种产业基金。

REITs具有很强的融资能力。自20世纪80年代开始，美国政府尝试运用房地产投资信托进行廉租房建设，特别是1986年低收入住宅返税政策颁布后，廉租房房地产投资信托开始受到投资者热捧。1986~1995年，美国共有80万套中低档住房投放市场，其中很大一部分是房地产投资信托投资的廉租房项目。到2012年，美国REITs的市值已经达到6000多亿美元，有效解决了美国房地产业发展的融资问题。

① http://portal.hud.gov/hudportal/documents/huddoc?id=CombBudget2013.pdf

（7）人寿保险为房屋贷款提供保障

现在一些保险公司提供匠心独具的保险，将终生寿险提供的有保证的保障及现金值累积功能与经济实惠的定期寿险相结合。这些计划经过精心考虑，以满足当今不断增长的家庭需求。

永久保险：除了定期保险，还可以考虑购买个人拥有的永久寿险。由于永久寿险提供某种形式的永久保障，保费通常会高于类似的定期保险。不过你得到的新增福利，使支付更高的价格变得合理。例如定期保险，无论是从贷款机构还是从保险公司购买，都不累积现金值。除非你在保单有效期内去世，否则您的后人不会收到任何保险福利。既然您多年来一直支付保险费，有东西留下难道不更好吗？你每年向永久寿险支付的保费中有一部分是用来累积现金值的。

终生寿险：终生寿险是永久寿险中最受人欢迎的险种之一。终生寿险可以为你家庭的未来奠定根基。投保终生寿险，只要你支付所到期的保费，你就可以终生得到保障。虽然最初时你购买终生寿险是为了为房屋抵押贷款提供保障，你还是可以将保单内累积的现金值用作他用，如支付大学费用。终生寿险的特点包括：

①在延税基础上累积保单的现金值；

②保费固定不变；

③可以在符合承保条件的情况下添加保单附约，为自己量身订制保单；

④互惠保险公司提供的终生寿险还有保单红利；

⑤有保证的保险赔偿金，一般免交联邦所得税。

组合保险：现在一些保险公司提供匠心独具的保险，将终生寿险提供的有保证的保障及现金值累积功能与经济实惠的定期寿险相结合。这些计划经过精心考虑，以满足当今不断增长的家庭需求。当需求发生变化后，这些计划会允许你将定期寿险的部分转换成终生寿险。这将有助于在将来提高你的现金值积累。

这些组合保险的特点包括：

①比起一个投保金额相同的100%的终生寿险保单，其初始保费要低；

②可以灵活地将定期部分转换成永久保险；

③在延税的基础上累积现金值；

④在符合承保条件的前提下通过添加保险附约量身订制你的保单；

⑤互惠保险公司提供的终生寿险有资格获得红利；

⑥有保证的保险赔偿金，一般免交联邦所得税。

（8）住房贷款与保险

详见《国外住房发展报告2013年第1辑》。

6.6.4 税制

税收政策在美国住房业发展中发挥着非常重要的作用,目前,美国每年在住房税收方面的支出大大超过直接提供资金的资助力度。美国政府为了让更多的家庭自己买房,对住宅建设、购买和出租实行了许多鼓励政策,特别是在税收上采取了诸多优惠政策。主要有:①美国联邦政府为了鼓励私人房地产开发商开发低租住宅项目而实施的政策措施。最具代表的是低收入阶层住房税金信用计划;②对购买、建造和大规模维修自有住房的家庭,通过住房抵押贷款利息的所得税扣减、住房代金券计划等对中低收入家庭实行补助。对租房家庭给予税收减免。

从20世纪80年代开始,住房计划的目标群体定位于低收入阶层,把中等、中下收入阶层排除在保障范围之外。这一时期,联邦政府有计划地取消其住宅建设,逐步减少对可支付住宅建设的支持,转向通过税收减免来支持私人部门开发可支付住宅;通过住房抵押贷款利息的所得税扣减、住房代金券计划等对中低收入家庭实行补助。

(1)税制结构特点

美国税收制度经过长时期的不断改革和完善,特别是经过了1954年和1986年两次重大的税制改革,逐步确立了以个人所得税(individual income taxes)、工薪所得税(payroll taxes)为主体,涵盖公司所得税(corporate income taxes)、货物和服务税、财产税等主要税种的复合税收体系。

个人所得税和工薪所得税在整个税制中处于主体地位。2014年美国个人所得税是联邦收入的最大来源,占总联邦税收收入46%;其次是工薪所得税,占总联邦税收收入34%,消费税(excise taxes)、遗产和赠与税(estate tax)和其他税占联邦政府税收收入的9%,公司所得税占11%(图2-6-13)。

财产税是地方政府的主要税收来源,在美国法律中,州和地方政府都有独立征收财产税的权力。财产税收入虽然呈不断增长趋势,但其占地方税收收入比重不断下降。

财产税在州政府中的份额比较少,主要是对州辖区内跨市县不动产和部分无形资产征收财产税,而对属于各地方辖区内的财产税,一般由地方市、县、

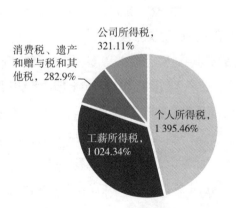

图2-6-13　2014年美国联邦政府税收构成[①]

---

① http://www.cbpp.org/research/policy-basics-where-do-federal-tax-revenues-come-from

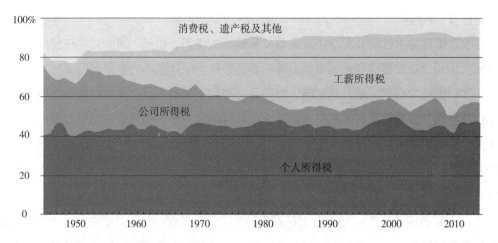

注:"其他"税收类型包括美联储的资产利润。
数据来源:美国行政管理和预算局

图2-6-14　1945~2014年美国联邦政府税收构成情况[①]

镇政府和学区、特区等税务机构征收,并用于当地的公共服务支出。比如当地的医疗卫生、消防设施、道路维护等公共财政支出,属于学区范围内的财产税则全部用于当地的基础教育支出。美国的财产税作为地方主体税种,是地方政府的一种受益税种。

（2）与住房有关的主要税种

详见《国外住房发展报告2013年第1辑》第152页。

6.6.5　住房产业的税收优惠政策

美国住房产业的税收优惠基于对象可划分为两种类型:一种是针对有房户的税收优惠;另一种是针对住房投资者的税收优惠。2007财政年度美国联邦政府与住房相关的税收总支出为1 311亿美元,受金融危机的影响,2008财政年度有所降低,为1 111亿美元。

（1）针对有房户的税收优惠

①按揭贷款利息免税:将住房抵押贷款利息和不动产税从应纳税收入中扣除。美国早期税法规定,在征收个人所得税时对所有抵押贷款的利息支出均可减免。从1986年起,只有用于购买、建造和修缮住房的贷款利息支出才可以减免税收,极大地刺激了住房建设的发展和人们买房的积极性。从1997年起,有房户被允许从其应纳税收入中减去首套住房和第二住房的价值不超过100万美元的住房抵押贷款利息。

②房屋增值资本收益免税:1997年《纳税者负担减轻法案》实施,对原有的住房出售资本利得税减免政策进行了调整,统一了减免的标准,扩大了受益面。根据该法案,有房户出售过去5年内居住满2年（可以是不连续的）的首要住房的（部分）获益可免缴联邦资本利得

---

① http://www.cbpp.org/research/policy-basics-where-do-federal-tax-revenues-come-from

税。单身的有房户免征资本利得税的最高收益为25万美元,已婚夫妇免征资本利得税的最高收益为50万美元。由于美国的房价并不高、房价变动也相对较小,住房出售收益能够达到以上额度的很少。对于某些特殊情况,如工作地点变更、健康原因、不可预见的环境变化(死亡、离婚、分居、纳税者本人或其他特定的合格个人一胎多生),住房出售时可以按过去5年内居住合格天数占730天(两年)的比例对资本利得税进行减免。每两年,有房户可享受该项优惠一次。通过该项政策,2007财政年度约减免税收168亿美元,占当年与住房有关的税收总支出的12.8%。

③针对低于免税标准的有房户的税收减免。低于免税标准的有房户享受不到住房抵押贷款利息和不动产税扣除带来的所得税减免。根据2008年实施的《住房援助法案》,2008年和2009年,这部分有房户每年可以从应纳税收入中扣除一定数额的财产税从而获得相应的税收减免。对于单身有房户,扣除最高额度为500美元;对于已婚夫妇共同申报,扣除最高额度为1 000美元。缴付的财产税低于最高额度时,按缴付的财产税额执行。

(2)针对住房投资者的税收优惠

①低收入住房税收补贴。由1986年颁布的《税收改革法》设立,它允许合格出租房的投资商在10年内每年从应缴的联邦个人所得税中减去该不动产"资格基数"的一个固定比例。"资格基数"采取如下方法计算:从项目的开发总费用中减去地价及其他相关费用得到"合格基数",合格基数乘以该项目中低收入住户单元所占的比例得到"资格基数"。项目位于房价相对收入偏高的"困难开发区"、低收入家庭集中的"合格人口普查区"时,将会额外得到一个130%的"基数扩大系数",从而提高资格基数值。对于新建项目和重大修缮项目,为期10年的税收补贴总额相当于资格基数值的70%,每年可得到的税收补贴约为资格基数值的8%~9%;对于修缮费用低于每单元3 000美元的不动产或那些同时接受其他联邦资助的不动产,为期10年的税收补贴总额相当于资格基数值的30%,每年可得到的税收补贴约为资格基数值的3%~4%。2007财政年度,该项目减免的税收约为51亿美元,占当年与住房有关的税收总支出的3.9%。

②与住房有关的免税债券发行。与住房有关的免税债券主要有抵押贷款收益债券、房屋贷款抵税凭证债券和多户住房债券。购买由各州为给首次购房的中低收入住户(收入不高于当地收入平均水平的115%)提供低息抵押贷款而发行的抵押贷款收益债券所赚取的利息免征所得税,以发行债券获得收益提供的低息贷款可用于购买新建住房或者现有住房,要求住房价格不超过地区平均住房价格的90%。为发行房屋贷款抵税凭证而发行的债券利息免征所得税。首次购房的中低收入家庭通过凭证可从它们的联邦税单中减去他们支付抵押贷款利息的10%~50%(不超过2 000美元)。该方法为那些收入不足以享受抵押贷款利息扣除退税的住户提供了纳税优惠。2007财政年度,上述两种债券的利息免征所得税13亿美元。购买由各

州为提供低息抵押贷款资助出租房开发而发行的多户住房债券所获的利息免征所得税。这些出租房中至少应有20%的住房单元（在某些目标地区为15%）必须为收入不高于地区平均水平50%的家庭保留，或者40%的住房单元必须为收入不高于地区平均水平60%的家庭保留。2007财政年度，多户住房债券的利息免征所得税7亿美元。2007财政年度，与住房有关的免税债券发行导致的税收减免占当年与住房有关的税收总支出的1.5%。

③历史建筑修缮税收补贴。历史建筑修缮税收补贴由1978年的《税法》设立，它允许参与由联邦指定的历史性建筑物修缮工程的投资商获得联邦所得税补贴，价值1美元的补贴就等于减去1美元的应缴所得税。该补贴在数额上等于项目修缮花费的20%。历史建筑修缮税收补贴对于居住建筑和非居住建筑同时适用。2007财政年度，历史建筑修缮税收补贴为4亿美元，占当年与住房有关的税收总支出的0.3%。

④出租房折旧高于其他折旧体系导致的所得税减征。2007财政年度，该项税收减免为43亿美元，占当年与住房有关的税收总支出的3.3%。

6.7 可持续发展

6.7.1 城市与区域规划

（1）城市规划

2030年纽约作为世界性城市的城市规划体现了以下三方面的特点①：

特点1：主题导向下的目标细化流程

纽约2030城市规划与历年规划的主要区别在于立意点的不同。规划提出的纽约未来三大问题，即"经济增长、基础设施老化和环境恶化"，直接针对影响市民生活和城市发展的现实问题，提出了目标、计划与措施，使规划实现了现实与未来发展的结合。

本规划按照"挑战/问题—目标—计划—措施—实施"的结构，构建了整个规划的内容框架。在这一整体思路下，分别针对土地、供水、交通、能源、空气质量和气候变化6个方面提出了具体的方案，最终落实为127项具体措施和列明了各项目之间的相互关联及其实施细则，如图2-6-15所示。

特点2：第三部门主导规划制定

纽约的城市规划具有第三部门参与的传统。第三部门是指独立于政府和市场之外的社会公共组织与机构，它依托社会公众的力量，使其牵头推行的纽约区域规划，突破了政府行政管理的地域边界；在规划策略上尊重大都市群发展的空间结构。此外，重视社会监督、建立

---

① http://www.stcsm.gov.cn/jdbd/sswgg/zlhb/342066.htm

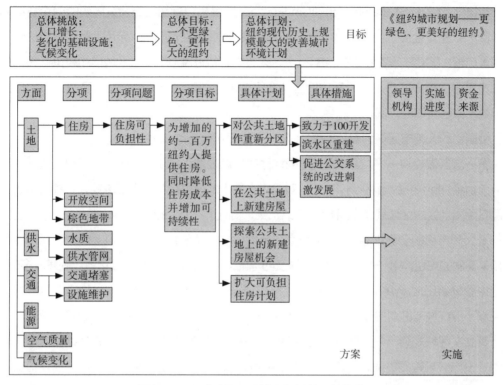

图2-6-15 纽约2030城市规划的目标体系

量化评价体系，以监督评估推进规划改进和督促政府部门的行动。

特点3：引入"三角模型"平衡目标达成

纽约新一轮城市规划将"可持续化"发展上升到前所未有的战略高度。为实现这一总体目标，规划引入坎贝尔"三角模型"指导规划制定。通过"三角模型"的分析可以概括规划过程中的利益冲突，即经济发展、环境保护和公平正义之间的矛盾，以期规划在"物质性"（substantive）和"程序性"（procedural）两个层面实现预期目标（图2-6-16）。

物质性层面是指规划人员通过规划谋求社会、经济、环境和公平的多方面平衡，促进城市的可持续性发展。程序性层面是指规划人员通过控制和协调解决规划过程中利益主体之间的冲突。

（2）区域规划

美国"纽约大都市区"（New York Metropolitan Region），又被称为"跨三

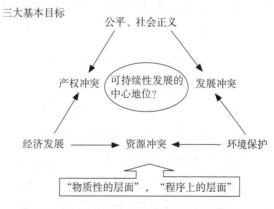

图2-6-16 可持续发展的"三角模型"

州大都市区"(Tri-State Metropolitan Region),是指包括纽约市及其周边的31个县所共同组成的一个整体社会、经济区域,区域范围涉及美国康涅狄格州、新泽西州和纽约三个联邦州,人口近2 000万,面积约33 484km²,区域内有将近800个城市、城镇和村落。纽约作为大都市带中的核心城市,其对周边地区社会经济影响和辐射范围远远超出了纽约市,甚至超过纽约州政府管辖的范围。

美国纽约大都市区规划自20世纪20年代至今经历经三次规划:

第一次区域规划——"纽约及其周围地区的区域规划"。1921~1929年纽约区域规划协会(Regional Plan Association,RPA)对纽约大都市地区进行第一次区域规划,并公布了《纽约及其周围地区的区域规划》(The Regional Plan of York and its Environs),是"世界上第一个大都市区的全面规划",是纽约大都市地区首次从包含了3个州和上百个自治市的区域视角来编制的规划,第一次区域规划所涉及的基础环境、交通、管理和社区系统在差不多3/4个世纪中影响着区域发展,并使得纽约成为一个全球性的商业、信息、艺术和管理中心,该规划克服了传统城市区划的局限,地域范围更为宽广,城市功能跨越行政辖区范围发展。

第二次区域规划——提出五项基本原则。1968年针对都市区的无序蔓延给城市带来交通压力、设施缺乏等严重问题。RPA发表了纽约第二次区域规划讨论稿。该区域规划提出了五项基本原则以解决大都市区存在问题:一是建设新的城市中心区来刺激就业,以多中心模式重构纽约大都市;二是提供多样的住宅满足不同收入水平的居民需求;三是更新老城区的基础设施和环境,并提供更多的培训机会给穷人,重新提升老区的吸引力和活力;四是强调对原生态区域的保护;五是建设发达的公共交通体系来确保区域多中心之间的联系。

区域规划促成了将近三州地区近100万英亩(约40万公顷)濒于危险的开敞空间得到保护;推进了纽约城市地铁与多个郊区铁路系统合并运行,并与大都市区运输中心和新泽西州的运输系统联系起来,此举带来了数十亿美元的新增投资计划,为纽约大都市区域在80年代的增长高潮奠定了基础。

第三次区域规划——"处于危险中的区域"。1996年,RPA以应对全球化挑战为指向发表了第三次纽约区域规划——"一个处在危险中的地区"。规划提出了旨在提升生活质量的"3E目标",即经济(Economy)、环境(Environment)与公平(Equity)。围绕"3E"目标的实现,规划推出了五大重点领域(绿地、中心、流动、劳动力、治理)作为规划设定的"五大行动",把实施这五大领域的规划措施作为引导城市协作和推行规划的重点。

6.7.2 老年人住宅设计与规模

(1)老年居住建筑的类型

2000年美国老人住宅协会将老人居住建筑分成了6种类型,分别是老年公寓、老人集合住宅、老人服务住宅、生活援助型住宅、专业护理之家、持续照护退休社区。详见《国外住房发展报告》2015年第3辑P174。

（2）养老住房和养老模式

①活跃老年人的住房

通常活跃的老年人的住房指的是带有服务设施的乡间别墅、内院式住宅、连栋房屋、排屋、私有公寓、花园洋房等。退休和准备退休的老年人对选择这类住屋感兴趣，打算用旅游休闲而不是家务琐事和没完没了的维修度过他们的闲暇时光。有一些活跃老年人的住房类型可以在老年人生活社区发现。

②老年人互助公寓

这类公寓适宜于完全自立的老人。社区多设有游泳池、俱乐部和健身房供老人们享用。许多这类社区还提供各种活动项目和服务设施，直接向他们的老年居民提供诸如购飞机票火车票、活动策划和出行服务。但典型情况下，这类社区并不提供饮食、紧急救助和医疗服务。

③独立生活社区

独立生活社区适于愿意过悠闲、不那么忙碌生活的老年人。可做的选择包括公寓、自有公寓套房、花园洋房等，多有一些额外的服务设施和服务项目，这些退休人员可以享用或得到帮助。除了房屋维修服务外，有些服务项目可能包括社会活动项目、出行服务、集体远足、购物旅行和有限的医疗服务。特别设施可能包括在家里安装紧急报警拉绳、便于残障人员使用的一楼入口和电梯。服务项目还可能包括提供饮食、收拾家务和洗衣。

④援助生活社区

援助生活社区适合于日常生活活动需要帮助，但还不需要护士护理的群体。典型地给他们提供的帮助包括饮食、洗浴、更换衣服、收拾家务和其他需要的服务。服务费可能包含在租金里也可能额外支付。

阿尔茨海默症-老年痴呆护理。这类设施为患有老年痴呆、精神错乱和记忆力丧失的住户提供特别的护理项目。有些还要特设"安全单元"，防止老年痴呆和精神错乱病人在不安全的地方危险地游荡。

⑤有护士护理的养老院

有时也译为颐养院，适于24小时需要有护士护理的老年人。他们也提供其他老年设施里提供的同样的照顾项目，如住房、饮食、个人看护、安全防护、监控和其他医疗服务。

⑥连续性养老

这个社区可以让老人"在一个地方老去"，具有灵活可变的住所，这些住所设计得可以适应老人随时间而变化的健康和居住的需求。居民进入连续性退休养老社区（Continuing Care Retirement Community，简称CCRC）须签署一个长期提供住房、服务和护士护理的合同，通常是在同一个地方，使得老人可以在熟悉的环境中变老。许多老人签署CCRC合同时是健康有活力的,他们知道当有需要时,他们可以在同一个社区里得到护士的护理。连续性退休养老社区提供服务和住房一揽子计划,涵盖独立生活、援助生活和有专业护士护理阶段的老年生活。能够独立生活的老人可能住在连续性退休养老社区里的单独家庭居室、公寓或自有的一套公寓住房里。如果他们日后需要日常活动和日常生活的帮助(如洗澡、穿衣、吃饭等),他们可能搬入同一个区域的提供援助生活服务或护士护理的住房。选择在连续性退休养老社区养老的老人发现,这里可以放心地满足他们长期的护理需求而不用更换地方。

6.7.3 工业化住宅形式与技术

(1)按照制造方式分,美国工业化住宅类型有四类:

活动房屋: 活动房屋特指完全在工厂制造的成型住宅,单层,有外装修,有接通电和上下水的连接装置,可作永久性房屋用,无永久房屋基础,但安装后很少有移动的。它是美国最廉价的住房。活动房屋一般只能建造在由当地政府划定的活动房屋区。联邦政府有关于活动房屋的专门标准,它不必遵守当地政府的建筑标准。

模块住宅: 在厂房内将住宅预制构件组装成标准盒子间,通过水平或垂直方式将多个住宅功能区拼接在一起。这类住宅整体性好,通常为框架结构,住宅95%的建造工作在出厂时即已完成。住宅一般采用直销方式交给客户,也可采用由地方施工单位或经销商负责的销售方式卖给客户。

模块住宅必须要遵守当地政府所有的法规,建筑的各项指标和非装配式住宅是一模一样的。从使用和安全的角度,模块住宅和活动房屋没有任何区别。任何一块地,只要允许建非装配式住宅,就可以建造模块住宅,本质上模块住宅是一种建造方式。模块住宅会固定在地基上,一旦建成,无法搬走。

模块住宅的结构有很多种选择,可以有地下室,2~3层。模块住宅在外观上和就地建造的住宅没有区别,如果建造商不告诉买家的话,买家是分辨不出来的。而几乎所有人一眼就可以分辨出移动住房。

板式房屋: 用工厂制造的整体墙板来建造板式住宅,墙板上通常带有覆盖物,有时也带有窗户、门、电气配线和外挂板。依照一定的模数在工厂里制造墙板,运输到工地,然后再根据设计施工图把墙板装配到传统的基础或混凝土地面上。板式住宅比模块化住宅或制造移动住宅需要更多的工地劳动。

预切割住宅: 预切割住宅是另一种类型的工厂制造住宅,根据设计规格,在工厂里把建筑材料切割成恰当的尺寸后运送到工地组装。预切割住宅包括成套住宅、原木住宅、圆屋顶住宅。在以上四种类型的工厂化制造的住宅中,预切割住宅需要的工地劳动最多。

美国住宅工业化主要针对市郊的低层单栋住宅,上述4种建造方式中以活动房屋以及模块化住宅为主要建造方式,这两者的优势都是在达到工地前已经在工厂完成大部分预制及组装,工业化程度高，成本低，建造时间短等。

在2010年，美国新建住宅中预制装配式住宅不足5%。不过长远地看这对于产业化未来是个不错的趋势。

（2）住宅结构体系和结构板材

按照材料分，美国住宅主要有三种结构体系：

木结构：美国西部地区的房子以木结构为主，以冷杉木为龙骨架，墙体配纸面石膏隔音板。

混合结构：墙体多用混凝土砌块承重，屋顶、楼板采用轻型结构。

轻钢结构：是以部分型钢和镀锌轻钢作为房屋的支承和围护，是在木结构的基础上的新发展，具有极强的坚实、防腐、抗震性以及更好的抗风、防火性。目前在美国民居建筑中所占的比重愈来愈大。美国建房所用的主体材料早已突破了土木结构的格局。他们以钢材为屋架，以木材或复合材料等轻型平板作墙板。先将钢梁安装焊接好，再把木板或复合板裁成一定的规格，再拼装起来。这种房屋不仅美观、重量轻，而且施工方便、省时、省工、经济。

（3）工业化住宅定型设计

美国独立式住宅建设大多使用定型设计，各设计公司大多编制了不同规模、不同特色系列化的住宅建筑方案和成套图纸，每个方案还可以有几种选择，可以选不同的立面、不同的外装修方案，内部的布局也可以在一定的范围内改动，以适应不同客户的口味，这些方案由出版商汇编成方案汇编，定型设计图册和光盘公开出售，也可到网上查阅。用户可订购图纸，也可在网上购买，还可以要材料清单、详细的或简要的造价概算，建筑和水、暖、电气等的详图，还可以根据所在地区做不同的保温隔热设计。美国的住宅由建筑商按定型图纸批量建造的约占70%，部分按用户要求设计而建造的占23%，完全新设计的只有8%，可见定型设计的市场是很大的。

美国也在试验采用混凝土结构建造住宅，引进欧洲技术，使用CAD设计制图、机器人生产混凝土构件。生产的预制板采用夹心结构，上下二层水泥板中间夹发泡材料。

7 印度

GDP：20 485亿美元（2014年）

人均GDP：1 581美元（2014年）

国土面积：298万km²

人　　口：12.67亿人

人口密度：426人/km²

城市化率：32%（2014年）

印度是世界上城镇化水平较低的国家之一。印度的城镇化步伐比较缓慢，2001年城市化水平仅为27.82%，2014年上升到32.37%，预计到2030年这一比例将达到50%（表2-7-1、图2-7-1）。

1951~2014年印度人口状况[①]（单位：亿）　　　　表2-7-1

年份	总人口	农村人口	农村人口比例	城镇人口	城镇人口比例
1951	3.611	2.987	82.72%	0.624	17.28%
1961	4.392	3.603	82.03%	0.789	17.97%
1971	5.482	4.391	80.10%	1.091	19.90%
1981	6.833	5.238	76.65%	1.595	23.35%
1991	8.464	6.287	74.28%	2.177	25.72%
2001	10.287	7.425	72.18%	2.862	27.82%
2011	12.102	8.331	68.84%	3.771	31.16%
2012	12.202	8.500	69.00%	3.790	31.00%
2013[A]	12.795	8.701	68.00%	4.094	31.99%
2014[A]	12.953	8.761	67.63%	4.192	32.37%

A. http://data.worldbank.org.cn/

① Census of India 2001，Part 1 Table A1 to A3& Provisional data census 2011.

印度工商联合会（FICCI）估计，到2050年全国城市将见证9亿人口的净增长，此外，在2012~2050年，城市化的人口复合年增长率（CAGR）很可能是2.1%。

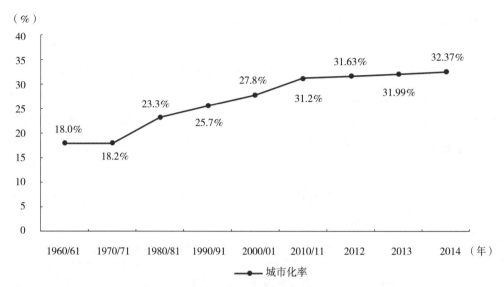

图2-7-1 印度城市化进程

注：1960/61~2010/11数据来源于Census of India 2011；
　　2012~2014数据来源于India: Degree of urbanization from 2004 to 2014。

印度经济正在经历快速城市化的过渡阶段。尽管大部分人口仍生活在乡村，但城市人口在不断增加。基于过去的趋势预测，印度的城市人口在2025年有可能从2001年的2亿8 530万增长到5亿3 300万。研究计划表明，2030年将有人口59 000万，城市人口约占40%（图2-7-2）。

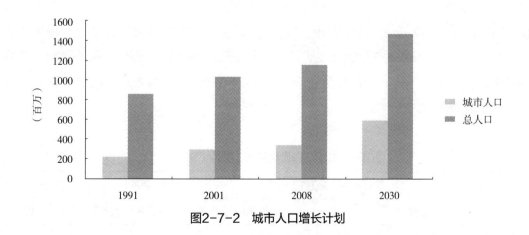

图2-7-2 城市人口增长计划

7.1 住房基本情况

7.1.1 家庭规模及住房数量

具体内容详见《国外住房发展报告2014第2辑》第169页。

7.1.2 住房的类别

从房屋的所有权来看，据2011年统计资料，印度农村地区自有住宅拥有比率94.7%，城市地区为69.2%；租赁住宅的比例农村地区为3.4%，城市地区为27.5%。2012年农村和城市地区自由住宅的比例均有一定下降，城市地区下降比例达8.1%；农村和城市地区租赁住宅的比例均呈现上升的趋势（表2-7-2）。

2011~2012年印度自有、租赁及其他住房用途统计（单位：套） 表2-7-2

住宅所有权	统计数量（2011）			比例（2011）			比例（2012）*	
	总数	农村	城市	总数	农村	城市	农村	城市
统计的房屋总数	246 692 667	167 826 730	78 865 937	100.0	100.0	100.0	100.0	100.0
自有住宅	213 526 283	158 983 956	54 542 327	86.6	94.7	69.2	93.2	61.1
租赁住宅	27 368 304	5 644 581	21 723 723	11.1	3.4	27.5	5.1	35.4
其他住宅	5 798 080	3 198 193	2 599 887	2.4	1.9	3.3	1.5	3.5

注：* 2012年7~12月调查数据。

7.1.3 居民住房条件

根据对居民居住条件的统计，2011年全国住房（包括作为住房和与其他用途合用的住房）使用条件良好的比例为53.2%，其中农村地区为46.0%、城市地区为68.5%，2012年这一数字分别为38.3%和60.2%；住房状况为：可以居住的，全国的比例为41.5%，在农村地区这一比例为47.5%，城市地区为28.6%；住宅状况为无法居住的，全国的比例为5.3%，在农村地区这一比例为6.5%，城市地区为2.9%，2012年农村地区和城市地区无法居住的比例约为2011年的两倍（表2-7-3）。

2011~2012年印度居民住房条件（单位：套） 表2-7-3

	统计数量（2011）			比例（2011）			比例（2012）*	
	总数	农村	城市	总数	农村	城市	农村	城市
统计的房屋总数	244 641 582	166 156 603	78 484 979	100.0	100.0	100.0	100.0	100.0

续表

	统计数量（2011）			比例（2011）			比例（2012）*	
	总数	农村	城市	总数	农村	城市	农村	城市
条件良好	130 124 755	76 364 051	53 760 704	53.2	46.0	68.5	38.3	60.2
可以居住	101 441 740	78 974 413	22 467 327	41.5	47.5	28.6	48.6	32.8
无法居住	13 075 087	10 818 139	2 256 948	5.3	6.5	2.9	13.0	7.0

* NSS Report No. 556: Drinking Water, Sanitation, Hygiene and Housing Condition in India (July2012–December 2012)。

7.1.4 住房短缺及贫民窟状况

据印度最新人口普查，全国共有超过37.7千万人口居住在475个城市中。社会的发展不能跟上人口增长的步伐，造成了房屋供应的不足，其中住房和城市扶贫部预估城市经济薄弱地区和低收入人群有95%、接近18.78套房屋紧缺。截至2021年，城市人口有望增长35%达到50千万。而城市居住贫困家庭占总居住贫困家庭的50%，其中一半高达千万户家庭居住在贫民窟内，约占城市人口总数14%，另外一半则处于无家可归、露宿街头状态（表2-7-4）。

建在中央政府或地方政府所持有的公共土地上的住房，基础设施严重缺乏：可以享用饮用水、电和厕所的家庭只有15%，有排水设施的家庭不足25%。随着城镇化速度的加快，农村人口的迁移被认为是贫民窟人口增加的重要原因。

农村人口的数量和人口比例呈现出明显下降，从2004～2005年的25 900万人（约57%）减少到2012～2013年的24 300万人。尽管农村贫困人口持续大规模向城市转移，第十二个五年计划（2012～2017）统计表明农村地区贫困线以下人群仍有90%的住房紧缺，达到约4 367万套。贫民窟人口预计从2012年的9 498万人增加到2017年的10 467万。

2012～2017年印度预计住房短缺情况　　　　表2-7-4

城市住房			农村住房		
分类	短缺量（百万套）	占全部住房比例	分类	短缺量（百万套）	占全部住房比例
经济薄弱地区	10.55	56.18	贫困线以下	39.3	90
低收入人群	7.41	39.44	贫困线以上	4.37	10
中等收入人群	0.82	4.38			
总计	18.78	100		43.67	100

这种预计短缺不仅指家庭户数超过房屋数量，还包括无房屋的家庭、过度拥挤家庭、需要更换及报废的陈旧房屋等。

2012~2017年贫困线下家庭农村住房短缺情况　　　　表2-7-5

序号	评估住房短缺考虑因素	住房短缺（百万）
1	2012年无住房家庭	4.15
2	2012年临时住房	20.21
3	2012年因拥挤短缺的住房	11.30
4	2012年因荒废短缺的住房	7.47
5	2012~2017年额外短缺的住房	0.55
	2012~2017年农村住房短缺总计	43.67
	2012~2017年BPL家庭90%的住房短缺	39.30

资料来源：Derived from the calculations of the Working Group on Rural Housing under the XI Plan

如果住房不能满足这部分增加人口的需求，可能造成城市中贫民窟的进一步扩大，引起社会问题，不利于印度的经济健康发展。因此，2017年全国的住房需求量可能高达8 898万套。灵活地保留一定比例租金计划的可支付住房可以为解决贫民窟问题提供更快捷的方案。在孟买等城市，由于严重缺乏可开发的土地，可支付住房可能是在现存的贫民窟上重建起来的。

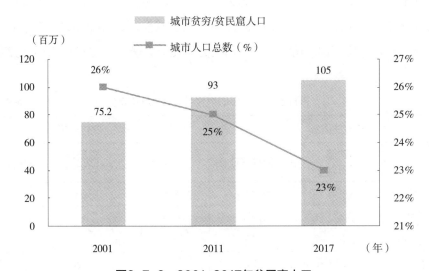

图2-7-3　2001~2017年贫民窟人口

资料来源：Census 2001 and 2011 date，Estimates in report of Committee on Slum Statistics，RICS Research-Real estate and construction professionals

7.2 住房建设与标准

具体内容详见《国外住房发展报告2014第2辑》第177页。

7.3 住房机构组织与职责

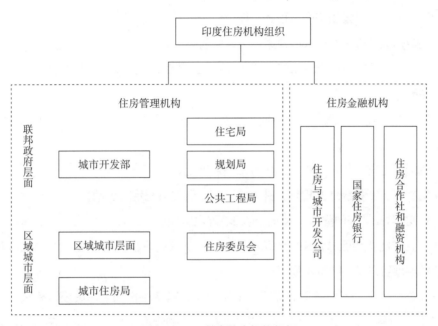

图2-7-4 印度住房机构组织

7.3.1 联邦政府

（1）作为推动者和促进者来确保私营部门可以从事可支付住房的项目；

（2）建议和指导各州政府在规定时间内采取和实施全国住房和人居政策；

（3）通过对房地产开发部门的适度分散，促进全国区域协调发展，并提高生态环境；

（4）开发适当的金融工具，提高经济衰落区和低收入人群住房的基础服务设施；

（5）提高涉及水、排水、卫生、污水、电力供应和运输联通的行动计划；

（6）制定经济可行的住房提升模式和物质、社会、经济服务供给标准；

（7）与财政部合作，制定适当的财政优惠政策来提高住房和城市基础设施，尤其针对经济落后地区和低收入人群。

在联邦政府层面的住房管理机构主要是城市开发部（Ministry of Urban Development）及其下设机构。城市开发部是印度联邦政府中的重要部门，下设三个局：

①住宅局——主要负责制定全国住房建设与房产管理的政策与法规，对全国住宅建设实行宏观管理、监督和控制；

②规划局——负责全国规划政策和法规的制定以及城市总体规划的审批，指导制定城市建设的详细规划。

③公共工程局——主要负责中央机关和各部委的办公用房和机关职工住宅的建设、管理、维修。

7.3.2 区域住房局/城市住房局

负责当地的住宅建设和房产管理等工作：

（1）起草州级城市住房和人居政策；

（2）为确保金融资金在经济落后地区中能够合理流动，并能够承受大型住房和人居发展项目的资金缺口；

（3）准备中长期的政策应对水供应、下水、污水、卫生、废物处理、电力供应和运输联通等问题；

（4）提高当地材料的可用性、鼓励分散使用产品；

（5）筹备和更新各级地方规划，并为城市衰败区提供充足的土地；

（6）促进良好的PPP模式来运作住房和基础设施项目；

（7）作为推动者和促进者来推动私营机构、NGO等非政府组织间的合作，主要针对完整的贫民窟发展项目以及小镇发展项目。

有些大都市地区，如新德里、孟买、加尔各答、钦奈和班加罗尔等还设有大都市地区层面的住房局，主要负责更大范围内住房相关基础设施的建设和管理。城市住房局对区域住房局指定的发展规划和发展目标进行落实，负责起草城市发展总体规划，并推动实施这些规划，帮助实现针对低收入阶层、弱势群体和中等收入阶层的住房建设计划。

7.3.3 住房委员会（Housing Board）

各邦政府都成立有住房委员会，其目的是更好地拓展房地产市场以及开发建设经过良好规划和理想选址的居住区。并负责现有资源的优化利用，以实现城市化发展目标。

7.3.4 住房金融机构

住房与城市开发公司

该公司成立于20世纪70年代后期，是为城乡贫民提供住房支援的国家住房金融机构，其主要职能是制定、审批和实施城乡贫民的各种住房计划，并对不同收入和富裕程度的农民和居民提供建房和修房贷款，并通过各种中介机提供贷款服务。

7.3.5 国家住房银行（National Housing Bank）

国家住房银行成立于1988年7月，是储备银行所有的一家专业银行，通过各种中介机构发放贷款。国家住房银行的宗旨是鼓励居民通过定期储蓄从各种住房融资代理机构取得长期贷款，以激发和保持拥有自己住房的欲望。该行规定，凡在各种合法的住房融资机构每月存入一定数额，并连续储存达五年以上的印度公民，便有资格从存款机构取得一份贷款申请书，并经由该存款机构转送国家住房银行申请一笔相当于申请人存款本息总额二至四倍的长期贷款。为了鼓励这类住房存款，政府还规定，在征收存款人所得税时，可以在一定限额内扣除这种存款；此外，投资人对国家住房银行所提供的投资可免征财产税。但是，凡通过国家住房银行资助取得的住房，房主在五年内不得出售。

7.3.6 印度国家合作住房联盟（NCHF）

印度住房合作社始于20世纪初，其运作结构从低到高依次为住房合作社、区域联盟、州联盟和国家联盟。1969年9月成立的印度国家合作住房联盟（NCHF）是一个国家层面的住房合作运行组织，通过促进、指导和协调住房合作社的活动而加强住房合作社的运行，实现居者有其屋的目的。

为了住房合作社的组织和发展NCHF采取了一系列措施。鉴于NCHF在州政府/联邦属地作出的努力，NCHF促成了20个住房合作联盟，其数量由之前的6个联盟增加到26个。这些联盟的资金来源有：①住房合作社、州政府和其他合作机构的股本投资；②政府、人寿保险公司（LIC）、国家住房银行（NHB）、住房和城市发展有限公司（HUDCO）、商业银行和其他银行等的贷款；③政府担保的债券。

NCHF的联盟成员为住房合作社的发展作出了重大贡献。迄今为止，这些联盟支付贷款约1157.17亿卢比为住房合作社的成员建设住房，共建设了241万住房，其中227万住房已经完成，14万住房在建设中。

7.4 住房政策与保障计划

7.4.1 主要政策

（1）《国家城市住房和人居政策 2007》努力促进土地分配、房屋、服务的公平性，通过提高"各种类型的PPP来实现所有人都能支付的起住房的目标"。

（2）《贾瓦哈拉尔尼赫鲁国家城市更新任务》（JNNURM），是一项由各州政府和城市地方机构合作启动的中央政府计划，在全国共支持了63个城市。该项目的重点是提高城市基础设施服务交付机制的效率、社区参与和城市地方主体的可说明性。2005年启动的Bharat Nirman项目，持续关注于提供基础设施，例如饮用水、道路、灌溉设施、电力以及农村房屋的建设。

（3）The Indira AwasYojana（IAY）的重点是使用自己的设计和技术，为农村低于贫困线以下家庭的房屋建设提供现金补贴。该计划中，中央和州分别提供75%和25%的资金。

（4）为提高城市贫困地区住房贷款的可支付性，住房和城市扶贫部（MoHUPA）在2008年执行了针对城市贫民的利息补贴方案（ISHUP），提供住房贷款用于房屋建设及收购。这项方案在前期阶段提供一笔利息补贴5%，高达10万卢比的贷款补贴。该方案的中央节点代理机构（CNA）是国家住房银行（NHB）以及住房发展有限公司（HUDCO）。这项计划在2013年9月结束。

（5）住房和城市扶贫部（MoHUPA），印度政府修订了利息补贴方案，重新命名为RajivRinnYojana（RRY），作为处理城市贫困人口住房需求的附加工具，住房贷款由10万卢比增加到50万卢比。RRY从2013年10月1日开始生效。这项新的方案将为城市贫困地区的贷款增加到50万卢比，低收入人群的贷款增加到80万卢比。这项方案中合格的放贷机构有SCBs、HFCs和PRBs。国家住房银行和住房发展有限公司是项目的两个节点代理机构。该项计划中，城市贫困区的经济参数定义为家庭的平均收入最高每年10万卢比，而低收入人群的经济参数定义为家庭平均年收入在10万~20万卢比之间。项目的知道委员会也会随时调整该经济参数。

（6）1%利息资助计划：为了刺激中低收入人群的住房信贷需求，印度财政部在2009年10与1日实行了一年1%的利息补助，针对所有人的住房贷款高达100万卢比，而房屋的成本要求不超过200万卢比。这项计划在2010~2011财年继续执行。2012~2013财年该项计划的贷款金额提高到250万卢比，而房屋的成本不超过250万卢比。

（7）低收入住房信贷风险保障信托基金（CRGFTLIH）是由印度政府和城市与住房扶贫部（MoHUPA）注册成立。该基金由国家住房银行和MoHUPA管理，而政府作为该项基金的开辟者。印度政府为该项基金投入了10万卢比的初始资金。后续资金的投入将有开拓者和州政府提供，主要针对贫民窟居民。截至2014年7月30日，城市和住房扶贫部作为成立者，为基金投入了1 500万卢比。

针对低收入住房的信贷风险保障计划（CRGFS）也在2012年由MoHUPA实施。CRGFS为城市贫困区和低收入的人群购买或翻新房屋提供高达50万卢比的住房贷款保障，不需要任何抵押担保或者第三方保证，要求购买或者改建扩建的住房面积不能超过40m^2。该计划批准的借贷，有85%以上都获得了20万卢比，最高50万卢比的贷款。截至2014年，共47家机构和该计划中的基金签订了协议（MoU）。

7.4.2 政府近期住房计划

（1）印度政府提倡由外商直接投资高达100%的乡镇发展建设项目，2013年批准的房地产（调控和发展）法案成立了城市住房基金，并且推动了补贴计划。

（2）有关房屋部门的近期预算公告是令人鼓舞的。国家住房银行（NHB）为农村住房投入了8000千万卢布，为城市衰落地区的可支付住房投入了4000千万卢布，将增加住房较低成本的信贷流动。此外，政府强制提出了"2022年所有人都有住房"。设定了这个目标后，印度财政部长在他的演讲中宣布设立一项低成本可支付住房的任务，将由国家住房银行支持。这项计划将鼓励低成本可支付住房的发展。

（3）还有一些类似的政策，例如房地产投资信托（REITs）在2014~2015年的联邦预算中宣布提供税收优惠，可以从出租、可支付及老年人住房项目中寻找新的发展机会。REITs在几个国家已成功地集中投资，这些金融工具必定会吸引国内外的长期投资，包括海外印度人。房地产投资信托基金将减少对银行体系的压力，同时也能带来公平性。

（4）安装太阳能加热和照明设备的资金补助计划：为了推广太阳能在国内的应用，印度能源再利用部（MNRE）颁布了一项资金补助计划。该计划通过帮助家庭付款购买并安装太阳能设备来推广太阳能热水器和照明系统。国家住房银行作为中央代理机构管理和监管此项资金补助计划。此项计划在2014年开始实行，截至2015年12月为止，是否延长期限由印度政府决定。

该项补助是有限的，热水器的补助为基本成本的30%。300W的太阳能照明系统的补助为基本成本的40%，而300~1000W的照明系统补助则降低为成本的30%。基本成本由能源再利用部（MNRE）核定。

（5）RajivRinYojana（RRY）计划，将于十二五期间（2012~2017年）实施。

（6）拉吉夫城市住房工程（RAY）：对于当前面临的严峻住房和基础设施服务受限问题，近年来印度政府不断出台各种政策，让全印度国民都能"安居乐业"。2010年底，印度政府推出"拉吉夫城市住房工程"计划，专门为城市贫困人口和居住在贫民窟的居民提供住房，其目标是在2022年建成一个"无贫民窟的印度"。印度政府在"十二五"经济计划期间已经向该项目拨款3000多亿卢比。该计划分为两个阶段：预备阶段和实施阶段，预备阶段在2011年6月发起，2013年6月结束；实施阶段从2013年到2022年。在城市公平与包容的发展过程中，RAY计划构想"贫民窟免费"，每个公民都可以获得市政基础设施和社会设施的服务以及体面的住房。

（7）农村住宅工程（IAY）：农村住宅工程（IAY）的起源可以追溯到20世纪80年代早期开始的农村就业计划。农村住宅建设是始于1980年的全国农村就业计划（NREP）和1983年的农村失地就业保障计划（RLEGP），但是，国家对农村住宅还没有统一的政策。1985~1986年开始启动的IAY计划是中央政府为农村贫困人口解决住房的计划，同时也是印度农村发展部为农村地区贫困线以下（BPL）家庭提供房屋的旗舰计划，1996年1月1日开始独立运行。其目的主要是通过财政援助种族/部落、自由劳动者、少数民族贫困线以下家庭住房的建设/改造升级。

IAY主要由帮助建设新房、住房改造升级、提供住房用地以及特殊项目四部分组成。目前，IAY是农村发展部受欢迎方案之一，归因于该计划受益者参与自己房子的建设。政府的作用仅限于发布和推动适当技术的利用，尽管来自某些方面关于IAY是一个完整的补贴计划的批评，经验表明，住房或多或少按时完成。毫不奇怪，评价研究揭示了高水平的入住率和满意度。

自IAY成立以来，已经建成了3 205万套住房，支出1.055万亿卢比。表2-7-6是2011~2012至2013~2014年度IAY实际住房目标及完成情况。

2011~2012至2013~2014年度IAY住房目标及完成情况（万套）　　表2-7-6

	2011~2012年	2012~2013年	2013~2014年
实际住房目标	272	300	248
实际建造住房	233	265	159
完成情况（%）	86	88	64

资料来源：Ministry of Rural Development

为最贫穷的居民提供住房对其身心健康产生积极的影响，一旦住房的基本需求得到满足，公民将有机会谋生、提高生活条件和加强孩子的教育。

（8）住房和城市发展有限公司（HUDCO）运营计划（2013~2014年），2013~2014年HUDCO已批准了134项计划，总贷款为1 749.1亿卢比，其中964.3亿卢比用于住房、784.8亿卢比用于各种城市基础设施项目。

（9）保障性住房合作计划（AHP）：仅依靠政府努力将不足以解决住房短缺问题，而保障性住房合作计划的推出将有助于私营部门参与保障性住房建设。该计划是2009年因尼赫鲁全国市区重建团（JNNURM）的城市贫困人口基本服务（BSUP）计划而引入的，2011年，并入拉吉夫城市住房工程（RAY）。中央政府现已批准了在2013~2022年期间实施RAY计划，经济弱势群体作为各邦/联邦属地住房计划的一部分，中央政府将协助为其建造住房。这些住房计划将由各邦/联邦属地通过与私营部门和公共部门（包括半官方机构）合作实施（表2-7-7）。

印度私人参与保障性住房的推拉因素　　表2-7-7

推动因素	拉动因素
①开发商集中开发投资中高端和豪华部分，寻求多样化； ②市区范围内土地缺乏，已促使开发商聚集在遥远的郊区位置； ③保障性住房的一些促进者，如政府机构、国际发展组织、国际非政府组织和私人股份，在这一领域都十分活跃	①巨大的需求导致中低收入人群住房销售速度较高； ②巨大的经济规模导致开发成本显著降低； ③很少有品牌的参与者，在低中和低收入住房段吸引开发者获得先行者优势； ④改善基础设施连接到遥远的地区正在提高住房位置的可接受性； ⑤专注于低收入住房小额信贷机构的出现，有助于提高购房者获得住房融资

资料来源：Jones Lang LaSalle Research

(10)莫迪政府计划

印度总理莫迪（Narendra Modi）表示，城市化应被视为一个机会，私人房地产开发商不应该决定一个城市应该如何成长和发展，而应该由这座城市的居民和领导决定。他公布了三个大型的旗舰城市计划，旨在为发展中的城市增加引擎，这三个计划分别是：智慧城市、阿塔尔复兴和城市转型计划（AMRUT）以及居者有其屋2022（城市），预计在未来几年支出约4万亿卢比。

居者有其屋计划在未来7年内预计花费约3万亿卢比，为较低收入人群提供至少200万套住房。智慧城市和AMRUT工程在接下来的5年预计分别花费4.8万亿卢比和5万亿卢比，这三个计划旨在满足40%的印度人口需要。

①智慧城市（Smart Cities Mission）

据2011年人口普查，印度城市容纳近31%的人口而贡献63%的GDP，预计到2030年，城市人口将达到40%，GDP的贡献值将是75%。这就要求制度、社会和经济基础设施全面发展。智慧城市是印度政府推出的一个新计划，通过支持地方发展，利用技术为公民创造智能结果的方式改善人民的生活质量，推动经济的增长。

智慧城市的目标是促进城市提供核心基础设施，为市民创造体面的生活质量，清洁和可持续的环境。"智能"解决方案的重点是可持续和包容性的发展理念，是在紧凑的区域创建一个可复制的模型，为其他有追求的城市树立榜样。政府的智慧城市计划是一个大胆的新计划，并且可以作为一个典型广泛复制，在印度的不同地区催化产生类似的智慧城市。

智慧城市核心基础设施要素包括：充足的水供应；保证电力供应；卫生，包括固体垃圾管理；高效的城市公共交通；保障性住房，特别是供穷人的住房；良好的连通性和数字化；有效的管理，尤其是电子政务和公民参与；可持续发展的环境；公民的安全，特别是妇女、儿童和老人；医疗和教育。

智慧城市将覆盖100个城市，持续时间为5年（2015/2016年~2019/2020年），该计划在以后由城市发展部进行评估。智慧城市作为中央赞助方案（CSS），中央政府5年内为其提供了4.8万亿卢比的金融支持，即平均每年每个城市10亿卢比，在配套基础上，州/ULB（城市地方机构）必须提供等额资金，因此，近1000亿政府/ULB资金将用于智慧城市发展。

印度智慧城市的挑战是一场竞赛，旨在激发和支持市政官员发展智慧建议，改善居民的生活。最好的提议将得到城市发展部的资助，因此，在第一轮中将有100个城市竞争。

②阿塔尔复兴和城市转型计划（AMRUT）

JNNURM（尼赫鲁全国市区重建团计划）始于2005年，以城市现代化为目的，改善城市基础设施和公共服务，2015年6月JNNURM被AMRUT代替。AMRUT旨在为城市家庭和建筑设施提供基础服务，以改善生活质量，尤其是穷人和弱势群体。拉贾斯坦邦是印度第一个提交AMRUT年度行动计划的州。

AMRUT的目的是确保每一个家庭都有自来水,保证水供应和排水系统连接;通过发展绿色植物和保持良好的开放空间(例如公园)增加城市的景观价值;发展公共交通或非机动车交通(步行和自行车)设施建设减少污染。所有这些成果都由市民评价,尤其是女性,城市发展部以服务水平标准(SLBs)的形式规定了指标和标准。

AMRUT将专注于以下领域:供水;排水设施和污水管理;雨水排水减洪;行人、非机动车、公共交通设施、停车场地;通过创建和升级绿地、公园和娱乐中心,特别是对儿童,提高城市的景观价值。

AMRUT将覆盖500个城市,在适当的时间,将会通知列表的城市,AMRUT覆盖的城市范畴如下:所有超过10万人口自治市,包括驻扎委员会(平民地区);各个省会城市/城镇/联邦属地不包括在上面;HRIDAY计划下,由城市发展部列为文化遗产的所有城市/城镇;在主要河流干路上的13个城镇,且人口范围为7.5万~10万;山地、岛屿和旅游地的10个城市(每个州不超过一个)。

AMRUT总支出为5万亿,持续时间为5年(2015/16~2019/20),将作为中央赞助方案(CSS)实施。该计划在以后由城市发展部进行评估,资金将包括以下四个部分:A.项目资金—80%年度预算拨款;B.鼓励改革—10%年度预算拨款;C.国家基金管理和办公费用(A&OE)—8%年度预算拨款;D.城市发展部基金管理和办公费用(A&OE)—2%年度预算拨款;

然而,项目资金在2015/16财政年将会达到90%年度预算拨款,鼓励改革将从2016/17财政年开始拨款。

③居者有其屋2022(城市)[Housing for All (Urban) by 2022]

印度中央政府已经意识到全国住房问题的重要性,从而推出一个巨大的计划——居者有其屋2022(HFA),到2022年保证为所有公民提供住房。据KPMG估计,需要建造大约11 000万套住房,包括当前6 000万套短缺。城市和农村对住房的需求几乎是均匀分布的,基本在5 000万~6 000万套,而且主要是保障性住房(表2-7-8)。

2022年印度住房需求情况　　　　　　　　　　　表2-7-8

分类	城市(千万套)	农村(千万套)	总共(千万套)
当前住房短缺	1.9	4.0	5.9
2022年住房短缺	2.6~2.9	2.3~2.5	4.9~5.4
住房短缺总计	4.4~4.8	6.3~6.5	10.7~11.3

资料来源:Funding the vision - Housing for all by 2022, KPMG in India, 2014

7.4.3 推动房屋租赁发展

有效地解决保障性住房的需求,需要发展房屋租赁和房屋产权的选择。在城市人口快速增长的背景下,租赁住房在解决中低收入居民的需求方面非常重要,然而,租金管制政策会带来遏制租赁住房投资的后果,以导致租赁份额从1961年的54%下降到2011年的27.5%(图2-7-5),并将EWS/LIG家庭驱赶到贫民窟。此外,政府住房计划推动住房所有权,并没有考虑发展EWS/LIG家庭可选择的租赁住房。

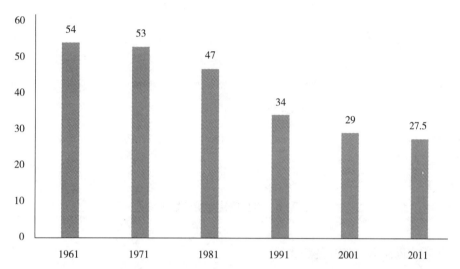

图2-7-5 伴随城市化的推进城市住房租赁份额逐渐下降

资料来源:National Housing Bank; Census 2011

根据2011年人口普查,全国城市租赁住房份额占总的住房份额的27.5%,低于全球的标准。印度应该有更高的比例,因为快速的城市化导致大量的年轻人迁移,几乎没有收入支持房屋的所有权。

7.5 住房市场及消费

过去的几年,住宅房地产行业增长速度惊人,主要原因如下:①人口持续增长;②向城市地区迁移;③服务领域大量的就业机会;④收入水平的提高;⑤核心家庭增加;⑥融资容易获得。

在印度,住宅房地产行业可以分为四个发展阶段,如图2-7-6所示。

第一阶段(2001~2005年)销售与价格回升初始发展阶段。随着全球经济的复苏,住宅房地产价格比较稳定。与此同时,印度经济平稳增长,值得注意的是IT/ITES行业复苏,日益

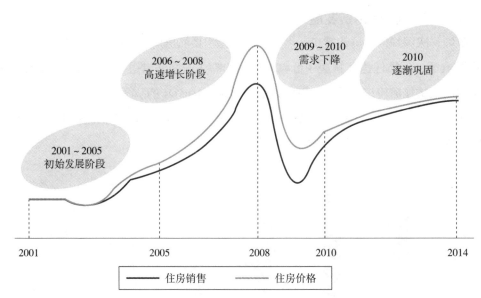

注：All years represent financial year（April-March）. For instance- 2011 represents April 2010-March2011.

资料来源：CRISIL Research

图2-7-6　住房销售与价格增长趋势

增长的城市化和核心家庭增加的趋势。

　　第二阶段（2006~2008年）需求与价格以两倍以上高速增长阶段。由于印度人口增长，需求迅速增加，城市化进程加剧，可支配收入增加，快速增长的中产阶级和青年群体，低利率，住房贷款利息和本金的财政刺激，提高了客户的期望。

　　第三阶段（2009~2010年）由于削弱了购买力和经济环境，需求大幅放缓。由于全球经济不景气，导致购买力下降，流动性紧缩，伴随着资本市场的放缓，各种房地产投资者撤退，导致供过于求，价格下跌。

　　第四阶段（2011~2014年）巩固阶段，需求、供应和价格逐渐符合经济环境的建设。需求有望保持强劲，资本价值见证小幅上涨。这一时期将见证大量住房供应，尤其是城市地区。

表2-7-9　城市房价指数（截至2014年6月）

城市	2007指数	2012年				2013年				2014年	
		1~3月	4~6月	7~9月	10~12月	1~3月	4~6月	7~9月	10~12月	1~3月	4~6月
海得拉巴	100	86	85	84	90	88	84	88	93	95	95
法里达巴德	100	217	217	216	205	207	202	204	209	209	211
巴特那	100	129	140	138	151	125	147	150	159	150	154

续表

城市	2007指数	2012年				2013年				2014年	
		1~3月	4~6月	7~9月	10~12月	1~3月	4~6月	7~9月	10~12月	1~3月	4~6月
艾哈迈达巴德	100	164	174	180	191	192	186	191	197	209	213
金奈	100	304	309	312	314	310	303	318	330	349	355
斋浦尔	100	80	78	85	87	112	110	108	105	101	102
勒克瑙	100	164	171	175	189	183	187	191	185	194	193
苏拉特	100	144	145	138	150	140	142	145	154	165	161
科钦	100	72	73	80	87	89	86	86	85	85	86
博帕尔	100	204	207	206	216	230	227	220	223	226	229
加尔各答	100	191	196	191	209	97	189	199	196	206	211
孟买	100	190	197	198	217	222	221	222	222	229	233
邦加罗尔	100	92	100	98	106	109	108	107	111	107	108
德里	100	168	172	178	195	202	199	190	196	199	193
布巴内斯瓦尔	100	161	164	168	172	197	195	193	202	195	196
古瓦哈提	100	157	159	158	166	153	147	149	160	154	159
卢迪亚纳	100	163	171	168	179	167	157	150	150	145	147
维杰亚瓦达	100	184	186	181	185	184	174	167	161	160	163
印多尔	100	208	203	196	194	195	184	180	184	181	187
昌迪加尔	100	—	—	—	—	194	191	192	188	183	175
哥印拜陀市	100	—	—	—	—	184	178	178	173	170	176
德拉敦	100	—	—	—	—	183	184	184	186	191	187
密拉特	100	—	—	—	—	191	189	176	171	165	159
那格浦尔	100	—	—	—	—	163	168	162	175	180	181
赖普尔	100	—	—	—	—	156	155	157	159	166	166

7.6 住房金融机构

在1987年国家住房银行成立之前，印度住房金融市场的特点是集中定向信贷。中央或地方政府运行多个住房补贴计划和贷款计划，专门针对工人、经济薄弱地区和贫民窟居民。然而，贷款计划是针对低收入人群，住房租赁计划则是面向政府雇员。自1987年（国家住房建设银行的成立）以来的三十年，住房金融市场迅猛发展，呈现出一年两位数的增长。而国家住房银行（NHB）和印度储备银行（RBI）的监管理念（印度中央银行及国内所有银行的监管机构）也在按照市场环境、国内及国际的需求不断变化、进步。

7.6.1 住房和城市发展有限公司（HUDCO）

住房和城市发展有限公司（HUDCO）成立于1970年4月25日，是全印度最早从事融资和促进住房与城市基础设施建设项目的金融机构，作为一个全资的政府公司，以提供长期融资和开展住房与城市的基础设施发展方案为目标，通过其地区和发展办事处的广泛网络覆盖全印度。在全国的经济增长计划和实施其住房与城市基础设施领域的政策上，HUDCO占据重要位置。通过迎合社会每一部分的需求以及城乡住房和基础设施发展来实现这些部门的可持续增长。

HUDCO的运营业务可分为以下两大方面：一是住房融资，其中借款包括国家政府机构、私营部门和属于社会所有部分的城市和农村地区的个人借款。二是城市基础设施建设融资，其中包括社会基础设施和商业基础设施，涵盖区域发展、供水、排污、环卫和排水、道路和交通、电力、商业基础设施及其他新兴行业。

根据2014~2015年度报告，截至2014年12月31日，HUDCO已经批准了40个城市基础设施计划，贷款总额达917.9亿卢比，城市基础设施计划的情况如表2-7-10所示。

HUDCO批准城市基础设施计划情况　　　　表2-7-10

分类	数量（个）	贷款额度（千万卢比）
供水	6	2 226
排污/排水/固体废弃物管理	2	315
交通和道路/桥梁	11	3 606
社会基础设施	11	148
商业及其他	10	2 884
总计	40	9 179

存在超过四十年的HUDCO，为超过16.60百万住宅单元扩大了金融援助，这些住宅单元包括城市和农村地区以及城市基础设施项目。

针对富裕的中高收入群体，在全国采用现代住房金融公司政策，形成了鲜明的对比，HUDCO的援助涵盖社会每一个阶层的住房需求，特别是经济弱势和被剥夺的群体。

7.6.2 住房融资公司

2014年3月，国家住房银行1987年第29A条例授权了58家住房融资公司的登记证书。其中，40家获得授权的公司并没有接受公共存款的许可。在58家公司中50家是公共有限公司、8家为私营有限公司（图2-7-7）。

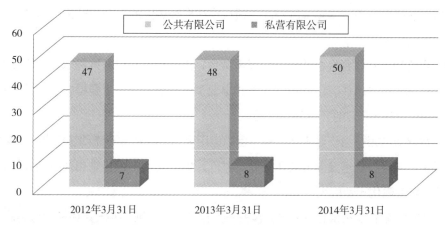

图2-7-7 注册住房融资公司分类

7.6.3 房地产融资公司

该公司是房地产融资贷款的主要目标公司,然而,引人注目的一点表明,只有大约20家公司共计提供了超过90%的住房贷款总额。

7.6.4 提供资金需求的银行

(1) **国家住房银行**

该银行是促进、协调并为各级房地产融资公司提供金融和其他支持的重要机构,而银行和非银行机构则由印度储备银行管理和规范。截至2014年6月30日,59家公司获得国家住房银行的证书成为房地产融资公司(HFC)。多年来,房地产融资公司的市场份额有明显下降,可见银行业因其深度已遍布全国,包括农村地区和根据竞争力成本的贷款业务。它们还利用在现有的大量客户群和庞大网络分支中潜在的交叉销售机会。尽管银行投资组合近些年来在房屋销售贷款市场中强劲增长,房地产融资公司也因其强大的创意和不同渠道的采购资源,在稳定和规范的市场环境下稳步增长。在过去的几年中,国家住房银行推出了各种融资方案促进农村和城市低收入群体住房的机构融资,包括了农村住房基金(RHF),城市住房基金(UHF),以及城市低收入住房特别计划。

房地产融资银行(HFC)十分注重征收和回收,其资产质量在2013~2014财年一直保持良好状态。尽管HFC在目前如此复杂的市场环境中还能保持良好的资产状况,由于市场参与者和客户群对风险产品关注的增加,以及一些大的开发商贷款,预计HFC的不良资产将会比现在有所增加。总的来说,总的不良资产率预计保持在中期水平。

(2) **商业银行**是有广泛网络覆盖面、最大的存款调动方。它们的角色传统上,早期仅限于提供商业、工业的运作资金需求,因此在住房金融市场中是并不活跃的参与者。另一个原因是它们通过短期的资源资助,不能通过长期贷款获利。然而,银行在今天成为房地产行业的主要贷款人,共计拥有约67%的市场。通过国家住房银行、印度储备银行以及中央政府的共同努力，住房金融的发展越来越稳固，银行现在拥有更大的住房贷款投资组合，并十分重视这一产品段；

（3）**合作银行**从联合经营的资源中部署资金，为其成员提供各种需求。在印度的大环境下，这种合作银行提供住房融资贷款的模式出现了许多反对声。主要是由于从公共的资源中获得住房贷款存在着流动性不足等高风险。

（4）**地区农村银行**由于要牵涉大量资金和信用评估，以及对不流动性和潜在损失的恐惧，地区农村银行曾经在住房金融业并不活跃。然而，如今它们的积极性也在不断增加，在住房金融中的市场份额也不断扩大。

（5）**农业和农村发展银行**的主要功能并不是提供住房金融，并一直保持较低利润。

7.7 住房可持续发展

7.7.1 节能住宅

印度的用电量从2005~2006年的411 887GWh到2012~2013年的852 900GWh，从2011~2012年度到2012~2013年度的用电量增加了8.62%（图2-7-8）。其中住宅用电占总量的21.97%。

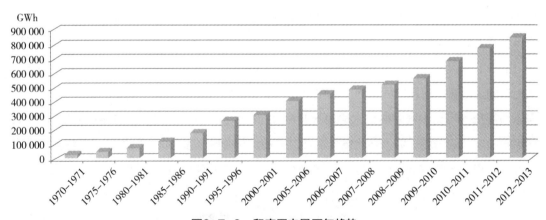

图2-7-8 印度用电量历年趋势

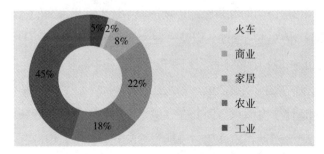

图2-7-9 2012~2013年用电量的分类占比

在印度，农村和城市的居住习惯有很大差别，气候区、不同收入阶层的需求、施工操作及建筑材料的可用性都导致了不同的住宅模式，也影响着能源的消耗。尤其是城市住宅和商业综合体需要大量的能源用于空调、电梯、自动扶梯等设备的消耗。为了减少建筑和基础设施对环境带来的负面影响，可持续的住宅使用了具有环保意识的设计技术。适度使用能源和提高其有效性是可持续的一个重要方面（表2-7-11）。

多层住宅的节能高效设计准则 表2-7-11

（1）建筑体量和空间配置	建议1：建筑物朝东从而减少外部垂直立面暴露在太阳中
	建议2：选择建筑形体，减少墙面暴露在太阳中
	建议3：合理安排个建筑物的布局，使其可以互相遮阴，减少夏季墙体暴露在太阳中
（2）围护结构	建议4：墙体和窗户的被动设计措施来降低能耗和提高热舒适性
	建议5：设计充足的日照
	建议6：使屋顶热绝缘，并提供反射表面
（3）表层降温	建议7：提高冷却设定点为28℃
	建议8：设计空间冷却系统，最大限度地利用蒸发降温和风扇降温
	建议9：提高空调系统的能源有效性
	建议10：设计厨房中热空气快速有效分散的系统
（4）装置	建议11：选择高效节能、有节能星级认证的设备和装置
（5）公共服务	建议12：公共区域的节能照明
	建议13：节能的社区排水系统
	建议14：设计具有节能特点的电梯
（6）整合可再生能源	建议15：设计具有节能特征的电梯

国家住房银行（NHB）与德国复兴信贷银行（KfW）合作，致力于提高住房的能源有效性。在2010~2011年，NHB启动了节能住宅的再融资方案，用来鼓励住区节能。该方案的目的是协助第一借贷机构包括银行、房地产融资公司等直接贷款机构再融资，用于在城市地区购买或建造新的节能住房。第一借贷机构在2011年经过批准后直接拨付住房贷款给个人，用在被NHB认证并通过KFW咨询的城市节能地区。方案规定，建筑项目的设计需要满足节能要求。该项目再融资援助的目的在于提高住区节能的需求。国家住房银行（NHB）共支付430千万卢布，提升了2 130套住宅（表2-7-12）。

NHB在节能住宅再融资计划中的投资情况（单位：千万卢布）　表2-7-12

年份	金额
2011~2012	128.96
2012~2013	103.7
2013~2014	197.48
总计	430.21

7.7.2　IGBC评价体系

印度绿色建筑委员会（Indian Green Building Council，IGBC）是印度工业联合会（Confederation of Indian Industry，CII）的一部分，成立于2001年，IGBC的愿景："为了可持续建筑环境，并促使印度在2025年成为全球可持续建筑环境的领导者"。IGBC提供一系列广泛的服务，其中包括：开发新的绿色建筑评价程序，认证服务和绿色建筑的培训课程。该委员会还组织绿色建筑的年度旗舰活动——绿色建筑大会。

在印度促进绿色建筑成长的一个重要发展是推出了IGBC绿色建筑评级系统，其评级系统有以下几类：IGBC绿色新建筑、IGBC绿色既有建筑、IGBC绿色住宅、IGBC绿色城镇、IGBC绿色景观、IGBC绿色捷运系统等。

所有IGBC评级系统是自愿的，以共识为基础、市场为导向的建设方案，该评级系统是基于5个自然的元素，是古建筑的做法与现代科技创新的完美结合。评级系统适用于全国所有五个气候区。

绿色建筑定义："与传统建筑相比，绿色建筑是一个使用更少的水，优化能源效率，节约自然资源，产生更少的废物，为居住者提供健康空间的建筑"。

海德拉巴CII-Godrej GBC大楼是印度第一个被授予铂金级项目且久负盛名，此后，印度绿色建筑运动获得了巨大的推动作用。

2003年，以20 000ft^{2}的绿色建成区为开端，截至2016年5月17日，3 629项以上绿色建筑项目超过361万ft^{2}面积正在印度绿色建筑委员会（IGBC）注册。其中801项绿色建筑项目获得认证，这种增长可能与所有利益相关方对绿色建筑运动的参与有关。

今天，所有类型的建筑物都要以绿色方式存在，如政府、IT科技园、办公室、住宅、银行、机场、会展中心、机关、医院、酒店、工厂、经济特区、乡镇、学校、都市圈等。

（1）IGBC绿色新建筑

IGBC推出IGBC绿色新建筑评级系统以解决国家重点事项。该评级系统是一个工具，促使设计师应用绿色环保理念，减少可衡量的环境影响。该评级系统包括多种方法，以涵盖不同的气候区和变化的生活方式。

效益

绿色新建筑具有重大的效益，包括有形的和无形的，最切实的利益是在入住之日起，减少水和能源消耗，可节约能源20%~30%，节水约30%~50%。其无形效益包括提高空气质量，采光优良，居住者健康和幸福，安全效益和国家稀缺资源的保护。

总览

IGBC绿色新建筑评级系统解决以下绿色环保问题：①可持续建筑与设计；②选址和规划；③节约用水；④能源效率；⑤建材资源；⑥室内环境质量；⑦创新与发展。

在每个强制性要求和评分下，该详细准则促进各种规模和类型的新建筑设计和建设，绿色建筑认证的不同级别是根据获得的总分授予的，然而，每一个绿色新建筑应满足一定的强制性要求，这是没有商量余地。

范围

IGBC绿色新建筑评级体系主要是为新建筑物设计，新建筑包括但不限于办公室、IT科技园、银行、商场、宾馆、机场、体育场馆、会展中心、图书馆、博物馆等。建筑类型如住宅、厂房、学校涵盖于其他IGBC评级体系，IGBC绿色新建筑物评级系统大致分为两种类型：①自住房屋——51%及以上建筑物的建筑面积是由业主占用；②出租房屋——51%及以上建筑物的建筑面积是由租户占用。根据工作范围，项目可以选择上述任何选项。

项目团队在评级体系下可以使用合适的清单（自住房屋和出租房屋）评估所有可能的点，如果项目能够满足所有强制性要求，并实现最小的需求，该项目可申请IGBC绿色新建筑评级系统认证。

认证级别

认证/预认证级别的标准如表2-7-13所示。

IGBC绿色新建筑认证/预认证标准　　　　　　　表2-7-13

认证级别	自住住房	出租住房	认可度
认证级	40~49	40~49	做法良好
银级	50~59	50~59	做法最佳
金级	60~74	60~74	性能卓越
铂金级	75~89	75~89	国家优秀
超铂金级	90~100	90~100	全球领先

IGBC将承认达到评级级别之一的绿色新建筑，并有认证的正式信函和安装的牌匾。

（2）IGBC绿色既有建筑O&M

IGBC绿色既有建筑O&M是印度开发的首个面向既有建筑的评级系统，基于公认的环境，在既有惯例和新兴概念之间到达平衡。该系统首要目的是促进楼宇业主和物业管理人员实施绿色战略，衡量其影响和维持长远的性能。IGBC绿色既有建筑的O&M评级制度采用自愿、协商一致的基础方案，范围广泛，操作简单。

效益

绿色既有建筑O&M具有重大的效益，包括有形的和无形的。

有形效益：节约能源15%~30%，节水约15%~50%；

无形效益：提高空气质量，居住者健康和较高的满意度。

总览

该项目团队可以评估所有可能该评级体系下合适清单提出申请的得分点，如果项目能够满足所有强制性要求，并实现最小的需求，该项目可申请IGBC绿色既有建筑O&M认证。

IGBC绿色既有建筑O&M评级系统解决以下绿色环保问题：①选址和物业管理；②节约用水；③能源效率；④健康与舒适；⑤创新与设计流程。

认证级别

认证级别标准如表2-7-14所示。

IGBC既有建筑O&M认证标准　　　　表2-7-14

认证级别	分值	认可度
认证级	50~59	做法最佳
银级	60~69	性能卓越
金级	70~79	国家优秀
铂金级	80~100	全球领先

（3）IGBC绿色住宅

IGBC绿色住宅是在印度开发的首个面向住宅领域的评级系统。基于可接受的能源与环境原则，在既有惯例和新兴概念之间到达平衡。其目的是促进有效利用场地资源，节约用水，能源效率，处理家务垃圾，优化材料利用，设计健康、舒适、环保的住房。IGBC绿色住宅评级系统是一个基于自愿、协商一致的方案，范围广泛，操作简单。

效益

绿色住宅具有重大的效益，包括有形的和无形的，眼下最切实的效益是从第一天开始减少用水和运行能耗成本。

有形效益：节约能源20%~30%，节水约30%~50%；

无形效益：提高空气质量，良好的采光，居住者健康和幸福，稀缺自然资源的保护，加强项目的市场化。

总览

IGBC绿色住宅评级系统解决以下绿色环保问题：①选址和规划；②节约用水；③能源效率；④材料与资源；⑤室内环境质量；⑥创新与设计流程。

认证级别

认证/预认证级别的标准如表2-7-15所示。

IGBC绿色住宅认证/预认证标准　　　　　　表2-7-15

认证级别	个人住宅单元	多人住宅单元	认可度
认证级	38~44	50~59	做法最佳
银级	45~51	60~69	性能卓越
金级	52~59	70~79	国家优秀
铂金级	60~75	80~89	全球领先

（4）IGBC绿色城镇

IGBC绿色城镇评级系统是一个工具，促使设计师应用绿色概念和标准，减少可衡量的环境影响。该评级系统旨在解决大发展，强制住宅开发作为城镇的一部分。

效益

采用IGBC绿色城镇评级系统将获得以下好处：

用水效率——绿色城镇鼓励以可持续的方式用水，通过减少、回收和再利用的策略节约可饮用水30%~50%。

能源效率——绿色城镇可以通过节能路灯、汽车、水泵等降低基础设施的能耗，采用该评级体系的基础设施可实现节能20%~30%。此外，现场使用各种可再生能源技术和其他清洁燃料发电可显著减少对电网供电负荷。

废物管理——绿色城镇鼓励高效的废物管理策略，促进废弃物在源头分离，产品和材料的再利用和协同处理。

其他好处包括：降低维护成本，减少资源消耗，减少废物的产生，较高的市场化，快速审批。

总览

IGBC绿色城镇评级系统解决以下绿色环保问题：①选址和规划；②土地利用规划；③交通规划；④基础设施资源管理；⑤创新与设计流程。

认证级别

认证/预认证级别的标准如表2-7-16所示。

IGBC绿色城镇认证/预认证级别　　　　　　表2-7-16

认证级别	分值	认可度
认证级	100~119	做法最佳
银级	120~139	性能卓越
金级	140~159	国家优秀
铂金级	160~200	全球领先

（5）IGBC绿色景观

为了制定试行评级系统，IGBC成立了绿色景观核心委员会，该委员会由主要利益相关者组成，包括景观设计师、建筑商、顾问、开发商、园艺学家、学者、植物学家和行业代表，该委员会成员丰富的经验和专业在制定评级系统过程中具有全局观念。IGBC绿色景观评级体系的目的是为人们创建方便舒适、环境友好的景观。

效益

绿色景观具有重大的效益，包括有形的和无形的，最切实的利益是减少饮用水，更好地处理废弃物和能源效率。其无形效益包括为用户提供安静的体验，增加生物的多样性，保护和丰富土壤的表层。

总览

IGBC绿色新建筑评级系统解决以下绿色环保问题：①选址和规划；②景观树种的选择；③材料选择；④健康与幸福；⑤节约用水；⑥能源效率；⑦运行与维护；⑧创新与设计流程。

认证级别

认证/预认证级别的标准如表2-7-17所示。

IGBC绿色景观认证/预认证标准　　　　　　表2-7-17

认证级别	小型公园（<5英亩）	大型公园（>5英亩）	认可度
认证级	45~53	50~59	做法最佳
银级	54~62	60~69	性能卓越
金级	63~71	70~79	国家优秀
铂金级	60~75	72~90	全球领先

（6）IGBC绿色捷运系统

IGBC绿色MRTS评级系统是一个基于自愿、协商一致的方案，在IGBC绿色MRTS指导委员会的支持下，已经开发了该评级系统。IGBC绿色MRTS评级系统是一个工具，实现在新的铁路设计和施工过程中应用绿色理念，从而进一步降低可衡量的环境影响。其总体目标是确保环境的可持续性，同时提高通勤。

效益

在设计、施工和运行中应用绿色理念，环境、地铁轨道机构和通勤设想有如下益处：①减少对私家车的依赖，从而降低环境影响与传统能源的使用；②集成其他公共交通方式，从而提高连通性；③强车站的可及性，提高第一和最后一英里的连接，实现最大载客量；④最大限度提高资源利用率；⑤提高乘客间的环保意识；⑥增强的通勤经验。

范围

如果项目能够满足所有强制性要求，并实现最小的需求，所有新的基于MRTS的项目都可以申请IGBC绿色MRTS评级。

适用于IGBC绿色MRTS评级下的铁路列表如下：①地铁轨道系统；②单轨系统。

精简版的IGBC绿色MRTS评级系统当前试行版只适用于地铁轨道系统，IGBC将在晚些时候发布单轨系统IGBC绿色MRTS评级的适用性指导。

地铁轨道系统IGBC绿色MRTS评级的范围主要包括高架车站、地铁站、地面车站和高架桥/隧道。

主要参考文献

[1]　金砖国家联合统计手册（2015）.

[2]　The World Bank Databank：http://databank.shihang.org/data/home.aspx.

[3]　Reports on NSSO Rounds：http://www.mospi.gov.in/national_data_bank/ndb-rpts.htm.

[4]　Demographics of India：http://en.wikipedia.org/wiki/Demographics_of_India.

[5]　State of Housing in India a Statistical Compendium 2013.

[6]　Statistical Year Book India 2015.

[7]　Ministry of Housing and Urban Poverty Alleviation：http://mhupa.gov.in/.

[8]　Ministry of Home Affairs，Government of India：http://www.censusindia.gov.in.

[9]　NCAER：National Council for Applied Economic Research：http://www.ncaer.org/.

[10]　Report of the Committee on Streamlining Approval Procedures for Real Estate Projects in India.

[11]　Ministry of Housing & Urban Poverty Alleviation Government of India Annual Report 2013—2014.

[12]　Ministry of Housing & Urban Poverty Alleviation Government of India Task Force on Promoting Affordable Housing 2012.12.

[13]　Green Rating for Integrated Habitat Assessment.

[14]　http://www.ecohousing.in/.

[15] India Green Building Council:

https://igbc.in/igbc/redirectHtml.htm?redVal=showAboutusnosign.

[16] Developing an Energy Conservation Building Code Implementation Strategy in India.

[17] Eco-housing Assessment Criteria Version-Ⅱ 2009.

[18] List of Eco-Housing Project and Certificate Statue.

[19] Smart Cities Mission: http://smartcities.gov.in/.

[20] Atal Mission for Rejuvenation and Urban Transformation (AMRUT): http://amrut.gov.in/.

[21] National Cooperative Housing Federation of India: http://www.nchfindia.net/.

[22] Urban-housing-shortage-in-India

http://www.naredco.in/notification/pdfs/Urban-housing-shortage-in-India.pdf.

[23] India: Degree of urbanization from 2004 to 2014

http://www.statista.com/statistics/271312/urbanization-in-india/.

[24] India Real Estate Overview: http://www.crisil.com/pdf/capitalmarket/Industry-content.pdf.

[25] Decoding-housing-for-all-2022: https://www.kpmg.com/IN/en/IssuesAndInsights/ArticlesPublications/Documents/Decoding-Housing-for-all-2022.

8 日本

GDP：46 014.61亿美元（2014年）
人均GDP：36 194.4美元（2014年）
国土面积：37.8万km²（2014年）
人　　口：12 713万人（2014年）
人口密度：336.3人/km²（2014年）
城市化率：93%

8.1 住房基本情况

日本2015年统计资料未提供新数据，具体内容详见《国外住房发展报告2015第3辑》第193~199页。

8.2 住房投资、建设与改造情况

住房投资（实际）占GDP（实际）的比例，1990~1996年在5%~6%间变化，1997年之后开始持续走低。2007年后，新建住宅开工数骤减，住宅投资进一步下滑，2009年开始逐年上升，2012年住宅投资额为14.1万亿日元，占GDP比重仅有2.7%，比2011年的13.4万亿日元有所增加，2013年住宅投资为15.6万亿日元，占GDP比重为3%（图2-8-1、表2-8-1）。

住房投资的变化情况（1994~2013年）（单位：10亿日元） 表2-8-1

年度	住房投资（实际）			住房投资（名义）		
	实数	前年度比（%）	GDP比（%）	实数	前年度比（%）	GDP比（%）
1994	26 398	5.3	5.9	27 208	6.8	5.5
1995	25 142	△4.8	5.5	25 742	△5.4	5.1
1996	28 280	12.5	6.0	29 306	13.8	5.7
1997	23 167	△18.1	4.9	24 286	△17.1	4.7

续表

年度	住房投资（实际）			住房投资（名义）		
	实数	前年度比（%）	GDP比（%）	实数	前年度比（%）	GDP比（%）
1998	20 729	△10.5	4.5	21 196	△12.7	4.1
1999	21 325	2.9	4.6	21 663	2.2	4.3
2000	21 149	△0.8	4.4	21 396	△1.2	4.2
2001	19 653	△7.1	4.1	19 598	△8.4	3.9
2002	19 177	△2.4	4.0	18 920	△3.5	3.8
2003	19 008	△0.9	3.9	18 802	△0.6	3.7
2004	19 293	1.5	3.9	19 140	1.8	3.8
2005	18 999	△1.5	3.7	19 047	△0.5	3.8
2006	18 945	△0.3	3.7	19 382	1.8	3.8
2007	16 223	△14.4	3.1	16 904	△12.8	3.3
2008	16 018	△1.3	3.2	17 060	0.9	3.5
2009	12 811	△20.0	2.6	13 203	△22.6	2.8
2010	13 034	1.7	2.5	13 453	1.9	2.8
2011	13 384	2.7	2.6	13 880	3.2	2.9
2012	14 144	5.7	2.7	14 577	5.0	3.1
2013	15 585	10.2	3.0	16 528	13.4	3.4

△表示下降。

资料来源：日本内阁府《国民经济计算年报》2014年

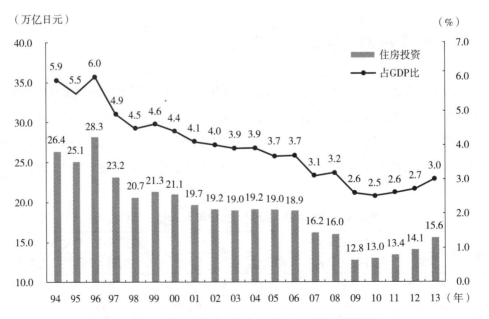

图2-8-1 住房投资（实际）占GDP（实际）的比例

资料来源：日本内阁府《国民经济计算年报》2014年

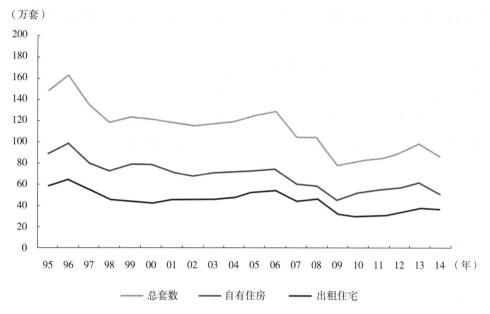

图2-8-2 新建住宅的开工套

新建住宅的开工套（单位：万套） 表2-8-2

年度	1995	1996	1997	1998	1999	2000	2001	2002	2003	2004
总套数	148.5	163.0	134.1	118.0	122.6	121.3	117.3	114.6	117.4	119.3
自有住房	89.5	98.8	80.2	72.0	78.8	78.4	72.1	68.2	70.7	71.6
出租住宅	58.9	64.2	54.0	46.0	43.8	42.9	45.2	46.4	46.7	47.7
年度	2005	2006	2007	2008	2009	2010	2011	2012	2013	2014
总套数	124.9	128.5	103.6	103.9	77.6	81.9	84.1	89.3	98.7	88.0
自有住房	72.3	73.8	59.4	58.3	45.1	52.1	54.4	56.6	61.2	51.4
出租住宅	52.6	54.7	44.1	45.6	32.5	29.8	29.7	32.7	37.5	36.6

注：此表中自有住房，包括自用住房和出售住宅，出租住宅包括出租住房和单位低租金住房。
资料来源：住宅经济数据集2015

日本住宅建设在战后经济高速发展的背景下，于1972年达到历史的最高峰185.6万户，在第一次石油危机后建设数量显著降低，此后每年的建设数量稳定在150万户左右。受到1988年日本经济泡沫破裂的影响，建设数量下降到1991年的130万户左右，这之后到1996年为止维持在140万~160万户。

1997年因为消费税的提升、内需不振、个人收入增长低下以及就业市场的不景气等原因，住宅建设数量比1996年度大幅度减少了17.7%，为134万户。1998年后因为住宅金融公库融资的大幅扩充、住宅贷款扣除制度颁布等一些税制改革以及经济对策的原因，改善了获得住宅的手续和环境，在就业不景气的情况下维持在120万户，此后经济恢复增长，连续四年增长，2006年达到128.5万户。2007年，主要是受到《建筑基准法》修订的影响，住宅建设量大幅减少到103.6万户，因2008年全球金融危机造成经济的迅速恶化，2009年住宅建设数量为1964年以来的最低值77.6万户。此后，因消费环境的改善及311日本大地震后的灾后建设，连续四年建设数量都有所增加，2012年达到89.3万户，2013年为98.7万户。因为2014年消费税的提高以及需求放缓，2014年为5年来的首次下降，为88.0万户（表2-8-2）。

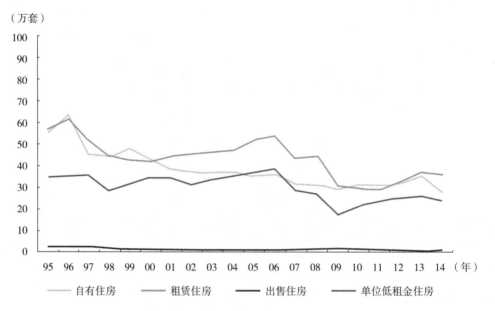

图2-8-3 新建住宅的开工套数（按利用关系分类）

新建住宅的开工套数（按利用关系分类）（单位：万套）　　表2-8-3

年度	1995	1996	1997	1998	1999	2000	2001	2002	2003	2004
自有住房	55.1	63.6	45.1	43.8	47.6	43.8	37.7	36.6	37.3	36.7
租赁住房	56.4	61.6	51.6	44.4	42.6	41.8	44.2	45.5	45.9	46.7
单位低租金住房	2.6	2.6	2.4	1.6	1.2	1.1	1.0	1.0	0.8	0.9
出售住房	34.5	35.2	35.1	28.2	31.2	34.6	34.4	31.6	33.4	34.9
年度	2005	2006	2007	2008	2009	2010	2011	2012	2013	2014
自有住房	35.3	35.6	31.2	31.1	28.7	30.9	30.5	31.7	35.3	27.8
租赁住房	51.8	53.8	43.1	44.5	31.1	29.2	29.0	32.1	37.0	35.8
单位低租金住房	0.9	0.9	1.0	1.1	1.3	0.7	0.8	0.6	0.5	0.8
出售住房	37.0	38.3	28.3	27.3	16.4	21.2	23.9	25.0	25.9	23.6

资料来源：国土交通省住宅着工统计（2015）

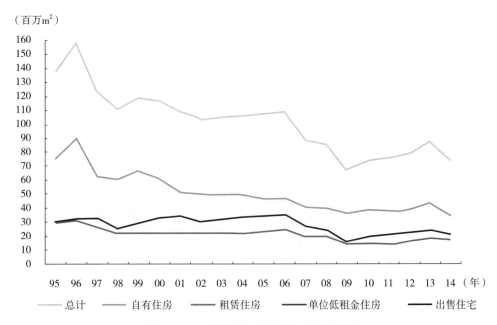

图2-8-4 新建开工住宅建筑面积的变化

新建开工住宅建筑面积的变化（单位：百万m²）　　表2-8-4

年度	1995	1996	1997	1998	1999	2000	2001	2002	2003	2004
总计	138.1	157.0	123.8	111.0	119.6	117.5	108.8	103.4	104.9	105.5
自有住房	75.6	89.7	62.8	60.9	66.3	60.8	51.7	49.6	50.3	49.3
租赁住房	29.5	32.7	26.8	22.7	22.7	22.2	22.7	22.7	22.4	22.1
单位低租金住房	1.8	1.8	1.7	1.2	0.9	0.8	0.7	0.7	0.6	0.6
出售住宅	31.2	32.8	32.4	26.1	29.8	33.8	33.7	30.4	31.7	33.5
年度	2005	2006	2007	2008	2009	2010	2011	2012	2013	2014
总计	106.7	108.6	88.4	86.3	67.8	73.9	75.7	79.4	87.3	74.0
自有住房	47.1	47.4	41.0	40.4	36.5	38.9	38.2	39.5	44.1	34.4
租赁住房	24.2	24.7	19.6	20.2	15.0	14.7	14.7	16.4	18.9	17.7
单位低租金住房	0.6	0.6	0.7	0.7	0.7	0.5	0.5	0.4	0.4	0.5
出售住宅	34.7	35.9	27.1	24.9	15.6	19.9	22.3	23.1	23.9	21.4

注：建筑面积——在日本指包围住宅的墙体中心线在水平面的投影面积，不包括公共部分的公摊面积。
资料来源：国土交通省住宅着工统计（2015）

图2-8-4为新建开工住宅建筑面积的变化，1996年为90年代以来的最高峰，1997、1998年建筑面积大幅减少，接下来变化较为平稳，直到2007年由于《建筑基本法》修订的原因，建筑面积进一步减少，再加上2008年因金融危机的影响，2009年为90年代以来的最

低值，目前随着经济的复苏，已有连续四年的增长，2012年比上一年度有4.8%的增长，达到79.4百万m^2，2013年比2012年增加了10.0%，达到了87.3百万m^2。2014年因消费税的提高，新建开工住宅的户数明显减少，导致新建开工住宅建筑面积比上一年度减少了15.2%，为74.0百万m^2。

图2-8-5为新建开工住宅平均每户的建筑面积的推移，1999年每户的平均面积达到了97.5m^2，从2000年开始因为租赁住宅的比例增加，每户的平均面积具有减少的趋向，2008年减少到83.1m^2，2013年每户平均面积为88.4m^2。按类别来看，自有住宅在1996年达到平均面积的最高峰141.0m^2，此后呈下降的趋势，2013年每户平均面积为125.0m^2。出售住宅的每户平均面积自2001年达到98.1m^2后，近年来也呈下降的趋势，目前大概维持在90m^2左右，2014年为90.8m^2。租赁住宅的每户平均面积自1980年达到历史高峰57.1m^2后，也呈逐年减少的趋势，1990年为45.1m^2，1991年之后维持在50m^2左右，2013年每户面积为51.0m^2，2014年为49.3m^2（表2-8-5）。

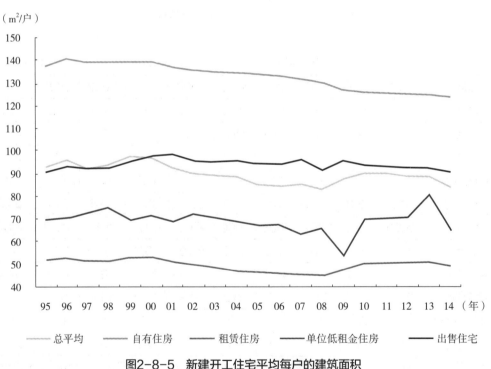

图2-8-5　新建开工住宅平均每户的建筑面积

2014年新建开工住宅平均每户的建筑面积（单位：m^2/户）　　表2-8-5

年度	1995	1996	1997	1998	1999	2000	2001	2002	2003	2004
总平均	93.0	96.3	92.3	94.1	97.5	96.9	92.7	90.3	89.4	88.5
自有住房	137.4	141.0	139.2	139.0	139.3	139.0	137.0	135.8	134.8	134.2

续表

年度	1995	1996	1997	1998	1999	2000	2001	2002	2003	2004
租赁住房	52.3	53.0	52.0	51.2	53.2	53.0	51.4	50.0	48.8	47.4
单位低租金住房	70.1	70.6	72.8	75.2	69.6	71.7	68.9	72.1	70.8	68.9
出售住宅	90.6	93.1	92.4	92.8	95.4	97.5	98.1	96.1	95	95.9
年度	2005	2006	2007	2008	2009	2010	2011	2012	2013	2014
总平均	85.4	84.5	85.3	83.1	87.4	90.2	90.0	88.9	88.4	84.1
自有住房	133.8	133.3	131.6	130.2	127.2	125.9	125.5	124.9	125.0	123.6
租赁住房	46.7	46.0	45.5	45.5	48.0	50.4	50.8	51.1	51.0	49.3
单位低租金住房	67.4	66.8	63.6	65.7	53.8	69.5	69.9	70.6	80.5	65.2
出售住宅	93.8	93.8	95.8	91.5	95.3	93.6	93.1	92.4	92.2	90.8

资料来源：国土交通省住宅着工统计（2015）

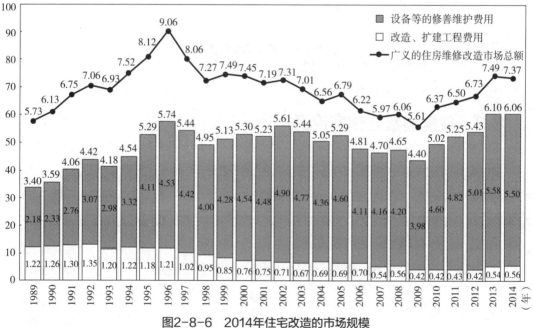

图2-8-6　2014年住宅改造的市场规模

注：①广义的改造市场规模是指住宅建设开工统计上，新建住宅的增建、改建工程，以及空调、家具等改造相关的用品消费，以及内部装修费用；
②估计市场规模不包括集合住房的大规模修缮、共用部分的改造、租赁住宅所有者进行的租赁房屋的改造、结构外立面的改造；
③本市场规模根据《建筑施工统计年报》（国土交通省）《家庭开支调查年报》（总务省）《全国人口·家庭数·人口动态表》（总务省）等，由住宅改造、纠纷处理支援中心估算。

根据住宅改造-纠纷处理支援中心推测,2014年住宅改造市场规模达到6.06万亿日元,广义的住宅改造市场规模达到7.37万亿日元,主要是用于设备的修缮、维护费用。其中用于增建、改建的工事费用呈下降的趋势,到2013年总规模为0.54万亿日元(图2-8-6)。

住宅改造工事主要分为增建、改建和内装修三类,其中内装修工事约占80%(图2-8-7)。

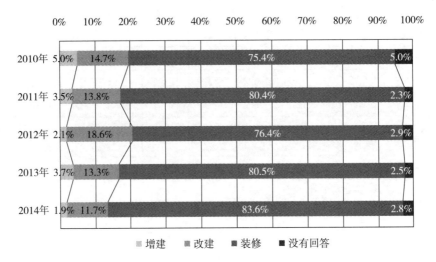

图2-8-7 住宅改造的类别

资料来源:国土交通省住宅市场动向调查(2015)

8.3 住房消费与住房流通

按住宅所有权关系分类统计的居住费支出比例见图2-8-8,居住费用包括租金、修缮费和住宅贷款的偿还额,可以看到所有类别的居住费占实收入的比例都呈增加的趋势,其中自有住宅类的居住费比例最高占16.2%,单位低租金住宅类的居住费比例最低为4.6%(图2-8-8)。

表2-8-6 2014年住宅贷款的返还支出比例(单位:日元/月、%)

年份	总收入 (A)	可支配收入 (B)	土地、住房、借款返还额 (C)	返还负担率 (C)/(A)	返还负担率 (C)/(B)
1995	679 494	564 487	94 674	13.9	16.8
1996	704 071	583 052	98 901	14.0	17.0
1997	704 354	579 334	96 670	13.7	16.7
1998	697 879	580 337	96 808	13.9	16.7
1999	666 890	555 896	99 172	14.9	17.8

续表

年份	总收入（A）	可支配收入（B）	土地、住房、借款返还额（C）	返还负担率（C）/（A）	返还负担率（C）/（B）
2000	653 760	545 334	101 770	15.6	18.7
2001	644 779	537 701	106 995	16.6	19.9
2002	647 108	537 586	108 167	16.7	20.1
2003	613 979	509 139	99 616	16.2	19.6
2004	624 314	517 991	102 263	16.4	19.7
2005	619 833	516 135	99 775	16.1	19.3
2006	622 014	516 582	99 960	16.1	19.4
2007	624 128	515 563	99 996	16.0	19.4
2008	622 599	510 685	104 475	16.8	20.5
2009	605 154	494 631	101 594	16.8	20.5
2010	604 723	495 200	102 069	16.9	20.6
2011	587 104	479 275	99 542	17.0	20.8
2012	598 490	485 362	94 295	15.8	19.4
2013	601 951	485 331	99 867	16.6	20.6
2014	605 760	489 149	97 850	16.2	20.0

资料来源："家计调查"（总务省）

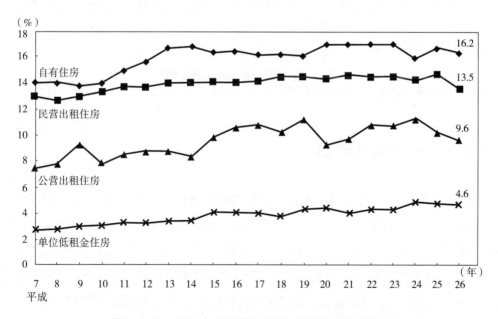

图2-8-8　2014年不同住宅所有权的居住费支出比例

根据总务省的家计调查,对有住宅贷款家庭的平均收入和住宅贷款平均偿还额进行统计,每月住宅贷款平均偿还额在20世纪90年代初维持在7万日元左右,此后逐渐增加,近15年来每月住宅贷款平均偿还额都稳定在10万日元左右,占每月收入的比例也从1990年的13.9%增加到2014年的20.0%。

图2-8-9为日本每年既存住宅流通量的发展趋势,从数量上看近十年基本上维持在每年17万户左右。从比例上看(占全体住宅流通量的比例,包括了每年的新建住宅和既存住宅流通量),因新建住宅的量在减少,而既存住宅流通量基本上是稳定的,因而呈现增加的趋势,2008年这一比例为13.5%,2013年约为15.0%。

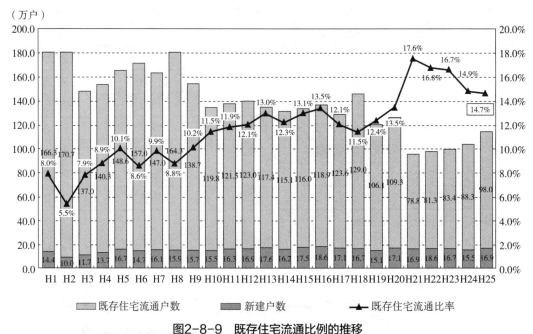

图2-8-9 既存住宅流通比例的推移
资料来源:总务省"住宅、土地统计调查"2013,国土交通省"住宅着工统计"2012

8.4 住房金融与税制

截至2014年,日本住宅金融市场中的住宅贷款余额约为182.0万亿日元,其中民间住宅贷款169.2万亿日元,国家住宅贷款12.9万亿日元。根据图8-10所示,住宅贷款余额近十年来大致维持在180万亿日元左右,但是来自民间的住宅贷款逐年增加,从2005年的133.6万亿上升至2014年的169.2万亿,来自国家机构的住宅贷款逐年下降,从2005年的50.0万亿下降至2014年的12.9万亿,作为国家住宅贷款中的主要来源,住宅金融支援机构的贷款从2005年的43.9万亿日元下降到2014年的11.1万亿日元,占住宅贷款总余额的6%(图2-8-10)。

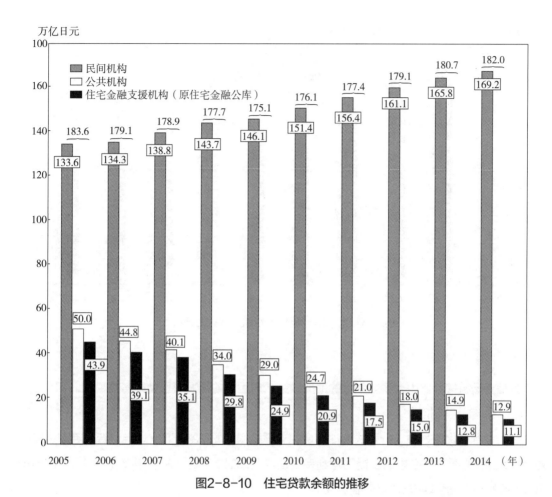

图2-8-10 住宅贷款余额的推移

近十年来，每年住宅贷款的新增贷款额在2003年达到最高峰24.44万亿日元，此后呈下降的趋势，且由于2008年的金融危机，2009下降至近十年来的最低点19.3万亿日元，此后连续三年因利率下调和税制上的优惠措施住宅贷款的新增贷款额都有少量的回升。2014年度的住宅贷款的新增贷款额约为19.2万亿日元（图2-8-11）。

（1）住宅相关课税

住宅相关课税包括：①购买住宅的课税：不动产取得税（都道府县税）、消费税、地方消费税（国税、都道府县税）、登录证明税（国税）、印花税（国税）、赠与税、继承税（国税）；②持有住宅的课税：固定资产税（市町村税）、都市计划税（市町村税）；③卖出住宅的课税：转让所得税；④减税制度。

（具体内容详见《国外住房发展报告2015第3辑》第221页）

（2）住宅助成政策

为了活跃住宅市场，在金融上对住宅交易进行补贴，如有住宅组合法、租赁组合制度、

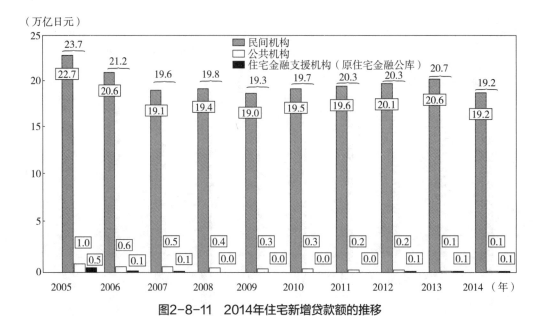

图2-8-11　2014年住宅新增贷款额的推移

住宅金融支援机构等。引入了差别化的助成政策，对困难的情况可以免除各类税金。

（3）住宅补贴制度

住宅贷款的优惠：独立行政法人住宅金融支援机构的《Flat35S》规定，若住宅满足节能对策等级4级的要求，在申请长期固定利率型住宅贷款时，可以享受到利率的优惠。2009年Flat35S的利率优惠期限从5年延长到10年。

地域住宅交付金：地方公共团体对民间住宅的节能改造工事或是对设置太阳能发电设备的工事提供支援。

减少住宅、建筑物碳排放补助：2008年开始实施由国土交通省主导的住宅、建筑物减少碳排放的推进事业，该事业分为四类：新建、既存建筑的改造、减少碳排放的管理系统的整治、减少碳排放的技术验证。对进行调查设计的费用、采用先进的减少碳排放技术进行建造的费用、建筑设备整治的费用、验证节能效果的费用等进行1/2的补助。

日本的一半家庭都加入了火灾保险，火灾保险不是强制性的保险，但是与住宅贷款组合在一起的火灾保险，是许多贷款的前提条件。火灾保险不能对因地震造成的住宅损坏进行赔偿。还需要加入地震保险，地震保险常与火灾保险组合，加入火灾保险的家庭中有35%左右也同时加入了地震保险，但地域差别很大，地震危机意识高的区域，加入地震保险家庭的比率也更高。

日本住宅保证制度包括：住宅性能保证制度、住宅完成保证制度、既有住宅保证制度。

（具体内容详见《国外住房发展报告2015第3辑》第221页）

8.5 住房政策

8.5.1 住房政策沿革

具体内容详见《国外住房发展报告2015第3辑》第223页。

8.5.2 居住生活计划修订

居住生活基本计划的原计划期是从2006年到2015年,2011年3月15日重新制定了2011年至2020年的居住生活计划。

(1) 修订的主要要点:

①作为硬件方面(面积等)的补充、通过对软件方面的充实提升居住生活环境;

②老旧住宅的对策、住宅存量的管理、再生对策的推进;

③作为新建住宅市场的补充,对既存住宅市场的流通、改造装修市场整备的推进。

(2) 计划的目标和基本的对策

目标1:构筑安全、安心生活和丰富的居住生活环境。达到住宅的品质、性能的提升以及居住环境的整备,实现为居住生活的安心提供服务的环境。

①确保居住生活安全的住宅和住宅环境的整备:

a. 抗震鉴定和抗震加固等的促进;

b. 密集市区的整备等。

指标:具有抗震性能的住宅占住宅存量的比例从2008年的79%提高至2020年的95%。

②为居住生活的安心提供支撑服务的环境的整备:

a. 促进可提供服务、面向高龄者的住宅供给;

b. 促进在公共租赁住宅等居住地设立生活支援设施等。

指标:针对高龄人口的高龄住宅的比例,从2005年的0.9%提高到2020年的3%~5%。

③面向低碳社会的住宅和居住方案:

a. 住宅的节能性能的提升;

b. 促进可活用地方材料的新建住宅和住宅改造等。

指标:满足节能法的新建住宅的比例,从2010年的42%提高到2020年的100%。

④移动、利用的顺利实施以及形成良好的街区景观环境:

a. 住宅及住宅市街地的设计统一标准化(universaldesign);

b. 景观设计、景观协定等的普及等。

目标2:住宅的合理管理及再生。促进住宅存量的管理,特别是急增的老旧集合住宅等的管理和再生。

a. 住宅的维护管理信息的积累、保管;

b. 集合住宅的管理、维护修缮的促进等。

指标：基于25年以上的长期修缮计划而设立修缮公积金的按揭集合住宅的比例，从2008年的37%提高至2020年的70%。

目标3：对可实现多样的居住需求的住宅市场环境进行整备。

每一国民，对应于不同的生活方式和生活阶段，都可负担、可安心选择的住宅，为实现这一住宅市场目标而努力。

①圆满活用既存住宅的市场的整备：

a. 瑕疵担保保险的普及、住宅履历情报的保存的促进；

b. 与住宅改造装修从业者相关情报提供的促进、地方的建筑承包商的改造技术的提升等。

指标：既存住宅的流通比例从2008年的14%提高至2020年的25%。

②形成在将来可活用的优良住宅存量

a. 住宅性能表示制度的修正；

b. 长期优良住宅制度的修正；

c. 木材的加工、流通体制的整备，木造住宅的设计、施工等相关人才的培育、传统技术的继承和发展等。

指标：认定为长期优良住宅在新建住宅的比例从2000年的8.8%提高到2020年的20%。

③满足多样的居住需求的住宅供给的促进和消除供需两端的不对称：

a. 长期、固定型的住宅贷款的安定供给和税制上的措施；

b. 住房更替支援的促进等。

目标4：住宅供给的确保，特别是需要特殊照顾群体居住的确保。

在市场上通过自己的力量很难获得合适的住宅的群体（高龄者、残障人士、育儿家庭等），针对这一类群体，通过公共租赁住宅和民间租赁住宅构造多层住宅安全网。

a. 公营住宅等的合理供给；

b. 促进可顺利入住的民间租赁住宅的居住支援协议会的支援强化。

指标：最低居住面积水准不满足比例从2008年的4.3%到完全解决。

8.6 住房可持续发展技术

（1）日本住宅建筑工业化历程

住宅工业化是指将住宅分解为构件和部品，用工业的方法进行生产，然后在现场进行组装的住宅建筑方式。以量的规模效应促进技术革新、提高质量，同时降低成本。

第一阶段：1955~1964年，普及新的居住方式，开始进行社区开发。这是日本住宅公团的初创期，为了解决当时住宅不足的燃眉之急，开始大规模的集合住宅建设。公团住宅在这一时期主要是一梯两户的钢筋混凝土纯剪力墙结构，一般为3层到5层，户型是按照寝食分离的思想设计的两房一厅（日本称为2DK）。钢筋混凝土住宅得到确认。随着工业化技术的进步，20世纪50~60年代形成了一系列施工工法（SPH、HPC），极大提高了建造效率。

第二阶段：1965~1974年，大规模开发和大量供应。这个时期是日本经济高度成长期，大量人口向城市集中。

第三阶段：1975~1984年，对应多样化的需求，综合开发居住环境。这一时期人口向大城市集中的趋势放缓。为了满足长期定居的要求，不但要提高住宅本身的品质，而且还要结合周边环境进行综合开发，更加重视交通、气候、安全和丰富的公共配套设施。开始按社会的个别需求、地域环境进行多样化的设计。

1977年废除了过去的标准设计，次年也从一成不变的"公共住宅用标准部品"（KJ部品）制度转向了"优良部品（BL）认证制度"，向灵活、多样、高品质的方向转换。一向以标准户型的大规模建设为主的日本住宅公团也进行了以中低层为主的开发。

第四阶段：1985~1994年，从社区回归市区，建设综合多功能新城市。这是日本经济的泡沫期，城市功能重新调整，许多大工厂搬出城市。

1981年，日本住宅公团和宅地开发公团合并，成立了住宅·都市整备公团，其开发重点也从社区转移到市中心。所担当的工作不仅是建设个别的住宅项目，而是参与总体规划、协调和平衡开发工作。从这个阶段开始，30~50层的超高层住宅在各大城市迅速增加，结构形式采用的是纯框架结构或由梁柱构成的筒体结构，不配置剪力墙。设备设计以同层排水的方式消除上下层的制约，实现自由的住宅分割和室内布置。

第五阶段：1995~2004年，创造未来城市。这个时期日本社会进入高龄少子化的时代，住宅·都市整备公团改组为独立行政法人都市再生机构，简称UR或UR都市机构。开始注重老人院和幼儿园等设施的配套，普及了通用设计、无障碍设计。在户型设计上，充分考虑了城市中心区居住地多样性。

第六阶段：2005年至今，从城市建设走向城市再生。UR都市机构提出了城市再生、居住环境再生、灾害复兴、郊外环境的4个领域从城市建设走向城市再生的方针。

就公共租赁住宅而言，现在新建的数量已经很少，对于现存的住宅除了做好维护管理以外，还通过改造、翻新甚至拆建的方式进行整治。

（2）日本公共住宅标准化设计和工业化生产

SPH和NPS标准设计

1950年以后，日本经历了二战后的经济复兴期并随后进入高速增长期。在第一产业减少、其他产业发展的同时，大城市劳动力需求剧增，人口开始增加。住宅的短缺日益成为大城市严重的社会问题。由于住宅数量的严重不足，日本出台并实施了以政府为主导、以公营住宅和公团住宅为核心、以规格化的标准设计为基础、保证工业化建造思路的标准设计方案。

这种标准设计方法的规格型设计进而导致了通用化规格型住宅部品的开发，既降低了生产成本，也提高了住宅质量。不锈钢洗池、窗框、木制门和隔断等公营住宅通用化部品的普及，成为批量化生产建造公营住宅的重要支撑。

以公营住宅的批量化生产技术和公团多层住宅的工业化技术为前提，日本研发出了强有力的大量供给的生产方式并建立了组织实施手段。随着20世纪50年代住宅部品产业的进一步发展，为住宅供给奠定了工业化的基础。基于批量化要求的生产方式而进行的标准设计方法，完成了高度经济增长期增加的建设数量，满足了长期短缺的住宅建设，解决了劳动力的不足，但其寻求省力化的生产方式势必会带来单一性的产品，在一定程度上可以说这是工业化发展的必然过程。

在有效利用20世纪50年代所实施的大型PC板住宅工业化建设技术的基础上，以日本建设省为中心的住宅公团与地方机构合作，研发了基于大型PCa工法的SPH（Standard of Public Housing，公共住宅标准）设计多样化系列，并开始在日本全国大规模建设。

1964年住宅公团建立了批量生产试验场，开发了使用水平钢模板、蒸汽养护的工厂制作技术，开始大力推广PCa工法，为了向高层发展，也进行了PCa板中结合H型钢（工字钢）的HPCa工法的开发。初期的PCa集合住宅，继承了平打竖立工法的纯剪力墙结构，墙体和楼板都是平面构件，非常适合工业化生产，为了提高生产效率、降低成本，公共住宅采用了公共住宅标准设计。住户的开间以15m为模数，纵深固定为7.5m，设计出户型有2K、2DK、3K、3DK等。

集合住宅的工业化并非只是住宅主体结构工业化，包括整个住宅构成的每个部分的部品化才是住宅生产最为关键性的课题。只有通过住宅所有构成部品的集成，才会从根本上解决住宅生产合理化的问题。至20世纪60年代，日本住宅的供给趋于稳定，并开始尝试推进住宅通用部品的开发及应用。

此后，公共住宅的建设与供给也开始了向努力提高住宅质量的方向上转变。20世纪70年代的石油危机之后，日本经济发展开始走向稳定增长，住宅数量趋于饱和。进入20世纪80年代，住宅建设量锐减，跌入每年120万户的低谷，其住宅需求的价值观也发生了很大变化，需求的多样化对公共住宅标准设计的方式提出了挑战。

在公共住宅中，出现了NPS（New Planning System，新标准设计系列）多样化系列等宽松的标准设计方法。日本开始了来自各种方向上对提高住宅建设质量的探索。至此，宣告了战后的公共住宅规格型标准设计方式基本结束。

经历了石油危机后，大量建设的时代已结束，对生产技术体制提出了灵活性和多样性的要求，公团也于1973年以更为灵活的NPS取代了SPH。SPH是标准化户型，而NPS是设计规则，既能维持PCa的有效性和生产效率，又能充分地对应各种具体要求。

20世纪70年代后研发的NPS的公共住宅设计标准化方式，就是在上述背景下对标准化方式思考的结果。以引进开发和推广公共住宅和民间住宅项目所通用的BL等住宅部品为中心，结合住宅生产合理化和降低成本的必要性，NPS规定了重要的模数尺寸规则。对全国统一的做法进行修改。从划一型向多样化、从单品多量化向少量多品种化进行调整，这种思路一直延续至今。

与此同时，把户型类型种类和户型可变性供给作为技术开发的亮点进行推进。设计时注重考虑入住后的可变性和设备、住宅部品的更新与互换性。并且作为一种应对居住生活变化的技术系统发展出了住宅通用体系，可为居住者实现长久居住。

80年代后人口向大城市集中，城市集合住宅的建设量不断增加，PCa工法的目的和方法也发生了很大的变化。与纯剪力墙PCa工法的不同，高层住宅的PCa化不是成套的固定工法，而是各项目根据时间、地点、建筑物的特点，具体进行梁、柱、楼板等各部位的工法选择，预制件的形式也多半为半PCa化，留出现浇的部分有利于保证建筑物的整体性。这与纯剪力墙少品种、大批量的生产方式有很大的区别。另一特点是预制组装工法也不限于钢筋混凝土结构，也可用于钢骨钢筋混凝土结构和预应力混凝土结构。目前还发展出预应力组装工法（PCPCa工法），构件与构件之间不需要连接的钢筋或钢材，通过钢索施加的预应力保证结构的强度和整体性。

CHS住宅

CHS（Century Housing System，百年住宅系统）是百年住宅的概念，是日本建设省（现为国土交通省）于1980年作为"提高居住功能开发项目"的一个重要环节而提出并致力开发的。

之后为了促进其发展，于1988年开始了"百年住宅建设体系认定事业"，并持续至今。

此外，还制定了《百年住宅建设系统认定基准》，在设计、结构及使用材料实现长寿化以外，还要求对维护管理进行计划，确立从设计、生产、供应及售后服务等一条龙体制。

《百年住宅建设系统认定基准》主要由六个要点组成：可变性原则、连接原则、独立和分离原则、耐久性原则、保养和检查原则、环保原则。这些原则在明确住宅的必要性能和促进住宅长寿化上起到非常重要的先导作用。

自从2000年开始实施住宅性能制度后，百年住宅建设系统的利用价值有所降低。但在众多原则中，"部品群划分"和连接原则是百年住宅建设系统都有的思想，是其最大的特征。

CHS住宅体系构法和接口规则与NPS同样，是为了满足住宅寻求生产合理化、多样化、适应性的住宅体系。但是，CHS住宅体系重视耐久性，强调部品互换性的模数尺寸规则和可变性，并且按照部品使用年限的级别来设定接口规则。CHS住宅是一种强调考虑主体与设备、内装分离，要求住宅维护和部品、设备更新，以追求实现住宅长久使用为目的的住宅体系。

SI住宅体系

SI（Skeleton Infill，支撑填充体）住宅是指在建造过程中骨架体与内装体完全分离的一种住宅形式，也可以叫作可变住宅、开放住宅等。由于大量的住宅虽然结构骨架还健全，但是装修和设备却已老化，无法很好地改装和更新，以至于不得不拆除重建，因此SI住宅可以实现住宅的长寿化。

SI住宅体系的骨架体主要是指住宅的结构体部分，填充体主要是指设备管线和内装修等。外部结构体部分采用高耐久性材料，可以显著地延长其使用寿命；住宅内部的分隔墙、各类管线、地板、厨卫等内部填充体，通过标准化、系列化的方式实现工厂化生产和规模供应。SI住宅的建筑框架部分独立建设，而内部部件则由工厂化生产后再安装，这种住宅形式把住宅建设的现场制造部分减到最少，而把减下来的部分拿到工厂去制造，只在现场安装，提高了整个住宅的建造效率，增强了干作业水平，也实现了内部空间的可变化。同时避免传统住宅二次装修带来的浪费，并且可以随着住户生活方式以及生活习惯的变化而进行改变。

UR都市机构致力于提高城市集合住宅的资产长久性，KSI住宅体系是UR版的SI住宅体系。从近几年的"新田住宅区"和"赤羽台住宅区"的案例中可以了解KSI住宅体系技术集成的应用，其基本要素都已在1998年建成的实验楼中获得了验证，包括了可变地板、同层排水方式等Infill相关技术。

（3）住宅部品的工业化

部品的发展与集合住宅有密切的关系。20世纪50年代是材料工业化时代，60年代是部品开发时代，70年代是集成化时代，80年代是系列化时代。

50年代中期日本成立的住宅公团从部品出现伊始就积极参与部品的开发。1959年，包括公团在内的所有的公营住宅都开始采用"公共住宅用标准部品"（KJ部品）。KJ部品制度延续了18年，共有17类部品被指定为KJ部品。1978年后被BL制度取代。

60年代，以开始成熟的部品制造商为主力，对部品进行开发。1966年日本建设省在《住宅建设的工业化构想》中指出，为了顺利地达到住宅建设的五年计划，必须大力推进住宅建设的工业化，材料和部品实现工厂生产化。1969年日本建设省工业技术院开始实行《关于推进住宅产业标准化的五年计划》，指定了住宅的基准尺寸和模数，并进行集成设备系统的设计。同年，日本制订了《推动住宅产业标准化五年计划》，"住宅性能标准"、"住宅性能测定方法和住宅性能等级标准"以及"施工机具标准"、"设计方法标准"等。到目前，日本各类住宅部件（构配件、制品设备）工业化、社会化生产的产品标准已十分齐全，占标准总数的

80%以上，部件尺寸和功能标准也已形成体系。各生产厂家按照标准生产出构配件以及各种标准制品，在装配建筑物时都可以通用。

70年代是住宅建设由量向质转变的时期，装修和设备部品的生产量和种类都急剧增加，而且部品的规模趋向大型化和集成化。1974年建立的优良住宅部品（BL部品）认定制度，通过对其性能的认证采用民间的部品，促进民间企业的发展。

80年代，随着社会整体富裕程度的提高，住宅以及部品的需求变得更加多样化，部品趋于系统化、系列化，种类增多。单元式浴室的销售量已超过单体浴缸的销售量，现在新建集合住宅的100%、单户住宅的90%采用的是单元式浴室。

随着1999年《品确法》的实施，不但提高了对部品质量的要求，而且必须明确地表示其所达到的性能级别。市场重心转向旧房改造、节能、环保、满足高龄者适应性等成为部品开发的新要求，数字技术的发展也提出了多功能和智能化的新要求。

日本既存住宅市场上，既存住宅占所有（包括新建、既存住宅）流通住宅总量的14%，低于美国的81%、英国87%、法国65%。为了能让安心地进行既存住宅买卖交易，日本政府通过对流通市场的整治来激活既存住宅流通市场。

制定的相关政策

①2009年制定了既存住宅买卖瑕疵保险制度和既存住宅性能表示制度，并促进此项制度的普及；

②2010年实施了既存住宅流通活性化等事业，在既存住宅买卖时，若加入既存住宅买卖瑕疵保险，登录住宅的履历情报，可以获得对检查费用、装修改造工事费用的补助；

③为了提供既存住宅买卖相关的情报，2007年开始在互联网上提供不动产买卖信息，可以登录并查阅住宅的履历等信息；

④2005年修改了住宅贷款减税的特别条款，政策覆盖范围扩大为具备一定抗震性能的既存住宅，与建造年限无关。

实施改造技术

①住宅的节能改造：业主减少住宅能源消耗而进行的改造，如将普通单层玻璃替换为双层玻璃。

②住宅的无障碍设施改造：出于对高龄者和其他特殊需要居民的考虑，为方便高龄者生活而进行的住宅改造，如台阶处设置斜坡、扶手，将共用的走廊、楼梯和电梯改造为无障碍设施，方便出入。

③住宅的灾害预防改造：对住宅的防火、防水、防盗等改造。

日本是地震多发国，为提高住宅、建筑物的抗震性能，根据促进建筑物抗震改造的相关法律，国家制定了2015年90%以上的住宅及建筑物应满足建筑物的抗震要求，2003年这一比率为75%，地方公共团体制定了抗震改造的促进计划，设定抗震改造目标，制定抗震诊断、抗震改造的助成方针。

1995年阪神地震造成了超过6400人的死亡，其中80%的死亡是由于住宅倒塌。对老旧住宅进行加固，提高其抗震性能，避免结构在大震发生时倒塌造成人员伤亡。

主要参考文献

[1] 日本国土交通省：http://www.mlit.go.jp．

[2] 财团法人共同住宅管理中心：http://www.mankan.or.jp．

[3] 社団法人日本住宅協会：http://www.jh-a.or.jp．

[4] 公益財団法人日本賃貸住宅管理協会：http://www.jpm.jp．

[5] 政府統計の総合窓口：http://www.e-stat.go.jp．

[6] 地方公共団体におけるリフォーム支援策に関する調査結果．

[7] 日本総務省統計局.http://www.stat.go.jp/data/nihon/index.htm．

[8] 日本総務省統計局.日本的统计，2014．

[9] 日本総務省統計局.平成24年家計調査．

[10] 内阁府.国民经济计算年报．

[11] 住宅经济数据集，2015年．

[12] 日本国土交通省住宅局.公的賃貸住宅等をめぐる現状と課題について、平成18年6月29日．

[13] 国土交通省総合政策局情報政策課建設統計室.建築統計年報．

[14] 一般財団法人日本建筑中心：A Quick Look at Housing in Japan．

[15] 住宅Eco point：http://jutaku.eco-points.jp．

[16] 八木寿明：転換期にある住宅政策——セーフティ・ネットとしての公営住宅を中心として．

9 韩国

G D P：14 104亿美元（2014年）

人均GDP：27 971美元（2014年）

国土面积：10万km^2

人　　口：5 042万人

人口密度：518人/km^2

城市化率：82%（2014年）

9.1 住房基本情况

9.1.1 住房现状

截至2015年底，全国建筑物总数为698.7万栋，同比增加了75 625栋，增长比例为1.1%，总面积为353 406.8万m^2，同比增加了8 271.7万m^2，增长比例为2.4%。在各类建筑物中，占比例最高的是住房用建筑物，其总面积为165 416.9万m^2，占各类建筑物面积的46.8%。2014年，韩国住房总数为1 942.86万套，家庭数为1 877.25万户，每一家庭平均拥有住房1.035套。

随着韩国住房供给的增加、住房规模的扩大，韩国人均居住面积近几年呈现出稳定增长的趋势。2006年人均居住面积为26m^2，到2014年就已增加到33.5m^2（表2-9-1、图2-9-1）。

人均住房面积（单位：m^2）　　　表2-9-1

	2006		2008		2010		2012		2014	
	每户	每人	每户	每人	每户	每人	每户	每人	每户	每人
全国	67.3	26.2	69.3	27.8	68.7	28.5	78.1	31.7	71.4	33.5
首都圈	67.0	24.4	68.9	25.7	66.6	25.9	79.0	29.4	70.9	31.3
广域市	64.5	24.0	68.9	27.3	70.4	28.3	80.8	32.6	74.5	34.5
其他	69.5	30.0	70.1	31.2	70.8	32.4	75.1	34.6	70.2	36.2

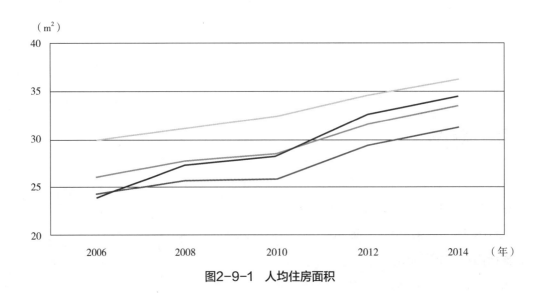

图2-9-1 人均住房面积

9.1.2 住房分类

据韩国国土交通部实施的居住实况调查结果显示,目前韩国的住房类型大致可分为5类:独立住房、低层小区住房、高层公寓、多户型住房、非居住用建筑物内的住房。据2014年的最新统计,韩国人口的49.6%居住在高层公寓内,是各类住房中占比例最高的;其次是独立住房,居住在独立住房中的人口占总人口的37.5%。而2010年,47.1%的人口居住在高层公寓内,40.4%的人口居住在独立住房(表2-9-2)。从这几年的发展趋势来看,居住在高层小区的人口逐年增加,居住在独立住房的人口逐年减少。

2014年韩国各地区各类别住房类型统计(单位:%)　　表2-9-2

	独立住房	高层小区	低层小区住房	多户型住房	非居住用建筑物内的住房	其他	总计
全国	37.51	49.59	3.38	6.23	1.00	2.19	100.00
首都圈	30.56	50.82	4.99	9.29	0.73	3.61	100.00
广域市	35.91	55.38	2.12	4.63	1.18	0.78	100.00
其他地区	49.41	44.96	1.56	2.36	1.15	0.56	100.00

2010~2014年全国住宅类型统计表(单位:%)　　表2-9-3

	独立住房	高层小区	低层小区住房	多户型住房	非居住用建筑物内的住房	其他	总计
2010	40.4	47.1	4.5	5.6	1.1	1.3	100
2012	39.6	46.9	3	7.2	1.7	1.7	100
2014	37.5	49.6	3.4	6.2	1	2.2	100

从住房所有权的分类来看，韩国的住房可分为自有住房和租赁住房两大类。其中租赁住房根据交租金的方式可分为年租、带押金月租、普通月租等。从2014年的数据来看，自有住房占53.62%，年租房占19.59%，带押金月租房占21.82%。相对于2006年，自有住房和年租房的占比逐年下降，带押金月租房的占比逐年增加。而与2010年相比，先付式月租房的占比下降了50%以上（表2-9-4）。

不同所有权住房所占比例（单位：%）　　　　　　　　表2-9-4

住房所有权		自有住房	年租	带押金月租	普通月租	先付式月租	其他	总计
全国	2006	55.57	22.42	15.26	2.06	1.30	3.06	100.00
	2008	56.39	22.34	14.80	1.93	1.52	3.02	100.00
	2010	54.25	21.66	18.16	1.97	1.63	2.66	100.00
	2012	53.83	21.46	18.61	2.71	0.61	2.78	100.00
	2014	53.62	19.59	21.82	1.43	0.74	2.80	100.00

从2014年的住房使用面积来看，居住在60~85m²的住户占比最高，其次是居住在40m²以内的住户（表2-9-5）。这与韩国的家庭人口数有直接的联系，2014年统计出的家庭总数中1人家庭占比最高，其次是2人家庭，占比各为26.8%和26.2%。

2014年住房使用面积统计（单位：千户）　　　　　　表2-9-5

总计	40m²以下	40~50m²	50~60m²	60~85m²	85~102m²	102~135m²	135m²以上	不知	平均（m²/户）
17 999.3	3 209.5	2 001.1	2 263.1	5 551.8	2 149.1	2 145.9	678 3	0.356	71.41

9.2 住房建设与居住标准

9.2.1 住房建设情况

韩国由于外汇危机的影响1998年以后住房建设处于低潮，而2001年以后一方面政府积极出台政策支持，另一方面股票市场低迷所导致资金大量流入房地产行业，以及以短期差额利润为目的的虚假住房需求的影响，导致房地产业开始恢复，一直呈现出相对稳定的上升趋势，直至2008年金融危机再次引发房地产行业的不景气，连续三年维持建设量每年为38万套，不足40万套，而这几年住房的需求量为42万~43万户，缺口为4万~5万户。2011年随着全球经济的复苏，住房建设有所恢复，各地方住房建设量开始增加，住房供不应求的状况有所缓解。

2014年达到了51.53万套（图2-9-2、表2-9-6）。

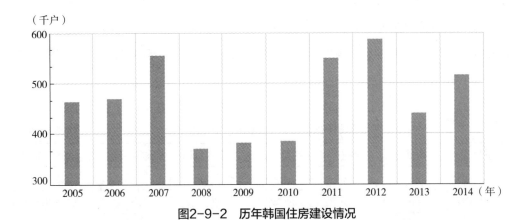

图2-9-2　历年韩国住房建设情况

2005~2014年全国、地方与首都圈住房建设情况（单位：套）　　表2-9-6

年份	全国	首都圈	地方
2005	463 641	197 901	265 740
2006	469 503	172 058	297 445
2007	555 792	302 551	253 241
2008	371 285	197 580	173 705
2009	381 787	255 158	126 629
2010	386 542	250 218	136 324
2011	549 594	272 156	277 438
2012	586 884	269 290	317 594
2013	440 116	192 610	247 506
2014	515 251	241 889	273 362

2007~2014年韩国住房建设情况（单位：户）　　表2-9-7

年份	总计	独立住房	高层公寓	多户型住房	低层小区住房
2007	555 792	51 450	476 462	23 184	4 696
2008	371 285	53 667	263 153	50 421	4 044
2009	381 787	54 665	297 183	24 513	5 426
2010	386 542	62 173	276 989	41 424	5 956
2011	549 594	73 097	356 762	106 270	13 465
2012	586 884	51 232	163 498	119 952	19 591
2013	440 116	69 759	113 810	80 888	10 730
2014	515 251	749 797	347 687	81 687	10 898

可以看出，近几年来在各类住房建设中，高层公寓的建设量最大，所占比例最高。按住宅类型来说，进入21世纪后公寓的建设比重占所有住房的80%以上，而2013年这一比重下滑到了63.3%。与此相反，建设量比重低于10%的独立住宅和多户住宅逐渐扩大建设，2013年分别达到了15.9%和18.4%。

住房销售量统计是确立与实施住房相关政策的重要依据。韩国每月都会对民间部门和公共部门未售出住房进行统计（所谓民间部门住房是指未利用国民住房基金、完全利用民间资本建设的住房；公共部门的住房是指利用国民住房基金建设的住房）。

2014年未售出住房现况统计（单位：户）　　　　　表2-9-8

月份	总计	公共部门 总计	民间部门 总计	60m²以下	60~85m²	85m²以上
1月	58 576	0	58 576	5747	29 445	23 384
2月	52 391	0	52 391	5033	25 045	22 313
3月	48 167	0	48 167	5457	21 642	21 068
4月	45 573	0	45 573	5512	20 152	19 909
5月	49 026	0	49 026	5364	23 804	19 858
6月	50 257	0	50 257	5324	25 087	19 846
7月	51 287	0	51 287	5587	26 534	19 166
8月	44 784	0	44 784	4726	23 103	16 955
9月	39 168	0	39 168	4156	19 894	15 118
10月	40 092	0	40 092	4840	21 143	14 109
11月	39 703	0	39 703	4666	21 668	13 369
12月	40 379	0	40 379	5932	21 052	13 395

从2005年至2007年出现了未售出住房量大幅度上升，达到8万户，恢复到与1998年持平的数量，2008年达到峰值。2013~2014年未售出住房量一直保持着减少的趋势，2014年未售出房屋数量为4万户，达到了近年来最低水平（图2-9-3）。

9.2.2　住房居住标准

最新《未达到最低居住标准情况调查》显示，2014年居住条件未达标家庭数为98万户，与2012年的128万相比减少了30万。人均居住面积从2012年的31.7m²增加到了2014年的33.5m²。两年间全国的居住情况有了飞跃性的发展。

2008年居住在年租房的居民占全部租赁户的55%，2010年起，随着年租价格的上涨及不动产市场的不稳定性，年租租赁户的比例逐年下跌。2014年年租住户的比例仅占全体租户

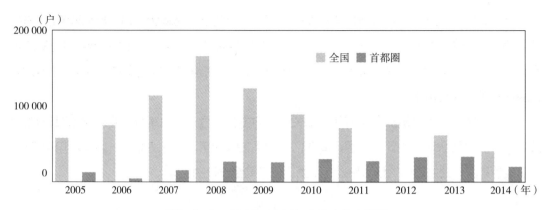

图2-9-3　2005~2014年未售出住房数量

的45%，月租住户占55%（表2-9-9）。

反映居住情况的主要指标　　　　表2-9-9

指标名			2006年	2008年	2010年	2012年	2014年
居住水平	未达到最低居住标准的家庭数（未达标准户在总户数的占%）		268万户（16.6）	212万户（12.7）	184万户（10.6）	128万户（7.2）	98万户（5.3）
	人均居住面积（m²）		26.2	27.8	28.5	31.7	33.5
居住稳定性	年租（月租）在租户中的占比（%）	全国	54.2（45.8）	55（45）	50.3（49.7）	49.5（50.5）	45.0（55.0）
		首都圏	62.1（37.9）	62.7（37.3）	57.1（42.9）	55.9（44.1）	53.9（46.1）
	对居住环境的满意度（满分4分）		2.86	2.75	2.84	2.83	2.86
	购买人生第一套住宅需要的年数（年）		8.1	8.3	8.5	8.0	6.9

《住宅法》对住宅建设标准、配套福利设施的范围、地板的隔声等级、绿色性能等项目进行了规定。

（1）**防止噪声的措施**：公共住宅的室外噪声要在65分贝以内，室内噪声则要在45分贝以内。如果不能达标时必须设置隔声墙等措施。

（2）对必备设备的标准

①水质良好的地下水设施及下水道设施；

②现代化的厨房；

③水洗式卫生间；

④洗浴设施（包括卫生间内的洗澡设施）。

（3）结构、性能及环境标准

①永久性建筑应确保其强度，并使用具有良好隔热与防潮湿性能的材料；

②应具备隔声、换气、采光功能和暖气设备；

③噪声、震动、恶臭及大气污染等环境因素应符合法定标准；

④住房不能设在洪水、山体滑坡等经常发生自然灾害的地区；

⑤应具备安全的电器设施及发生火灾时可避难的结构和设备。

按家庭构成分类的最低居住面积及房间数量[①]　　表2-9-10

家庭人口数（人）	标准家庭结构[②]	室（房间）数量[③]	总居住面积（m²）
1	1人家庭	1K	14
2	夫妻	1DK	26
3	夫妻+子女1	2DK	36
4	夫妻+子女2	3DK	43
5	夫妻+子女3	3DK	46
6	老人+夫妻+子女2	4DK	55

根据当前的最低居住标准来看，1人家庭最少应有1卧1厅（厨房），最低居住面积为14m²。2人家庭应具备1间卧室和1间厨房，最低居住面积是26m²。3人家庭应具备2间卧室和1间厨房兼餐厅，最低居住面积为36m²。4人家庭应具备3间卧室和1间厨房兼餐厅，最低居住面积为43m²，5人家庭在房间数量上与4人家庭相同，但最低居住面积比4人家庭多3m²。6人家庭应具备4间卧室及1间厨房兼餐厅，最低居住面积为55m²。

2014年以全国的住户为对象进行了住房支援方面的调查，其中有47%的住户需要住房支援项目。这其中月租户占66.7%，比年租（59.3%）及自有住房（33.7%）的住户有更大需

[①] A Typology of Housing Vulnerability based on Housing Quality and Affordability Jung Min Park, Gun Min Yi, Uk Chan Oh，社会福利研究，Vol. 46，No. 2[2015]

[②] 3人家庭的子女1是以6岁以上为标准；

4人家庭的子女2是以8岁以上子女（一男，两女）为标准；

5人家庭的子女3是以8岁以上子女（两男，一女）或（一男，两女）为标准；

6人家庭的子女2是以8岁以上子女（一男，一女）为标准。

[③] K是厨房，DK是餐厅兼厨房，数字代表的是卧室(兼用客厅)或者可以用为卧室的房间数。

备注：房间数量划分标准：A. 妻使用一张床；B. 6岁以上子女使用单独的房间；C. 8岁以上的异性子女不使用一间房；D. 老人使用单独的卧室。

求。从各收入层的需求来看：低收入家庭希望得到"公共租赁房、年租费用的贷款支援"等；中等收入和高收入家庭希望得到"购买住房的资金贷款"。

各类住户最需要的住房支援项目（首选）（单位：%）　　表2-9-11

区分		月租补助	年租房贷款支援	购房贷款支援	住房改良及维修	供给公共租赁住宅	供给公共出售房	提供住宅支援服务	其他	总计
全体		6.5	19.1	31.5	12.2	20.1	5.8	4.8	0.2	100
占优形态	自有住房	0.5	4.4	41.4	27.4	11.0	6.1	8.8	0.4	100
	年租	1.7	28.8	34.5	3.5	22.0	7.4	2.1	0.1	100
	月租	16.8	28.9	18.0	1.2	29.2	4.1	1.7	—	100
各收入群体	低收入家庭	11.6	18.2	17.2	15.8	25.7	4.8	6.7	0.0	100
	中层收入家庭	4.1	21.2	37.7	9.0	17.7	6.4	3.6	0.2	100
	高收入家庭	1.2	14.1	48.4	13.6	12.3	6.1	3.6	0.6	100

9.3 住房建设管理体制

9.3.1 管理及执行机构

韩国住房政策及住房行政管理事务由国土交通部[①]负责，国土交通部的住房土地办公室具体落实。国土交通部[②]下设韩国土地住宅公社、住宅管理工团、大韩住宅担保（株）、韩国鉴定院等机构，执行住房相关专门业务，以提高办事效率和满足专业化需要（图2-9-4）。此外，道、市、区政府协助管理住房建设相关的行政工作，不再另设地方建设局。

国家住房政策审议委员会设于国土交通部，其构成和运作由总统令发布。该委员会由20名成员组成，包括政府相关部长、韩国土地住宅公司的董事长及民间专家，主席由国家经济企划院院长担任，副主席由国土交通部部长担任。该委员会负责制定国家住房发展规划，审批全国住房建设计划。

[①] 1948年11月成立，其前身为内务部建设局。1994年与交通部合并改名为建设交通部。2008年因政府改编与海洋水产部合并新设国土海洋部。2013年新政府出台后改名为国土交通部。

[②] 国土交通部的住宅建设室负责全国住房建设的规划和发展。主要负责：制定、修改住房保障有关法令；建立住宅综合计划；制定国民住宅基金的运行计划；筹借政府部门资金；监督国民住宅基金受委托机关等。

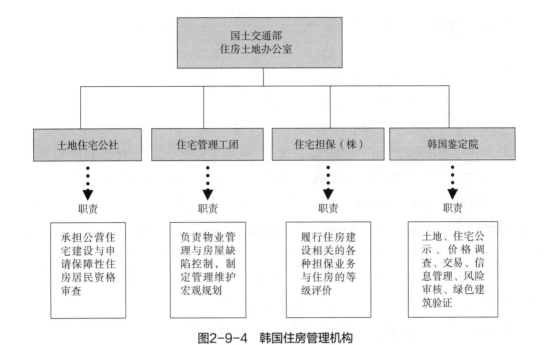

图2-9-4 韩国住房管理机构

9.3.2 金融机构

2008年韩国政府确定友利银行为国民住宅基金①的总管机关,为韩国住房保障建设提供金融支持。同时确定农协中央会、新韩银行、韩亚银行和企业银行为一般受托机关,国民银行只保留承担现有账户的管理业务。友利银行实行商业性银行业务与政策性银行业务分别核算,政策性银行业务接受国土交通部的监管。

9.3.3 公益及研究机构

韩国设有韩国住宅学会、韩国住宅协会、住宅产业研究会、韩国建设产业研究院、土地住宅研究院、韩国居住环境学会等公益及研究机构来研究住宅建设政策和住宅产业面临的课题。各研究机构的职能详见2015年版《国外住房发展报告》第234页。

9.3.4 服务咨询机构

My home咨询中心:2015年12月1日起,韩国国民可在全国36家My home咨询中心得到各种房地产咨询服务。任何一位地区居民都能在My home咨询中心获得幸福住宅、New Stay、住房补贴、公共租赁住宅及住房贷款等咨询服务以及有关于政府居住扶持政策的综合介绍服务和定制型咨询一条龙服务。

---

① 国民住宅基金主要来源于政府投资、吸收房屋申购储蓄、发行住房抵押支持证券、国民住房债券和住房福利彩票,资金运用投向开发商建房贷款和向中低收入群体发放全额房屋租赁资金、个人购房贷款以及改善居住环境等。

9.4 住房政策与法规

9.4.1 住房政策的历史演变

韩国住房政策演变可划分为三个阶段:

(1) 以住房建设促进法为核心住房制度与政策体系构建阶段(1960~1987年)

这一时期,韩国政府出台了一系列住房法规(详见2015年《国外住房发展报告》第235页);明确了由建设部作为住房建设和住房政策的主管机关,组建了大韩住宅公社、大韩住房银行等参与住房建设和住房金融服务的相关公营机构;构建了以5年住房发展计划为主体的住房政策体系和住房普查制度,初步形成了韩国住房制度框架。具体规定公房、商品房的供应办法,特别是通过指定公房的优先供应对象,照顾了无房户和低收入阶层。但从总体来看,这一时期是韩国经济高速发展的起飞阶段,政府的政策重点主要集中在发展工业方面,对住房问题没有给予高度重视。因此,这个阶段制定的三次住房发展计划均没有完成,住房投资占GDP的比例始终在2%~3%的低水平徘徊,住房普及率也由84.2%下降到71%。

(2) 以促进大规模住房建设为重点的政策实践阶段(1988~1998年)

1988年是韩国政府高度关注住房问题并大力发展住宅建设的转折点。其关键是人口的增长、经济高速发展、城市化进程加速以及家庭小型化使住房短缺问题加剧,缺房最为严重的首尔及首都圈地区,其住房普及率仅为56.1%和60.2%,并由此引发了当地房地产价格高涨和市场投机。

为此,政府对住房政策进行了一系列重大调整:第一,增加住房投资,扩大住房建设规模。第二,提供足够的建房用地,有选择地放松对土地开发的管制,并以优惠价格提供给建房者。第三,通过国民住宅基金、住宅银行及金融机构为"小户型"住房提供低息贷款等住房金融政策,并向低收入阶层倾斜。第四,通过规范住房价格、完善税收体制、提高财产税与强化转让所得税的征收、强制购房者购买住房公债等举措,限制住房市场投机行为。

总体来看,这一时期的住房政策取得了明显成效,住房投资占GDP的比例由2%提高至5%左右;平均每年新建住房数量均在50万套以上,住房普及率提高到1998年的92.4%,各项居住质量指标均有较大幅度提高。

(3) 以完善市场机制为主的住房政策调整阶段(1998年至今)

1998年亚洲金融危机致使住房需求呈直线下降趋势,住房价格也由此下降,大批的建设企业因有效需求不足、商品房积压、资金周转困难而陷入困境。房地产行业急剧萎缩,当年住房建设企业的破产率就达到了14.3%,住房建设套数比上一年减少了48.7%。为此,政府陆续出台了搞活住房市场的诸项措施,如加大政府对住房建设的资金支援;减免房地产转让所得税、取得税、登记税等;放松对转卖住房的限制,放宽对"请约"资格的审查等措施。

此外，于1997年废止了"小户型住宅建设义务比率"，取消了除首都圈（首尔、京畿道）以外的商品房限价措施，进而取消了在全国范围内上限价政策，以避免经济陷入长期低迷。

从1999年下半年开始，韩国经济呈现复苏迹象。但是在金融危机期间住房建设总量不足的情况下，随着经济复苏所带动的新需求增加和潜在需求的爆发，使住房价格开始出现攀升的趋势，进而激化了低收入阶层住房难的问题。2001年和2002年的房价涨幅分别达到了9.9%和16.4%。面对住房市场出现的新问题，政府通过采取以下政策措施，完善住房市场机制，促进住房市场的繁荣，使更多的低收入群体有房住：①放松对房地产市场价格、私营企业进入住房建筑领域等方面的管制；②住房金融支持政策更多地向购房者倾斜；③通过减免房屋转让所得税、购置税和登记税等，鼓励购房并活跃房地产市场；④增加国民租住房的数量，扩大受惠对象（定为收入水平达不到上一年度城市劳动者平均家庭收入的70%（10年型）或50%（20年型）水平的无房户）；⑤国民租住房建设资金的70%由政府和国民住宅基金负担；⑥为住宅建设提供更有力的法律保障。

总体来看，韩国这一时期根据韩国的国情和发展中出现的问题对住房政策进行了各项调整，特别是在对韩国房地产市场进行调控和解决中低收入人群住房的问题上。

9.4.2 法律法规体系

韩国的住房法律法规体系以《住宅法》为基本法规，规定国家的义务等住房政策的基本原则和方向，载有住房政策核心内容，其涉及住房计划、住房建设、住房供给、住房管理、住房资金、住房交易等与住房相关的所有环节。

特别法或狭义上的住房政策法律规定宅地的取得、开发、供给和管理相关事项；一般租赁住房和国民租赁住房的建设供给和管理相关事项；老旧城区的再开发和环境改善中的住房相关事项；破产的公共建设租赁用住房承租人的保护事项等。住房政策法律具体类型和内容见表2-9-12。

韩国住房建筑法律法规 表2-9-12

法律名称	制定日（实行日）	主要内容
《住宅法》	2003年5月29日	规定住房的建设、供给、管理以及为其资金的筹措、运营等事项
《宅地开发促进法》	1980年12月30日	规定住房建设所必要的宅地的取得、开发、供给及管理的事项
《租赁住宅法》	1984年12月31日	规定租赁住宅的建设供给及管理和租赁住房事业所必要的事项
《城市及居住环境整备法》	2003年12月31日	规定按计划整治居住环境不良地区，有效改良老旧、不良建筑物所必要的事项

续表

法律名称	制定日（实行日）	主要内容
《有关再建筑 超过利益回收之法律》	2006年5月24日（同年9月25日）实行	规定回收再建造事业的超过利益之负担金的课赋及征收程序等相关事项
《保护破产公共租赁住宅承租人之特别法》	2007年1月19日（同年4月20日）实行	规定破产租赁住宅承租人的租用保证金保护和居住稳定有关方法和程序等
《有关公共住房建设的特别法》	2008年11月12日	规定公共住房建设必要事项，以保障低收入阶层的住房问题及提高住房条件
《提高长期居住公共租赁房家庭的生活质量支援法》	2009年3月25日（2010年1月1日）实行	改善长期居住公共租赁房入住者的居住环境，提高生活质量
《绿色建筑物支援法》	2013年2月22日	规定建绿色建筑物时必要事项，扩大低碳绿色建筑，实现绿色经济增长的目的
《残疾人、高龄老人等弱势群体支援法》	2013年3月23日	提高住宅弱势群体的住宅环境

9.4.3 新政新规

（1）NEW STAY是应对市场变化而产生的一种由民间企业为中产阶层提供优质出租房屋的新型模式。

2015年1月13日韩国企划财政部、国土交通部和雇佣劳动部等6个政府部门发表了"培养企业型住宅租赁企业，创新中产阶层住房方案"。内容为向企业型租赁业主提供市中心公共用地以及韩国土地住宅公社（LH）所保有的宅基地，同时扩大在金融、税制方面的支援力度。

由此，在知名建筑公司的公寓品牌里加上"Stay"名称，月租在100万韩元左右（约合人民币5 700元）的中产阶层用长期租赁住宅New Stay即将在韩国问世。

政策主要内容

①集中建设最少可居住8年的企业型租赁住宅。在与商品房相同品质的住宅中提供优质的居住服务；承租人最少可以居住8年且租金涨幅被控制在每年5%以内；民间租赁限制从6个减少到2个，强化宅地·基金·税制等支持。

②扩大中产阶级居住选择，稳定全税，月租市场。将中产阶级从高额全税导向企业型租赁，扩大平民阶级全税供应。

③引进先进的租赁文化。设备修理时不再与房东产生摩擦，降低保证金无法退还的风险。

④带动内需将国内建筑业从单纯施工转化为高附加值产业。

New Stay的特点

不管有无住房、收入多少都可以申请；最少入住时间为8年，8年内没有搬家的顾虑；租金涨幅被控制在每年5%以内；为打破对"租赁住宅质量差"的成见，按照和商品房同样的质量施工；New Stay结合了房屋与居住服务，提供育儿，老人陪护，清洁，保安，用餐，家电家具租赁，健康管理等居住服务。例如在新婚夫妇用租房中运营育儿设施，在老年公寓内可提供老人陪护服务。

（2）《租赁住宅法》

自2015年8月28日将分为《民间租赁住宅特别法》和《公共住宅特别法》，《民间租赁住宅特别法》第13499号法律于2015年8月28日全部修订，并于2015年12月29日实施。

由于最近民众对住房观念的改变，住房持有率持续下降，租赁方式从传赁转向月赁，导致全税、月租市场供求失衡，承租人的房租负担增加。为此，将以救济为中心的《租赁住宅法》修订为以支援为中心的《民间租赁住宅特别法》，通过放宽城市建筑限制等强化对民间租赁住宅的支援，为适当回收利用公共资源产生的民间开发利益等提供制度保障。

主要内容：

①将名称由现行的《租赁住宅法》变更为《民间租赁住宅特别法》，公共租赁住宅的相关规定移至《公共住宅特别法》。②将民间租赁住宅分为租赁8年以上的企业型租赁住宅，准公共租赁住宅和租赁4年以上的短期租赁住宅，将租赁业务经营者分为企业型租赁业务经营者和一般租赁业务经营者。③将现行《住宅法》中对住宅租赁管理业的相关规定转移至本法，并分为自主管理型及托管型。④国家及地方政府等应为民间租赁住宅的扩大供应及品质提升等，提供优先支付城市住宅基金、税收减免及优先选地等优惠政策。⑤租赁业务经营者建造企业型租赁住宅或准公共租赁住宅时，给予容积率、建筑覆盖率、放宽层数限制、销售、业务机构许可等优惠。⑥国土交通部长及市道知事可指定企业型租赁住宅的供应促进区。⑦因放宽施工限制，带来土地价值提升时，促进区的指定人（受益人）应承担提升范围内区域规划中基础设施的安装费用。⑧为了培育民间租赁事业，将取消现适用于租赁业务经营者的6项核心限制中的4项，即：承租人资格限制，首次租金限制，出租房屋买卖义务，担保权设定限制，只保留租赁义务期限（8年或4年）及租金上涨限制（每年5%）等2项限制。

（3）《公共住宅特别法》

《公共住宅特别法》第13498号法律于2015年8月28部分修正，并于同年12月29日实施。

修订背景与主要内容如下：

①法律名称从《关于公共住宅建设等的特别法》变为包括公共住宅供应、管理等相关事项的《公共住宅特别法》，由此修改立法目的。②将《关于公共住宅建设等的特别法》与《租赁住宅法》中对公共住宅的定义存在的分歧进行统一，明确其定义。准公共住宅也可使用公共住宅的相关规定。③根据住宅总体规划——居住综合规划（10年），为实现公共住宅的顺利供应，经过需求调查后，国土交通部长官应以5年为单位制定公共住宅供应管理规划，使地方政府能够根据国土交通部的规划，制定各地规划，并使国土交通部长官能够评价各地方政府

的供应、管理现状。④将公共住宅事业的"执行者"称为"公共住宅经营者",明确区分房地产投资公司中可以进行公共住宅事业的公司,将由公共出全资的房地产投资公司定为公共住宅经营者。⑤简化小规模住宅区域的开发手续,使地方政府可以制定、提出周边地区的整改计划,使小规模住宅区域与周边地区的整改相互联系。⑥不仅是区域规划,在住宅建设事业规划许可时,也能通过综合审议委员会对城市规划、建筑、环境等进行研究和审议。⑦将幸福住宅等国有土地利用范围,从国土交通部长官管理的国有财产一部分扩大到所有国有财产。⑧整改工作的执行者建设的租赁住宅,由公共住宅经营者优先收购,作为公共租赁住宅供应,租借现有的住宅作为公共租赁住宅供应时,明确规定财政,基金的扶持依据。⑨将曾适用于《宅地开发促进法》的建筑物保留、土地供应、成本公开、获得供应土地的转让限制、欲供应土地的预收款领取等必要规定直接反映于本法中。⑩将《租赁住宅法》规定的与公共租赁住宅有关的公共住宅供应标准,重复确认、金融信息提供、租赁条件、拒绝续约、住宅管理、出售限制等必要规定转移至本法。

(4)《绿色建筑法修正案》

该修正案规定:2015年5月29日以后建造或改造的具有一定规模的公共建筑外壁应带有遮阳板、百叶窗等阳光调节装置,这里包括建筑总面积超过3 000㎡的政府大楼、国立公立学校、图书馆等。为提高能效应,义务安装隔热、防潮层、智能仪表(BEMS)等设备。

9.4.4 住房保障与相关政策

(1)住房保障模式

韩国公共住房的供给是韩国住房保障制度的一大亮点。各类保障住房按性质又可分为出租型、出售型和租售混合型。

①**出租型供应模式**是政府买入或租赁房屋后再以低廉的价格租赁给低收入家庭。永久性租赁住宅、国民租赁住宅以及长期押金租赁住宅属于出租型保障房。永久性租赁住宅是针对城市最低收入群体,60㎡以下,租期为50年,租金价格为市场价格30%左右的公共租赁住宅。国民租赁住宅是以供应60㎡以下小型住宅为主,60~85㎡住宅为辅,租期为30年,租金价格为市场价格60%~70%的公共租赁住宅。长期押金租赁住宅是指一次性交付一定的押金,租期为20年,不再交纳月租金的公共租赁住宅,租赁期间押金数额随着周边普通押金租赁住宅的变化而变化,但是最大变化幅度不得超过5%。

②**出售型供应模式**主要指85㎡以下的中小型住宅,政府给予用地、金融、税收等各方面的政策性优惠,以较低的价格向中低收入家庭供应。公共住房政策分为公共出售房和公共租赁房两种,其中公共出售房为出售型保障房。这类住房是只针对无住房的家庭出售,其中35%的住房提供给一般居民(居住在住房所属区域的居民),20%提供给人生第一次购房者,15%提供给新婚夫妻(结婚未满5年的夫妻),15%提供给相关机构推荐的受国家保护的残疾

人及立功者。购房者的月平均收入应低于全年每户月平均收入的100%以下，抚养老父母、多子女，新婚夫妻等家庭的月平均收入应低于120%以下。此外，购房者不动产资产不能超过215 500千韩币，名下的汽车市价不能超过27 940千韩币。

③**租售混合型供应模式**是近几年韩国新兴的持股型公共租赁住宅，是指此类住宅一般租赁期间为10年，10年期间承租人可以逐步购买，交纳购买金额越多持有房屋股份越多，而所交纳租金呈反向递减，直到完全拥有房屋产权。公共租赁住房中5年（10年）租赁住宅和分期支付租金的租赁房属于租售混合型供应住房。此项制度很好地解决了居民短期购买力不足的问题，一方面可以满足居民的居住需求，另一方面又能使居民分享房屋价格上涨带来的收益。

2009~2018年住宅供给计划显示：到2018年，政府力争供应150万户公共住房，其中供给首都圈100万户、地方50万户。供给类型包括：中小户型出售住宅70万户，所占比例为47%；国民租赁住宅和持股型公共租赁住宅等租赁型住宅80万户，所占比例为53%，其中永久性租赁住宅为10万户、国民租赁住宅为40万户、长期押金租赁住宅为10万户、租售混合型的持股型公共租赁住宅为20万户，且60m²以下的住宅必须占总建设量的45%以上。

（2）住房保障模式

幸福住宅政策由国家政策调整会议提出，于2014年7月31日国土交通部、文化体育观光部、女性家族部等7个国家部委签署通过，并计划2017年前累计提供14万户住宅。幸福住宅政策是为了缓解新婚夫妻、大学生等年轻人的住房压力，为其提供交通便利、价格低廉的租赁房的政策（详见《国外住房发展报告2015第3辑》第237页）。

（3）租赁政策

韩国政府为了消除两极分化现象，实现均衡发展的社会，为低收入者提供低价租赁房屋的资格，实施买入租赁、全税租赁等多样化的住房福利政策。韩国政府为低收入者提供的买入租赁和全税租赁实际情况和2015年的计划见图2-9-5。

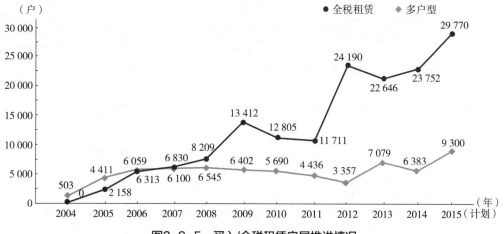

图2-9-5　买入/全税租赁房屋推进情况

租赁政策按类型可分为以下几种。

①多户买入租赁

政府购买市区内的多户型住宅，出租于低保户家庭，使得低保户家庭能用当前的收入租赁房屋的政策。政府按市场价格的30%（与永久租赁住宅价格相同）出租，最初租赁期间为2年，最多可以延长9次即可入住20年。到2014年为止，韩国土地住宅公社（LH）共买入56 965户，2015年计划买入约9 300户。

租赁此类住宅首先要向地方自治团体（市、君、区政府）申请，地方自治团体再把具体信息上报到LH公司，LH根据调查实际情况鉴定评价后再向国土交通部递交买入申请。经国土部审批后LH公司将买入住房并与符合条件的申请者签署租赁合同。入住对象条件详见《国外住房发展报告2015第3辑》第239页。

②再建筑买入租赁

根据国土交通部的预算，韩国土地住宅公社（LH）购买再建筑、再开发的住房作为租赁房，按市价的90%出租于符合条件的居民。这类租赁房每2年重签一次合同，可租赁10年。根据再建筑和再开发，设了两个不同的入住者标准：A.再建筑小型住宅：根据10年公共租赁住宅的标准选拔入住者。B.再开发租赁住宅：第一顺序，申请当时为无住房住户，并在提供住房地区居住满一年，期间无住房者。第二顺序，申请当时为无住房住户，并居住在提供该类租赁房的地区。第三顺序，不符合前两条要求的无住房住户。

③破产租赁住宅买入租赁

韩国土地住宅公社（LH）及其他住宅买入实行者买入破产的民间住宅租赁营业者拍卖的不动产，弥补承租人的损失并再次出租的政策。租赁保证金及租赁费等由国土交通部长官公示标准而定。

优先供给　　　　　　　　　　　　　　表2-9-13

	第一选择：居住在该破产租赁住房的承租人		第二选择：与承租人签合同并居住在该所者	第三选择：居住在该破产租赁住宅单元或小区者
	依据特别法实行令第3条第3项的供给	根据住宅供给规则第32条第1项第一号的供给		
入住资格	希望继续租赁的承租人	无住房家庭		
租赁条件	与前出租人约定的条件	国土部部长公示的国民租赁住房等标准租赁保证金及标准租赁费		
租赁期	3年	2年		
其他	3年租赁期间，无住房租赁住户应国民租赁住宅等要求签署新租赁合同。此后，符合租赁条件者可续签	符合无住房等要求时，可以续签		

④原有住宅租赁

为了保障城市低收入阶层能以当前的收入租赁房屋,政府以年租的形式租赁房屋后再租赁给低收入者的政策。原有住宅租赁房的最初租赁期限为2年,在保持入住资格时可以续签9次,最多可居住20年。对入住者的具体要求见表2-9-14。

对入住者的具体要求　　　　　　　　表2-9-14

入住者	要求
低保户家庭等	第一选择:低保户家庭及受保护的单亲家庭 第二选择:当年的家庭月平均收入低于全年城市劳动者每户月平均收入50%者;办理残疾人证的人群中月平均收入低于全年城市劳动者每户月平均收入者
被破产公共租赁公寓驱逐者	面临破产,运营者申请紧急住房支援的公共租赁房的承租人,不希望或无法购房而离开租赁房的无住房住户
住房信用保证基金拒绝发放信用保证书的住户	被选为公共建设租赁住宅(除永久租赁住宅及国民租赁住宅)的入住者,按照"住宅法"第62条申请了国民住宅基金的贷款,但住宅信用保证基金拒绝发放保证书的无住房住户;第一,月平均收入低于全年城市劳动者每户月平均收入50%;第二,续签租赁合同的入住日和居民居住地转移日中,从靠前的时间算起,3个月内申请贷款者
共同生活家庭	低收入残疾人、儿童、老人,低收入未婚母亲或父亲,性侵受害者、家庭暴力受害者、脱北(朝鲜)居民等弱势群体设立的福利机构
居住条件恶劣者	小于3m²的住房、塑料棚、考试院、客栈、露宿者驿站、流浪汉的保障性设施需市长、郡守、区厅长认可,犯罪被害者的保障性住房支援需法务部长官认可。上报到LH社或国土交通部长官处的住房住户的月平均收入应低于全年度城市劳动者每户月平均收入的50%
紧急支援对象	根据"紧急福利支援法"选为支援对象者中,市长等认为需要住房支援而上报到LH社者
大学生	申请时应为项目所在地的外地生源在校大学生; 第一选择:低保户、受保护的单亲家庭、离开儿童福利院者(满18岁就要离开); 第二选择:月平均收入低于平均50%以下;月平均收入低于平均值100%的残疾人;第三选择:不符合前两项的大学生

该类政策支援的具体方式为以国民住宅规模(小于85m²)的住房为对象(1人家庭限制50m²以内的住房),在首都圈地区最多支持8 000万韩币、广域市最多6 000万韩币,其他地区最多可支援5 000元韩币的年租房。对于首都圈及广域市的共同生活家庭可提供1亿5百万韩币,其他地区的则为7 500万韩币的年租房。

租赁的保证金在规定限度内的年租金的5%(如果入住者希望提高也可以),月租相当于年租金减保证金的年2%的利润(需另付租金的0.5%的坏账准备金)。

⑤新婚夫妻年租房政策

该政策的受惠对象为无住房的新婚夫妻,应享受当年低保补助,月平均收入低于全年度城市劳动者家庭月平均收入50%以下的新婚夫妻。政府对面积小于85m^{2}的住房，首尔圈最高可以支持年租8 000万韩币，广域市最高支持年租6 000万韩币，其他地区则年租为5 000万韩币的住房。在以上规定的年租限额内，押金是年租的5%，月租为年租费用中减去已支付保证金后金额的2%，坏账准备金需要另付。最初租赁期限为2年，到期后如还保持入住资格，可以最多续签9次，最多可住20年。2008年以来支援了27 310户家庭，计划2015年支援5 400户。

⑥未成年全税租赁支援

对未成年家庭、因交通事故失去父母的小孩等家庭，政府从国民住宅基金中筹资租赁全税租赁房，保障儿童和青少年的住房政策。支援对象儿童或青少年所在家庭的月平均收入应低于全年城市劳动者家庭的月平均收入。符合条件的入住者为如表2-9-15所示的几类。

未成年全税租赁支援　　　　　　　　　　　表2-9-15

未成年家庭		未成年者为家庭的户主（包括未成年者与没有抚养能力的父母一同生活）受低保政策的支援
交通事故受害者的子女		因交通事故死亡或因后遗症成残疾人的受害者如有未满18岁的子女（未满20岁还在上高中者包含在内）
受委托儿童	代理抚养家庭	未满18岁者与法律上的抚养义务人（祖父母、外祖父母）居住的情况
	亲人委托家庭	未满18岁者与非法律抚养义务人居住的情况
离开儿童福利院者		儿童福利院的儿童因年满18岁退出福利院并未满23岁者

国家无偿为符合以上条件的未成年者提供年租房到20岁为止。满20岁后应负担利息（年2%），如果能一直保持相应的入住条件，可以2年为单位续签3次。

⑦居住条件恶劣的弱势群体支援政策

该政策主要为市长、郡守、区厅长认定需要住房支援，并居住在小于3m^{2}的住房、塑料棚、考试院、客栈、露宿者驿站、流浪汉，法务部长官认可需要住房支援的犯罪被害者，此外，月平均收入低于全年度城市劳动者每户月平均收入的50%者，提供廉价租赁房，实行保障住房的政策。

⑧公共租赁住宅

公共租赁住宅按租赁年限和支付方式分为5年（10年）租赁住宅、50年公共租赁住宅以及分期支付租金的租赁房等三类。5年（10年）租赁住宅到期后优先销售给承租人。50年公共租赁房是以永久性租赁为目标建设的租赁房，50年间不用购买可租赁的住宅。目前，50年公共租赁房没有新供应的住房，只有准入住者可入住。分期支付租金的租赁房是入住者首付房价的一部分，入住后阶段性支付剩余款（租赁期间内支付未还款金额的利息）的住宅，在支付完所有剩余款（租赁期间10年后）后，可转让所有权的租赁房。

申请邀约储蓄、立功者可以申请50年公共租赁房；符合"公共住宅入住者拥有的不动产及汽车相关业务处理标准"中规定的资产量，具体为不动产（土地+建筑）资产不能超过21 550万韩币，汽车的市价不能超过21 550万韩币[①]。

供给对象及条件　　　　　　　　　表2-9-16

种类		要求
一般供给		首选： 首都圈：申请邀约储蓄满一年，按期缴纳月付金12次以上的无住房住户； 首都圈以外地区：申请邀约储蓄满6个月，按期缴纳交付金6次以上的无住房住户； 次选：不符合首选标准的无住房住户
特别供给	多子女特别供给	申请邀约储蓄满6个月，按期缴纳月交付金6次以上的无住房住户。根据当前民法，特别供给3名以上子女家庭；对于这类住户提供占总建设量10%的住房
	老父母抚养特别供给	应符合一般供给的首选标准，并瞻仰65岁以上的直系长辈（配偶的直系长辈）3年以上的无住房住户；对于这类住户提供占总建设量5%的住房
	新婚夫妇特别供给	申请日当时结婚未满5年并已生育（包括怀孕或领养儿童的情况）的无住房住户，家庭月收入低于全年城市劳动者每户月平均收入的100%以下（配偶有工作时应低于120%以下）
	人生第一套住房特别供给	应为过去一年交过所得税，并5年以上交税的劳动者或个体户。要约储蓄及预付款的金额超过600万韩币的已婚者，月平均收入低于全年劳动者月平均收入的100%以下并无购房史的家庭
	立功者特别供给	向5.18民主运动中的烈士及受伤者、执行特殊任务者、参战烈士等特别提供占总建设量10%的住房
	机构推荐的特别供给	向脱北者、公务员、残疾人、军人、中小企业员工等提供占总建设量10%的住房

5年（10年）租赁房和分期支付租金的租赁房住满一定租赁期限后可以向居住者转让房屋所有权。转让所有权的价格为5年租赁住宅是（建设成本+鉴定价格）/2；10年租赁房的鉴定价格即为转让价；分期支付租金的租赁房的转让价格为首付款、中期款及尾款的总和。

9.5　住房融资机制与税制

9.5.1　国民住宅基金

1981年韩国《住宅建设促进法》首次提出国民住宅基金的概念，国民住宅基金是指为公

---

① 这些标准是2015年的标准，根据物价的变动每年都有可能变动。

共租赁住宅的建设、85m²以下普通商品房建设提供长期低息贷款，为低收入家庭购买、租赁住宅和改善住宅环境提供低息贷款的国家政策性金融制度。国民住宅基金的资金来源包括：国民住宅债券、要约储蓄、住宅彩票和利息收入。

（1）国民住宅基金资金来源

国民住宅基金作为一种政策性住房金融制度，其高效运行的前提是有充足的资金作为保障。国民住宅基金的主要资金来源包括如下几种：国民住宅债券、要约储蓄、住宅彩票和利息收入。其中国民住宅债券和要约储蓄所占比例较大且制度本身极具特色。

国民住宅债券是指为了提供国民住宅事业所需资金而发行的国家债券，因为国民住宅债券利息很低，一般情况下，由政府强制当事人购买。国民住宅债券又分为：I型国民住宅债券和II型国民住宅债券。I型国民住宅债券在以下两种情况下强制购买：购买不动产、汽车、船舶等需要政府部门予以登记确认的物品时，按照物品价格的一定比例购买国民住宅债券；与政府签订房地产开发建设合同时，按照合同确认标的的一定比例购买国民住宅债券。具体的购买比例依据购买标的价值、购买不动产面积的大小以及购买时的经济形势而有所不同，政府也可以根据经济发展情况对此比例进行调整。韩国政府在1973年首次发行I型国民住宅债券，当时5年期年利息为6%，现在I型国民住宅债券5年期利息为2%。II型国民住宅债券具有区域性，主要目的是为了缩小中大户型不动产售价格之间的差距。政府提供公共用地开发的使用面积为85m²以上的住宅，因为土地是通过政府供应的，其销售价格要受政府的制约，在房地产价格上涨时期，其销售价格与周边同等商品房价格相比较低，因此，在一定区间范围内强制购买II型国民住宅债券。购买了国民住宅债券之后，才有购买此种政府限价商品住房的资格，且在购买上限范围内，购买债券越多，获得优先购买住房的可能性越大。II型国民住宅债券和I型国民住宅债券相比，其使用范围受到一定的限制，只有出于抑制不动产投机时，才会强制性购买。2013年5月31日起废止II型国民住宅债券。

国民住宅债券作为国民住宅基金最主要的资金来源，其优势在于筹借资金速度快，一定程度上可以抑制房地产投机，且国民住宅债券的发行规模可以随着房地产价格的上涨而增加。在房地产形势较好时，国民住宅债券的筹款能力较强。与此同时，在不动产价格长期稳定或者下降的情况下，房地产交易量也随之下降，国民住宅债券筹集资金能力也随之下降。韩国在20世纪90年代，房价一度较为稳定，导致国民住宅基金的运行和发展遇到了一定的困难。

要约储蓄制度是实现预定申请购买住房、为将来能够买住房而进行储蓄的制度。要约储蓄的传统分类为预定储蓄、预定存款和预定预付金、预定综合储蓄四种。要约储蓄即为房地产建设提供了资金来源，又作为给准备购买住房的人授予购买资格的制度来实行。

预定储蓄主要针对无住房家庭，而预定存款和预定预付金只要是超过20岁的成年人即可参加，但是一个人只能有一个要约储蓄账户。预定储蓄可申请的是85m²以下的公共住房，因为此类公共住房的建设可以申请国民住宅基金的低息贷款,所以预定储蓄筹集的资金也理所当然作为国民住宅基金的资金来源。预定储蓄其储蓄方式为按月储蓄,没有地区差异,每月定期交纳2万~10万韩币。预定存款可申请的是85m^{2}以下的民营住房,民营住房不得享受国民住房基金的贷款,因此每月定期交纳的金额要高于预定储蓄,为5万~50万韩币。而预定预付金是把韩国划分为首都圈、其他较大城市和其他市郡三大类,并且把住房规模划分为四类,等级划分为最低200万韩币、最高1 500万韩币的金额,在此区间内实行定期预付一定金额的制度,预付金额的多少取决于所在的地区和所要购买的住宅规模。预定综合储蓄是为了获得国民住宅等住房的申请资格以自由存款或一次性存款的方式进行的储蓄,每月自由存款,存款金额最低2万韩币、最高50万韩币。如果累计存款金额不满1 500万韩币,可以一次性最多存入1 500万韩币。

国民住宅基金资金其他来源:住宅彩票和利息收入。依据韩国《彩票基金法》第32条规定:"将彩票销售收入及其他彩票运营收入,按照一定的比例提供给国民住宅基金,用于国民住宅及公共租赁住宅的建设。"利息收入主要是国民住宅基金贷款所产生的收益。

(2)国民住宅基金贷款

国民住宅基金贷款对象可划分为针对房地产开发建设方的供应贷款和针对住宅购买及承租方的消费贷款两大类。这两大类贷款在贷款最高限额、贷款期限、贷款利率等方面都存在明显的差异。

国民住宅基金供应贷款可以划分为三类:针对出售型公共住房的贷款、针对国民租赁住房的贷款和针对国民公共租赁住宅的贷款。

国民住宅基金消费贷款分为:针对购买住房的购买型贷款和对承租住房的租赁型贷款。房屋承租也包括两种,一种是普遍意义上的租赁,即按月支付租金的方式;一种是韩国特有的房屋租赁制度,即先向房东交纳相当于房屋购买价格40%~60%的长期押金,租赁期间不需要再另行交纳房租,租赁期满,由房东原价返还已交纳的长期押金,此种制度又被称为长期押金租赁制度。国民住宅基金消费贷款所针对的租赁型贷款主要是指长期押金租赁贷款。长期押金租赁贷款根据贷款对象不同,条件也有所不同。最低收入家庭与其他家庭相比最高融资额较高,且年利息和融资期限等都有较大幅度的优惠。其他家庭长期押金租赁贷款的融资期限一般为2年,到期后可以延长两次,每次延长期为两年。

9.5.2 不动产税与税种

韩国不动产税制体系包含11个税种,从发挥调节作用阶段来看可将其划分为三类:不动产取得环节的税种包括取得税、注册税、印花税、附加税等;不动产保有环节的税种包括财产税、城市计划税、共同设施税和综合房地产税;不动产转让环节的税种包括转让所得税、居民税。此外,韩国还有较为规范的不动产税基评估体系。其中,住房取得税、财产税、所得税、综合不动产税和不动产转让税内容详见2015年《国外住房发展报告》。

注册税是以二次形成后续行为的登记、注册等为对象的"价值流通税"。在房产登记时，注册税分为以金额作为课税标准按照定率税课征的部分和以登记注册行为本身作为课税标准并按定额税课征的部分；税率根据不同课税对象有所不同（表2-9-17）。

房地产登记的注册税标准税率　　　　　　　　表2-9-17

课税对象		税率
①继承取得	农地	房地产价额的3%
	其他	房地产价额的8%
②继承之外的无偿取得		房地产价额的15%
③非营利经营者的无偿取得		房地产价额的8%
④①~③之外的取得	农地	房地产价额的10%
	其他	房地产价额的20%
⑤所有权保存登记		房地产价额的8%
⑥共有，合有，总有物的分割		房地产价额的3%
⑦①~⑥以外的登记		每件3000韩元

印花税是一种附加税，属于以二次形成的后续行为作为对象的"价值流通税"。印花税的纳税人为创建、转移、变更财产所有权而订立相应文书的单位和个人；课税对象为关于房地产所有权转移的合同书以及证券、存款等各种权利证书；税率因记载金额大小采取累进税率。

房地产所有权转移的税率　　　　　　　　表2-9-18

凭证涉及的金额	应纳税额（韩元）
超过1 000万韩元至3 000万韩元	20 000
超过3 000万韩元至5 000万韩元	40 000
超过5 000万韩元至10 000万韩元	70 000
超过10 000万韩元至10亿韩元	15 0 000
超过10亿韩元	35 0 000

城市计划税是针对土地、建筑物、住宅负有财产税纳税义务者；课税标准是按照土地、建筑物、住宅等直接适用相应财产税的课税标准额；税率是单一比例税率5‰，也可根据特别市、广域市、市、郡的条例，对相应年度城市计划税的税率做出调整，但税率不得超过2.3‰。

共同设施税是针对消防设施、污物处理设施、水利设施及其他公共设施受益者进行课税。纳税义务人是建筑物的所有人，课税标准是土地、建筑物的价额，但是采取逐年增加的方式，在2006年适用公示地价和住宅公示价格及非居住用建筑物市价的55%，自2007年开始每年提高了5%，自2015年开始为100%。

居民税大体分为均等分摊居民税和所得分摊居民税。适用于市或者县内有住处的个人和机构。均等分摊居民税不管其所得，对个人、个人事业者、法人按照相同金额课税；所得分摊居民税是在缴纳所得税、法人税等税时附加10%进行缴纳。

租赁用房地产税制包括取得税、注册税、综合房地产税、转让所得税等具体规定。对于大韩住宅公社租赁住宅和住宅租赁事业者在取得税和注册税方面都有一定的减免优惠措施；对于租赁住宅法中的长期租赁住宅或多户租赁住宅，具备租赁期限、住宅数、价格、规模等一定条件的租赁住宅，不在综合房地产税的课税标准合算对象范围之内；对于因住宅租赁而取得的所得课征转让所得税，但对所有1套以下住宅者的住宅租赁所得不予征收所得税。

9.5.3 不动产税基评估体系

韩国不动产税基评估体系包括税基评估和征收体系两个系统。税基评估由鉴定评价士和公务员鉴定评估，由不动产评估委员会审议，最终交由国土交通部公示，公示形成价格构成了不动产的税基；征收则是在税基评估的基础上按照具体税制计算和缴纳税金。韩国国会对不动产税制和税基评估进行统一立法，高度中央集权。

评价鉴定士：由鉴定评价协会进行统一培训，负责标准地公示地价和标准住宅价格评估业务。鉴定评价机构接受国土交通部委托，按照属地化和业务熟悉程度分配每个鉴定评价士的工作量，工作时间至少为5年。

市、郡、区公务员：负责个别地公示地价和个别住宅价格的估算工作，通过实际调查住宅的特性确定每个住宅的公示价格。

9.6 住房可持续发展

9.6.1 绿色节能政策法规与标准

自1979年政府颁布《建筑法》至今，相继出台和修订了系列政策法规和相关标准，极大促进了建筑节能与环境保护。具体政策法规与标准颁布与修订情况见2015年《国外住房发展报告》。

9.6.2 建筑节能目标和战略

2014年国土交通部提出了第一个建筑节能目标和战略：绿色建筑物基本规划是以"低碳型国土环境和环境友好型生活文化为基础的绿色建筑物普及"为目标，计划在2020年前建筑物产生的温室气体排放量减少原来的26.9%。为了达到这一目标提出了四大战略：第一，绿色建筑物标准的先进化战略；第二，提高原建筑物的能源性能战略；第三，构建绿色建筑产业战略；第四，扩大绿色建筑的基层工作人员战略（具体内容见2015年版《国外住房发展报告》）。

9.7 住房市场的未来发展趋势

9.7.1 住房交易市场

韩国首都圈的房价持续走低，进入2012年以来，韩国住房交易量减少，一手房市场呈现萎缩趋势；地方一手房交易虽呈现良好趋势，但上升势头减弱（图2-9-6）。

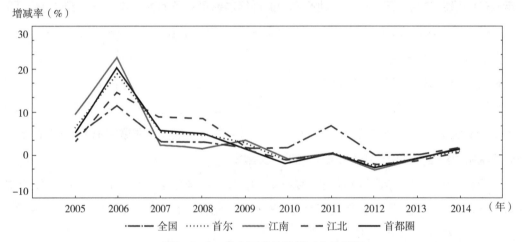

图2-9-6　住宅买卖价格增减率统计图

2006年的交易集中在了学区房及拥有良好居住环境的小区，5月份之前因供不应求交易价格一路飙升，之后房地产的泡沫说和政府上调利息等影响下房地产价格开始下滑。进入2007年后房地产市场一度进入了稳定期，然而2008年突如其来的金融危机和供过于求的市场环境下，房地产市场再度进入了萎缩期。不动产市场长期低迷，2010年大家对不动产市场失去了信心，涨幅也低于了历年的平均值。2011年住房交易市场开始回暖，买卖价格同比上涨6.9%，但是因国内经济发展缓慢、欧洲的经济危机等影响，2011年下半年的房地产市场发展缓慢，这种趋势一直延续到了2012年。2013年全国住房买卖价格整体上涨0.31%，然而首都圈反而下降1.12%，2014年围绕首都圈地区的购买者持观望态度，涨幅迟缓，2015年全国住房买卖价格上涨1.8%，首都圈上涨2.25%，出现了回暖迹象。据相关学者预测，受欧洲财政危机以及经济不确定性的影响，韩国的住房市场不景气状况将会持续，城市型生活住房等中小型住房的供给量会增大，住房市场的条件会逐渐改善。

9.7.2 年租房市场

2008年年租价格同比上涨1.7%，年租市场趋于稳定。2009年与往年相比，供不应求，进入秋季搬家高峰期后强势上涨，年租价格在2010~2011年大幅度上涨，但从2011年末开始上升势头减弱。2012年全国的房地产市场整体不稳定，大多数人持观望态度。2013年起年租价格有所回升，2015年因年租市场供不应求，年租价格缓慢上涨。

韩国房地产信息网预测，2016年的房地产市场与2015年相比，发展会缓慢，但价格依然会持续上升；同时，2016年各住宅类型中公寓和低层多户住宅的需求量也会有所增加。

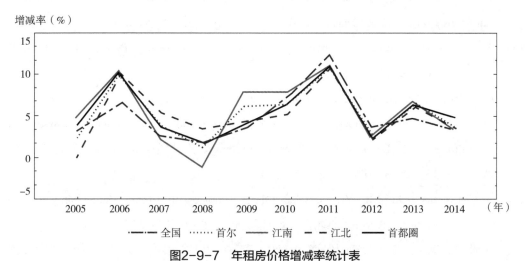

图2-9-7 年租房价格增减率统计表

主要参考文献

[1] 统计厅第59号2014韩国统计年鉴.

[2] 韩国建设技术振兴院2014韩国建设年鉴.

[3] 国土海洋部2012住宅综合计划.

[4] 国土交通部2014年建筑物节能设计标准.

[5] 国土交通部环保型住房建设标准.

[6] 国土交通部住宅建设标准及有关规定.

[7] 国土交通部. http://www.molit.go.kr/portal.do.

[8] 国土交通统计网. https://stat.molit.go.kr/portal/main/portalMain.do.

[9] 统计厅e-指标. http://www.index.go.kr.

[10] 国税厅网站. http://www.nts.go.kr.

[11] 全国不动产信息网. http://www.onnara.go.kr/index.jsp#self.

[12] 国家信息法令中心http://www.law.go.kr.

[13] 国土交通部住房统计网. http://www.hnuri.go.kr/main.do.

[14] 韩国土地住宅公社. www.myhome.go.kr.

[15] 康青松. 韩国住房政策的历史演变及启示[J]. 区域经济，2009-1-，25（4）.

[16] 黄修民. 由韩国住房金融制度看中国公积金制度的改革和完善[J]. 经济与管理研究，2010，3.

[17] Kim KyungHwan. 金融危机以后住宅市场的结构变化和住宅政策[J]. 经济学研究，2007.

[18] Lim Seongyeong. 我国住房福利政策改善方案研究[D]. 明治大学，2011.

[19] An Zongman. A Study on Inprovement of the housing welfare Policy[D]. SUNGKYL UNIVERSITY，2011.

[20] Songyinkye. Status and improvement of Housing policy in korea[D]. 西江大学院，2013.

[21] Jeong，Yong-sun等. Comparative Analysis of Domestic and Foreign Policies and Systems for EnergEfficency and Environmental-Friendly Buildings，大韩建筑学会，学术研讨会论文集第28卷第一号，2008. 1024-2.

[22] Jung Min Park，Gun Min Yi，Uk Chan Oh. A Typology of Housing Vulnerability based on Housing Quality and Affordability[J]. 社会福利研究，2015，46（2）.

[23] 王唯博，郭洁，郝学. 韩国保障住房政策首尔公共住宅案例浅析[J]. 中国住宅设施，2015，2.

[24] 朴槿惠. New Stay是新型的居住模式. 2015年9月17日Korea. net，记者全汉.

[25] 朴槿惠参加"NEW STAY"1号开工仪式、朝鲜日报记者 陈仲彦、李松沅，2015年9月18日.

[26] 韩国推"new stay"住宅政策惠利中产阶层、人民网-韩国频道，2015年1月14日.

[27] My home咨询中心正式运营 - 为您解答.

[28] 韩国税制;贵州省国家税务局官网（http://www.gz-n-tax.gov.cn/）

[29] 国务院发展研究中心课题组韩国如何解决低收入家庭住房问题. 中国发展观察，（京）2007年1期，2013年4月2日.

10　新加坡

G　D　P：3 078.6亿美元（2014年）

人均GDP：56 284.6美元（2014年）

国土面积：0.1万km²

人　　口：547万人

人口密度：7 814人/km²（2014年）

10.1　新加坡基本情况

10.1.1　住房类型与家庭户数

新加坡的住宅总体上分为：公共住房和私人住房（表2-10-1）。

公共住房类型有：①HDB组屋；②珍宝型组屋（4室2厅4卫）；③执行跃层复式组屋（3+1室2厅3卫）；④执行共管公寓（3+1室2厅3卫，一般有泳池，网球场等健身设施）；⑤执行公寓（3+1室2厅3卫）；⑥中等收入组屋（3+1室2厅3卫）；⑦私人发展商带资承包建造私人组屋。⑧乐龄公寓：超过55岁的老年人租住30年，不能出售。户型同HDB二房。

中等收入公寓、执行共管公寓（Executive Condominiums）仍是组屋，但功能更加合理，配套设施更加齐全，售价较高。

不同住房类型的家庭数量（单位：套）　　　　表2-10-1

	2008	2009	2010	2011	2012	2013	2014
全部	1 093.1	1 119.6	1 145.9	1 146.2	1 152.0	1 174.5	1 200.0
全部HDB住房A	904.6	935.9	943.7	948.4	939.5	961.8	965.2
HDB1~2房B	43.0	49.7	52.3	52.2	54.0	59.1	64.0
HDB3房	223.2	226.5	229.7	233.3	214.5	223.2	220.1
HDB4房	349.7	358.8	365.4	367.5	375.4	382.4	386.0
HDB5房、执行公寓	286.0	297.4	293.3	291.9	293.3	294.3	292.8

续表

	2008	2009	2010	2011	2012	2013	2014
共管式公寓、私人组屋	122.7	117.8	132.0	126.9	139.9	143.7	161.8
有地产业	62.5	61.2	64.9	66.3	69.0	65.0	69.4
其他	3.4	4.6	5.3	4.6	3.6	4.0	3.6

注：A. 包括非私有住宅和城市发展住宅（HUDC）
　　B. 包括HDB1室公寓

数据来源：Statistical Tables from Yearbook：Households

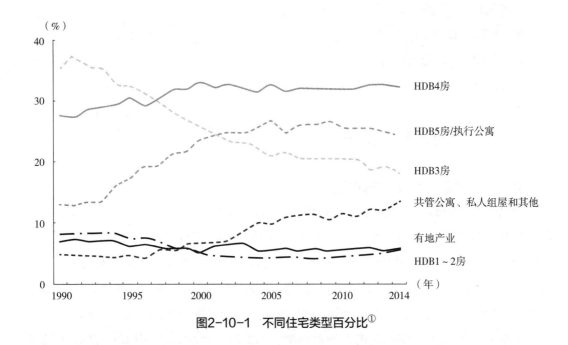

图2-10-1　不同住宅类型百分比[①]

私人住房数量很少，类型有：①有地产业的独立房屋、半独立房屋、联排别墅；②私人公寓。自2006年以来，平均家庭人数一直保持在3.5人左右。

10.1.2　每套住房平均人口数

根据2000~2014年对不同住房类型住房及住户统计可以看出：由建屋发展局所建设的住房，以四房住户为最多，占全部住房的31.7%~32.3%，其次为三房和五房，占全部住房的20%~26.2%，一房、两房房型则占全部住房的3.9%~4.6%。居住在HDB5房或更大组屋的住户由2001年的24.2%提高到2013年的25.1%。相反，居住在HDB3房的住户由2001年的

---

① http://www.singstat.gov.sg/publications/publications_and_papers/population_and_population_structure/population_trend.html

25%下降到2014年的18.3%。HDB4房2014年最受欢迎，住户高达32.2%（表2-10-2）。

共管式公寓（Condominiums）、私人组屋的住户自2000的6.3%提高到2014年的13.5%。居住在建屋发展局建设的5房房型的住户由2000年的23.5%增长到2014年的24.4%。

家庭户数和每户平均人口数　　　　　表2-10-2

	2006	2007	2008	2009	2010	2011	2012	2013	2014
全部（'千户）	1 054.1	1 074.8	1 093.1	1 119.6	1 145.9	1 146.2	1 152.0	1 174.5	1 200.0
1人户	112.5	116.4	109.7	115.7	139.9	114.0	109.5	124.4	134.8
2人户	207.6	204.6	214.3	219.4	215.0	227.9	230.9	234.1	252.2
3人户	217.5	223.3	227.2	234.3	231.4	237.1	238.3	243.7	251.5
4人户	258.0	262.9	268.2	271.3	263.9	279.6	281.1	290.9	280.1
5人户	160.3	166.1	163.7	164.5	168.0	169.7	170.5	165.5	162.9
6人户	98.2	101.4	110.2	114.4	127.8	117.9	121.8	116.0	118.4
每户平均人口（人）	3.46	3.48	3.50	3.49	3.50	3.51	3.53	3.47	3.43

数据来源：Statistical Tables from Yearbook

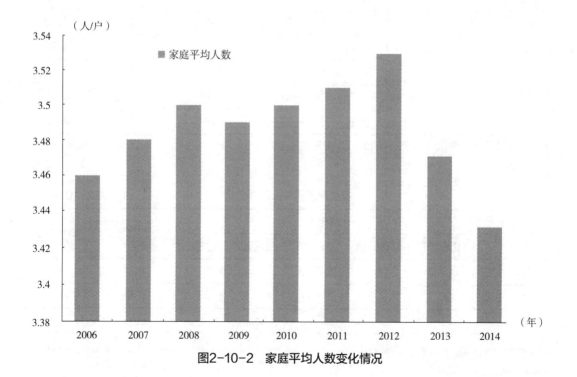

图2-10-2　家庭平均人数变化情况

由表2-10-3可以看出2014年1~2室HDB住户的居住人数为2.32，5室户和执行公寓（Executive Flats）的居住人数最高，为3.88人。共管式公寓（Condominiums）和私人组屋（Private Flats）平均每户3.40人。

不同住房类型每户人数（单位：人）① 表2-10-3

年份	全部	公共住房				私人住房	
		HDB1~2房	HDB3房	HDB4房	HDB5房执行公寓	共管式公寓私人组屋	有地产业
2000	3.70	2.20	3.11	3.95	4.13	3.67	4.65
2001	3.61	2.19	3.01	3.87	3.97	3.58	4.33
2002	3.55	2.07	2.93	3.75	3.96	3.48	4.19
2003	3.52	1.96	2.85	3.75	3.96	3.45	4.30
2004	3.52	2.04	2.81	3.73	3.93	3.56	4.33
2005	3.56	2.04	2.80	3.76	4.00	3.52	4.54
2006	3.46	2.00	2.77	3.69	3.93	3.33	4.22
2007	3.48	2.01	2.76	3.65	3.93	3.44	4.22
2008	3.50	2.09	2.77	3.66	3.93	3.46	4.32
2009	3.49	2.12	2.77	3.66	3.93	3.45	4.28
2010	3.50	2.11	2.78	3.66	3.96	3.41	4.39
2011	3.51	2.24	2.77	3.65	3.99	3.43	4.38
2012	3.53	2.36	2.79	3.63	3.98	3.48	4.35
2013	3.47	2.38	2.74	3.58	3.94	3.42	4.33
2014	3.43	2.32	2.70	3.53	3.88	3.40	4.32

注："全部"包括未列出的住宅，例如：非HDB组屋等。

各类房屋居住人口百分比 表2-10-4

年份	合计	HDB组屋					执行共管公寓和私人住宅	有地产业
		HDB合计	1房和2房	3房	4房	5房和执行公寓		
2000	100	87.7	5	25.8	33.1	23.5	6.3	5.1
2001	100	86.3	4.5	25	32.3	24.2	6.5	6.1

① http://www.singstat.gov.sg/publications/publications_and_papers/population_and_population_structure/population_trend.html

续表

年份	合计	HDB组屋					执行共管公寓和私人住宅	有地产业
		HDB合计	1房和2房	3房	4房	5房和执行公寓		
2002	100	85.6	4.3	23.4	32.8	24.8	6.8	6.6
2003	100	84.5	4.5	22.8	32.2	24.7	8	6.7
2004	100	83.7	4.1	22.4	31.5	25.4	9.8	5.6
2005	100	84.4	4.3	20.7	32.5	26.6	9.7	5.4
2006	100	82.9	4.4	21.8	31.7	24.8	10.5	5.7
2007	100	83.1	4.2	20.6	32.1	26.1	10.9	5.4
2008	100	82.7	3.9	20.4	32	26.2	10.8	5.7
2009	100	83.5	4.4	20.2	32	26.6	10.4	5.5
2010	100	82.4	4.6	20	31.9	25.6	11.2	5.7
2011	100	82.6	4.6	20.4	32.1	25.5	11	5.8
2012	100	81.6	4.7	18.6	32.6	25.5	12.1	6.0
2013	100	81.9	5.0	19.0	32.6	25.1	12.2	5.5
2014	100	80.4	5.3	18.3	32.2	24.4	13.5	5.8

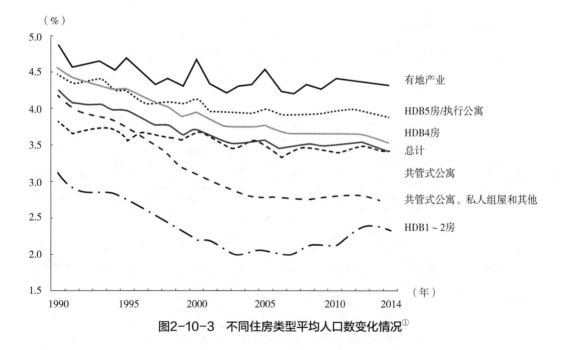

图2-10-3 不同住房类型平均人口数变化情况[①]

① http://www.singstat.gov.sg/publications/publications_and_papers/population_and_population_structure/population_trend.html

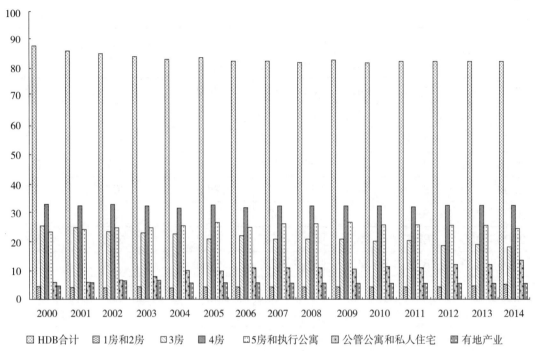

图2-10-4　各种房屋居住人口百分比对照

10.1.3　住房自有率

2014年，新加坡住房自有率为90.3%，比2013年下降0.2%（表2-10-5）。

住房自有率（单位：%）　　　　　　　　　　表2-10-5

	2007	2008	2009	2010	2011	2012	2013	2014
总计	90.0	90.1	88.8	87.2	88.6	90.1	90.5	90.3
HDB 总计[1]	91.9	91.7	90.4	88.8	90.1	91.7	91.8	91.6
1房和2房[2]	20.6	19.4	17.7	18.4	22.3	23.1	22.3	23.9
3房	92.9	92.4	91.2	90.0	94.1	93.3	94.1	94.4
4房	96.4	95.9	95.3	93.6	97.0	96.6	97.0	96.8
5房和执行公寓	96.8	97.0	96.1	94.4	97.2	97.0	97.2	97.4
共管公寓和其他公寓	77.1	79.6	77.2	76.6	79.0	82.5	82.5	83.3
有地产业	88.9	89.3	90.2	88.7	88.7	91.2	91.2	90.9

注：（1）包括非私有化住房和城市发展建设开发公司（HUDC）住房。
　　（2）包括HDB1房公寓。
数据来源：Statistical Tables from Yearbook

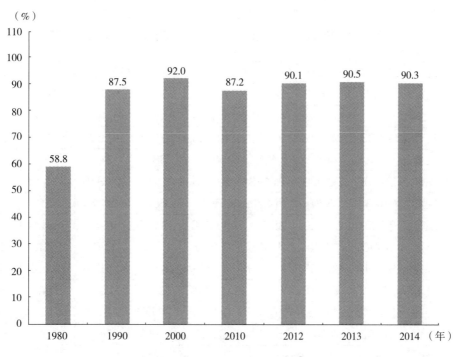

图2-10-5　家庭住房自有率[①]

10.1.4　住房存量与空置量

新加坡2007年至2014年间私人住房数量呈逐年上升趋势，空置率基本上在一定范围内上下波动。

截至2014年，现有私人住房308,814套，空置24 062套，空置率为7.79%；有HDB住房959 960套，其中执行公寓15 040套，空置1 734套（表2-10-6~表2-10-9）。

2008~2014年住房现有数量（单位：套）　　　　表2-10-6

年	2008	2009	2010	2011	2012	2013	2014
住房存量	1 126 124	1 137 632	1 156 775	1 182 870	1 200 113	1 222 648	1 268 774
家庭数（千户）	1 093.1	1 119.6	1 145.9	1 146.2	1 152.0	1 174.5	1 200.0
家庭平均住房套数	1.04	1.03	1.02	1.04	1.05	1.05	1.07

[①] http://www.singstat.gov.sg/statistics/visualising_data/chart/Home_Ownership_Rate_Of_Resident_Households.html

2007~2014年私人住宅现有数量和空置率（单位：套）　　表2-10-7

产业类型	年份	2007	2008	2009	2010	2011	2012	2013	2014
所有	现有	234 812	241 204	249 489	258 243	268 768	277 620	289 370	308 814
所有	空置	13 134	14 623	12 388	12 883	15 980	14 869	18 003	24 062
所有	空置率	5.59%	6.06%	4.97%	4.99%	5.95%	5.36%	6.22%	7.79%
独立式住宅	现有	9 830	9 975	10 269	10 350	10 504	10 567	10 638	10 675
独立式住宅	空置	502	488	495	450	388	349	371	395
半独立式住宅	现有	20 796	20 930	21 128	21 185	21 291	21 370	21 538	21 733
半独立式住宅	空置	929	680	637	604	654	727	736	704
排屋	现有	37 834	37 856	38 101	38 208	38 350	38 451	38 873	39 132
排屋	空置	1 710	1 240	1 343	1 240	1 352	1 209	1 332	1 307
公寓	现有	59 242	60 593	64 513	66 638	70 057	71 256	73 950	80 263
公寓	空置	4 111	5 570	4 569	4 052	5 223	4 913	5 561	8 771
共管公寓单位	现有	107 110	111 850	115 478	121 862	128 566	135 976	144 371	157 011
共管公寓单位	空置	5 882	6 645	5 344	6 537	8 363	7 671	10 003	12 885

数据来源：Construction and Real Estate

HDB管理的住房数量（单位：套）　　表2-10-8

	2008	2009	2010	2011	2012	2013	2014
住宅 Residential	884 920	888 143	898 532	914 102	922 493	933 278	959 960
1室	20 086	20 041	21 973	24 207	25 186	25 384	25 450
2室	29 559	29 680	30 739	32 319	33 744	35 562	37 105
3室	221 824	220 696	222 191	222 024	222 257	223 461	227 527
4室	336 782	339 782	344 596	353 690	357 566	363 043	375 533
5室	208 492	209 764	210 289	213 096	214 710	216 209	222 345
执行共管公寓	65 073	65 076	65 079	65 076	65 077	65 074	65 079
小型公寓	1 239	1 239	1 865	2 155	2 418	3 368	6 921
HUDC	1865	1865	1800	1535	1535	1177	0

数据来源：Construction and Real Estate

执行公寓现有数量和空置率（2007~2014年）（单位：套）　　表2-10-9

	2008	2009	2010	2011	2012	2013	2014
现有	10 430	10 430	10 430	10 430	10 430	11 683	15 040
空置	77	59	52	83	42	1 107	1 734

数据来源：Construction and Real Estate

10.1.5 人均面积与套均建筑面积

截至2014年3月底,新加坡组屋人均居住面积为:3房25.2m²、4房27.2m²(表2-10-10)。

	人均面积		表2-10-10
组屋户型		3房	4房
至2014年3月底	每户人数	2.70	3.53
	平均面积(m²)	68.03	96.31
	人均面积(m²)	25.2	27.3

表2-10-11、图2-10-6为1970~2015年各类型公共住房平均面积。至1997年3月底,HDB4房、HDB5房、执行级组屋的建筑面积最大,分别为98m²、125m²、150m²。其后建筑面积逐渐减小,2015年分别为96m²、118m²、145m²。HDB3房的建筑面积由1970年的55m²提高到2015年的68m²。HDB1房、HDB2房面积变化不大,分别为31m²、45m²。

10.2 住房建设与房地产市场

10.2.1 住房建设计划量、开工量、竣工量、开工与竣工面积

据统计1991~2001年购买需求量小于建设量,自2002年开始购买需求量大于建设量,2010年开始加速增长。2012年HDB推出12 744套住房,2014年推出25 525套住房。

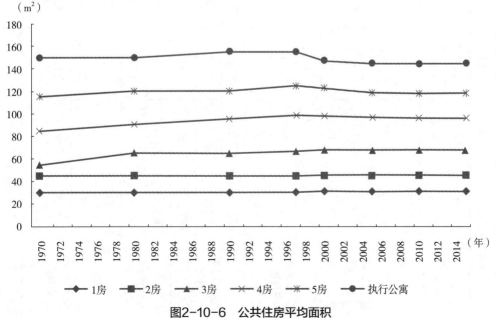

图2-10-6 公共住房平均面积

表2-10-11 公共住房平均面积（单位：m²）

组屋户型		1房	2房	3房	4房	5房	执行级	乐龄公寓	HUDC	总和
至2000年3月底	单元数	24 468	34 011	236 409	298 139	170 452	61 319	0	3 350	828 148
	百分数	2.95%	4.11%	28.55%	36.00%	20.58%	7.40%	0.00%	0.40%	100.00%
	平均面积	30	45	67	98	123	148		160	94.06
至2005年3月底	单元数	20 141	29 351	227 113	327 701	207 299	65 160	936	1 865	879 566
	百分数	2.29%	3.34%	25.82%	37.26%	23.57%	7.41%	0.11%	0.21%	100.00%
	平均面积	30	45	68	97	119	146	40	160	95.13
至2010年3月底	单元数	21 217	30 210	220 770	340 069	209 765	65 077	1 239	1 865	890 212
	百分数	2.38%	3.39%	24.80%	38.20%	23.56%	7.31%	0.14%	0.21%	100.00%
	平均面积	30	45	68	96	118	146	40	160	94.65
至2013年3月底	单元数	25 384	34 716	222 704	357 940	214 798	65 078	2 932	1 177	924 729
	百分数	2.75	3.75	24.08	38.71	23.23	7.04	0.32	0.13	100
	平均面积	30	45	68	96	118	145	40	160	93.99
至2014年3月底	单元数	25 564	36 131	224 272	366 511	217 553	65 075	4 588	1 177	940 871
	百分数	2.72%	3.84%	23.84%	38.95%	23.12%	6.92%	0.49%	0.13%	100.00%
	平均面积	31	45.26	68.03	96.31	118.47	144.71	40	155.61	94.11
至2015年3月底	单元数	25 798	37 900	228 646	379 953	224 402	65 079	7 078	0	968 856
	百分数	2.66%	3.91%	23.60%	39.22%	23.16%	6.72%	0.73%	0.00%	100.00%
	平均面积	31	45.26	68.03	96.31	118.47	144.71	40	155.61	93.87

数据来源：HDB Statistics.xls

新加坡HDB建设量及需求量（单位：套） 表2-10-12

年份	全部建设量	住房	商业建筑	组屋购买需求量	组屋租赁需求量
2000	27 887	27 678	209	12 711	3 973
2001	23 950	23 913	37	9 396	3 948
2002	10 211	10 141	70	13 846	4 318
2003	10 145	10 082	63	11 004	4 493
2004	5 488	5 326	162	7 347	5 138
2005	5 721	5 673	48	7 884	5 071
2006	2 752	2 733	19	8 455	5 643
2007	5 111	5 063	48	12 449	5 970
2008	3 183	3 154	29	9 870	3 695
2009	5 220	5 208	12	13 200	2 681
2010	10 187	10 161	26	17 396	2 736
2011	9 843	9 784	59	33 140	4 918
2012	12 770	12 744	26	29 801	4 886
2013	14 022	14 004	18	31 014	4 612
2014	25 604	25 525	79	20 252	4 001

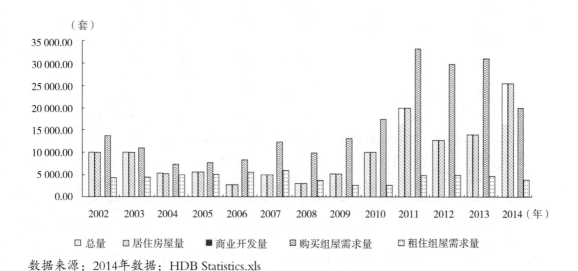

数据来源：2014年数据：HDB Statistics.xls

图2-10-7　新加坡2002~2014年HDB建设的住房建设量及需求量情况

私人住宅2014年计划获批量9 275套，较2013年同期降低了53%，开工量为11 571套，降低了43%，竣工量为19 941套，增加了51%（表2-10-13）。总供应量自2000年前维持在66 200套，2010年开始供应量略有增加，至今保持在75 100套。

私人住宅计划获批量、开工量与竣工量（2007~2014年）（单位：套）　　表2-10-13

	2008	2009	2010	2011	2012	2013	2014
暂定许可	20 143	5 166	14 939	25 201	23 642	13 897	5 668
书面许可	18 998	9 807	14 502	20 551	18 441	18 034	8 454
建设规划批准	13 350	10 506	16 892	21 100	19 702	19 593	9 275
开工建设	14 239	8 603	17 864	20 736	21 395	20 357	11 571
竣工	10 122	10 488	10 399	12 469	10 329	13 150	19 941

数据来源：Construction and Real Estate

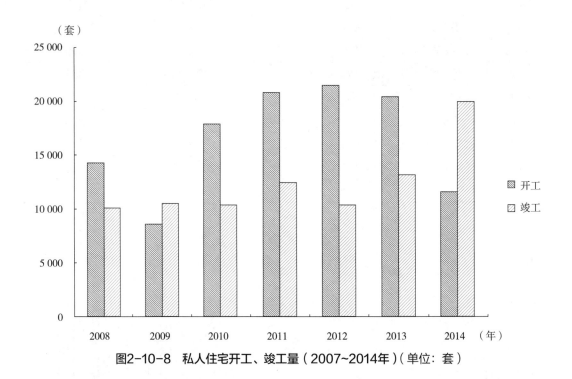

图2-10-8　私人住宅开工、竣工量（2007~2014年）（单位：套）

私人住宅总供应量（2008~2014年）（单位：套）　　表2-10-14

年	2008	2009	2010	2011	2012	2013	2014
有地产业							
总量	4 872	4 186	2 909	2 909	2 909	2 909	2 909
在建	1 804	1 492	1 752	1 949	2 316	1 922	1 832
计划建设							
书面许可	2 319	2 424	1 680	1 310	1 105	1 044	992
暂定许可	673	139	322	479	278	332	77
其他	76	131	209	69	161	179	8

续表

年	2008	2009	2010	2011	2012	2013	2014
非有地产业							
总量	61 357	62 240	72 279	72 279	72 279	72 279	72 279
在建	33 480	32 268	39 575	47 602	58 226	65 843	57 464
计划建设							
书面许可	17 282	17 100	14 998	15 097	13 755	9 070	6 047
暂定许可	9 424	7 053	7 372	10 652	10 795	5 491	2 548
其他	1 171	5 819	13 569	12 373	9 594	6 137	6 220

数据来源：Construction and Real Estate

10.2.2 房地产市场

（1）住房市场分析

新加坡住房供应体制采取了政府分配与市场出售相结合的形式，即中、低收入阶层的住房由政府投资建设并实行有偿提供，高收入阶层住房由市场提供。低收入阶层可以享受廉租屋（Low-rent house）待遇，中等收入阶层可以购买组屋（Low-price house），高收入阶层则可购买私人住宅。

由图2-10-9和表2-10-14可以看出，新加坡随着经济增长平缓，房价呈下降趋势。

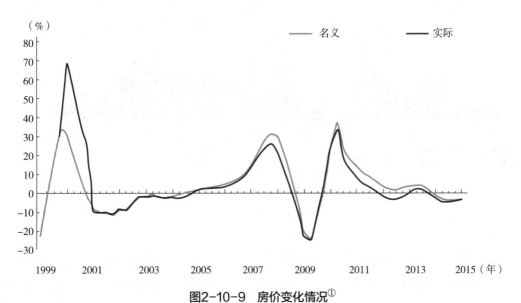

图2-10-9 房价变化情况[①]

数据来源：Urban Redevelopment Authority

---

① http://www.globalpropertyguide.com/Asia/singapore/Price-History

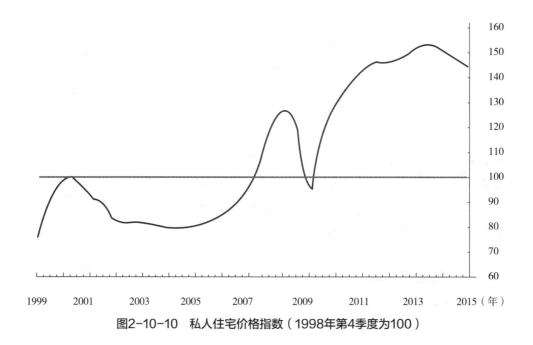

图2-10-10　私人住宅价格指数（1998年第4季度为100）

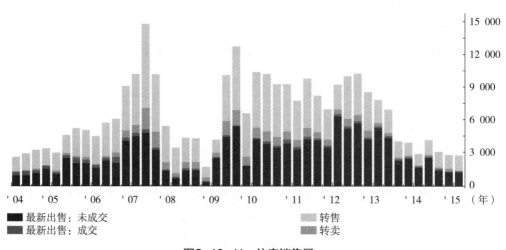

■ 最新出售：未成交　　　□ 转售
■ 最新出售：成交　　　　■ 转卖

图2-10-11　住房销售量

据大华银行全球经济和市场研究中心预测，新加坡房地产市场将会很快达到供应/需求的平衡。尽管未来4年里，每年人口都会增长1.5%，但据预测供应量仍将在2017年后因需求量而开始减少，减少量为14.5%。

此外研究还指出，"如若2015年调整的预期为5%~10%，政府在年末将会再重新出台措施，减少卖方印花税和买方额外附加税。"

（2）住房价格—收入比、住房价格—房租比、房租收入比

住房价格与其他比值　　　　　　　　表2-10-15

指数①	
房价—收入比	23.32
抵押贷款—收入比	145.23%
贷款可支付指数	0.69
房价—租金比（市中心）	37.30
房价—租金比（非市中心）	31.68
总租金收益（市中心）	2.68%
总租金收益（非市中心）	3.16%

最新数据：2015年12月。

在新加坡，二手组屋通常要比新组屋昂贵许多。新组屋直接由建屋局卖给新加坡公民，价格由建屋局决定，由于建屋局不以赢利为目的，所以价格并不与市场挂钩。同一地段新旧组屋的价格能差一两倍，如果买到了新组屋，几年后转手出售，很轻松就能赚个十多万。所以，组屋实际上相当于政府提供给公民的一种福利。

（3）住宅价格指数

2014年包括公共住房转售市场和高端私宅市场在内的新加坡房产市场趋于平稳。

2015年第3季度住宅价格指数同比下降约1.3%，至142.30点①。1975~2015年住房指数平均为72.86 2013年第2季度达历史最高点154.60 1975年第1季度达历史最低点8.90（图2-10-12）。

在表2-10-16中可以看到非有地产业的价格指数，其中，2014年，价格指数在核心中央区与其他中央地区分别为131.9与146.6，而在中央区以外的地区，价格指数为165.6（表2-10-16）。

非有地产业私人住宅的价格指数（2009年第四季=100）　　表2-10-16

	2008	2009	2010	2011	2012	2013	2014
核心中央区	119.4	117.2	133.9	139.2	140.3	137.6	131.9
其他中央地区	120.4	124.1	145.9	152.5	155.0	154.8	146.6
中央区以外	107.9	120.5	138.6	149.2	158.9	169.3	165.6

资料来源：Statistical Tables from Yearbook

---

① http://www.tradingeconomics.com/singapore/housing-index
Urban Redevelopment Authority

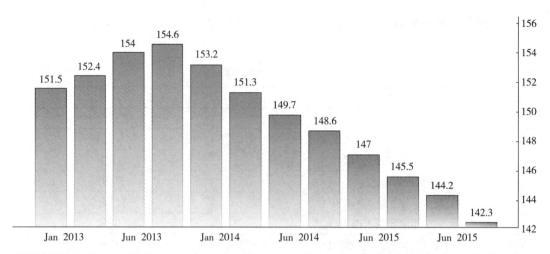

数据来源：WWW.TRADINGECONOVCS.COM I URAN REDEVELOPMENT AUTHC

图2-10-12　新加坡住宅价格指数（2013~2015年）

（4）住房可支付指数

住房可支付指数定义：对HDB组屋，定义为再售价/家庭收入中位数；

对私人住宅，定义为收入为房屋中位价/家庭收入处于81%~90%分位数的家庭收入。

当住房的可支付指数≤0.3，认为住房是可支付的。

图2-10-13、图2-10-14为2011~2015年间的住房可支付指数[①]。两图表明HDB组屋转售价为中等收入家庭可支付。5%贷款利率降低了住房可支付力。

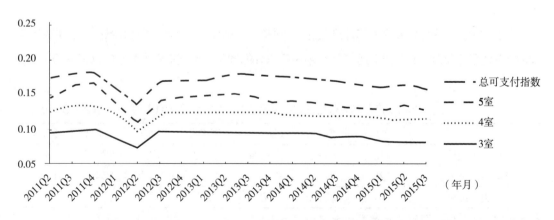

图2-10-13　2011~2015年间组屋可支付指数（3%贷款利率）[②]

---

① http://www.fas.nus.edu.sg/ecs/scape/recenttrend.html

② http://www.fas.nus.edu.sg/ecs/scape/recenttrend.html

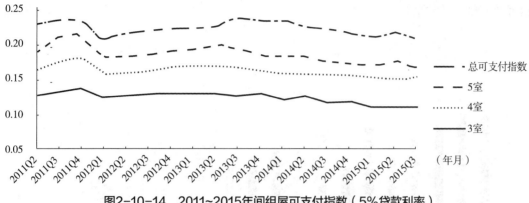

图2-10-14　2011~2015年间组屋可支付指数（5%贷款利率）

图2-10-15、图2-10-16为2011~2015年间私人住房可支付指数，两图表明私人组屋（private apartments）和共管公寓中位价对家庭收入处于81%~90%分位数的家庭来说是可支付的。贷款利率增加降低了住房可支付力。

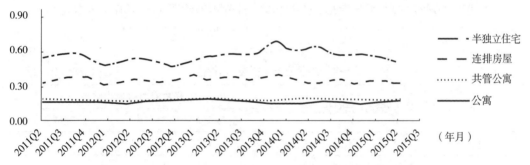

图2-10-15　2011~2015年间私人住房可支付指数（3%贷款利率）

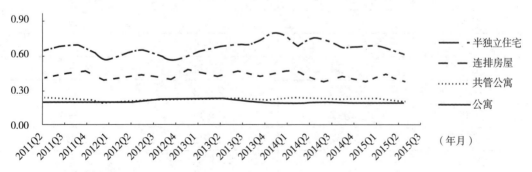

图2-10-16　2011~2015年间私人住房可支付指数（5%贷款利率）

（5）住房交易量（新房/二手房）

2014年开发销售房屋7 316套，远远低于2013年的14 948套；共有4 860套被转售，比2013年的6 671套的转售量有所提高；有547套私人住宅被分售，比2013年的1 100套的分售量降低（图2-10-17）。

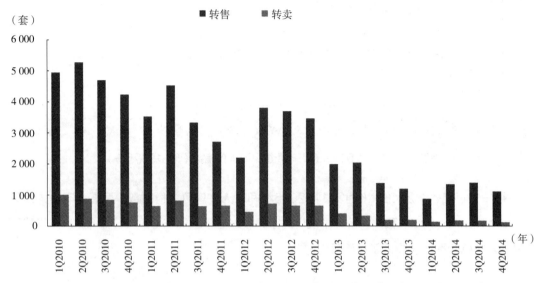

图2-10-17 新加坡全部私人住宅新售量、分销量和转售量（不含执行共管公寓）
Number of resale and sub-sale transactions for private residential units（excluding ECs）

执行共管公寓发售量和销售量① 表2-10-17

年	新建单元发售数量	由开发商直接销售数量	
		未完成	已完成
2005	325	342	1
2006	94	167	17
2007	92	126	30
2008	—	20	30
2009	—	—	—
2010	1 659	1 052	—
2011	2 535	2 883	—
2012	4 936	4 499	—
2013	3 337	3 585	3
2014	2 505	1 576	2

（6）住房租赁指数

据URA统计，2015年第1季度，该指数与上个季度相比又下降了1.67%。与此同时，无

---

① https://www.ura.gov.sg/uol/media-room/news/2015/jan/pr15-03.aspxx

地私人住宅租赁指数也下降了1.84%，这是该指数连续第6个季度下降（图2-10-18）。

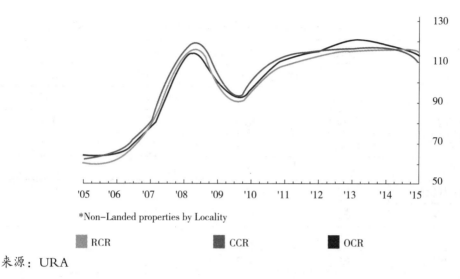

来源：URA

图2-10-18　租赁指数

新加坡私人出租市场比较狭小，主要的对象是一些外国人。在一些地方，大约81%的租赁市场在HBD手中。在新加坡，平均租赁回报量非常的小，最小值在中央核心区的2.7%，最大值在中央区以外的3.9%（表2-10-18）。

中央区租赁回报率　　　　　　　　　　表2-10-18

新加坡中央区	购房成本（美元）	月租（美元）	收益率
70 m²	1 028 510	2 557	2.98%
120 m²	1 731 960	3 905	2.71%
200 m²	2 975 200	6 060	2.44%
350 m²	5 325 600	8 607	1.94%

Holland Road, River Valley Road, Orchard Road and Tanglin Road Source: Global Property Guide, 24th May 2015

（7）社会住房存量公共住房租赁承包

不同户型公共住房租售变化

以下为2006~2015年公共住房租售变化。在卖出的户型中，以HDB4房最受欢迎。出租的户型自2004年始至今,以HDB1房为主,占41.9%~60%。购买的公共住房数量高于出租数量(图2-10-19)。

2014/2015不同户型公共住房租售情况　　　　表2-10-19

类型	卖出	百分比(%)	出租	百分比(%)
HDB 1房	0	0.0	1 505	48.7
HDB 2房	1 224	4.4	1 308	42.3
HDB 3房	3 718	13.4	52	1.7
HDB 4房	11 414	41.2	154	4.9
HDB 5房	5 392	13.5	74	2.4
执行共管/多代组屋	13	0.1	0	0.0
老年人组屋	2 578	9.3	0	0.0
DBSS 3房组屋	738	2.7	0	0.0
DBSS 4房组屋	1 598	5.8	0	0.0
DBSS 5房组屋	1 004	3.6	0	0.0
总和	27 679	100.0	3093	100.0

数据来源:http://www.hdb.gov.sg/fi10/fi10320p.nsf/w/AboutUsAnnualReports

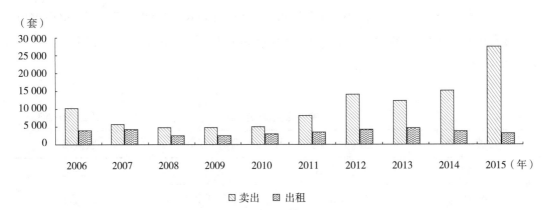

图2-10-19　公共住房租售变化

10.3　住房发展管理体制

在新加坡的房地产系统中,政府起到了主导的作用,政府不仅管理着土地,同时也是土地的开发者,通过中央公积金(CPF)政府也成了土地最大的投资者(图2-10-20)。

建屋发展局的住宅发展计划是在长远发展规划的指导下进行的。计划包括:详尽分析历

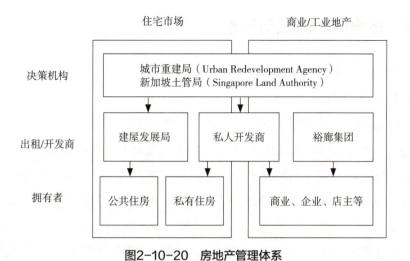

图2-10-20 房地产管理体系

年住宅建设的数量和销售情况、申请购买组屋家庭数量及其户型、地点要求,以及各不同地区城市基础设施状况、社会服务设施状况和就业机会,并预测今后5年的需求量,选择最佳开发地点。

新加坡组屋规划周密、配套完善,施工采用招投标制,由专门的承包商建造。销售由建屋发展局负责,委托承包商销售。物业管理则由各社区的市政理事会负责。

住宅市场管理

新加坡住房制度主要管理机构有三个部分:政府组屋、中央公积金和商业银行金融公司。具体为图2-10-21所示。

图2-10-21 新加坡住房制度管理机构

10.4 住房保障新政与新措

10.4.1 住房新政新规

（1）基本住房立法[①]修订

新加坡是全球率先实施现有建筑强制性最低环境可持续性标准的国家之一。新加坡除了《新加坡建屋与发展法》《规法划及附法律》《房屋开发法及附属法律》《房地产商业销售法及附属法律》《建屋局法》和《特别物产法》《土地征用法》《中央公积金法》之外，还颁布了《建筑管制法令（Building Control Act）》等，从而逐步完善了住房法律体系，以严格限制炒卖组屋的行为。

2012年对《建筑管制法令》进行了修订，新的法令对现有建筑提出最低环境可持续发展的标准提出要求。

（2）特别公积金购屋津贴[②]新规

2015年11月起开始销售的二房式灵活计划（2-room Flexi）、非成熟社区的标准的2房或3房组屋，对于月收入低于8 500新加坡元的首次购买组屋的家庭可同时申请"额外公积金购屋津贴"、特别公积金购屋津贴（Special CPF Housing Grant，简称SHG）来帮助他们购买首套组屋。此津贴高于普通住房补贴和额外公积金购屋津贴。补助金额从5 000新加坡元到40 000新加坡元。

"特别公积金购屋津贴"申请人必须符合"额外公积金购屋津贴"的所有资格条件，并正在申请"额外公积金购屋津贴"。

如果一对夫妇一方为首次置业、另一方为二次置业，则其可以申请"特别公积金购屋津贴（单身）和"特别公积金购屋津贴（单身）"，用于购买特别公积金二房式灵活计划、非成熟社区的标准的3房或4房组屋[③]。

家庭月入2 250元顶限，大幅度上调至6 500元。家庭月入5 000元及以下者，都可获得2万元津贴。月入5 001元至6 500元者，则根据收入的不同，可获5 000元至1万5 000元不等的津贴。

申购二房式单位的单身者，收入顶限也从目前的1 125元，大幅度上调至3 250元。

一对夫妇一方为首次置业、另一方为二次置业额外公积金购屋津贴（单身）、特别公积金

[①] http://statutes.agc.gov.sg/aol/browse/browse.w3p;resUrl=http%3A%2F%2Fstatutes.agc.gov.sg%2Faol%2Fbrowse%2FyearResults.w3p%3BpNum%3D1%3Btype%3DactsSup%3Byear%3D1999

[②] http://www.hdb.gov.sg/cs/infoweb/residential/buying-a-flat/new/first-timer-applicants

[③] http://www.hdb.gov.sg/cs/infoweb/residential/buying-a-flat/new/first-timer-and-second-timer-couple-applicants

购屋津贴（单身）补贴额①。

购屋补贴　　　　　　　　　　　　　　　　　表2-10-20

Grant Type	额外公积金购屋津贴（单身）AHG	特别公积金购屋津贴（单身）SHG
申请组屋类型	二房式灵活计划或更大组屋	二房式灵活计划、非成熟社区的标准的3房或4房组屋。
要求 收入上限	在过去的12个月中，家庭平均月收	自2015年12月开始出售的，在过去的12个月中，家庭平均月收入的一半不能超过4250美元；2015年5月或以前出售的，在过去的12个月中，家庭平均月收入的一半在3250美元以内
要求 以前的住房补贴	申请人是首次申请	
要求 就	你/你的配偶/未婚夫（妻）在你提交申请时是在职的，并且，在申请的这段时间内已经连续在职12个月	
要求 剩余租期	大于30年	
资助金额	依据家庭收入，可以高达20 000美元	依据家庭收入，可以高达20 000美元

（3）公积金储蓄新算法

自2015年1月1号开始，一般人申请了永久居民（Permanent Residents，SPR），或一般的公民，工作后，以下面的月缴率（contribution rate）和分配率（Allocation Rates）来计算的②：

对于满足条件A：①私企员工（Private Sector Employees）；②法定组织或受津贴民办学校、无退休金的人（Non-Pensionable Employees）；③政府部门的无退休金的人。满足以上三种条件且月收入不超过5 000新加坡元的人的月缴率和分配率见表2-10-21。

满足条件A的员工中央公积金月缴率和分配率③　　　表2-10-21

员工年龄	缴交率（每月薪≥$750）（每月薪水百分数%）			存入账户（每月薪水百分数%）		
	雇主缴交率	员工缴交率	全部缴交率	普通账户	特殊账户	保健储蓄账户
35以下	17	20	37	23	6	8
35~45	17	20	37	21	7	9

---

① http://www.hdb.gov.sg/cs/infoweb/residential/buying-a-flat/new/first-timer-applicants
② http://mycpf.cpf.gov.sg/Members/Gen-Info/Con-Rates/ContriRa.htm
③ http://mycpf.cpf.gov.sg/Members/Gen-Info/Con-Rates/ContriRa.htm

续表

员工年龄	缴交率（每月薪≥$750）（每月薪水百分数%）			存入账户（每月薪水百分数%）		
	雇主缴交率	员工缴交率	全部缴交率	普通账户	特殊账户	保健储蓄账户
45~50	17	20	37	19	8	10
50~55	16	19	35	14	10.5	10.5
55~60	12	13	25	12	2.5	10.5
60~65	8.5	7.5	16	3.5	2	10.5
大于65	7.5	5	12.5	1	1	10.5

对于满足条件C：①事业、非法定组织或受津贴民办学校、政府部门的有退休金的人；②月收入不超过6 666.67美元，每月的缴交率和分配率见表2-10-22。

满足条件A的员工中央公积金月缴交率和分配率　　　　表2-10-22

员工年龄	每月薪≥$1 500			存入账户Credited into		
	雇主缴交率（每月薪水百分数%）	员工缴交率（每月薪水百分数%）	全部缴交率（每月薪水百分数%）	普通账户（每月薪水百分数%）	特殊账户（每月薪水百分数%）	保健储蓄账户（每月薪水百分数%）
35以下	12	15	27	17.25	4.5	5.25
大于35~45	12	15	27	15.75	5.25	6
大于45~50	12	15	27	14.25	6	6.75
大于50~55	10.5	13.875	24.375	10.125	7.125	7.125
大于55~60	7.875	9.75	17.625	9	1.5	7.125
大于60~65	5.25	5.625	10.875	3	1.125	6.75
大于65	4.875	3.75	8.625	0.75	0.75	7.125

（4）住屋提升津贴新规

住屋提升津贴是从2013年8月27日实施的，是为了帮助那些已经购买了二房式组屋，而想要换购三房式组屋的人群。根据新的优惠政策，已购买二房式组屋的低收入家庭，如果将来要换购三房式组屋，还可以享有住房提升津贴。

自从2013年7月BTO模式运营以来，符合条件的二房式组屋拥有者可以使用15 000美元的住屋提升津贴来购买那些新的三房式组屋。

资格条件：

住屋提升津贴每个家庭只能得到一次。同时，如果购屋者想享受住屋提升津贴的话，购屋者还需满足表2-10-23的条件：

住屋提升津贴申请条件表　　　　　　　　表2-10-23

新住房申请	必须申请在非成熟社区申请一个标准三房式组屋
家庭状况	• 购屋者当前应在非成熟社区拥有一个二房式组屋； • Bought from HDB after October 1995, or from the resale market with a CPF Housing Grant; • Your first subsidised flat
就业状况	作为一个申请者，购屋者或购屋者的配偶/未婚夫/未婚妻应： • 在申请前必须连续就业12个月并且； • 在提交申请时仍然在职
遗留的房屋租赁	30年或以上
资助金额Grant Amount	$15 000

住屋提升津贴的津贴金额为15 000美元。其津贴用途只能用来购买新的组屋时抵押贷款使用。购屋者可以用该资金来作为首付。如果还有剩余的话，必须用来还房屋的贷款。

申请者，或者申请者的配偶需符合连续12个月有工作的条件，申请新屋时也仍在受聘中。未注册结婚的情侣申请者也需符合这个条件。

第二次买新组屋者仍需支付转售抽润（resale levy）。

10.4.2　住房保障新措

（1）住房保障门槛提高

新加坡具有较成熟的住房保障政策，且随着经济与社会的发展不断完善。2015年为更加合理地配售组屋，政府出台了新的举措：自8月16日起将买新组屋和受津贴转售组屋的家庭月收入顶限，从1万元上调至12 000元；买执行共管公寓的家庭月收入顶限，则从12 000元提高到14 000元。同样的，单身者买受津贴组屋的月收入顶限上调至6 000元，是家庭月入顶限的一半。年长者加入屋契回购计划、乐龄安居花红和屋契较短的二房式灵活计划，月收入顶限也调高至12 000元。

组屋申请只限于公民家庭，一个核心家庭只能拥有一套政府组屋。一个人一生只有两次购买组屋的机会，购买第一套组屋满一定年限才可以申请第二套政府组屋，以便小房换大房或大房换小房，但原有的组屋必须在购买第二套组屋半年内出售，等等。此外，新加坡政府为了保障国内公民以及永久移民，规定外籍人士不在保障之列。

继2013年8月政府进一步收紧组屋贷款，实施永久居民买组屋的三年等候期之后，2014年3月再调整转售组屋估价索取程序，买卖双方不再商讨溢价，促进转售市场长期稳定。

（2）引入公开组屋市场

HDB引入私人发展商进行组屋的设计、兴建和销售。由二手组屋和私人发展商承建的组屋构成了公开组屋市场，与HDB 组屋相比，公开组屋市场除了给了居民更多的选择机会，价格都是由市场决定，政府并不干预；但购买组屋的资格仍要经过HDB 的严格审批。尤其是要利用HDB 的"房屋津贴"（首次申请组屋的家庭可获得3万~4万元津贴）购买组屋的人，需要的资格与直接从HDB 申请并无分别。

公开市场中出售的组屋，其售价一般比政府出售的组屋价格高2倍~4倍。

10.4.3 住房计划与管理

（1）新推出小型公寓优先计划

为让更多年长者在自己熟悉的社区养老，新加坡政府将以全新的小型公寓优先计划（Studio Apartment Priority Scheme，简称SAPS），取代现有的原地养老优先计划和已婚子女优先抽签计划。未来半数的小型公寓则将留给在原住家附近，或在子女住家附近申请小型公寓单位的年长者。

新的小型公寓优先计划在2015年随5月正式实施，并开始预售。目前，年长者可通过原地养老优先计划（Ageing in Place Priority Scheme）和已婚子女优先抽签计划（Married Child Priority Scheme），在选购自己或子女住所附近的小型公寓时，享有更高的抽签机会。

政府将兴建更多小型公寓，以支持年长者原地养老。

（2）二房式灵活计划（2 Room Flexi Scheme）[①]

二房式灵活计划2015年10月出炉，它整合之前的小型公寓（Studio Apartment）和二房式组屋计划，在屋契年限、组屋装修等方面提供更大灵活性。

此举是为了确保未来的二房式组屋可应付人口老龄化的需要，可更好地应付家庭、单身者和年长者的不同住屋需求，也让不同年龄层和家庭背景的买家可共住同一座组屋，促进彼此间的交流。

年满55岁及以上、家庭月入低于12 000元的新加坡公民，可选择购买屋契较短的二房式新组屋来套现。灵活屋契可分成15年、20年、25年、30年、35年、40年和45年7种选项，年长买家可选择最符合自己需求的屋契，但须确保这个单位可让屋主住到至少95岁。

单身者买受99-Year Lease津贴组屋的月收入顶限为6 000元。

此外，享有特别公积金购屋津贴的家庭月入顶限也从6 500元调高到8 500元，最高津贴额增至4万元。

坚持组屋小户型、低房价原则。

[①] http://www.hdb.gov.sg/cs/infoweb/residential/buying-a-flat/new/2room-flexi-flats

适于（1）私企（2）政府、法定组织或受津贴民办学校的无退休金的永久居民（3年以上）或公民　　　　表2-10-24

员工年龄	员工月薪	全部缴交率	员工缴交率
不超过 50 岁	≤ $50	Nil	Nil
	$50 ~ 500	17%（TW）	Nil
	$500 ~ 750	17%（TW）+ 0.6（TW － $500）	0.6（TW － $500）
	≥ $750	[37%（OW）]* + 37%（AW）* Max. of $1 850	[20%（OW）]* + 20%（AW）* Max. of $1,000
50~55岁	≤ $50	Nil	Nil
	$50 ~ 500	16%（TW）	Nil
	$500 ~ 750	16%（TW）+ 0.57（TW － $500）	0.57（TW － $500）
	≥$750	[35%（OW）]* + 35%（AW）* Max. of $1 750	[19%（OW）]* + 19%（AW）* Max. of $950
55~60岁	≤ $50	Nil	Nil
	$50 ~ 500	12%（TW）	Nil
	$500 ~ 750	12%（TW）+ 0.39（TW － $500）	0.39（TW － $500）
	≥$750	[25%（OW）]* + 25%（AW）* Max. of $1 250	[13%（OW）]* + 13%（AW）* Max. of $650
60~65岁	≤ $50	Nil	Nil
	$50 ~ 500	8.5%（TW）	Nil
	$500~ $750	8.5%（TW）+ 0.225（TW － $500）	0.225（TW － $500）
	≥ $750	[16%（OW）]* + 16%（AW）*Max. of $800	[7.5%（OW）]* + 7.5%（AW）* Max. of $375
超过 65岁	≤$50	Nil	Nil
	$50 ~ 500	7.5%（TW）	Nil
	$500 ~ 750	7.5%（TW）+ 0.15（TW － $500）	0.15（TW － $500）
	≥ $750	[12.5%（OW]* + 12.5%（AW）* Max. of $625	[5%（OW）]* + 5%（AW）* Max. of $250

注：OW：一般工资（Ordinary Wages），计算CPF的一般工资上相为$5 000。
AW：额外工资（Additional Wages）。
TW：全部工资（Total Wages，Ordinary Wages + Additional Wages）。

在组屋的建设过程中，政府始终坚持小户型、低房价原则，保证绝大多数居民能够负担得起（当地房价按套计算，因而控制户型就能基本控制房价）。

除了兴建成本的控制，政府对居民购买组屋实行免税优惠措施，如购买三房以下组屋，出售价格常低于半价；对购买四房的组屋价格大约降15%；对购买五房的，则稍有优惠。如果购买二手组屋，政府将视购屋家户的收入状况，提供1万至7万新元不等的津贴，存入购屋者的公积金户头。

10.4.4　住房保障特点

（1）**组屋建设坚持小户型、低房价原则**。

新加坡政府在组屋建设过程中，政府始终坚持小户型、低房价原则，保证绝大多数居民能够负担得起（当地房价按套计算，因而控制户型就能基本控制房价）。除了兴建成本的控制，政府对居民购买组屋实行免税优惠措施，如购买三房以下组屋，出售价格常低于半价；对购买四房的组屋价格大约降15%；对购买五房的，则稍有优惠。如果购买二手组屋，政府将视购屋家户的收入状况，提供1万至7万新元不等的津贴，存入购屋者的公积金户头。

（2）**政府注重组屋的管理、养护**。通过对组屋实行规范化的物业管理，加强住房的管理和养护。建屋发展局制定了维修的标准和管理制度，各组屋区的市镇理事会在建屋发展局的指导下，监督组屋的物业管理。组屋的物业管理费个人缴交68%，政府补贴28%，物业管理主收益调节4%。

（3）**新加坡政府十分重视旧组屋的改造和开发利用**。组屋翻新和改造由政府提供92%的资金，其余由个人承担。组屋重建由建屋发展局按照市场价格对住户给予全额补偿。

10.4.5　房市降温政策施政效果

自2009年以来，新加坡政府先后出台了9轮房市降温措施，多管齐下对政府组屋、私宅以及工业房地产市场进行全面调控。新加坡政府降温政策同时作用于供给需求两方面。在需求方面，通过税费和贷款要求等条例，限制投资需求。尤其是把重点放在提高住房贷款要求方面，这样既抑制了买房需求，又挤掉了金融泡沫和潜在风险，有利于新加坡作为金融中心的稳定发展。在供给方面，新加坡政府加大组屋的供给，甚至不惜出现政府亏损，也要压低房价。

政府对房地产市场作出的降温措施在短期内并不打算取消。供应过剩的情况，将在未来两至三年内逐步解决。

瑞银对新加坡房地产市场2015年展望中指出，本地房价比起最高峰时期已经下降了3.8%，但是由于还是比2009年的水平高出56%，所以政府会维持降温措施，可以预见房价将继续下跌，预测2016年，会下降6%~11%。

自从政府实施降温措施和总偿债比率（TDSR）后，住宅市场进一步放缓，交易量从去年的大约18 000个减少至今年的预计不到9 000个，整体私宅价格也连续4个季度下滑。但新加坡金融管理局也重申，不会放宽房地产降温措施。

有专家预测，未来两年总房屋供应量将达到平均每年4万幢，到2015年将达到4.7万幢的高峰，远高于1.23万幢的历史年均水平。预期到2016年新加坡的私营房屋空置率将从现在的5.6%上升至9.9%。

历史经验表明，当房屋空置率达到8%时，房屋租赁和房屋价格将开始下降。而现在的新加坡楼市显然证实了这样的"历史"。

10.5 住房金融与税制

10.5.1 住房建设融资

（1）中央公积金住房建设融资

中央公积金（Central Provident Fund，CPF）局向住房建设融资主要采取两种方式：①中央公积金局购买由政府发行的长期债券。政府发行债券筹集的资金，主要用于城市基础设施的建设和住房建设。新加坡国有投资公司把筹集资金的一部分贷放给建屋发展局，据统计，新加坡国有投资公司发行债券筹集资金的60%以上贷放给了建屋发展局，建屋发展局即可以这笔资金置地、建房，这是公积金转化为住房建设资金的主要方式。由于公积金规模很大，因此政府可以通过发行债券的方式筹集足够的住房建设资金；②通过向住宅建筑承包商提供贷款的方式提供住房建设资金。住宅建筑承包商可以向中央公积金局借款，且中央公积金的贷款利率一般较低。通过向住宅建筑承包商提供贷款，使公积金转化为了住房建设资金。由于强大的公积金支持，新加坡的住房建设得以不断发展。

（2）政府财政支持

政府通过补贴和贷款等形式向建屋发展局提供组屋资金，其中政府贷款是主要资金来源。政府对建屋局的贷款主要分三类，建屋发展贷款（The housing development loans），用于建造组屋和建屋局营运开支；HDB抵押贷款（Mortage financing loans granted by HDB），资助由建屋局提供给符合条件的组屋买主之购房抵押贷款；翻新贷款，资助建屋局向组屋住户提供分期贷款以翻新组屋。贷款要还本付息，而政府对建屋局的另一大资助，是以补贴形式平衡建屋局的赤字。几十年来，财政年度的补贴额少则百万，多则数亿新元。

（3）市场与私人融资

建屋发展局组屋建设市场融资主要有银行贷款和发行债券两种方式，获得的资金用于星展银行发展计划和借新还旧。近年来，建屋发展局更加注重通过市场化手段融通资金，通过发行债券方式筹集资金的数量不断上升，2008~2012年债券筹资额分别为55.5亿、55.5亿、65.4亿、92.5亿、143.9亿美元。

政府还为HDB债券提供担保，因为有政府的担保，它的性质与国家债券差不多。

10.5.2 住房消费融资

（1）住房公积金消费融资

政府将建成的住房出售给居民个人，并通过公积金局以下列两种方式向居民购买自有住房进行融资：

一种方式是允许公积金会员提前支取公积金存款支付购房首付款。尽管政府出售的公房价格是优惠价格，按规定，土地费用不计入售价，但基础设施费用和建造成本都计入售价。公房售价相对于普通居民收入水平，仍然是很高的。政府规定买房者买房首付款必须达到房价的20%，很多居民连交清首付款都很困难，而允许居民动用公积金支付首付款，则可使大多数居民有能力支付首付款。目前，公积金会员一般约用3年的公积金存款即有能力缴付相当于房价20%的首付款。

另一种方式是允许公积金会员提前支取公积金存款偿还购房贷款本息。一是，借款人（会员）向建屋发展局申请购房贷款。借款人（会员）每月运用公积金偿还贷款，期限5至20年。二是，居民向邮政储蓄银行、商业银行等金融机构进行抵押贷款[①]。由于借款人（会员）可以支取公积金支付贷款本息，公积金规模大，又很稳定，实际上等于是提供了一种贷款担保，因此违约所带来的风险大大减轻，因此银行愿意向居民发放购房贷款，并且愿意以优惠条件向购房者提供贷款。

新加坡国内银行向居民发放的住房抵押贷款期限长（最长可至25年），每月还款额较少，居民的每月还款额一般只相当于其月薪的1/4，而且正好相当于雇员上缴的公积金比例部分，所以居民以其公积金存款支付存款本息绰绰有余；贷款额度大，可达80%，有些银行甚至可提供房价100%的贷款，贷款利率低，年利率一般为6.5%，与公积金存款利率相当。虽然邮政储蓄银行、商业银行等金融机构提供系列的优惠政策，但中央公积金以低于市场利率2个百分点的优惠利率提供抵押贷款，随着新加坡保障范围不断扩大，向建屋发展局贷款购房仍占据主要地位。此外，若居民是首次购买住房，还可享受年利率降低0.25个百分点的优惠，符

---

① 从2003年1月开始，建屋发展局将不再提供以市场利率计算的房屋贷款，那些不能享有优惠贷款的买主，必须直接向银行借钱，以形成组屋贷款市场。这些买主包括家庭月入超过8000元的购房者、拥有私人房地产者、第二次购买同样面积或是"降级"购买小型组屋者和第三次购买组屋、已享受过两次优惠贷款利率者。

合相关的居民还可以享受住屋津贴①。居民取得贷款后，通过支取公积金偿付贷款本息，建屋发展局和银行的贷款因而得以收回。

（2）房屋贷款

市面上有众多房屋贷款供购屋者选择，从传统的浮动利率和固定利率，到各种新颖的、可需求量身定制的贷款配套。

一般上，贷款成本较让人负担得起的浮动利率配套，每月偿还款额是最低的。目前，浮动利率在1.20%～1.50%。如果购屋者看重的是稳定的利率，固定利率配套的稳定偿还额，会让购屋者比较安心。不过，这类配套通常会锁定一段时间，若在期限之前还清贷款就必须支付一笔费用。固定利率会比浮动利率来得高，最高可达1.78%，不过，这仍比建屋局的2.60%优惠贷款利率来得低。

除了这类简明的贷款选择之外，银行也提供结合了固定利率和浮动利率的贷款配套。例如，一些固定利率贷款配套允许购屋者半途转换成浮动利率。这类贷款让购屋者在决定再融资时，不会被固定利率配套给套牢。购屋者应该比较几个贷款配套后，再选择最符合购屋者财务目标的配套。

（3）建屋局优惠利率贷款

建屋局贷款为优惠贷款，以公积金利率（CPF interest rate）为基础，再加0.1%，多年来维持在2.6%②。

（4）建屋局市场利率/银行贷款

在低利率环境下，更多屋主在购买组屋时向银行借贷，而不是直接向建屋发展局贷款。

建屋局贷款的利率多年来维持在2.6%，它是以公积金利率为基础，再加0.1%。虽然标榜为优惠贷款，不过在超低利率的今天，它的吸引力已不如前。

新加坡星展银行2013年4月推出一项当地首创的组屋贷款计划，在购屋者取得贷款的头10年内，保证贷款利率比建屋发展局优惠贷款利率更低。星展银行这项崭新的浮动利率组屋贷款计划，其贷款期头10年的利率顶限则定在2.5%，同公积金普通户头利率挂钩。不过，在目前的低利率环境中，获得这个贷款的购屋者所将支付利率仅为1.76%，比建屋局贷款的优惠利率低。

这项称为"储蓄银行建屋局贷款"（POSB HDB loan）的新计划，也适用于购买转售组屋或为现有的组屋再融资者，其优势在于为贷款者提供10年贷款利率保障，免受将来利率上

---

① 为了帮助低收入家庭拥有自己的组屋，政府已在2007年放宽额外公积金房屋津贴(Additional CPF Housing Grant)的申请条件，把平均家庭月入顶限从3000元提高到4000元，而最高津贴额也从2万元增至3万元。

② http://www.hdb.gov.sg/fi10/fi10325p.nsf/w/MLConcessionaryInterestRate?OpenDocument

调的影响。

（5）新加坡储蓄债券

储蓄债券是一种特殊类型的政府债券，于2015年9月1日推出，为个人提供一种安全、灵活的长期储蓄选项。它是针对个人散户投资者的一种既安全又灵活的长期投资产品。债券本金和利息由新加坡政府全额担保，因此风险基本上等于零。

在结构方面，它同时融合短期投资产品和长期投资产品的特征。譬如，尽管这类债券的期限长达10年，但投资者可在成功申购后的1个月内灵活赎本，且不用支付任何罚金。

它也是个门槛较低的投资选择，最低投资额从500元起跳，并以500元递增。相对而言，一般政府债券的最低投资额从1000元起跳，一般零售债券则从2000元起跳，公司债券则一般需要25万元。但SSB有申购顶限，一次过最多申购5万元，一人最多持有10万元。

（6）保险计划

① 家属保障计划

家属保障计划"是一项为60岁以下会员而设的定期人寿保险计划。如果会员在保障期间逝世或是终生残废，他们的家属就会获得相应赔偿，以协助其渡过难关。

目前，新加坡组屋屋主如果动用公积金储蓄来偿还房贷，都必须购买由中央公积金局承保的家庭保障计划（Home Protection Scheme，简称HPS），或是其他性质等同的递减房屋抵押贷款保险[①]，而大部分屋主都选择了HPS。在HPS下，如果投保的组屋屋主在65岁前过世或终身残疾，公积金局将根据投保额偿还剩余房贷。但没有动用公积金储蓄偿还房贷的组屋屋主，则不受投保规定的限制。

② 递减房屋抵押贷款保险

抵押期限递减型房贷保险是许多人购买房子时一定会购买的保险，而且，很多时候是银行规定必买的保单，作为投保的业主万一发生不测时，无法继续供款时，银行可得到保障。

主要是根据房贷的巴仙率来计算。不过，还有许多因素会成为考量，如：保额、利息率、条约、建设期、融资保费以及年龄等等。

---

① 目前在市场上，共有两种房屋贷款保险，其中包括递减式房贷保险（Mortgage Reducing Term Assurance，简称MRTA）和抵押定额式房贷保险（Mortgage Level Term Assurance，简称MLTA）。MRTA保险的受益人仅银行。两种保险最大的不同点在于MRTA提供业主房贷的保障，在贷款期间将逐年递减。浮动贷款利率可能会导致保险在保障上的不足，因此可能面对补足不敷的剩余房贷差额。MLTA所给的保障将可被转移至新购房产上，因MLTA是用个人名誉购买，所以MLTA的受益人可以是任何人，因此保费也比较贵。MLTA的付款方式则比较灵活有弹性，业主可选择以每月、每季、每半年或每年分期缴付。

递减型房贷保险的保费是一次性,并且已经包括在贷款里(贷款数额除以贷款期限)。贷款者只需每月偿还贷款给银行就可以了。一般上,此保险的期限与房贷期限一样。也就是说,个人借30年,购买的保单也需是30年;在贷款期限结束后,此保险就没有了价值,换言之它的保障期是跟着欠款的期限逐渐减少。在贷款者过世或永久性残障的情况下,保险公司将为贷款者偿还房贷余额给银行。

个人可以选择向银行购买这项保单,或是向保险公司购买。不过,在这种情况下,银行可能会向贷款者要求抵押品。在提早还清贷款的情况下,个人通常可以要求退还这项保险的保费。

③ 组屋或公寓无需购火险

一般上购买组屋或公寓者则无需购买此保险,因为管理公司会为整栋大厦购买火险,个人只需向有关的保险公司取得保险的副本,再转交给银行就可以了。

10.5.3 主要税种

新加坡主要税种:除公司所得税、个人所得税外、与住房相关的其他税种包括:商品和劳务税、社会保障税、遗产税、外国工人税、财产税、印花税。

在财政年度2014/2015,税务署总计收入税收434亿美元,高出2013/2014财政年度4.4%。这个数据占据了政府收入的71.3%

在2014/2015年度,所得税(公司收入所得税,个人收入所得税和预扣税)总计收入234亿美元,占税务署收入的54%。公司所得税收入比上个财政年度上升5.4%,与此同时,随着个人收入的提升,个人收入所得税也提高了16%。

私人消费支出促使消费税有一个适度的提高,从2013/2014年度的95亿美元增长到2014/2015年度的102亿美元,提高了7.4%。

由于一些列房地产市场降温措施,使得房地产市场交易量减小,因此,印花税收入由2013/2014年度的39亿美元下降到2014/2015年度的27亿美元

(1)商品和劳务税

亦即消费税(GST),新加坡对所有提供的商品和劳务都征这种税,类似于增值税,登过记的纳税人在计算应纳税款的时候可以扣除进项税额。进行商品和劳务交易的纳税人,其应税营业额在一百万新加坡元以上的,就要求进行商品和劳务税的纳税登记。免税项目包括人身保险、某些金融交易、住宅财产交易等。出口商品和劳务适用0税率。房地产税每半年缴付一次,为房地产年值的12%,业主自住的为4%。房地产在购买后三年内售出,收益必须缴税。

(2)社会保障税

亦即公积金,在1955年设立,为退休和失去工作能力的工人提供财务保障。这些年来,

公积金已成为一套全面的社会保障储蓄计划,不只照顾存户的退休、购屋和保健需求,也通过保险计划为公积金存户及其家属提供财务保障。雇主和雇员都必须为雇员的公积金帐户存入款项。

（3）遗产税

新加坡的遗产税对死者在新加坡的不动产和动产征收。税率为：遗产价值不超过1200万元的5%,超过1200万元的部分,10%。死时居住在新加坡的居民其动产不论在何处都要交纳遗产税。

（4）外国工人税

某些行业的雇主每月要为雇用每一名外国工人缴纳这种税,税额最高不超过470新加坡元。

（5）财产税

财产税对所有住房、土地、建筑物及工商业财产征收,税基为财产的年度价值,税率为10%。工商业财产有一定的免征额。

（6）印花税

印花税对与证券和不动产有关的书面文件征收,不同类型及所列价值不同的文件,税率也不同。

10.5.4　不动产税

不动产税是对那些不动产进行征税。它是按照不动产的年度价值按照比例进行征税。对于居民住房,不动产税采用递增税率。如：计税基数0~8 000新加坡元（US$5 926）税率0%；8 000~55 000（US$40 741）税率4%；55 000~70 000（US$44 444）,每增加15 000新加坡元,税率增加2%,直至增加到130 000（US$96 296）新加坡元以上,税率恒定在16%。外国人要额外支付10%的附加费；对于个人居民住房,有4%的优惠税率；对于工业财产、商业财产和租借财产统一税收为10%。

10.6　住房可持续发展

10.6.1　政府推出系列住房规划

新加坡自1974年成立新加坡市区重建局（URA）以来,陆续提出一系列的城市发展规划,使新加坡在全球城市竞争中逐步成为亚太的金融与营运中心

（1）新加坡都市整体发展执行策略

URA在调控土地使用与都市整体发展执行策略上,透过《概念计划》（Concept Plan）与《总体计划》（Master Plan）作为开发时的具体指南。其中《概念计划》是全面性的计划,考虑主要土地的使用需求,且每10年定期检讨以确保规划内容满足人口与经济成长需求；

而《总体计划》是将概念计划转换为更详细的执行计划,为开发控制提供了清晰的指南,并确保发展是依照计划进行。

新加坡第一个《概念计划》始于1971年,主要内容是落实新加坡樟宜国际机场及全国捷运系统(MRT),以指导发展工作;

1998年《总体计划》:首次以全面性的计划来说明新加坡所有地块的规划方向和发展策略,并揭示了未来地景的改变。

2001年《概念计划》:˙规划未来新移民的新家园;˙建立一个全球性的商务中心与金融中心;˙扩大集水区,以确保淡水来源及稳定供水;˙扩大铁路网与促进机场持续发展;˙增加生活休闲与绿地空间。

2003年《总体计划》:在延续1998年总体计划的同时,反映出2001年《概念计划》的主要策略,重点在于为企业提供更大的灵活度、提升新加坡居民的生活质量、保留并提升城市的自明性,以鼓励人们定居于新加坡。

2006年《概念计划》:目的是做中期检查,以便适应城市快速的变化。

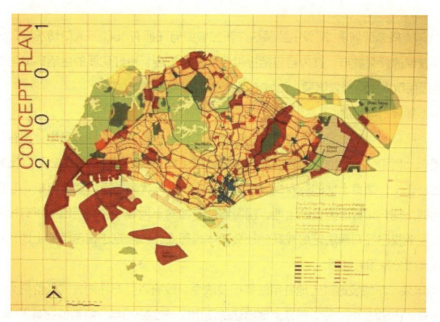

图2-10-22　2001年概念计划图(图片来源:摄于新加坡城市展览馆)

2008年《总体计划》:提出四个关键目标:①更好的居住选择——优质水岸居家生活;②极富吸引力的商业——拓展市中心外的新兴商业区;③振奋人心的娱乐环境——开展一个全岛的休闲娱乐计划;④珍视我们的土地——保存超过6 800座建筑物(图2-10-23)。

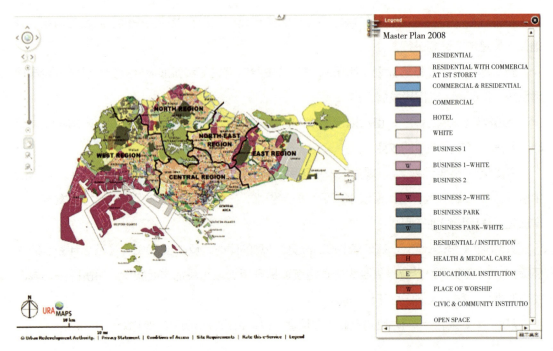

图2-10-23 2008年总体计划图（图片来源：新加坡市区重建局网站）

2011年《概念计划》：愿景主要聚焦在新加坡如何在拥有550万人口情况下，成为一个能够永续发展的繁荣城市，其内容包括提供经济发展机会、良好优质的生活环境与包容的社会，使得居民得以受到赡养照顾，让城市得以永续发展。

（2）新加坡土地制度

①土地所有制：新加坡的土地所有制主要有国有制和私有制两种，其中，国有制土地又分为：国有土地和公有土地。两者的共同点是，其土地主要用于公共目的，可以出售或长期出租，区别在于：国有土地的所有权属于国家，由土地局代表国家行使所有权，它包括尚未开发利用的土地，如暂时闲置的土地、围海造地增加的土地等；公有土地的所有权虽然仍属于国家，但业权已经归属法定局或其他社会团体，因此，一般是正在使用的土地。新加坡的土地资源大部分是国有性质。

近50年来，新加坡透过土地征用法等相关法令，政府以强制性的方式低价把大部分的土地征归国有，比例约为90%。国有土地出让的使用权一般是99年，特别情况有30年或60年。私人发展商可以向政府买地建设私人住宅或商业地产，使用权99年。此外，还有少量的政府土地使用权为999年。

②土地使用：新加坡将所有土地划分为900多个小区，并在每一个小区内对土地使用进行详细的规划。按照功能，新加坡的土地被分为5类：工业用地、空白用地、居住用地、交通用地和中央商务区用地。

新加坡政府采用拍卖、招标、直接出售和临时出租等方式,将一定年限的土地使用权出售给使用者。出让后的土地可以自由转让、买卖和租赁,但年限不变。使用期满后,政府无偿收回土地及其地上附着物;若要继续使用,须经政府批准,再获得一个规定年限的使用期,但须按当时的市价重估地价第二次买地。

为了节约土地,普通老百姓居住的政府组屋及共管式公寓大楼一般都要建十几层或者二十几层。在规定的期限内,土地可以转让买卖,使用期满后,土地使用权连同地上物无偿归政府所有,也可以到期续用,但需按地价估值向政府付费。

③土地开发控制:新加坡城市土地的开发利用基本上是由政府控制的。就房地产开发而言,其经营机构和房地产市场分为两类:一类由法定机构,即属于半官方性质的建屋发展局、市区重建局等经营,这些法定机构按照城市建设总体规划的要求购买土地,利用政府和民间资金进行开发和经营,许多项目和工程均通过招标委托给国内外的企业进行建设;另一类由企业和私人经营,私人可以向政府购买土地,土地的价格根据不同用途、容积率来确定,确定标准价格后,再由土地局公开拍卖。一般情况下,商业用地比住宅用地价格高出10倍以上,且用户若改变土地用途,政府将收取溢价费。

新加坡城市的发展与规划由国家发展部主管,而具体的执行部门则是市区重建局,它是国有土地用途的策划部门,其任务是确保新加坡有限的土地资源得到有效利用。市区重建局通过定期出售土地给私人发展商,来落实每10年修订一次的发展指导蓝图计划。此外,该局也要确保私营行业的各项发展计划是有条理和合理的,而且都符合市区重建局的策略和规划指导原则。

10.6.2 继续推行适老化住宅建设

长寿命住宅在新加坡称为乐龄公寓Studio Apartmen。自2000年至2015且建设量逐年增加,占公共住房的比例从0%增加到0.71%,达到7 078单元,详见表2-10-25。

乐龄公寓　　　　　　　　　　　　　表2-10-25

时间	项目	
至2000年3月底	单元数	0
	占公共住房百分比	0.00%
	平均居住面积(m^2)	40
至2005年3月底	单元数	936
	占公共住房百分比	0.11%
	平均居住面积(m^2)	40
至2010年3月底	单元数	1 239
	占公共住房百分比	0.14%
	平均居住面积(m^2)	40

续表

时间	项目	
至2013年3月底	单元数	2 932
	占公共住房百分比	0.32
	平均居住面积（m²）	40
至2014年3月底	单元数	4 588
	占公共住房百分比	0.49%
	平均居住面积（m²）	40
至2015年3月底	单元数	7078
	占公共住房百分比	0.73%
	平均居住面积（m²）	40

数据来源：http://www.teoalida.com/singapore/hdbstatistics/

10.6.3 政府积极推进建筑工业化

预制装配式结构体系在新加坡始于20世纪70年代。在20世纪80年代，随着公共住房需求的增加，该结构体系迅速发展，到20世纪90年代后期已进入全预制阶段。该体系包括预制剪力墙、楼板、梁、柱、卫生间、楼梯、垃圾槽等。目前，新加坡50%~70%的组屋、10%~25%的私人住宅为工业化住宅[①]。

预制装配式结构体系得到新加坡政府的积极推崇，并出台相应的鼓励政策促进其发展。新加坡建屋发展局（HDB）对政府组屋项目的结构选型有着严格的要求，自20世纪90年代起就大力推广预制混凝土技术在建筑物中的应用，到目前所有的政府组屋项目必须采用预制混凝土结构才能获得批准建造。

10.6.4 印花税

新加坡印花税课税范围系对股票及不动产相关凭证课征印花税，包括租赁、移转、抵押等，其中不动产移转包括买卖、赠与、交换、分割、分配死亡者之财产予受益人、自愿结束公司分配财产予股东、以不动产作为股利分配予股东、租赁权之移转等。新加坡政府最新印花税制内容，主要为提高现存之印花税率、扩大纳税义务人缴税范围及增加工业用不动产成为课税标的，分述如下：

（1）买方负担印花税

① 买方印花税（Buyer's Stamp Duty, BSD）

当发生不动产移转时，由买方以购买价格或市场价值（actual price or market value）

---

① http://www.propertyguru.com.sg/property-management-news/2013/7/36324/new-construction-standards-pushed-to-sept

之较高者为税基缴纳买方印花税，最低级距为新加坡币（以下币别同）180 000元以下征收1%；次一级距为180 001元以上至360 000元征收2%；最级距则为360 001元以上征收3%。

② 附加买方印花税

外国人及非个人（公司）购买住宅不动产开征15%的附加买方印花税，以遏抑国外投资需求；又为避免出现房地产市场泡沫化，新加坡公民购买第二套房地产时，必须缴付7%的额外买家印花税；若购买第三套房地产则须支付10%的额外买家印花税。[资料来源：新加坡内地税务局（IRAS）。]

（2）卖方印花税

为了防止炒房政策购房，4年内转卖需支付卖家印花税，4年后转卖不需要付税，卖家印花税计算方法如下：第1年内转卖付当时转售价的16%；第2年内转卖为当时转售价的12%；第3年内转卖为当时转售价的8%，第4年内转卖为当时转售价的4%。

据华侨银行投资研究部2015年7月发布的研究报告指出，新加坡高档住宅市场受到额外买家印花税（ABSD）等降温措施的严重冲击，目前估值偏低，但它预测，政府将有可能重新检讨降温措施，刺激一些高档私宅及其房地产公司股价提升。

11 南非

GDP：3 500.85亿美元（2014）
人均GDP：6 482.8美元（2014）
国土面积：121.9万km^2
人　　口：5 400万人（2014）
人口密度：44.21人/km^2
城市化率：64%（2014）

11.1 住房基本情况

根据统计部门对全国人居状况的普查数据，截止到2014年，南非总人口约5 370万，共计约1 560万户家庭（包括单身家庭）。南非家庭平均规模为3.4人，有人口和家庭数量稳步上升，家庭平均规模逐渐下降的趋势。

数据显示，从2002年到2014年期间，南非家庭中住宅所有权自有（正式住宅）水平略微提高，所有权完全自有率从52.9%上升到了55.3%，部分自有率从15.5%下降到10.6%（图2-11-1）。

南非统计部门将住房的存在形式分为：独立砖/混凝土结构带院落住宅、公寓式住宅、多层联排住宅、半独立联排住宅、复合集聚式住宅、（多为以商业建筑为基础加盖的）工人宿舍、规范化"后院棚屋"、非正式"后院棚屋"、非正式零散棚屋、传统非洲茅屋和其他类型住所（房车、篷车、帐篷等）共11类居住场所进行梳理统计。

南非住房总量和增量（单位：千套）　　　　表2-11-1

	2009	2010	2011	2012	2013	2014
住房总量	13 295	13 726	14 028	14 481	15 101	15 598
住房增量		431	302	453	620	497

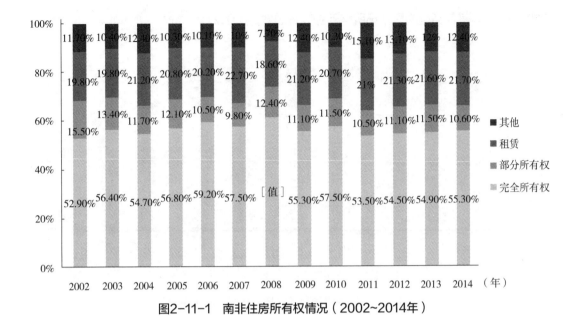

图2-11-1 南非住房所有权情况（2002~2014年）

南非各省住房数量及其所占比例（单位：千套） 表2-11-2

住房类别	2009	2010	2011	2012	2013	2014
独立砖/混凝土结构带院落住宅	63.2%	63.6%	64.6%	61.7%	62.4%	63.5%
公寓式住宅	4.5%	4.6%	4.5%	4.4%	4.5%	4.6%
多层连排住宅	1.4%	1.6%	1.4%	2.0%	1.4%	1.5%
半独立联排住宅	0.8%	1.1%	1.3%	1.4%	1.3%	1.5%
复合集聚式住宅	0.6%	0.8%	0.5%	0.8%	1.0%	0.9%
工人宿舍	1.7%	2.9%	2.6%	3.2%	3.7%	4.0%
规范化"后院棚屋"	3.3%	2.8%	3.5%	3.5%	3.2%	3.5%
非正式"后院棚屋"	4.9%	5.4%	4.7%	5.1%	4.6%	4.8%
非正式零散棚屋	9.0%	7.7%	7.3%	9.0%	9.0%	8.0%
传统非洲茅屋	9.7%	8.9%	9.2%	8.0%	7.8%	6.8%

根据表2-11-1、表2-11-2，截至2014年，南非共有约1 559.8万处居住场所，较2013年增长49.7万处。其中，包括独立砖/混凝土结构带院落住宅、公寓式住宅、多层联排住宅、半独立联排住宅、复合集聚式住宅、工人宿舍、规范化"后院棚屋"在内的正式住宅共1 238.6万套，占总数的79.4%；包括非正式"后院棚屋"、非正式零散棚屋在内的非正式居住场所共201.9万处，占总数的12.9%；以非洲茅屋为代表的传统居住场所共105.3万处，占

总数的6.8%；其他类型的居住场所14万处，占总数的0.9%。

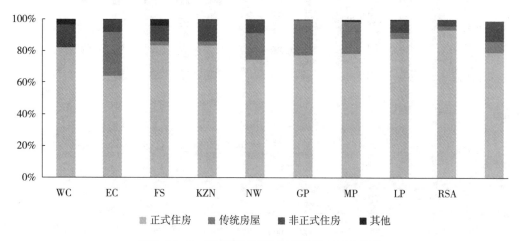

图2-11-2　南非家庭总体住房状况（2014年）

注：南非各省名缩写对照：WC-西开普省、EC-东开普省、NC-北开普省、FS-自由省、KZN-夸祖鲁纳塔尔省、NW-西北省、GP-豪登省、MP-普马兰加省、LP-林波波省，下同。

	WC	EC	NC	FS	KZ	NW	GP	MP	LP	RSA
正式住房%	82.5	64.3	83.6	83.8	74.8	78	78.9	88.1	93.6	79.4
非正式棚屋%	14.8	7.8	10.8	14.3	8.1	21	19.2	7.6	3.9	12.9
传统房屋%	0	27.7	1.9	1.8	17	0.9	0.3	4.3	2.4	6.8
其他%	2.60	0.1	3.7	0.1	0.2	0.1	1.7	0.1	0.1	0.9

值得一提的是，由于南非在殖民统治时期实行长期的种族隔离政策，使得大量南非黑人成为居无定所的"流动劳工""两栖人口"。而自从纳尔逊·曼德拉领导的非国大推翻种族隔离、建立民主南非的20多年时间里，棚屋作为种族隔离时代的遗留问题，却一直没有消失。到2014年底，仍有近五分之一的南非城市人口居住在非正式集聚区并自发性搭建非正式居住场所（棚户），这些条件简陋、空间局促、基本生活设施匮乏的棚屋有一些不临近街道，搭建在其他毗邻建筑的开放空间，如后院，这种"后院棚屋"已经在很长一段时间成为南非一类典型的城市现象。自从2013年南非重组新一届内阁，人居署将工作重心从建设免费住房转移到对既有非正式定居点棚屋进行规范化梳理、升级、改造上，自此，规范化的"后院棚屋"成为一类以南非为代表非洲国家特有的住房存在形式被纳入住房统计类别当中。

另外，得益于在1994年启动的住房重建与发展项目（RDP），政府大量建设并免费提供保障性住房给低层社会群体，据统计，有约15.3%的南非家庭居住在这种仅需交纳水电费的RDP住房中。

从图2-11-3中可以看出,不同人种在南非的居住条件差异仍然很大。仅有约36%的非裔黑人拥有相对比较良好的居住条件(这一标准高于南非最低住房保障标准),但从发展趋势上分析,非裔黑人的居住条件在稳步提升,这一数字较2012年的34.8%有所提高。鉴于这类人群占南非总人口数量的80%以上,因此,南非居民总体住房水平还有非常广泛的提升和改造空间。

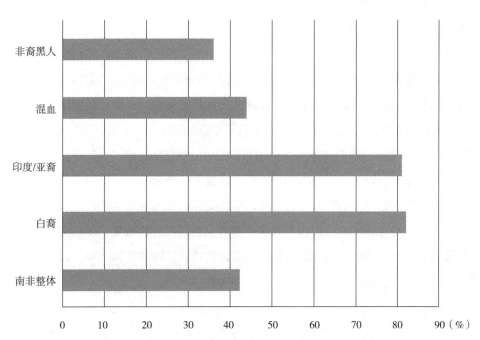

图2-11-3　住房中拥有6间以上居住单元的南非居民按人种划分比例(2014年)

南非2014年分户房间类型和户数(单位:户)　　表2-11-3

住房类型	1~3居住单元	4~5居住单元	6以上居住单元	未说明	总数
独立砖/混凝土结构带院落住宅	1 438	2 989	5 411	60	9 898
公寓式住宅	193	380	141	*	714
多层联排住宅	19	77	137	*	233
半独立联排住宅	29	97	77	*	238
复合集聚式住宅	4	46	146	*	141
工人宿舍或老年宿舍	498	89	32	3	623
规范化"后院棚屋"	443	48	47	*	539
非正式"后院棚屋"	674	55	24	3	756
非正式零散棚屋	1 028	189	47	9	1 263
传统非洲茅屋	406	381	361	6	1 174
其他类型住所	120	11	9	*	140
共计	4 809	4 319	6 389	81	15 598

11.2 住房建设

11.2.1 住房建设量

得益于住房重建与发展项目（RDP）的启动，1994~1999年期间，南非的住房总体建设量由6万套/年激增到23.56万套/年。从2000年开始，住房年建设量基本维持在10万~15万套左右的水平。

虽然政府建设了大量的保障性、甚至免费的住房来缓解住房缺口，但目前南非的总人口已经超过5 370万人，人口增速带来的住房需求远比住房建设速度快。2014年底，南非已经有220万套以上的住房缺口。实际上，南非政府已经意识到，一味增加免费住房建设量并不是住房问题最有效的解决办法，并且RDP的实施已经造成相当大的财政负担。对此，前任人居署长曾在2011年表示，政府将不再为贫困人口提供免费住房，但"当前不是恰当的终止时间"。2013年，南非总统祖玛重组内阁，新任人居署署长将对非正式定居点棚屋的升级改造作为解决南非住房问题的主要着力点。显然，实施RDP、建设免费住房已经被放在了相对不重要的位置上。这意味着南非政府或将最终放弃提供免费住房的政策，转而走上对非正式定居点的棚屋区进行升级改建和为低收入家庭提供购房贷款扶持的轨道上来，以甩掉免费住房这个沉重的包袱。这也是近年来住房供应量减少的最主要原因。

南非住房建设总体情况（单位：套）　　　表2-11-4

年份	住房供应量	年份	住房供应量
1995	60 820	2005	148 253
1996	74 409	2006	134 023
1997	129 193	2007	153 374
1998	209 000	2008	146 465
1999	235 635	2009	160 403
2000	161 572	2010	161 854
2001	170 932	2011	121 879
2002	143 281	2012	120 610
2003	131 784	2013	115 079
2004	150 733	2014	105 936

南非住房建设分省情况（单位：套）　　　表2-11-5

地区 \ 年份	2009	2010	2011	2012	2013	2014
西开普	15 717	16 566	12 908	11 065	13 534	12 563

续表

年份 地区	2009	2010	2011	2012	2013	2014
自由省	14 667	20 232	5 136	9 070	5 477	5 035
东开普	15 759	18 965	10 784	14 498	12 084	12 102
北开普	2 973	4 463	4 620	3 683	2 820	1 362
夸祖鲁纳塔尔	26 951	23 639	20 991	22 119	25 940	20 120
西北省	16 848	16 557	16 816	16 333	14 424	7 562
豪登省	39 768	33 654	25 117	22 521	21 220	15 902
姆普马兰加	16 779	7 800	9 860	7 702	7 571	5 957
林波波	10 941	19 978	15 647	13 619	12 009	1 612
合计	160 403	161 854	121 879	120 610	115 079	105 936

南非住房建设支出情况（单位：百万兰特）　　表2-11-6

年份 支出情况	2009	2010	2011	2012	2013	2014
总建设支出	109 979	114 214	101 684	137 244	121 997	125 369
住房建设支出	1 276	1 055	895	1 543	656	1 031
比例	1.16%	0.92%	0.88%	1.12%	0.54%	0.82%

南非住房实际建设面积情况　　表2-11-7

	2009	2010	2011	2012	2013	2014
建设面积（千m^2）	6 820	6 740	4 870	4 850	5 140	4 363
建设量（千套）	160	162	122	121	115	105
套均面积（m^2）	42.6	41.6	40	40.1	44.7	41.6

11.2.2　住房建设标准

由于南非中低收入群体占比较大，有相当一部分人群还生活在南非国家最低住房标准以下，未经改造的棚户区仍然大量存在。最低住房标准以上的南非住房类型有独立别墅（Free Standing House）、别墅小区（Cluster House）、连排别墅（Town House）、经济住房（Economic House）和低成本房（Low Cost House）等形式。独立别墅和别墅小区一般在一到两层，占地面积从几百到几千平方米不等，属于中高档住房；连排别墅一般为两到三层的小区，属于中档及中档以下住宅；经济住房一般为一到两层的简单房屋，属于中档以下住房；而低成本房一般由政府为当地贫困家庭提供的38~50m^2的单层单间简易住房。

(1) 低成本经济房

南非的低成本经济房代表着南非最低住房标准。这类住房一般都是由政府实行住房重建与发展计划以来,大量依赖国家财政为低收入群体提供的RDP住房。这些简易住房多为单层单间,面积38~50m²不等,但水电等基础设施俱全,有的RDP住宅区还安装了统一的太阳能热水器。

(2) 中档住房

中档住房的价格范围比较大,成本大约在40万~100万兰特(约15万~40万人民币)之间。购买者多为收入比较稳定的中等收入家庭或个人。南非的住房信贷系统非常发达,住房贷款相对比较容易获得,加之新增中等收入人群越来越多,再加上近年来南非住房贷款利率再创新低,因此南非中档住房的总体市场需求量正在持续稳步扩大。

(3) 高档住房

高档住房主要分布在南非沿海地区和大城市如开普敦、约翰内斯堡、布隆方丹。购买者多为中高收入人群和外籍投资者。很多社会名流和富商选择在这类高档居住区购置房产,因此这类住房的需求量也在持续提升。

11.3 住房政策与立法

11.3.1 1994年以前的住房相关立法沿革

1961年,南非人民经过艰苦的奋斗终于从殖民者手中夺得了独立。独立之初的南非百废待兴,在经济和社会发展各个方面都进行了大刀阔斧的改革,在公民住房保障和救济立法方面也是如此。这一时期通过的有关住房方面最重要法律便是1966年颁布的《主方法》(Housing Act, 1966),这部法律知识粗略地规定了国家在住房安排方面的事项。但即便如此,这部法律在当时的南非甚至整个世界都引起了不小的反响。在南非当时的情形下,这部法律实施的条件很多都不具备,但也有人认为这是南非住房保障制度的新起点。后来的事实证明,南非政府确实是踏踏实实地在为人民谋福利,为了公民住房权的全面保障走上了一条风雨无阻的改革之路。

殖民时期的南非一直都实行种族隔离制度,严格划分了黑人区和白人区,少数白人占用了社会大多数的资源,而广大黑人却住着贫民窟。种族隔离制度导致了严重的种族歧视,激化了社会矛盾,这种局面很不利于南非的发展。为了在独立之后缓和社会矛盾,改善广大黑人的生活条件和住房条件,1979年南非颁布了《贫民窟法》(Slums Act, 1979),这部法律致力于高效率的拆除贫民窟和提供楼房,以满足广大黑人严重的住房短缺。1986年南非废除了《流入管制法》,允许黑人向白人住宅区流动,旨在解决黑人与白人在住房上的不平等。南非通过这一时期的调整，在一定程度上缓和了社会矛盾。20世纪80年代末及90年代以后，南非政府已经在立法和实践中取得了一定的成就，也总结了相当的经验教训，从而提出要发展性地对待住房保障问题，决定将公民住房保障作为一项长期的惠民政策来抓，通过颁布大量的法律法规，建立南非系统化、法制化的住房保障制度。这一时期颁布的主要法律有：1987年众议院通过的《住房法》（Housing Act: House of Representatives）《发展法》（Development Act: House of Representatives）以及参议院通过的《住房发展法》（Housing Development Act），这三部法律对1966年的《住房法》进行了系统性的补充和完善，细化了1966年《住房法》关于公民住房保障的规定，使其更加具备操作性和适应性；1993年颁布了《住房安排法》，旨在建立一个全国性住房委员会和几个区域性住房委员会以进一步规范对住房资金的管理；1994年通过了《住房法修正案》，修订了1966年《住房法》，通过支付金钱和提供房屋等方式，进一步帮助自然人满足其住房需求。

11.3.2　1994年以后的主要住房政策与立法

作为一个明显的分界点，在种族隔离土地制度影响了一个世纪之后，南非最大的黑人民族主义政党——南非非洲人国民大会在1994年大选中获胜，曼德拉作为党主席出任总统，这也意味着南非种族隔离的结束。这使得大量白人回到欧洲，南非旋即出台了建国之后的第一个经济和社会建设纲领——重建和发展计划，该计划强调对公民基本人权的保护，也为公民住房保障提供了方向性指引；1995年颁布了《提供便利发展法》，以促进制度和实施土地开发项目，以补贴和贷款等形式加速土地的利用；1996年南非新《宪法》也获得了通过，新《宪法》第26条专门规定了公民的基本住房权，将公民的住房保障和救济上升到了写入《宪法》的高度，并通过对格鲁特布姆案的审理，开启了公民住房权司法救济的新篇章。1996年颁布《住房修正法案（二）》，以便地方政府执行国家住房方案，进一步的规定管理全国住房委员会的住房资产，在南非建立住房基金并明确了该基金的资金来源；到了1997年，为了解决以往法律中存在的矛盾和冲突，颁布了新的《住房法》，该法旨在为住房的可持续发展提供便利，制定了住房发展的一般原则，在各政府部门中适用，确定在住房发展方面国家、省和地方政府的职能，规定在南非建立住房发展委员会，省级委员会继续存在并重新命名为省级住房委员会，为国家住房计划筹资金，并成立了省级政府住房基金，还就基金款项的分配进行规定；1999年颁布《住房租赁法》，为房屋租赁事务提供进一步的法律保障和依据；2008年，颁布《社会住房法》，旨在建立一个有承受力的社会住房环境，在社会住房方面，分清国家、省和当地政府的作用；创立了社会住房管理局以调控社会住房机关所获得公共基金的资金；2008年颁布《房屋开发署法》，设立房屋开发署，采取合理的立法和其他措施，逐步实现《宪法》第26条所规定的每个南非公民都拥有适当的住房这一权利（表2-11-8）。

南非1994年以来住房相关政策沿革　　　　　　表2-11-8

时间	政策内容	施政效果
1994	《土地赔偿权利法》	正式结束了种族隔离土地制度，并且开启了土改中收回由于种族歧视而分配不均的土地
	《重建和发展计划》	南非民主团结政府成立后，为稳定政局、振兴经济、消除经济上的种族差距和鸿沟，开始实施"重建与发展计划"
1996	《南非共和国宪法》	保障了每一位公民的基本人权；人人有权获得适当的居住场所
	《土地改革法》	首次明确规定关于土地安全保障和土地使用不当造成的损坏和补偿等。当地黑人开始拥有了自己的土地
	《非正式土地权利临时保护法》	保护在缺乏法定形势的土地权利中土地的合法占有者
1997	《住房法》	促进了种族、社会、经济和城乡一体化；尊重、保护、促进、实现人权
1998	《防止非法驱逐和非法侵占土地法》	保护住房所有者免遭劣质施工之苦
1999	《住房租赁法》	禁止了房屋住户被非法驱逐，保护合法住房财产占有者的占用权
2000	《住房贷款和抵押贷款披露法》	建立了"披露办公室"，监督金融机构向需要住房信贷的社区提供服务，要求金融机构披露信息，指出歧视性的借贷做法
2004	《社会住房可持续发展的综合计划》	以住房白皮书和政府战略框架为基础，以期达到政府的整体住房目标
2008	《社会住房法》	为居民提供一个清洁、健康和安全的环境，保证其基本的尊严和隐私；实施社会与经济上可行的社区发展和维护，确保消除和防止贫民窟。

11.3.3　公民住房权

南非是将公民住房权写入宪法的国家之一。1996年通过的南非《宪法》第26条写到，所有南非公民都有权"得到合适的住房"。然而，这并不意味着国家有绝对的义务去对需求者提供免费住房，正如《宪法》所称"国家应该采取适当的立法和其他手段，在其所具备的资源内，逐步实现充足的住房权利"。

为了确保国家履行《宪法》对公民住房权利的保障，南非议会通过颁布大量的法律和成立大量的组织机构来保障公民的基本住房权。

11.3.4　住房租赁

21世纪初，南非政府在住房机构、社区、私营部门以及非政府组织的参与下，向超过133.42万户居民提供了住房补贴。南非政府在促进住房自有化方面的成功是有限的，还不能掩盖其住房租赁政策上的不足。尽管政府的大规模自有住房补贴政策让500万南非人获得了住房所有权，但仍然需要为超过750万南非人提供适当的住房保障。由于财政已经无力在自有住房补贴上持续高额投入，住房自有化政策已经接近极限。尽管南非政府仍然致力于推进住房自由化政策，但很快就认识到单凭促进住房所有权的政策无法解决南非面临的住房短缺问题。因而住房租赁政策已经逐渐成为南非政府促进公民住房权逐步实现的一项重要措施。

1998年9月，南非国家住房部提出修正住房租赁政策的法案，这就是1999年的《租赁住房法》。这部法律旨在为租房租赁提供一个全国性的法律框架，让各省政府以此为基础制定地方的租赁住房办法。

公共租赁住房项目由社会性的租赁住房协会负责运营和管理。租赁住房协会的董事会由来自于政府、企业、劳工和社区的代表组成。对于公共租赁住房项目的推行，南非的工会起到了十分重要的作用。公共租赁住房项目的运作主要是由私人公司负责开发建设，中央政府通过国家住房金融公司以及各地的社会住房基金帮助新建项目进行融资。

尽管南非政府在公共租赁住房政策方面取得了一定的成绩，但仍然不能完全满足南非低收入家庭的住房需求。目前，仍然有很多南非家庭居住在由私人房东出租的房屋中。在南非私有住房租赁市场上，家庭出租是城市低收入群体的主要居住形式，但由于从事出租的房东往往也属于中低收入群体，因此小规模的家庭出租存在空间不足、配套设施缺乏、安全和卫生状况差等问题。但从另一方面看，这种灵活的租赁形式为低收入居民提供了经济上可负担的住所，对于城市融合和经济发展具有重要意义。

南非政府最初片面追求住房自有水平的提高，在住房改革中强调"居者有其屋"，忽视了部分居民对租赁房的需求以及租赁住房在社会住房保障中的功能和作用，因此没有有效解决南非社会面临的住房短缺危机，最后不得不转向住房租赁政策。在住房租赁政策的实施过程中南非政府较偏重公共租赁住房的开发建设。在培育和完善私有住房租赁市场，特别是采取补贴等措施鼓励私有住房房东提供有一定人居环境保障的、经济的租赁住房方面发展缓慢。对于公共租赁住房尚需发展的国家而言，小规模的私有租赁住房，包括相当一部分非正式租赁住房，对于满足城市化进程中不断增长的居住需求仍然起着不可替代的作用。如何处理好自有住房、公租房和私有租赁住房之间的关系，仍然是南非住房租赁政策亟待解决的课题。

11.4 住房保障机构

住房保障制度的实施是一个复杂的过程，涉及金融、财政、规划等很多部门，为了能使各部门之间有效地行使各自职能，南非设立了多层次的住房保障机构，以保障各项住房政策的顺利实施。

11.4.1 人居署（住房部）

住房部（Department of Housing）是根据1994年新南非《宪法》成立的，负责全国住房和城市发展的主管部门，设置该机构的主要目的是实现《宪法》中规定的"每个南非公民都有权获得适当的居所"这一目的。在2009年5月住房部改名为"人居署"（Department of

Human Settlements）。

该机构主要负责国家住房政策的制定，提供住房立法、监督、金融和政策框架；研究制定国家住房标准和规范；确定住房供应目标并编制预算；协调各级政府之间的事务并监督住房交付；研究社会住房发展计划，对省市住房方面工作进行领导监督，并对地方性住房法规的制定进行指导；加强政府与住房相关利益者之间的信息交流。

另外，省市级政府必须通过对接人居署来把握地方性住房管理事务。省市级政府必须确定住房发展的地方性政策，促进地方法规发布，采取一切合理和必要的步骤推进住房事业的发展。地方性住房重建方案必须提交给人居署，在其指导下修改完善，并通过其批准才可发布实施。

从这一明显的统一规划、分层执行的政策制定方式可以看出，人居署对全国的住房保障制度有全局性的把握，地方政府是本地区具体住房保障制度的制定者，更加能因时因地制宜，制定出最优选择的政策和措施，这样的机构设置可以尽量避免在制度实施过程中出现职权交叉重复的现象。另外，其他相关住房保障机构都必须在人居署规定的住房政策框架内行使职权，并定期向人居署报告工作。

11.4.2　国家城市重建与发展局

国家城市重建与发展局（National Urban Reconstruction and Housing Agency），成立于1995年，是在1994年重建和发展计划指导下设立的一个政府机构。旨在扩大住房市场、对房屋及相关基础设施的建设进行最大化融资，促进公共部门和私营机构之间的协同合作。

该机构主要负责加快保障性住房的交付；进行保障性住房风险评估；与住房市场参与者建立合作伙伴关系，致力于发展和改善人居环境，为可持续居住社区的建设和发展作出贡献。

国家城市重建与发展局成立初期的工作主要一方面是为提供过渡性融资贷款给开发商来建设保障住房；另一方面为开发商进行担保，与银行等金融机构达成贷款协议，加强资金保障，加快住房建设；同时也加强公共部门和私营机构之间的合作。

现在国家城市重建与发展局采取项目与资金管理的投资组合模式来参与住房建设，也就是提供项目管理服务，进行住房建设的规划与预算、采购与承包、合同的管理与监控、受益人管理、财务管理、创建新的住房工程交付模式以及新的住房交付办法的试点，制定整体住房工程建设和交付计划。

11.4.3　住房发展局

住房发展局（Housing Development Agency）是于2008年成立的全国性住房机构，根据人居署的授权开展工作，以创造可持续的居住规划和建筑为主要目标。

该机构主要负责对居住用地进行确权、获取、持有、开发；对国家、公有、私有的土地进行注重可持续发展的社区和住房建设；在优化社区和住宅发展的过程中，创造就业机会，进行基础设施设置规划，提出资金方案；该机构的成员大多在住房领域方面拥有较高专业技术和知识水平，可以切实为住房项目提供管理和技术支持；住房发展局会就地方住房发展计划与各省市政府进行磋商，并将最终计划报人居署批准，协助国家机关升级改造非正式居住区。

从这些职能可以看出，住房发展局的成立主要是为了补充政府在住房建设用地规划的职能，进一步加快土地的收购和住房发展服务。

11.4.4　国家住宅开发商注册委员会

国家住宅开发商注册委员会（National Builders Registration Council）是由1998年《住房消费者权益保护法》提出并设立的一个独立的非营利性的法人机构。

该机构是为了保护住房消费者的权益，避免有安全隐患或质量问题的房屋交付给消费者，并对开发商的行为进行管理使其遵守义务。

11.4.5　社会住房开发管理机构

住房开发管理机构是根据2008年《社会住房法》设立的，提供或经营低成本住房给中低收入家庭的机构，并对该房屋进行质量保障和长期管理。简而言之，它是为中低收入群体提供住房的半官方机构，它兼有低成本房的开发商和管理者的身份。

社会住房开发管理机构必须遵从法律规定，由地方政府负责组织，经人居署审批，获得资格认证，然后参与到地方政府支持的为中低收入人群提供住房的项目建设中。其主要职责是根据每年与地方政府在其辖区内核准项目的协议，协助研究和执行地方住房政策；建造保障性住房；出售其所建设的住房，但低成本住房的出售不能侵害已满足条件的保障性住房申请人的住房权，而且必须把销售额的部分受益用于建造保障性住房；对所提供住房进行质量保障以及长期管理；告知消费者其所拥有的权利和义务。

这种鼓励开发商取得政府认证建设、提供和管理低成本住房的模式卓有成效，解决了一大批中低收入人群的住房需求，这些机构已经成为南非住房保障制度中低成本住房的主要提供者。

11.4.6　低成本社会住房监管机构

低成本住房监管机构是根据《社会住房法》设立的，对低成本住房建设管理工作进行监督的政府机构。它的主要职责包括：支持低成本住房开发管理机构执行有关政策，促进全国住房建设方案的落实；向低成本住房开发管理机构提供财政援助，对其工作进行指导；采取合理的措施和手段确保低成本住房开发管理机构的良好治理和可持续发展，促进其能力建设；根据低成本住房开发管理机构的工作报告，及时提供监管信息并做出分析研究，总结发展趋势，对人居署提出可行的建议；当低成本住房开发管理机构的行为失当时，采取必要的措施予以纠正。

相对于其他机构而言，低成本住房监管机构不直接从事住房建设工作，但是它的作用是不可忽视的。只有通过监管机构对住房建设项目进行监督,才能确保国家的住房政策能够落到实处。

11.5 住房金融与税制

11.5.1 住房金融

南非的住房保障制度的资金来源方式是多样化的,既有政府直接投入财政资金,有专门的政府性住房金融机构,还鼓励和引导银行参与到住房保障进程中,通过提供住房抵押贷款和小额住房贷款等方式来提供住房资金,并制定了住房贷款风险降低措施。政府采取多种途径筹措住房资金,为南非实施住房保障制度提供了坚实后盾。

(1) 全国住房金融公司

在1994年的重建与发展计划中,南非政府提出并建立了"国家住房银行"来负责住房信贷事务,后在1996年4月改称为全国住房金融公司(National Housing Finance Corporation),旨在为住房建设提供资金保障。

全国住房金融公司为中低收入群体提供大量的住房信贷,协助政府开展住房保障工作,并在实施国家住房计划过程中,通过与政府部门、社会住房机构以及有关部门批准的住房项目开发商签订贷款合同,为他们提供资金支持,从而确保住房建设的顺利进行,以促进大幅度增加保障性住房的供应量。同时,全国住房金融公司通过提供住房贷款担保,促使银行等金融机构为住房建设提供贷款,与金融机构共同合作,为住房问题找到必要可行的解决方法,以确保每个有合理收入的南非人都有机会获得住房。

另外,在农村地区还专门成立了非营利性的住房贷款机构,即成立于1996年的农村住房贷款基金,其主要业务是通过中介或者零售房产金融贷款机构筹集资金,为农村地区的低收入人群提供住房贷款。农村住房贷款基金是由国家人居署设立的,在2002年3月31日之前,作为全国住房金融公司的附属公司存在,从2002年4月1日开始独立存在,在2003年,农村住房贷款基金自主对54 000多户进行住房条件的改善。

(2) 第三方金融机构

来自国家层面的住房资金是有限的,因此政府在颁布的《抵押贷款和低收入家庭社区再投资》中,要求国内金融机构提供住房贷款参与到保障性住房的建设中。在很大程度上,住房贷款的资金主要来源于银行。目前,住房抵押贷款是除了住房补贴外,能大量解决中低收入群体住房保障问题的方法。抵押贷款的偿还期最长25~30年,固定利率。

11.5.2 住房相关财税制度

南非从1836年就开始征收现代意义上的住房房地产税。南非实行分税制财政体制,地方政府财力较强,可以负担80%以上支出,而省级政府则多依赖中央财政拨款。在南非,住房房地产税属于地方财政,中央政府和省级政府没有住房房地产税的课税权(表2-11-9)。

南非地方财政收入来源与比例　　　　　　表2-11-9

收入来源(%) \ 年份	2004	2009	2014
房地产税	18.8	18.6	19.6
服务费	44.3	42	41.2
政府拨款	15.7	23.1	22.9
服务委员会费	8	0	0
投资	2.4	3.1	3.6
其他收入	10.8	13.3	12.9

(1)房地产税制度

南非的住房房地产税长期以来仅将城市的土地、房屋、公共服务设施列入征税范围。2005年新实施的《地方财产税法案》将农村土地纳入征收范围。纳税人为住房的产权所有者,当住房产权属于政府时,承租人则为纳税人。征税对象为南非境内所有的土地和建筑物。南非采用从价计税的方式,统一采用评估值作为计税依据。

税率由地方政府部门确定,每年公开一次。不同类型房地产税率有所不同,中央政府确定税率年增长上限,并确定不同类别房地产税率之间的比率。

南非的新《财产税法》对税收优惠进行了详细的规定。对于海滩、岛屿、非盈利为目的的自然资源、宗教房产免收房地产税。对于住房价值规定了一个免税区间,高于免税区间价值的部分需要缴纳房地产税。公共服务基础设施的30%价值免收房地产税。

(2)房产税征管体系

由于南非的住房房地产税属于地方政府税,因而南非的住房房地产税征管人员一般为地方税务人员。课税对象为住房的纳税人,可以在一年内按月分期缴纳税款。纳税人拖欠税款除了需补缴税款外还需缴纳滞纳金。对于拖欠税款3年以上的,地方政府可以查封应税房地产并进行拍卖。

(3)房地产税评税体系

南非的房地产评税分为全面评估和补充评估两类。全面评估是对所有课税对象进行的定期评估,补充评估则是因申诉、价格变动等原因对个别课税对象进行的评估。

南非的评税方法为市场法。地方政府参与对注册估价师的管理,并不直接参与评税,评税过程由注册评估师来完成,采用公开、竞争的程序选聘。对于评税周期,南非统一规定为4

年，可根据情况延长1年的弹性制度。评税系统则采用了计算机批量评估系统（CAMA）。政府仅仅是进行资料的维护。

对于纳税人不服评税结果的，可以向评税委员会提出异议，如果对委员会的回复不满意，可以向评税申诉委员会进行申诉。

11.6 住房可持续性

南非在2013年由人居署负责起早并通过了南非人居发展规划。这份规划的提出意味着南非在今后一段时期的住房保障政策制定和实施、住房的建设和管理过程中，开始更加注重土地和人居环境的可持续性。

在这之前，为了顺应国际趋势，南非标准局（SABS）在1993年公布了《环境管理系统实践规范》。这份规范在一定程度上量化了国内建筑标准，并结合国际标准化组织（ISO）在1995年制定的环境管理系统（EMS），为南非国内建筑提供了综合性的核查清单，构筑了基本的可持续建筑原则，以改善建筑业的环境管理实践。这一原则在南非住房建设方面，主要体现在可持续性的社会属性、经济属性、生物物理属性和技术属性。迄今为止，南非实现可持续建筑大多数的努力重点是评估备选地点以避免敏感环境和建筑期间工地环境的管理，尽管许多可持续建筑原则还没有在南非系统地加以运用，但南非在建筑尤其是住房的可持续性上已经做出了很大的努力。

在南非，迄今为止已实行的正式环境管理系统（EMS）大多数是由大型工业或商业组织实施的。在少数几个南非重大建设项目中已经实施的环境管理，大多数情况下，起初并没有使用EMS规定作为指导，1993年的《环境管理系统实践规范》出台以来，南非才逐渐应用了这种以综合性核查清单的方式，改善建筑业的环境管理实践。

环境管理系统作为实现可持续建筑的框架的组成部分，其实施于一个住房建筑组织内部采用的EMS。当住房建筑建成后，一个新组织通常接管该建筑的管理，而且还可能制定另一个EMS来运行该设施；而当建筑使用超过使用年限时，可能为此制定一个最终的EMS。

南非多应用一种面向过程的可持续建筑原则，它是指出对一个特定项目评估四个大方面的适用性、重要性及其相关原则时要遵循方法的中心原则，它将住房建设的可持续发展归纳为四方面，即社会可持续性、经济可持续性、技术可持续性和生物物理可持续性。这就构成了南非环境管理系统中的四大要素。每类要素被细分为若干小类，构成南非住房建设环境管理系统的指标体系（表2-11-10）。

南非住房建设环境管理系统的主要功能和四大要素　　　　表2-11-10

南非住房建设中实行的环境管理系统（EMS）的主要功能	
● 开展拟进行建设活动的预先评价； ● 使受到拟进行活动潜在影响人及时参与决策过程； ● 促进跨学科协作； ● 促进遵守相关法律法规； ● 节约环境管理成本； ● 制定环境管理目标，对项目建设开展监测、评估、反馈； ● 确认环境与经济发展之间的协同作用。	
要素1　社会可持续性	要素2　经济可持续性
● 提高居民生活质量，缓解贫困； ● 提高和保持南非文化多样性； ● 保护和促进居民身体健康； ● 改善社会底层人群的生活环境； ● 力求公正地分配住房社会成本； ● 力求平等地分配住房社会效益； ● 力求做到代际平等。	● 确保预期拥有者的财务承受力； ● 促进就业，促进劳动密集； ● 增强在市场上的竞争力； ● 利用定价方法，确定价格和税收； ● 遴选有环境责任感的供应承包商； ● 把使用不可再生资源获得的受益部分投资于社会和人造的资本。
要素3　技术可持续性	要素4　环境可持续性
● 建设耐用可靠的住房构筑物； ● 追求住房建设质量； ● 注重住房建筑物的人性化考量； ● 注重住房的可服务性和可持续性； ● 对住房周边的城市基础设施进行补缺，使其可用。	● 减少住房建设中使用的能源、水、材料和土地四种资源； ● 最大限度地提高资源重复利用； ● 最大限度地减少对空气、土壤、水体的污染； ● 注重创造健康、无毒的居住环境； ● 保持和恢复区域生态活力和生态多样性； ● 最大限度地减少对环境敏感景观的损害。

在2013年发布的《南非人居发展规划》（以下简称《规划》）中，还特别提到了提高保障性住宅的可持续性。从社会、经济、生态三个角度出发，提出了详细的、有针对性的提高保障性住宅可持续性的策略。

在社会可持续性层面，提出建立精干的管理队伍，强调和推行大家庭观念，促进种族和谐的策略。《规划》中非常重视多种族的和谐共生，逐步取消以族群聚居地划分界限的做法，另外，通过公民咨询委员会、居民委员会等组织机构，让居民参与管理，并开始举办一些社区活动，强化社群关系和居民归属感。

在经济可持续性层面，提出要建造满足不同购买力的多样性户型、多渠道降低保障性住房建设成本、多途径筹措保障性住房的建设资金、提高房屋使用的经济效益等多项有效的措施。《规划》中要求，在大量建造低成本住房的同时，建造面积更大、质量更好的住房，并且为达到中等收入水平，但又没有能力购买私人住宅的"夹心层"人群，建造中等收入群体公寓住房，较好地满足了不同收入购买力人群的住房需求；同时积极引入社会力量，利用其资金和建设管理经验，提高住房供应效率和降低住房的建设成本，开始引入带资承包模式——

"设计—建造—出售",由私人开发商负责设计和建造,并以政府核定后的价格出售给具有一定购买力的人群。

在生态层面提出设计可持续的房屋住宅、可持续的翻新住宅、普及可持续的生活理念等一些先进的提高住房可持续性的理念,大大提升了南非住房整体的可持续建设和发展水平。为节约资源和能源,降低住房建设的环境影响,《规划》要求积极探索工业化的建造方式,逐步实现标准化、系统化和规模化,力求形成一套可以广泛应用到南非住房建设的成熟的产业链。

主要参考文献

[1] Department of Human Settlements,South Africa.CELEBRATING 20 YEARS OF HUMAN SETTLEMENTS:Bringing the Freedom Charter to Life.,2014.

[2] Department of Human Settlements,South Africa.MTSF 2014—2019,HUMAN SETTLEMENTS MEDIUM TERM STRATEGIC FRAMEWORK:Sustainable Human Settlements and Improved Quality of Household Life,2015.

[3] Statistics,South Africa.Statistics in Brief 2015,2015.

[4] Statistics,South Africa.South African Statistics,2014,2015.

[5] Statistics,South Africa.National Household Travel Survey,2014,2015.

[6] Statistics,South Africa.General Household Survey,2014,2015.

[7] Statistics,South Africa.Selected Building Statistics of the Private Sector as Reported by Local Government Institutions,February 2015,2015.

[8] Department of Housing,South Africa.White Paper:A New Housing Policy and Strategy for South Africa.,1997.

[9] UUDP.SOUTH AFRICA YEARBOOK 2012/13-Human Settlements.德国:German Technical Cooperation,1997.

[10] The Presidency,Republic of South Africa.Twenty Year Review:South Africa 1994—2014,2014.

[11] Fuller Housing Center Report.Housing Delivery in South Africa:Draft Report:Housing Delivery 2014.,南非,西开普省:The Fuller Center for Housing,2014.

第三部分 | 统计篇

1 经济与社会发展
2 住房建设投资与建设量
3 现有住房状况与标准
4 社会住房发展
5 住房家庭负担能力与市场
6 住房金融
7 住房能耗与住房管理

1 经济与社会发展

1.1 国内生产总值

1.1.1 世界11国和我国港澳地区国内生产总值（GDP）（1990~2014年）

世界11国和中国港澳地区GDP（单位：亿美元）　　表3-1-1

国家和地区	1990年	2000年	2010年	2012年	2013年	2014年
法国	12 442	13 263	25 490	26 111	28 064.28	28 291.92
德国	17 145	18 864	32 589	33 973	37 302.61	38 682.91
俄罗斯	5 168	2 597	14 875	20 148.85	20 967.77	18 605.98
英国	10 126	14 772	22 519	24 440	26 784.55	29 888.93
巴西	4 620	6 447	21 430	20 390	22 456.73	23 460.76
美国	57 508	98 988	144 471	162 400	167 681	174 190
印度	3 266	4 747	16 843	18 250	18 767.97	20 485.17
日本	31 037	47 312	54 884	59 590	49 195.63	46 014.61
新加坡	361	959	2 132	2 764.8	2 979.41	3 078.60
南非	1 120	1 329	3 635	3 695.8	3 506.3	35 008.50
韩国	2 638	5 334	10 149	11 292	13 045.54	14 103.83
中国香港	769	1 691	2 245	2 635	2 740	2 908.96
中国澳门	30	61	283	402.881	518	555.02
世界	219 769	323 293	631 360	729 053	755 929.41	778 688
高收入国家	182 734	264 422	431 195	489 868	510 910.48	529 067
中等收入国家	35 622	57 201	196 554	225 162	239 259.91	245 973
中低收入国家	37 029	58 886	201 014	230 572	245 477.22	249 968
低收入国家	1 452	1 667	4 251	5 270	6 127.10	3 974

资料来源：1990、2000、2010、2011年数据来源于《国际统计年鉴2013》；世界、高收入国家、中等收入国家、中低收入国家、低收入国家的2012、2013、2014年数据，中国香港2013年数据，中国澳门2013年数据来源于《国家统计年鉴2014》；中国台湾2013年数据来源于IMF-WEO；其他2012年数据来源于《世界经济年鉴2013》；其他2013年、2014年数据来源于世界银行WDI数据库

1.1.2 世界11国和部分地区人均国内生产总值（GDP）(1990~2014年)

世界11国和中国港澳地区人均GDP（单位：美元） 表3-1-2

国家和地区	1990年	2000年	2010年	2012年	2013年	2014年
法国	21 384	21 775	39 170	35 563	42 503	42 732.6
德国	21 584	22 946	39 852	41 499.04	46 269	47 821.9
俄罗斯	3 485	1 775	10 481	14 056	14 612	12 735.9
英国	17 688	25 083	36 186	39 276	41 787	46 332.0
巴西	3 087	3 696	10 993	10 263.89	11 208	11 384.4
美国	23 038	35 082	46 702	51 700	53 042	54 629.5
印度	363	450	1 375	1 600	1 499	1 581.5
日本	24 754	37 292	43 063	46 128	38 634	36 194.4
新加坡	11 845	23 815	41 987	52 000	55 182	56 284.6
南非	3 182	3 020	7 272	7 139	6 618	6 482.8
韩国	6 153	11 347	20 540	22 164	25 977	27 970.5
中国香港	13 478	25 374	31 758	36 825	38 121*	40 169.5
中国澳门	8 313	14 129	51 999	76 588	85 191*	96 038.1
世界	4 221	5 405	9 377	10 351	10 513	10 804
高收入国家	16 761	22 501	35 563	38 390	38 623	37 897
中等收入国家	832	1 307	3 830	4 582	4 809	4 732
中低收入国家	765	1 173	3 365	4 014	4 209	4 301
低收入国家	281	281	538	635	677	648

*依据各国及地区统计年鉴进行了调整

资料来源：1990、2000、2010、2011、2012、2013、2014数据，世界数据来源于《国际统计年鉴2013》、2014、2015；2012年数据来源于《世界经济年鉴2013》；世界2013年数据来源于《中国统计年鉴2015》；2013年、2014年数据来源于世界银行WDI数据库

1.2 国民收入与生活消费水平

1.2.1 世界11国和地区人均国民总收入（1991~2014年）

世界11国和中国港澳地区人均国民总收入（单位：美元） 表3-1-3

国家和地区	1990年	2000年	2010年	2012年	2013年	2014年
法国	20 160	24 270	42 190	43 140	43 460	42 960
德国	20 630	25 300	42 970	46 700	47 270	47 640
俄罗斯	—	1 710	9 880	12 740	13 850	13 220

续表

国家和地区	1990年	2000年	2010年	2012年	2013年	2014年
英国	16 600	26 010	38 140	—	—	43 430
巴西	2 700	3 860	9 540	11 640	11 690	11 530
美国	23 260	34 890	47 350	51 920	53 470	55 200
印度	390	450	1 260	150	1 570	1 570
日本	27 090	35 040	42 050	47 830	46 330	42 000
新加坡	11 450	24 500	39 410	51 090	54 040	55 150
南非	3 390	3 050	6 090	7 460	7 190	6 800
韩国	6 000	9 910	19 720	24 640	25 920	27 090
中国香港	12 660	26 570	32 780	36 280	38 420	40 320
中国澳门	8 530	14 640	45 460	64 050	—	76 270
世界	4 080	5 278	9 067	—	—	10 858
高收入国家	18 375	25 324	38 765	—	—	38 392
中等收入国家	892	1 252	3 722	—	—	4 690
中低收入国家	820	1 127	3 283	—	—	4 263
低收入国家	287	267	534	—	—	635

人均国民总收入（GNI）是国民总收入（用世界银行图表集法换算为美元）除以年中人口数。国民总收入（GNI）是指所有居民生产者创造的增加值的总和，加上未统计在估计产值中的任何产品税（减去补贴），再加上境外原始收入的净收益（雇员薪酬和财产收入）。国民总收入以本国货币计算，为便于经济体之间的比较分析，通常会按照官方汇率转换为美元。但如有理由认定官方汇率大幅偏离了国际交易中实际应用的汇率，则可采用替代汇率。为熨平价格和汇率波动，世界银行采用了图表集法，用一种转换系数求出给定年及此前两年汇率的平均值，根据该国G-5国家（法国、德国、日本、英国和美国）之间的在2000年期间的通胀率差异进行调整。自2001年起，涉及面扩展到欧元区、日本、英国和美国。

资料来源：1990、2000、2005、2010、2011年数据来源于《国际统计年鉴2013》；中国澳门2011年数据，其他2012、2013、2014年数据来源于世界银行WDI数据库

1.2.2 世界7国人均可支配收入（2000~2013年）

世界7国人均可支配收入（单位：美元）　　　　表3-1-4

国家	2000年	2010年	2011年	2013年
法国	25 756.7	25 896.1	25 968.9	30 810.9
德国	25 854.9	29 036.0	29 789.9	33 406.2
俄罗斯	75 39.4*	13 138.5	14 440.4	—
英国	25 690.1	29 778.8	29 595.0	27 517.5

续表

国家	2000年	2010年	2011年	2013年
美国	35 931.9	36 939.8	37 263.8	42 919.6
日本	23 914.8*	24 411.2	24 208.5	—
韩国	16 712.0*	22 361.3*	22 446.7*	19 482.5

*表示预测估计值

资料来源：2000、2010、2011、2013年数据来源于OECD；2012年数据来源于《世界经济年鉴2013》

1.2.3 欧盟28国贫困率及临界值（2013年）

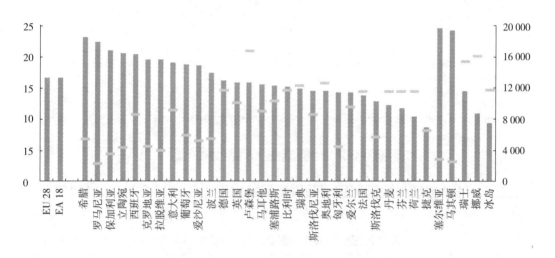

图3-1-1 贫困率临界值（PPS）

欧盟28国贫困率及临界值　　　　表3-1-5

国家	贫困人口占总人口百分比（单位：%）			贫困人口（单位：千人）		
EU28	—	24.7	24.5	—	124 060	122 897
EU27	23.8	24.7	24.5	116 584	121 676	121 626
EA18	21.7	23.2	23.1	70 642	76 603	75 827
德国	20.1	19.6	20.3	16 345	15 909	16 212
法国	18.5	19.1	18.1	11 150	11 760	11 229
瑞典	14.9	15.6	16.4	1 367	1 519	1 602
英国	23.2	24.1	24.8	14 069	15 099	15 586

注：贫困率指家庭可支配收入低于全国平均水平60%的家庭比率；临界值指全国平均可支配收入中位值的60%，考虑到不同国家生活成本的差异。

资料来源：Key figures on Europe 2015 edition

1.2.4 世界12国近十年贫困率变化（2000、2013年）

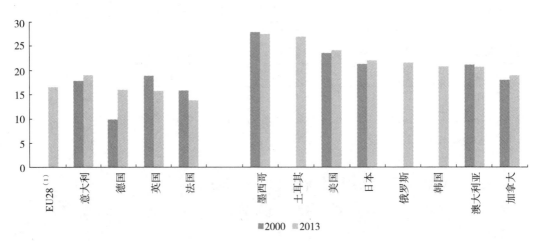

（1）The indicator meastares the proportion of the population living in poverty affer taxes and transfers–as defined by those living below 60% of the median income fevel. Australia and Mexic：data for 2012 instead of 2013. Canada. South Korea. Turkey and the United States：data for 2011 instead of.
（2）2000：not available.
（3）Ereak in seties.
Source：Eutostat（online data code<lic_1102）and OECD（Income Distribution and Poverty）

资料来源：Eurostat

图3-1-2 世界12国近十年贫困率变化

1.2.5 世界10国和地区居民消费价格指数水平（CPI）（2011~2014年）

世界10国和中国港澳地区CPI（以2010=100）　　　　表3-1-6

国家和地区	2011年	2012年	2013年	2014年
法国	102.1	104.1	105.0	105.6
德国	102.1	104.1	105.7	106.7
俄罗斯	108.4	113.9	121.6	131.2
英国	104.5	107.4	110.2	111.8
巴西	106.6	112.4	119.4	126.9
美国	103.2	105.3	106.8	108.6
印度	108.9	119.0	132.0	140.4
日本	99.7	99.7	100.0	102.8
新加坡	105.3	110.0	112.6	113.8
南非	105.3	111.0	117.3	124.4
韩国	104.0	106.3	107.7	109.0
中国香港	105.3	109.5	114.3	119.4
中国澳门	105.8	112.3	118.4	125.6

资料来源：《中国统计年鉴2015》；国际货币基金组织数据库等

1.2.6 世界11国居民生活水平比较

世界11国居民生活水平

表3-1-7

项目	享有卫生设施人口占总人口百分比（%）（2015年）	获得改善水源的城市人口所占百分比（%）（2015年）	获得改善水源的农村人口所占百分比（%）（2015年）	医疗卫生总支出占GDP百分比（%）（2013年）	公共医疗卫生支出占总医疗支出的百分比（%）（2013年）	人均医疗卫生支出（美元）（2013年）	每百人拥有移动电话（部）（2013年）	每百人互联网用户（人）（2014年）
法国	100	100	100	11.7	77.5	4 864	98	83.8
德国	100	100	100	11.3	76.8	5 006	119	86.2
俄罗斯	72	99	91	6.5	48.1	957	153	70.5
英国	99	100	100	9.1	83.5	3 598	124	91.6
巴西	83	100	87	9.7	48.2	1 085	135	57.6
美国	100	99	98	17.1	47.1	9 146	96	87.4
印度	40	97	93	4.0	32.2	61	71	18.0
日本	100	100	100	10.3	82.1	3 966	115	90.6
新加坡	100	100	—	4.6	39.8	2 507	156	82.0
南非	66	100	81	8.9	48.4	593	147	49.0
韩国	100	100	88 [1]	7.2	53.4	1 880	111	84.3

注：韩国为2012年数据资料来源：世界银行WDI数据库。

1.3 国土面积与人口

1.3.1 世界11国和地区国土面积与人口密度(2000年、2005年和2014年)

世界11国和中国香港、澳门地区国土面积及人口密度　　　　表3-1-8

国家和地区	国土面积 (万km²) 2014年	年中人口 (万人) 2014年	人口密度(人/km²)		
			2000年	2005年	2014年
法国	54.9	6 620	111	115	121
德国	35.7	8 089	236	237	232
俄罗斯	1 709.8	14 382	9	9	9
英国	24.4	6 451	243	249	267
巴西	851.6	20 203	21	22	24
美国	983.2	31 886	31	32	35
印度	298.0	126 740	355	383	426
日本	37.8	12 713	348	351	349
韩国	10.0	5 042	476	497	518
新加坡	0.1	547	6 012	6 273	7 814
南非	121.9	5 400	36	39	45
中国香港	0.1	724	6 396.4	6 538.6	6 897
中国澳门	0.003	62	15 423.8	17 192.5	19 247

资料来源:中国统计年鉴2015

1.3.2 世界7国首都城市人口(2014年)

世界7国首都人口(单位:千人)　　　　表3-1-9

国家	首都城市	2014年
法国	巴黎	10 764
俄罗斯	莫斯科	12 063
英国	伦敦	10 189
巴西	里约热内卢	12 825
美国	纽约	18 591
印度	德里	24 953
日本	东京	37 833

资料来源:The State of Asian and Pacific Cities 2015

1.3.3 各国大城市的单人户家庭比率（2012年）

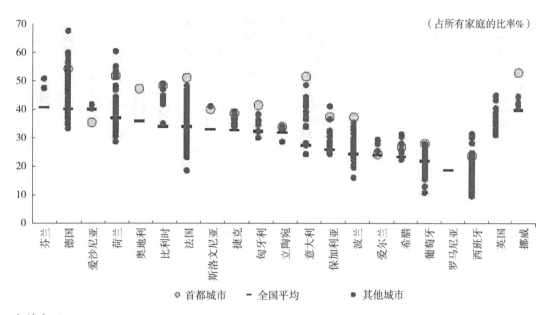

资料来源：Eurostat regional yearbook 2014

图3-1-3 各国大城市单人户家庭比率

1.3.4 欧盟成员国家庭规模差异（2012年）

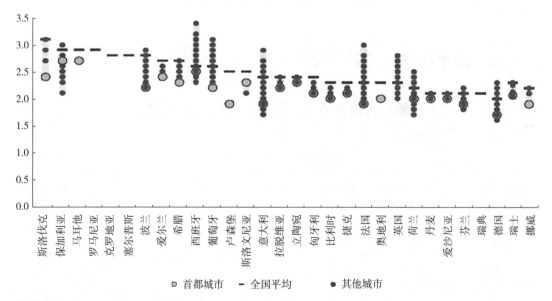

资料来源：Eurostat regional yearbook 2015

图3-1-4 欧盟成员国家庭规模差异（单位：人/户）

1.3.5　世界14国家庭结构分析

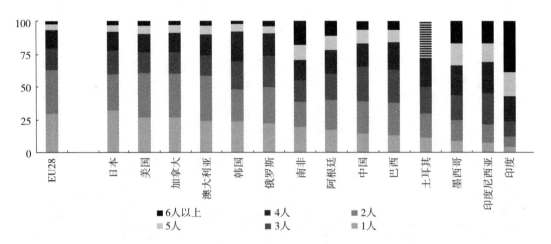

（1）Saudi Arabia：not available. Ranked on person households. EU-28 and South Africa：2013. Brazil：2012 Australia and Turkey：2011. Argentina，China，lndonesia，Japan，Mexico and South Korea：2010. The United States：2009. Canada：2006. Russia：2002. India：2001.

（2）Five persons and six persons or more are combined.

Source：Eurostal（online data code：ilc_lvph03），the United Nations Department of Economic and Social Affairs（Demographic statistics）and national surveys

注：EU28、南非（2013年）；巴西（2012年）；澳大利亚、土耳其（2011年）；阿根廷、中国、印尼、日本、墨西哥、韩国（2010年）；美国（2009年）；加拿大（2006年）；俄罗斯（2002年）；印度（2011年）；

资料来源：The EU in the world;Eurostat

图3-1-5　世界14国家庭结构分析

1.4　城市化与人口老龄化

1.4.1　世界11国城市人口占总人口比率（2000~2014年）

世界11国城市人口比率（单位：%）　　　　表3-1-10

国家和地区	2000年	2005年	2010年	2012年	2013年	2014年
法国	76.9	81.6	85.2	86	86.8	79
德国	73.1	73.4	73.8	74	74.2	75
俄罗斯	73.4	72.9	73.7	74	74.2	74
英国	78.7	79.0	79.5	80	79.9	82
巴西	81.2	82.8	84.3	85	85.1	85

续表

国家和地区	2000年	2005年	2010年	2012年	2013年	2014年
美国	79.1	80.7	82.1	83	82.9	81
印度	27.7	29.2	30.9	32	32.0	32
日本	78.7	86.0	90.5	92	92.3	93
新加坡	100	100	100	100	100	100
南非	56.9	59.3	61.6	62	62.9	64
韩国	79.6	81.4	82.9	83	83.7	82
世界	46.6	49.1	51.5	52.5	53.0	53.6

资料来源：法国2013年数据来源于UNDP；其他数据来源于世界银行WDI数据库.世界2014年数据来源于The State of Asian and Pacific Cities 2015

1.4.2 全球各区域城市化发展趋势（2010~2015年）

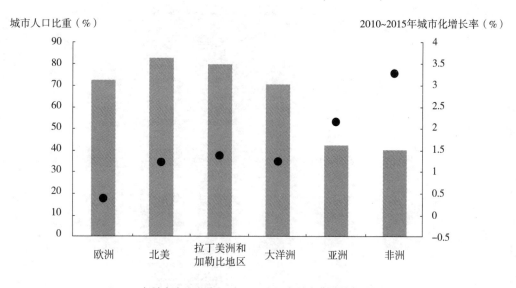

图3-1-6 全球各区域城市化发展趋势

资料来源：AFFORDABLE LAND AND HOUSING IN EUROPE AND NORTH AMERICA

1.4.3 世界多国城市人口占总人口比率（2014年）

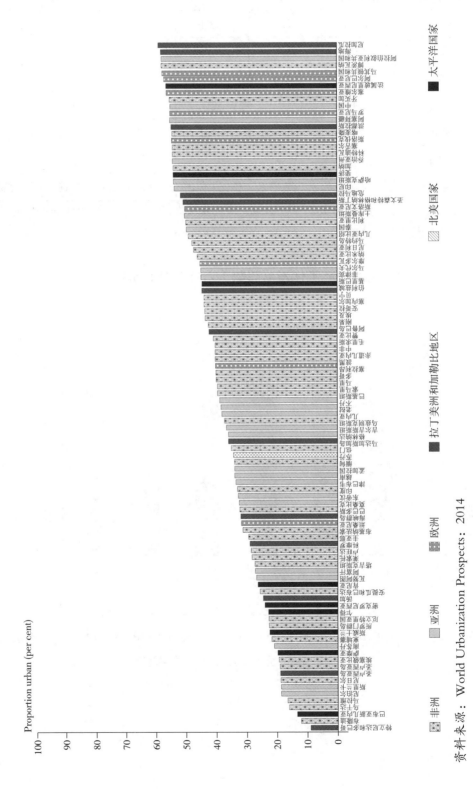

图3-1-7 世界多国城市人口比率

资料来源：World Urbanization Prospects：2014

1.4.4 世界11国65岁和65岁以上的人口(2014年)

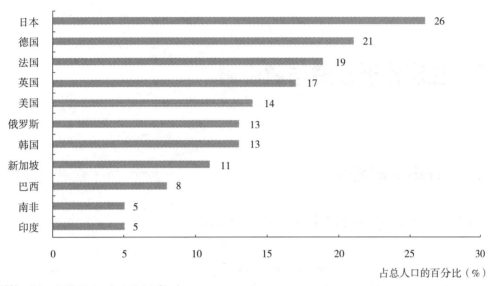

资料来源：世界银行WDI数据库

图3-1-8 世界11国65岁及以上人口占比

1.4.5 世界城市和农村人口(1950~2050年)

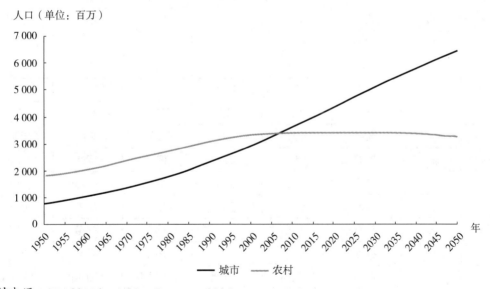

资料来源：World Urbanization Prospects,2014

图3-1-9 世界城市和农村人口

2 住房建设投资与建设量

2.1 住房投资情况

2.1.1 法德英美日住房投资（1980~2012年）

多国住房投资比例（单位：%） 表3-2-1

国家		1980年	1982年	1984年	1986年	1988年	1990年
法国	A	6.1	5.5	4.9	5.2	5.2	5.1
	B	21.9	20.8	19.0	19.2	20.5	21.4
	C	28.0	26.3	25.8	27.1	25.6	24.0
德国	A	6.7	6.2	6.4	5.3	5.2	5.6
	B	22.7	20.5	20.0	19.5	19.6	21.0
	C	29.6	30.3	31.7	27.3	26.5	26.6
英国	A	2.8	3.4	3.7	3.5	4.0	3.6
	B	17.2	16.4	17.1	16.9	19.0	19.3
	C	16.2	20.4	21.3	21.0	21.2	18.8
美国	A	3.9	3.0	4.8	5.1	4.8	3.9
	B	18.5	16.5	18.1	17.7	17.1	14.6
	C	21.2	17.9	26.7	28.9	27.9	26.9
日本	A	6.7	5.9	5.0	5.0	6.2	6.2
	B	31.6	29.5	27.7	27.3	29.9	32.2
	C	21.4	20.0	18.0	18.1	20.6	19.1
国家		1995年	1998年	2001年	2007年	2009年	2012年
法国	A	4.3	4.1	4.2	6.9	6.4	6.1
	B	18.8	18.4	20.0	22	20.5	19.7
	C	23.1	22.2	20.8	31.3	31.2	30.9

续表

国家		1995年	1998年	2001年	2007年	2009年	2012年
德国	A	7.9	7.4	6.3	5.6	5.6	5.8
	B	22.4	21.4	20.1	18.2	17.5	17.6
	C	35.1	34.5	31.5	30.7	32.0	32.9
英国	A	3.0	2.9	2.8	4.1	2.7	3.3
	B	16.3	17.6	16.5	18.6	14.8	14.3
	C	18.4	16.7	16.8	22.1	18.2	23.0
美国	A	3.9	4.2	4.4	4.8	2.5	2.7
	B	17.7	19.4	19.2	19.2	15	18.6
	C	22.0	21.4	22.9	25.0	16.7	14.5
日本	A	5.1	4.2	3.9	3.5	3.0	3.0
	B	27.7	26.8	25.6	24.3	21	21.1
	C	18.6	15.7	15.4	14.4	14.3	14.2

注：A：住房投资/国内生产总值；B：固定资产形成总值/国内生产总值；C：住房投资/固定资产形成总值；2007、2009、2012年的B值是由A/C计算得出。

资料来源：日本住宅建筑手册1997，2003；日本住宅经济数据集2009，2011，2014

2.1.2 法德英美日5国住房投资（名义）（2013年）

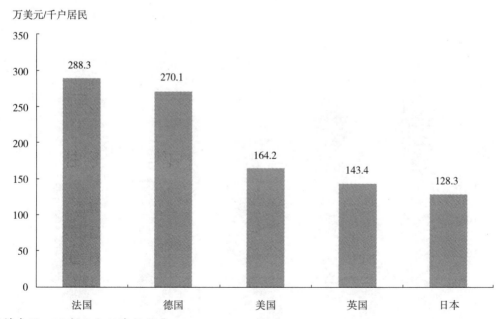

资料来源：日本住宅经济数据集2015

图3-2-1 多国住房投资（名义）

2.1.3 世界8国住房投资占GDP的比率（名义）(2013年)

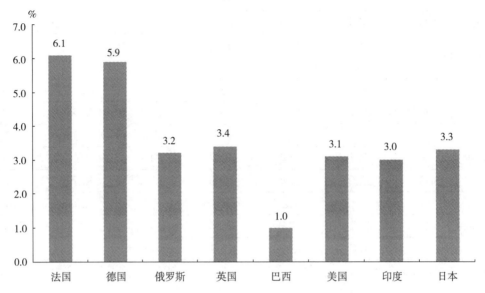

注：俄罗斯、巴西为2013年数据，巴西是2009年数据。

资料来源：日本住宅经济数据集2015

图3-2-2　多国住房投资占GDP比重（名义）

2.1.4 法德英美日5国住房投资占国内固定资产总值的比率(名义)（2013年）

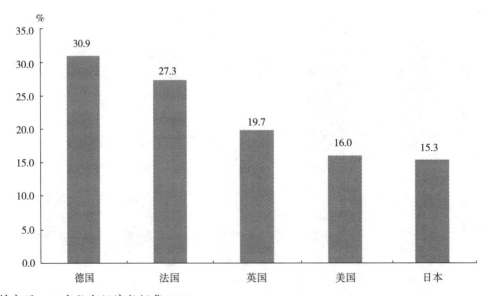

资料来源：日本住宅经济数据集2015

图3-2-3　多国住房投资占国内固定资产总值比重（名义）

2.1.5 法德英美4国住房投资年变化率（2005~2014年）

多国住房投资变化率（单位：%）　　　　　表3-2-2

国家	2005	2006	2007	2008	2009	2010	2011	2012	2013	2014
法国	5.0	6.4	4.8	-2.8	-11.5	-0.7	1.8	-0.2	-2.8	-4.2
德国	-4.3	6.0	-1.8	-3.5	-2.6	4.6	8.9	1.1	0.5	3.8
英国	-6.6	15.8	-5.0	-15.0	-26.6	14.0	2.5	-6.0	4.4	14.2
美国	6.6	-7.6	-18.8	-24.0	-21.2	-2.5	0.5	12.9	12.2	1.6
EU28	2.5	7.1	1.7	-6.3	-13.8	-1.6	0.1	-3.7	-2.5	0.0

资料来源：2014 A review of Europe's mortgage and housing markets；European Mortgage Federation National Experts, European Central Bank, National Central Banks, Federal Reserve

2.2 住宅相关产业的生产诱发效果（以日本为例）

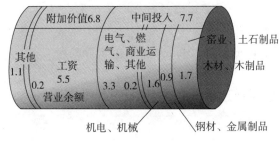

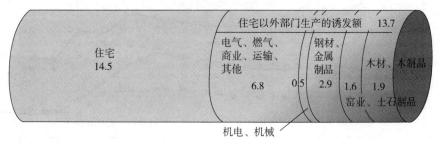

注：2012年住宅建筑业的生产诱发系数为28.2/14.5≈1.945——编者。
资料来源：日本住宅经济数据集，2014

图3-2-4 住宅相关产业生产诱发效果

2.3 住房建设量

2.3.1 世界9国和地区月均新建住房量（2005~2014年）

世界9国和中国香港地区月均新建住房量（单位：套/月）　　表3-2-3

国家	项目	2005年	2010年	2012年	2013年	2014年
法国	住房开工量	37 016	28 831	28 872	27 656	29 400
德国	规划建设量	17 942	13 982	19 477	19 773▲	23 594
俄罗斯	新建住房	42 942	59 510	69 836	76 009	93 160
英国	新建住房	17 465	11 438	11 497	11 500	12 082
美国	私有住房竣工量	161 000	54 000	54 000	64 000	73 833
日本	住房开工量①▲	104 083	68 250	74 417	82 250	74 355
南非	新建住房量	5 885	3 296	3 573	2 822	3 214
韩国▲	住房建设量	—	32 212	48 907	32 965	8 491
瑞典	新建住房量	1 912	1 387	1 595	2 128	2 349
中国香港	新建公共住房量	3 501	625	815	1 742	470
	新建私有住房量	1 382②	1 117	846	688	1 310
	新建私有住房量	59	51	47	29	54

注：①Data excludes capital repairs.②2006年数据。
　　▲依据各国及地区统计年鉴进行了调整
资料来源：http://unstats.un.org/.Monthly Bulletin of Statistics Online

2.3.2 法英美日每千居民新建住房量（1995~2014年）

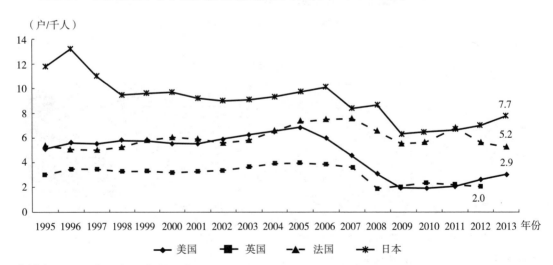

资料来源：日本住宅经济数据集2015

图3-2-5　多国每千户居民新建住房量

2.3.3 法英美3国住房年开工总量（2005~2014年）

3国住房年开工总量（单位：套） 表3-2-4

国家	2005年	2010年	2011年	2012年	2013年	2014年
法国	403 721	346 000	421 300	346 500	332 100	356 300
英国	223 910	138 470	135 300	127 450	149 210	—
美国	2 068 000	587 000	609 000	780 000	925 000	1 003 000

资料来源：2015 A review of Europe's mortgage and housing markets；European Mortgage Federation National Experts, European Central Bank, National Central Banks, Federal Reserve

2.3.4 世界5国住房竣工总量（2005~2014年）

5国住房竣工总量（单位：套） 表3-2-5

国家	2005年	2010年	2011年	2012年	2013年	2014年
德国	242 316	159 832	183 110	176 617▲	214 817	245 325
俄罗斯	515 000	717 000	786 000	838 000	929 000	—
英国	214 000	137 450	146 850	135 510	140 930	—
美国	1 932 000	651 000	585 000	649 000	764 000	884 000
南非	—	39 552	40 656	42 876	33 864	—

资料来源：2015 A review of Europe's mortgage and housing markets；European Mortgage Federation National Experts, European Central Bank, National Central Banks, Federal Reserve

2.3.5 法德英3国住房存量、竣工量（2014年）

3国住房存量、竣工量 表3-2-6

国家	存量（千套）	每千人住房套数	竣工量（套）	其中：			
				自有（%）	私人租赁（%）	公共租赁（%）	其他（%）
法国	28 077	423	266 500	57.7	21.9	17.4	3
德国	40 545.3	506	215 000	—	—	—	—
英国	27 767	437	135 510（2012）	64.2	17.6	18.2	—

资料来源：The state of housing in the EU 2015

2.3.6 欧盟住房规划建设量、竣工量和开工量历年变化（2000~2014年）

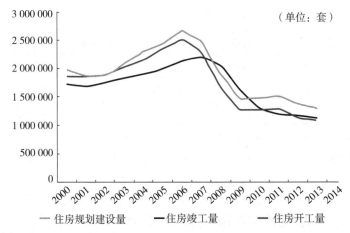

注：（1）住房规划建设量
:UK,BG(2000-2005),IT(2001-2002,2014),LV(2000-2002),RO(2000-2004),SK(2012-2014).

（2）Housing Starts: AT, CY, HR, DE, LV, LT, LU, NL, PT, EE, MT, BG (2000-2009), HU (2000-2003,2010-2014), IE (2000-2003),IT (2000-2003, 2012-2014), RO (2000-2001, 2009-2014),SK (2012-2014), SI (2009),UK(2014).

（3）Housing Completions: AT, BE, FR, MT, BG (2000-2003), HR (2000-2001, 2012-2014),CY (2014), GR (2012-2014), IT (2011-2014), LU (2012-2014), SK (2012-2014), UK (2014)

资料来源：2015 A review of Europe's mortgage and housing markets；European Mortgage Federation

图3-2-6 欧盟住房规划建设量、竣工量、开工量

2.3.7 欧盟平均住房规划建设量（2006年、2013年、2014年）

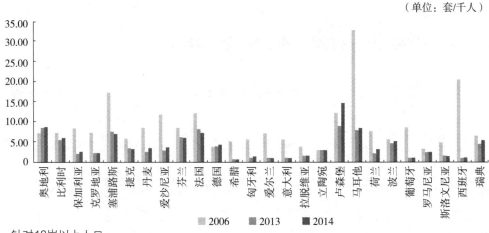

注：针对18岁以上人口。

资料来源：2015 A review of Europe's mortgage and housing markets

图3-2-7 欧盟平均住房规划建设量

2.4 住房建设造价

欧盟28国住房造价水平指数（2013年）

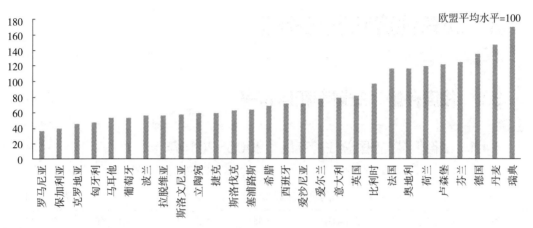

资料来源：The state of housing in the EU 2015

图3-2-8 欧盟28国住房造价水平指数

3 现有住房状况与标准

3.1 住房存量、空置率和自有率

3.1.1 法德俄英美5国总住房存量（2005~2014年）

5国总住房存量（单位：千套）　　　　　表3-3-1

国家	2005年	2010年	2011年	2012年	2013年	2014年
法国	31 582	33 497	33 842	34 200	34 600	34 944
德国	39 551	40 479	40 630	40 806	40 995	41 200
俄罗斯	57 425	60 126	60 807	61 500	61 300	—
英国	26 197	27 448	27 614	27 767	26 414	—
美国	123 925	130 599	132 292	132 778	132 799	133 270

资料来源：2015 A review of Europe's mortgage and housing markets；European Mortgage Federation National Experts, European Central Bank, National Central Banks, Federal Reserve；英国2013年数据来源于Office for National Statistics, Families and Households, 2013

3.1.2 法德英美日5国住房存量结构（按所有权划分）

5国住房存量结构（按所有权划分）　　　　　表3-3-2

国家	总计	自有住房	出租住房	其中	
				民间出租	公营出租
法国（2006）	100%	57.2%	42.8%	19.4%	17.1%
德国（2010）	100%	45.7%	54.3%	—	—
英国（2013）	100%	64.4%	35.6%	18.1%	17.5%
美国（2013）	100%	65.3%	34.7%	29.9%	4.8%
日本（2013）	100%	61.7%	35.5%	28.0%	5.4%

资料来源：日本住宅经济数据集 2015

3.1.3 世界7国住房空置率（2013年）

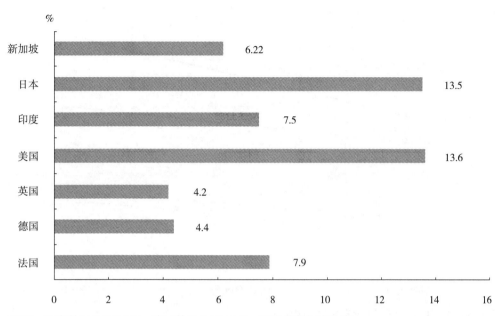

注：德国、印度数据是2011年，法国数据是2014年，新加坡指私有住房。
资料来源：根据本报告内调研数据计算

图3-3-1 7国住房空置率

3.1.4 法德英瑞4国住房自有率（2005~2014年）

欧盟及4国住房自有率　　　　　　　　　　表3-3-3

国家	2005年	2010年	2011年	2012年	2013年	2014年
法国▲	56.9	57.7	57.7	57.7	57.7	57.7
德国	53.3	53.2	53.4	53.3	52.6	—
英国▲	69.07	65.57	64.87	64.23	63.45	
瑞典	68.1	70.8	69.7	70.1	69.6	
欧盟28国	—	70.6	70.6	70.6	70.0	

▲依据各国及地区统计年鉴进行了调整。
资料来源：2015 A review of Europe's mortgage and housing markets；European Mortgage Federation National Experts, European Central Bank, National Central Banks, Federal Reserve

3.1.5 世界经济合作发展组织（OECD）成员国住房自有率变化趋势

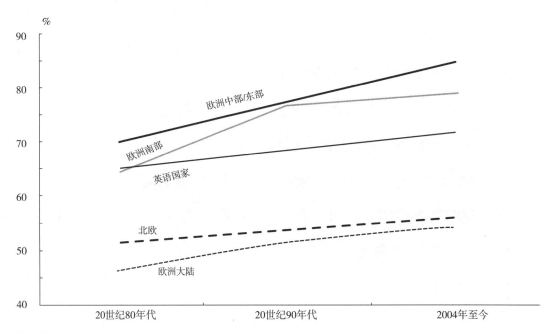

资料来源：HOUSEING EUROPE REVIEW 2012

图3-3-2 OECD成员国住房自有率变化

3.2 住房面积

3.2.1 法德英美日5国每套住房平均面积（按墙体中—中计算）

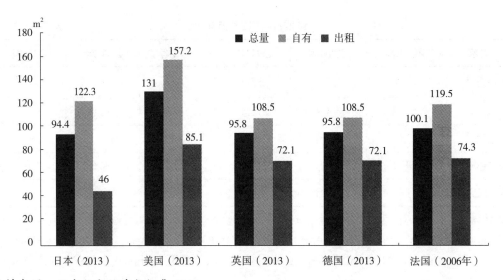

资料来源：日本住宅经济数据集 2015

图3-3-3 5国每套住房平均面积（按墙体中—中计算）

3.2.2 法德英美日俄6国人均住房建筑面积（按墙体中—中计算）

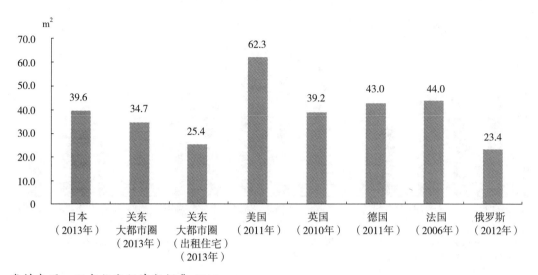

资料来源：日本住宅经济数据集 2015

图3-3-4　6国人均住房建筑面积（按墙体中—中计算）

3.2.3 世界9国新建住房平均面积

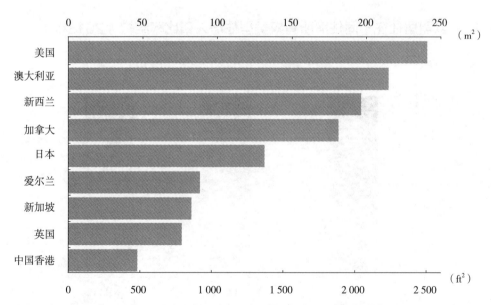

资料来源：10th Annual Demographia International Housing Affordability Survey：2014

图3-3-5　9国新建住房平均面积

3.2.4 世界13国每套住房人均房间数量（2012年）

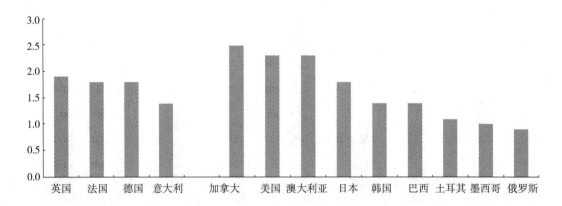

（1）Excluding KMchenettes, bathrooms, tollets and garages, Argentina, China, India. Indonesia. Saudi Arabla and South Africa; not avallable.
（2）Estimate.

资料来源：OECD

图3-3-6　13国每套住房人均房间数量

3.3　住房使用与满意度

3.3.1　欧盟居住在不同住房所有权类型住房人口比率结构（2013年）

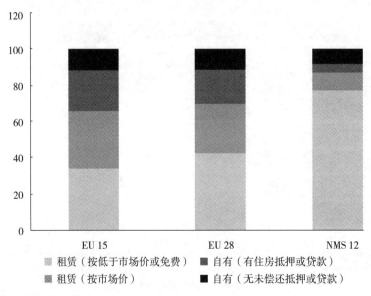

注：NMS12指New Member States。
资料来源：The state of housing in the EU 2015

图3-3-7　欧盟居住在不同住房所有权类型住房人口比例结构

3.3.2 欧洲30国居住在不同建筑类型住房人口比率（2012年）

表3-3-4 欧洲30国居住在不同建筑类型住房人口比例（单位：%）

国家	公寓	独栋别墅	联排别墅	其他
EU28①	41.6	34.0	23.7	0.7
EA18①	46.9	29.8	22.5	0.8
爱沙尼亚	65.1	29.8	4.6	0.5
西班牙	65.0	13.6	21.2	0.2
拉脱维亚	64.4	31.8	3.6	0.2
希腊	59.7	32.1	8.1	0.0
立陶宛	57.6	35.2	6.8	0.4
德国	53.2	28.6	16.7	1.5
捷克	52.6	37.2	9.9	0.3
意大利	51.1	22.0	26.5	0.4
马耳他	50.3	4.5	44.8	0.3
斯洛伐克	48.1	49.9	1.8	0.1
波兰	46.2	48.9	4.7	0.2
保加利亚	43.2	46.0	10.5	0.3
奥地利	42.5	49.2	7.2	1.2
葡萄牙	41.3	40.6	17.8	0.3
瑞典	40.2	50.6	8.9	0.4
罗马尼亚	37.8	60.5	1.7	0.1
芬兰	33.6	47.2	18.6	0.5
卢森堡	33.2	36.4	29.9	0.5
法国	33.1	44.2	22.5	0.1
匈牙利	30.1	63.9	5.4	0.7
丹麦	29.9	57.1	12.5	0.4
斯洛文尼亚	28.9	66.6	4.1	0.3
塞浦路斯	24.1	47.0	27.7	1.3
比利时	20.8	37.1	41.8	0.3
克罗地亚	20.7	73.0	6.1	0.2

续表

国家	公寓	独栋别墅	联排别墅	其他
荷兰	18.6	16.2	60.0	5.2
英国	14.5	23.9	60.9	0.7
瑞士	59.6	23.8	13.1	3.5
冰岛	45.9	34.9	18.2	0.9
挪威	13.4	60.7	20.2	5.8

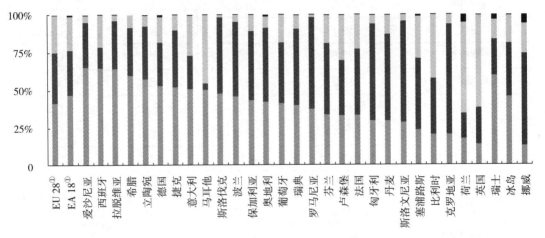

①预测估计值，EU28指欧盟的28个成员国，EU18指欧盟的18个成员国。

资料来源：Eurostat

图3-3-8　多国居住在不同房屋比例

3.3.3　欧洲30国居住在不同住房所有权类型住房人口比率（2012年）

欧洲30国居住在不同住房所有权类型住房人口比例（单位：%）　　表3-3-5

国家	租赁（按市场价）	租赁（按低于市场价或免费）	自有（有住房抵押或贷款）	自有（无未偿还抵押或贷款）
EU28①	18.5	10.9	27.2	43.4
EA18①	22.3	10.8	28.3	38.6
罗马尼亚	0.8	2.6	0.9	95.7
克罗地亚	1.6	8.9	2.9	86.6
保加利亚	1.3	11.3	2.0	85.3

续表

国家	租赁（按市场价）	租赁（按低于市场价或免费）	自有（有住房抵押或贷款）	自有（无未偿还抵押或贷款）
立陶宛	1.4	6.7	6.6	85.3
斯洛伐克	7.8	1.8	9.6	80.8
波兰	4.0	13.6	9.6	72.8
拉脱维亚	7.8	10.7	9.5	72.0
匈牙利	2.8	6.7	21.6	69.0
斯洛文尼亚	5.5	18.3	8.4	67.8
爱沙尼亚	3.0	14.7	18.0	64.3
马耳他	2.4	15.8	17.9	63.9
捷克	13.2	6.4	18.0	62.4
希腊	18.2	5.9	15.2	60.7
意大利	13.3	12.6	16.1	58.0
塞浦路斯	11.5	15.3	17.7	55.6
西班牙	12.7	8.3	31.8	47.2
葡萄牙	10.9	14.5	33.8	40.7
法国	19.5	16.8	29.9	33.8
芬兰	10.5	15.6	42.2	31.7
奥地利	26.1	16.4	26.4	31.1
比利时	18.5	9.2	43.1	29.2
英国	15.9	17.5	38.3	28.4
卢森堡	24.6	4.6	42.6	28.2
德国	38.6	8.1	28.0	25.2
丹麦	35.4	0.3	51.8	12.5
荷兰	32.1	0.4	59.9	7.6
瑞典	29.7	0.2	70.1	0.0
挪威	9.1	6.1	64.9	19.9
冰岛	13.0	9.7	62.7	14.6
瑞士	51.6	4.5	39.5	4.4

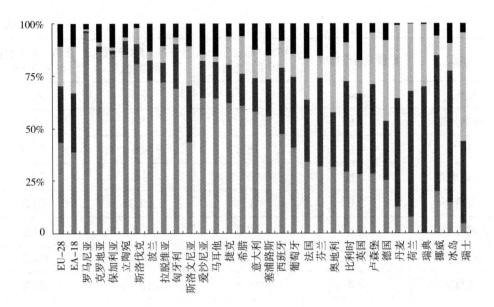

注：预测估计值，EU28指欧盟的28个成员国，EU18指欧盟的18个成员国。

资料来源：Eurostat

图3-3-9 多国居住在不同所有权房屋中比例

3.3.4 欧盟住房总体情况（按照住宅类型和所有权）（2012年）

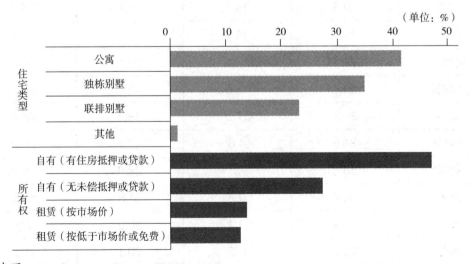

资料来源：Key figures on Europe 2014

图3-3-10 欧盟住房总体情况

3.3.5 欧洲14国住房过度拥挤人口（2013年）

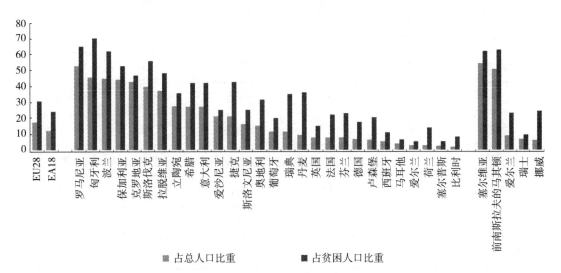

图3-3-11 欧洲14国住房过度拥挤人口

3.3.6 欧洲住房匮乏比率（不足率②）（2011~2012年）

欧洲住房不足率（单位：%） 表3-3-6

国家	2011	2012	国家	2011	2012
EU28①	5.5	5.1	意大利	8.8	8.4
EA18①	3.7	3.5	斯洛文尼亚	8.7	8.1
罗马尼亚	25.9	22.8	立陶宛	7.6	7.1
匈牙利	16.0	17.2	希腊	7.2	7.0
拉脱维亚	17.5	16.4	斯洛伐克	4.8	5.1
保加利亚	14.3	12.9	爱沙尼亚	4.9	4.7
波兰	11.4	10.5	葡萄牙	4.0	4.3
克罗地亚	9.7	9.6	捷克	4.8	3.9

续表

国家	2011	2012	国家	2011	2012
奥地利	3.5	3.8	马耳他	1.6	1.0
法国	2.5	2.6	荷兰	0.5	0.9
卢森堡	1.9	2.4	芬兰	0.7	0.8
丹麦	2.6	2.2	比利时	1.0	0.6
英国	2.6	2.0	爱尔兰	0.7	\
德国	2.1	1.9	冰岛	2.0	2.4
瑞典	1.7	1.5	瑞士	1.4	1.8
西班牙	2.1	1.3	挪威	1.3	1.2
塞浦路斯	1.6	1.2			

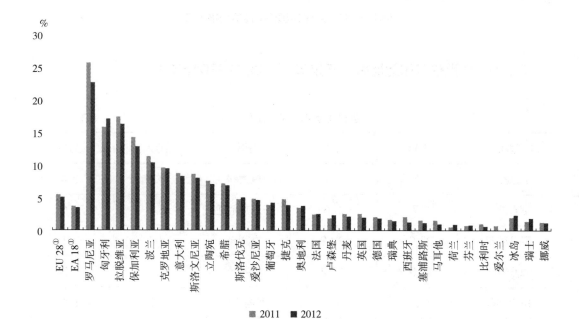

注：①预测估计值，EU28指欧盟的28个成员国，EU18指欧盟的18个成员国；
②住房不足率指住在过度拥挤住房（至少一间住房，没有淋浴或洗手间，或屋顶漏水或室内太黑暗等）的人口比重。

资料来源：Eurostat

图3-3-12　多国住房不足率变化

3.3.7 欧盟成员国住房严重不足的人口比重（2013年）

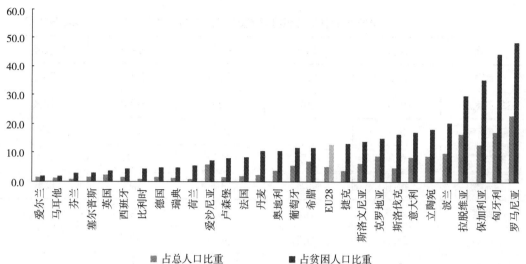

注：贫困人口指收入低于等值家庭收入中值的60%以下。
资料来源：The state of housing in the EU 2015

图3-3-13 欧盟成员国住房严重不足的人口比重

3.3.8 世界13国住房、水、电、天然气和其他燃料支出

世界13国住房、水、电、天然气和其他燃料支出　　　　表3-3-7

国家	占居民消费支出的比率（%）	国家	占居民消费支出的比率（%）
法国	25.64（2012年）	南非	15.6（2013年）
德国	24.22（2012年）	韩国	16.5（2012年）
俄罗斯	10.3（2011年）	EU28	24.7（2010年）
英国	25.17（2013年）	澳大利亚	23.8（2012年）
美国	18.7（2012年）	中国	8.9（2012年）
印度	13.2（2011年）	印尼	20.2（2013年）
日本	25.3（2012年）	加拿大	24.7（2013年）

资料来源：Eurostat

3.3.9 部分国家住房与环境满意度比较（60岁以上人群）

部分国家住房与环境满意度比较（单位：%）　　　　表3-3-8

住房	德国	美国	日本	韩国	瑞典
满意	78.1	74.9	33.3	24.7	84.0
基本满意	18.7	19.2	49.0	52.4	14.4
稍有不满	2.9	4.4	15.4	19.1	1.5
非常不满	0.3	1.5	2.2	3.8	0.1
环境	德国	美国	日本	韩国	瑞典
满意	71.5	75.2	35.0	29.6	86.8
基本满意	25.5	19.2	54.8	58.0	12.3
稍有不满	2.4	4.2	9.5	11.7	0.8
非常不满	0.4	1.4	0.8	0.7	0.1

资料来源：日本住宅经济数据集 2014

3.3.10 欧盟成员国人们对住房的平均满意度得分（按照城市、城镇和郊区、农村划分）（2013年）

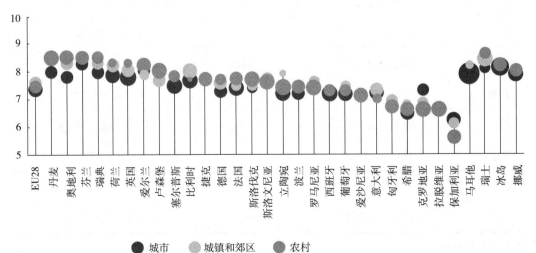

注：图中的气泡反映了不同城市化程度地区的人口对住房的满意度。

资料来源：Eurostat regional yearbook 2015

图3-3-14 欧盟成员国人民对住房平均满意度

3.3.11 欧盟成员国居民反映社区的犯罪、暴力和破坏等问题（按照城市、城镇和郊区、农村划分）（2013年）

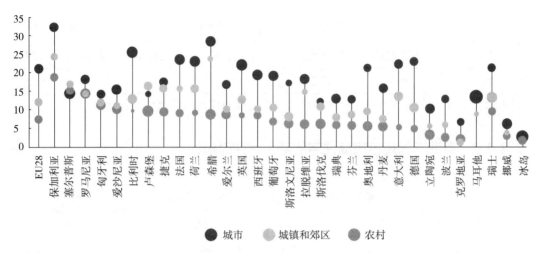

资料来源：Eurostat regional yearbook 2015

图3-3-15 欧盟成员国居民反映社区犯罪、暴力和破坏等问题

3.3.12 欧盟成员国居民反映社区污染、犯罪或其他环境问题（按照城市、城镇和郊区、农村划分）（2013年）

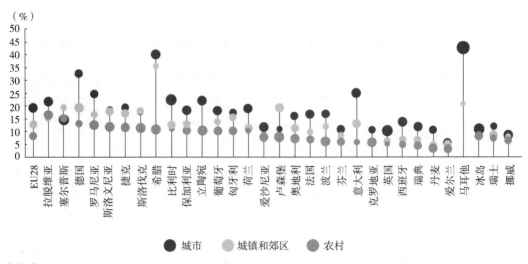

资料来源：Eurostat regional yearbook 2015

图3-3-16 欧盟成员国居民反映社区污染、犯罪或其他环境问题

3.4 住房标准

3.4.1 联合国提出的3~5人家庭住宅的最小建筑面积

3~5人家庭住宅最小建筑面积　　　　　　　表3-3-9

房间	起居加就餐	第一卧室	第二卧室	第三卧室	厨房	总面积
建筑面积（m²）	18.6	13.9	12	8	7	59.5

资料来源：罗应光等.住有所居——中国保障性住房建设的理论与实践，2011

3.4.2 欧洲不同规模家庭住宅的最小居住面积标准

欧洲不同规模家庭住宅最小居住面积标准　　　　　　　表3-3-10

住宅卧室数/家庭人数	2/3	2/4	3/4	3/5	3/6	4/6	4/7	4/8	5/8
面积（m²）	46	51	55	62	68	72	78	84	88

注：1958年国际家庭组织联盟、国际住房和城市规划联合会共同提出

资料来源：住房和城乡建设部住宅产业化促进中心.保障性住房套型设计及全装修指南[M].北京：中国建筑工业出版社，2010

3.4.3 日本第八个住房建设五年计划的居住水准（2001~2005年）

（1）一般诱导居住水准

日本第八个住房建设五年计划一般诱导居住水准（单位：m²）　　　表3-3-11

家庭人数	居住室面积（净面积）	住户专用面积（墙体中到中的面积）
1人	27.5	50
1人（单身中年人或老年人）	30.5	55
2人	43.0	72
3人	58.5	98
4人	77.0	123
5人	89.5	141
5人（包括1位老年人）	99.5	158
6人	92.5	147
6人（包括老年夫妇）	102.5	164

（2）城市诱导居住水准

日本第八个住房建设五年计划城市诱导居住水准　　　表3-3-12

家庭人数	居住室面积（净面积）	住户专用面积（墙体中到中的面积）
1人	20.0	37
1人（单身中年人或老年人）	23.0	43
2人	33.0	55
3人	46.0	75
4人	59.0	91
5人	69.0	104
5人（包括1位老年人）	79.0	122
6人	74.5	112
6人（包括老年夫妇）	84.5	129

（3）最低居住水准

日本第八个住房建设五年计划最低居住水准　　　表3-3-13

家庭人数	居住室面积（净面积）	住户专用面积（墙体中到中的面积）
1人	7.5	18
1人（单身中年人或老年人）	15.0	25
2人	17.5	29
3人	25.0	39
4人	32.5	50
5人	37.5	56
6人	45.0	66

注：标准的家庭构成指3人以上家庭且有需要与夫妇分居的小孩；居住室面积包括：卧室及餐室兼厨房。
　　住户专用面积包括：卧室、餐室兼厨房、厕所、浴室、贮藏空间等，但不包括阳台。
资料来源：日本住宅经济数据集 2014

4 社会住房发展

4.1 社会住房量

4.1.1 欧盟20国社会住房比率

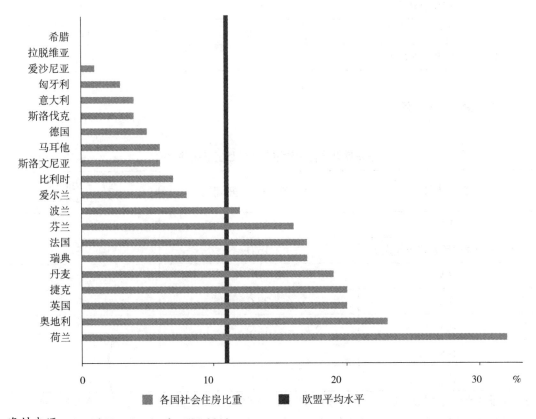

资料来源：Social Housing in the EU 2013

图3-4-1　欧盟20国社会住房比重

4.1.2 欧洲9国公共住房与社会住房量

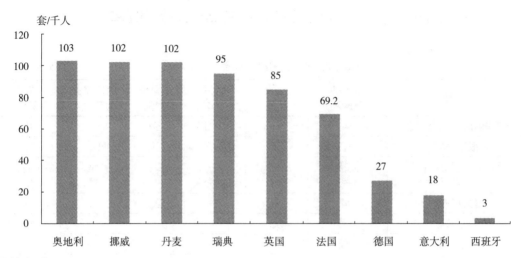

资料来源：Chauvot, Myriam (January 2011)

图3-4-2 欧洲9国公共住房与社会住房量

4.1.3 欧盟6国社会租赁房比率

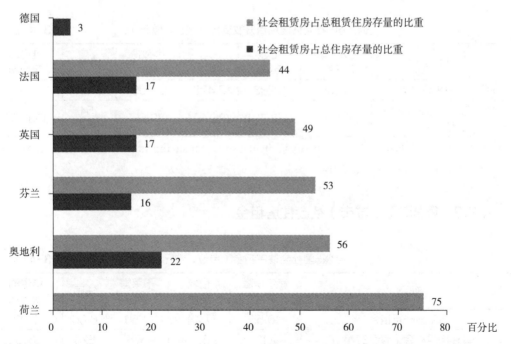

资料来源：Study on Financing of social housing in 6 EU countries CECODHAS 2013

图3-4-3 欧盟6国社会租赁房比率

4.2 社会住房支出与租金

4.2.1 欧盟6国（城市）社会住房资金来源及占总支出比率

欧盟6国社会住房资金来源（单位：%）　　　　　表3-4-1

项目	维也纳（奥地利）	伦敦（英国）	荷兰（平均）	不莱梅（德国）	赫尔辛基（芬兰）	法国（平均）
住房供应商自有资金	14	—	20~30	38	—	15
银行贷款	42	35	70~80	37	95	75
其中：有利息补贴	间接	—	—	—	是	间接
有担保	—	—	部分	—	是	是
公共贷款	34	—	—	25	5	—
公共拨款	—	65	—	—	—	10
租金收益	10	—	—	—	—	—
合计	100	100	100	100	100	100

资料来源：Financing of Social Housing in Selected European Countries.2014

4.2.2 欧盟6国（城市）社会住房项目开发支出

欧盟6国社会住房项目开发支出（单位：欧元）　　　　　表3-4-2

项目	赫尔辛基（芬兰）	伦敦（英国）	荷兰	不莱梅（德国）	法国	维也纳（奥地利）
项目开发每平方米支出	3 500	3 283	2 422	2 306	2 011	1 990
开发总支出（假设77m²的住宅项目）	269 500	252 791	186 494	177 562	154 847	153 230

资料来源：CECODHAS, (2013) and own calculations；Financing of Social Housing in Selected European Countries 2014

4.2.3 欧盟5国（城市）社会住房租金

欧盟5国社会住房租金（单位：欧元）　　　　　表3-4-3

项目	赫尔辛基（芬兰）	伦敦（英国）	不莱梅（德国）	法国	维也纳（奥地利）
每平方米月租金	10.55	7.44	7.50	6.80	7.99
一套住房月租金（假设77m²）	812	573	578	524	615

注：租金包括服务费。维也纳的租金包括公共事业支出，赫尔辛基的租金包括供暖，法国租金指全国平均值。

资料来源：CECODHAS, (2013) and own calculations；Financing of Social Housing in Selected European Countries 2014

4.3 社会住房评价

欧盟12国社会住房服务质量评分（2012年）

欧盟12国社会住房服务质量评分　　　　　表3-4-4

国家	得分（总分10分）	国家	得分（总分10分）
奥地利	7.2	法国	5.6
丹麦	6.7	欧盟	5.5
芬兰	6.7	西班牙	5.5
荷兰	6.5	英国	5.5
瑞典	6.4	意大利	5.1
德国	6.2	希腊	3.8

5 住房家庭负担能力与市场

5.1 住房负担能力

5.1.1 第十一届国际住房支付能力调查86个大城市房价收入比

第十一届国际住房支付能力调查86个大城市房价收入比　　　表3-5-1

国家	3.0和以下	3.1~4.0	4.1~5.0	5.1及以上	城市数量	房价收入比
澳大利亚	0	0	0	5	5	6.4
加拿大	0	2	2	2	6	4.3
爱尔兰	0	0	1	0	1	4.3
日本	0	1	1	0	2	4.4
新西兰	0	0	0	1	1	8.2
新加坡	0	0	1	0	1	5.0
英国	0	1	10	6	17	4.7
美国	14	23	6	9	52	3.6
中国香港	0	0	0	1	1	17.0
总计	14	27	21	24	86	4.2

注：（1）房价收入比指用房价中位数除以家庭税前年收入的中位数。
　　（2）这85个大城市人口均超过100万；这项调查的组织者将住房支付能力分为四类：①房价为收入的3倍及以下为"可负担"；②4倍或以下为"中度不可负担"；③5倍或以下为"较严重不可负担"；④超过5倍为"严重不可负担"。

资料来源：11th Annual Demographia International Housing Affordability Survey: 2015

5.1.2 第十一届国际住房支付能力调查378个城市房价收入比

第十一届国际住房支付能力调查378个城市房价收入比　　　表3-5-2

国家	3.0和以下	3.1~4.0	4.1~5.0	5.1及以上	城市数量	房价收入比
澳大利亚	2	1	15	33	51	5.5
加拿大	5	16	9	5	35	3.9

续表

国家	3.0和以下	3.1~4.0	4.1~5.0	5.1及以上	城市数量	房价收入比
爱尔兰	3	1	1	0	5	3.0
日本	0	1	1	0	2	4.4
新西兰	0	0	3	5	8	5.2
新加坡	0	0	1	0	1	5.0
英国	0	3	14	16	33	5.0
美国	88	97	32	25	242	3.4
中国香港	0	0	0	1	1	17.0
总计	98	119	76	85	378	3.8

资料来源：11th Annual Demographia International Housing Affordability Survey: 2015

5.1.3 历届国际住房支付能力年度调查各国房价收入比（2009~2014年）

历届国际住房支付能力年度调查各国房价收入比　　表3-5-3

项目	调查城市数量	澳大利亚	加拿大	爱尔兰	新西兰	英国	美国
2010第六届	272	6.8	3.7	3.7	5.7	5.1	2.9
2011第七届	324	6.1	3.4	4.0	5.3	5.2	3.0
2012第八届	324	5.6	3.5	3.3	5.2	5.1	3.0
2013第九届	337	5.6	3.6	3.2	5.3	5.1	3.1
2014第十届	360	5.5	3.9	2.8	5.5	4.9	3.4
2015第十一届	378	5.5	3.9	3.0	5.2	5.0	3.4

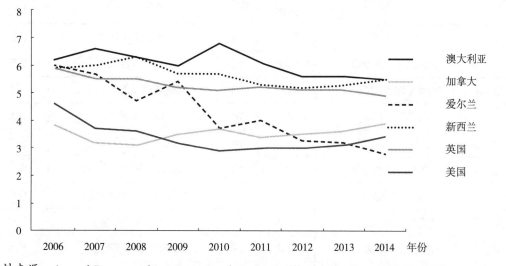

资料来源：Annual Demographia International Housing Affordability Survey:2006~2015

图3-5-1　历届国际住房支付能力年度调查各国房价收入比

5.1.4　世界7个国家城市住房支付能力比较

世界7个国家城市住房支付能力比较　　　　　　　　表3-5-4

具备住房支付能力的24个主要城市圈

排位	城市（国家）	房价收入比	排位	城市（国家）	房价收入比
1	底特律（美国）	2.1	13	哥伦布（美国）	3.0
2	罗契斯特市（美国）	2.4	13	俄克拉荷马城（美国）	3.0
3	布法罗（美国）	2.6	15	孟菲斯（美国）	3.1
3	克利夫兰（美国）	2.6	15	坦帕市（美国）	3.1
5	辛辛那提（美国）	2.7	17	明尼阿波利斯（美国）	3.2
5	大急流城（美国）	2.7	18	达拉斯-沃斯堡（美国）	3.3
5	匹兹堡（美国）	2.7	19	罗利（美国）	3.4
5	圣路易斯（美国）	2.7	20	伯明翰（英国）	3.5
9	亚特兰大（美国）	2.9	20	哈特福特（英国）	3.5
9	印第安纳波利斯（美国）	2.9	20	休斯敦（美国）	3.5
9	堪萨斯城（美国）	2.9	20	圣安东尼奥（美国）	3.5
9	路易斯维尔（美国）	2.9	24	芝加哥（美国）	3.6

严重不具有住房支付能力的24个城市圈

排位	城市（国家）	房价收入比	排位	城市（国家）	房价收入比
1	香港（中国）	17.0	11	伦敦远郊（英国）	6.9
2	温哥华（加拿大）	10.6	12	多伦多（加拿大）	6.5
3	悉尼（澳大利亚）	9.8	13	阿德莱德（澳大利亚）	6.4
4	圣何塞（美国）	9.2	14	纽约（美国）	6.1
4	旧金山（美国）	9.2	14	珀斯（澳大利亚）	6.1
6	墨尔本（澳大利亚）	8.7	16	布里斯托尔（英国）	6.0
7	伦敦（英国）	8.5	16	布里斯班（澳大利亚）	6.0
8	奥克兰（新西兰）	8.2	18	迈阿密（美国）	5.6
9	洛杉矶（美国）	8.0	19	波士顿（美国）	5.4
10	普利茅斯（英国）	7.3	20	西雅图（美国）	5.4

续表

排位	城市（国家）	房价收入比	排位	城市（国家）	房价收入比
21	斯塔福德郡（英国）	5.2	23	圣贝纳迪诺（美国）	5.1
22	利物浦和默西塞德郡（英国）	5.2	24	新加坡	5.0

注：通过2014年第三季度对澳大利亚、加拿大、中国香港、爱尔兰、日本、新西兰、英国和美国等9个国家和地区的378个城市住房市场数据的调查，上表选取了其中具备住房支付能力的前24个人口超过百万的城市，最不具备住房支付能力的24个人口超过百万的城市，报告原文还提供了这378个城市的房价中位数值和家庭收入中位数值。

资料来源：11th Annual Demographia International Housing Affordability Survey:2015

5.1.5 美英德日4国房价收入比

4国房价收入比　　　　　　　　表3-5-5

国家	年份	新建住宅价格（A）	单位	家庭年收入（B）	A/B
美国	2013	275500	美元	52250	5.27
英国	2013	250000	英镑	39200	6.38
德国	2006	145688	欧元	41868	3.48
日本	2014	4306	万日元	702	6.13

资料来源：日本住宅经济数据集 2015

5.1.6 欧盟27国住房支出占家庭可支配收入比重（按照贫困状况）（2013年）

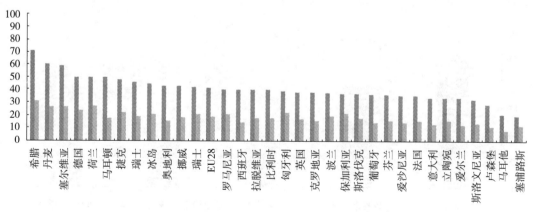

注：贫困人口指收入低于等值家庭收入中值的60%以下。
资料来源：The state of housing in the EU 2015

图3-5-2 欧盟27国住房支出占家庭可支配收入比重

5.1.7　欧盟28国住房负担过重的家庭情况（按照住房所有权）（2013年）

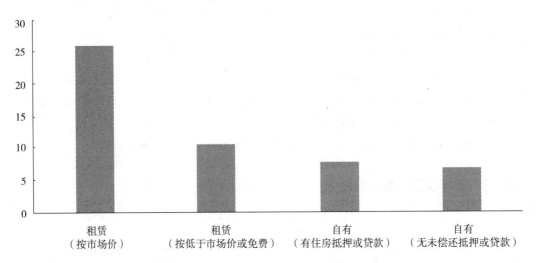

资料来源：The state of housing in the EU 2015

图3-5-3　欧盟28国住房负担过重的家庭情况

5.1.8　欧盟28国住房负担过重的家庭情况（按照家庭结构）（2013年）

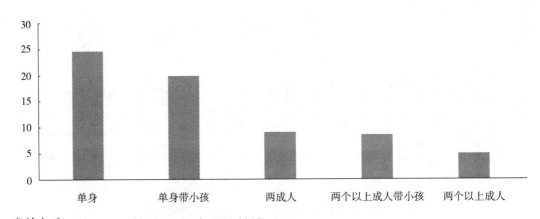

资料来源：The state of housing in the EU 2015

图3-5-4　欧盟28国住房负担过重的家庭情况

5.1.9　欧盟28国年轻成年人和父母居住的家庭比重（2013年）

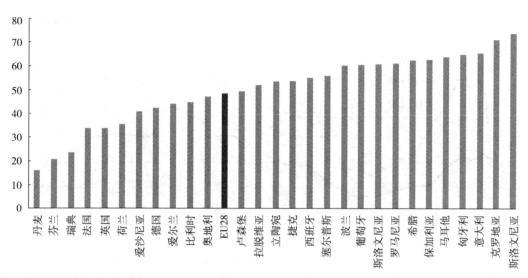

注：年轻成年人指18~34岁。

资料来源：The state of housing in the EU 2015

图3-5-5　欧盟28国年轻成年人和父母居住的家庭比重

5.1.10　欧盟成员国拖欠抵押贷款或租金的人口比重（2013年）

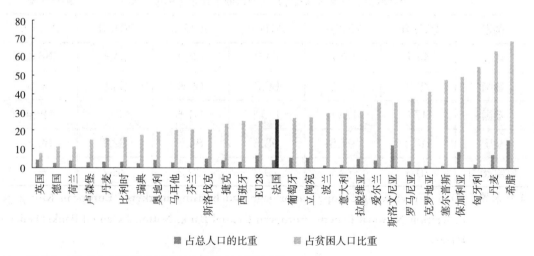

注：贫困人口指收入低于等值家庭收入中值的60%以下。

资料来源：The state of housing in the EU 2015

图3-5-6　欧盟成员国拖欠抵押贷款或押金的人口比重

5.1.11 全球住房价格租金比年变化率（1990~2014年）

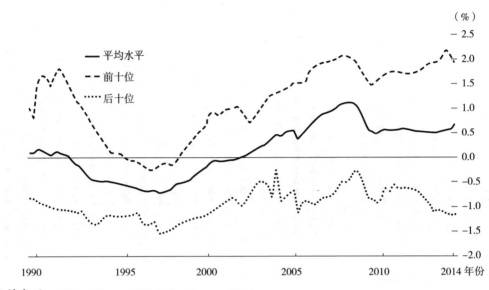

资料来源：Global Financial Stability Report 2014

图3-5-7　全球住房价格租金比年变化率

5.1.12 法德英美4国未偿还住房贷款占家庭可支配收入比率（2005~2014年）

4国未偿还住房贷款占家庭可支配收入比率（单位：%）　　　表3-5-6

国家	2005年	2010年	2011年	2012年	2013年	2014年
法国	44.1	59.7	61.6	62.9	64.6	66.4
德国	75.2	67.9	66.0	65.6	65.5	66.0
英国	117.6	123.6	126.1	117.5	119.2	116.4
美国	110.1	97.5	98.8	84.6	82.1	89.3
欧盟28国	70.3	79.1	79.3	79.2	78.7	—

资料来源：2015 A review of Europe's mortgage and housing markets；European Mortgage Federation National Experts, European Central Bank, National Central Banks, Federal Reserve

5.2 住房市场

5.2.1 世界5国住房交易量（2005~2014年）

世界5国住房交易量（单位：套） 表3-5-7

国家	2005年	2010年	2011年	2012年	2013年	2014年
法国	1 028 500	1 056 000	1 079 000	931 000	928 000	895 000
德国	503 000	525 000	570 000	575 000	559 000	573 000
英国	1 535 000	885 770	884 790	932 480	1 073 560	1 218 500
俄罗斯	1 864 310	3 081 526	3 867 324	4 194 451	4 088 947	4 492 775
美国	8 359 000	4 513 000	4 566 000	5 090 000	5 519 000	5 377 000

资料来源：2015 A review of Europe's mortgage and housing markets；European Mortgage Federation National Experts, European Central Bank, National Central Banks, Federal Reserve

5.2.2 欧盟16国住房套均价格差距（2012年）

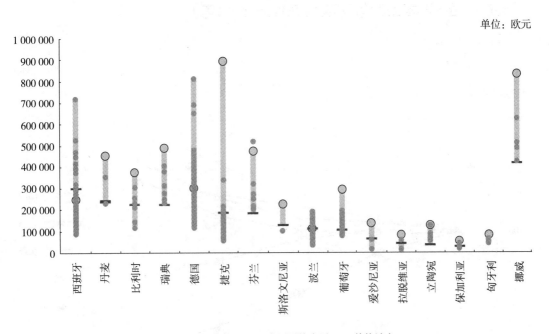

注：有四个国家的首都住房套均价格低于全国平均水平，其中德国柏林的套均价格大概是30万欧元，和全国平均价差不多，贵的城市主要是慕尼黑（套均81万欧元），其他城市如杜塞尔多夫、法兰克福、海德尔堡、康斯坦茨、斯图加特，都是50万欧左右；西班牙住房套均价最高的地方集中在首都的北部卫星城。

资料来源：Eurostat regional yearbook 2015

图3-5-8 欧盟16国住房套均价格差距

5.2.3 法德俄英美5国住房价格指数（2005~2014年）

5国住房价格指数（以2006=100） 表3-5-8

国家	2005年	2010年	2011年	2012年	2013年	2014年
法国	91.0	104.6	108.6	106.4	104.3	102.0
德国	99.8	102.9	105.5	108.7	112.2	115.7
俄罗斯	64.8	125.4	136.4	143.8	136.7	144.8
英国	94.1	108.6	107.6	109.3	113.2	124.6
美国	94.3	84.4	80.9	83.6	90.0	95.0
欧盟	—	104.3	103.6	102.5	100.9	105.7

资料来源：2015 A review of Europe's mortgage and housing markets；European Mortgage Federation National Experts, European Central Bank, National Central Banks, Federal Reserve

5.2.4 世界5国住房价格指数（2010~2014年）

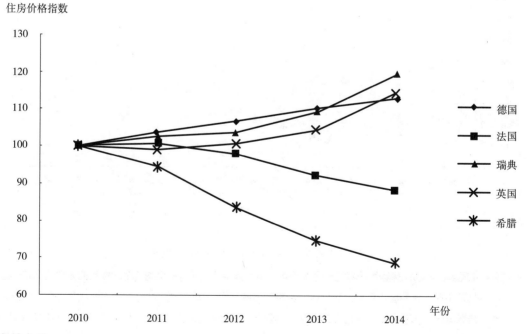

资料来源：Eurostat

图3-5-9 世界5国住房价格指数

5.2.5 世界9国典型城市房价（2014年）

世界9国典型城市房价　　　　　　　　表3-5-9

国家	典型城市	住房价格中位数（美元）	家庭收入中位数（美元）
澳大利亚	阿德莱德	410 000	63 600
	悉尼	812 000	82 800
加拿大	卡尔加里	394 400	94 700
	温哥华	704 800	66 400
爱尔兰	都柏林	245 000[①]	57 600[①]
日本	大阪-神户-东京	18 800 000[②]	4 840 000[②]
	东京-横滨	28 850 000[②]	5 880 000[②]
新西兰	奥克兰	613 000	75 100
新加坡	新加坡	405 000	80 900
英国	德比郡	145 000[③]	31 900[③]
	伦敦（大伦敦地区）	245 000[③]	35 500[③]
美国	大急流城	145 500	53 500
	旧金山	744 400	81 200
中国	中国香港	4 892 000	28 700

①欧元；②日元；③英镑

资料来源：11th Annual Demographia International Housing Affordability Survey:2015.

5.2.6 欧盟住房价格总体走势（2005~2014年）

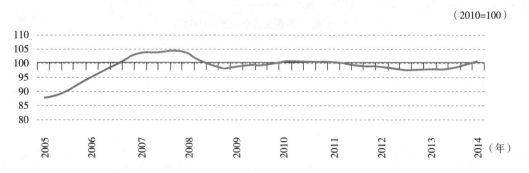

注：均为每年第三季度数据。

资料来源：Basic figures on the EU First quarter 2015

图3-5-10　欧盟住房价格总体走势

5.2.7 欧盟成员国住房价格走势（2013、2014年）

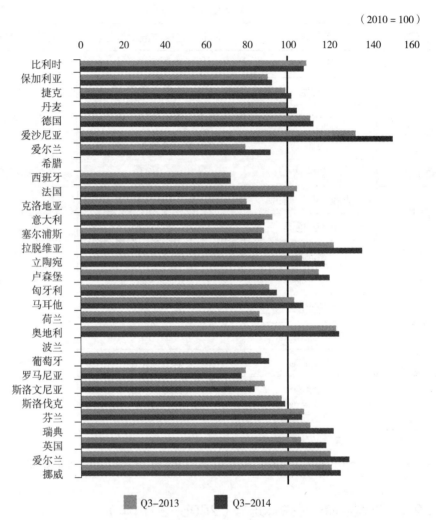

资料来源：Basic figures on the EU First quarter 2015

图3-5-11　欧盟成员国住房价格走势

5.2.8 美英法日4国既有住房市场流通比例

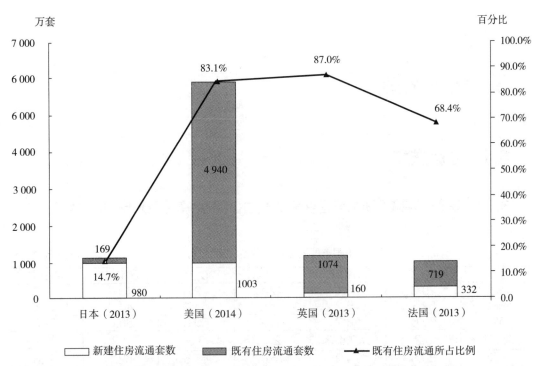

资料来源：日本住宅经济数据集，2015

图3-5-12　4国既有住房市场流通比例

6 住房金融

6.1 住房贷款

6.1.1 法德英俄美5国未偿还住房贷款占GDP比率（2005~2014年）

表3-6-1　5国未偿还住房贷款占GDP比重

国家	2005年	2010年	2011年	2012年	2013年	2014年
法国	29.3	41.1	42.1	42.8	43.8	43.3
德国	52.3	46.2	44.6	44.4	44.2	42.4
英国	75.6	83.2	84.2	80.8	80.6	75.0
俄罗斯	0.2	2.4	2.4	3.2	3.2	3.5
美国	80.8	74.9	76.7	65.5	62.1	67.6
欧盟28国	45.6	51.7	51.6	51.6	51.1	49.6

注：欧盟平均住房贷款占GDP比重由2008年的32%增加到2012年的52%。

资料来源：（1）2015 A review of Europe's mortgage and housing markets；European Mortgage Federation National Experts, European Central Bank, National Central Banks, Federal Reserve；（2）Housing Europe

6.1.2 亚洲11国和地区房贷占GDP比率（2012年）

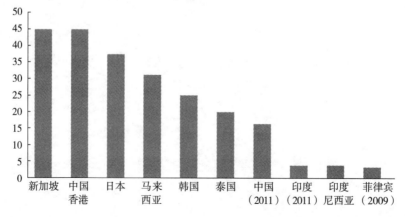

资料来源：Housing and Housing Finance—A Review of the Linksto Economic Development and Poverty Reduction. ADB Economics Working Paper Series 2013

图3-6-1　亚洲11国、地区房贷占GDP比重

6.1.3 世界多国住房贷款占GDP比率（2012年）

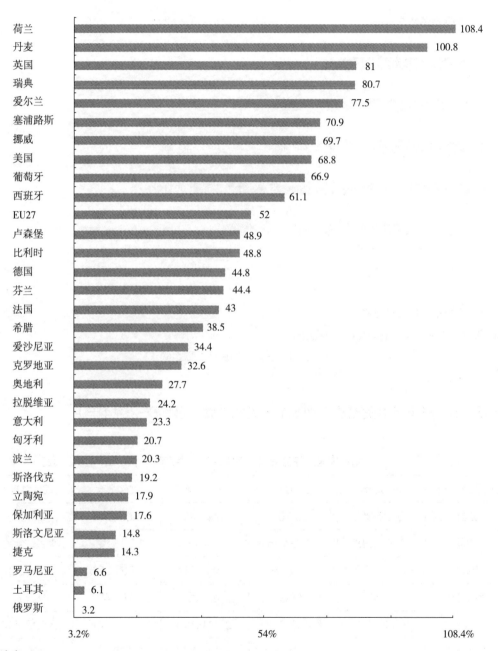

资料来源：European Mortgage Federation

图3-6-2 世界多国住房贷款占GDP比重

6.1.4 世界多国人均住房贷款金额（2012年）

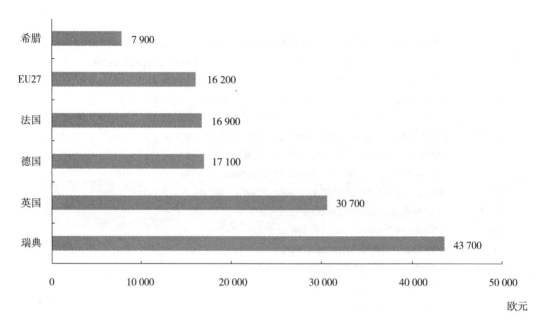

注：调研对象是针对大于18岁人群。

资料来源：European Mortgage Federation

图3-6-3 多国人均住房贷款金额

6.1.5 法德英俄美5国未偿还住房贷款总额（2005~2014年）

5国未偿还住房贷款总额（单位：百万欧元）　　　　表3-6-2

国家	2005年	2010年	2012年	2013年	2014年
法国	5036 00	795 200	870 040	902 640	924 327
德国	1 162 588	1 152 195	1 184 853	1 208 822	1 237 410
英国	1 411 090	1 440 258	1 553 837	1 531 585	1 666 902
俄罗斯	1 558	27 667	49 522	58 442	48 777
美国	8 508 858	8 453 076	8 241 246	7 843 666	8 882 794
欧盟28国	5 073 002	6 382 360	6 690 501	6 679 807	6 909 057

资料来源：2015 A review of europe's mortgage and housing markets；European Mortgage Federation National Experts, European Central Bank, National Central Banks, Federal Reserve

6.1.6 世界多国住房贷款占家庭可支配收入比率（2012年）

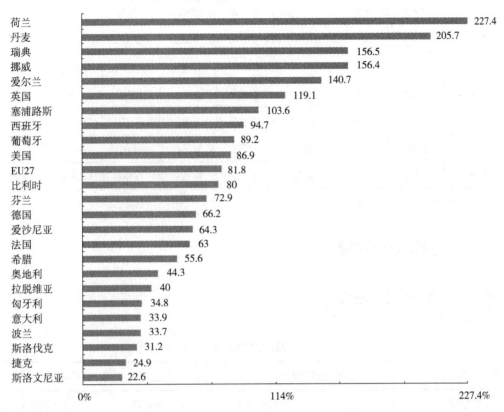

资料来源：European Mortgage Federation

图3-6-4　多国住房贷款占家庭可支配收入比率

6.1.7 世界11国平均存款利率和贷款利率（2000~2014年）

11国平均存款利率和贷款利率　　　　　表3-6-3

国家	存款利率				贷款利率			
	2000	2005	2013	2014	2000	2005	2013	2014
法国	2.63	2.15	—	1.15	6.70	—	—	—
德国	3.40	—	—	—	9.63	—	—	—
俄罗斯	6.51	3.99	5.59	6.04	24.43	10.68	9.47	11.14
英国	—	—	—	—	5.98	4.65	0.50	0.50
巴西	17.20	17.63	7.81	10.02	56.83	55.38	27.39	32.01

续表

国家	存款利率				贷款利率			
	2000	2005	2013	2014	2000	2005	2013	2014
美国	—	—	—	—	9.23	6.19	3.25	3.25
印度	—	—	—	—	12.29	10.75	10.29	10.25
日本	0.07	0.27	0.54	0.42	2.07	1.68	1.30	1.22
新加坡	1.71	0.44	0.14	0.14	5.83	5.30	5.38	5.35
南非	9.20	6.04	5.15	5.80	14.50	10.63	8.50	9.13
韩国	7.94	3.72	2.89	2.54	8.55	5.59	4.64	4.26

资料来源：国际统计年鉴2015

6.2 住房财税政策

6.2.1 物业税征收方式

物业税征收方式　　　　　　　　　表3-6-4

所有权制度	土地住宅私有制		土地公有制，住宅私有制	
征收对象及方式	土地和住宅统一征收	土地和住宅分开征收	土地住宅统一征税	土地和住宅分开征收
典型国家或地区	美国，加拿大，英国，澳大利亚和印度	日本和韩国	新加坡	中国香港

资料来源：长江证券研究部

6.2.2 各国物业税税基

各国、地区物业税税基　　　　　　　　　表3-6-5

国家/地区	中国香港	新加坡	美国	法国	加拿大	日本	韩国	澳大利亚
税基	估算物业租金	估算物业租金	估算物业价值	估算物业租金	估算物业价值	估算物业价值	估算物业价值	估算物业价值

资料来源：长江证券研究部

6.2.3 主要发达国家和地区物业税税率

主要发达国家和地区物业税税率　　　　　　表3-6-6

国家/地区	土地	住宅
美国	1%~3%	
加拿大	1.0%~2.3%	
澳大利亚	<3.7%	
英国	1.0%~3.2%	
奥地利	1%	
丹麦	<2.4%	
德国	1.0%~1.5%	
西班牙	3%	
日本	0~1.7%	0.33%~0.67%
韩国	0.15%~6%	0.2%~4.5%
中国香港	0.15%	0.09%
新加坡	0.14%~0.35%	
印度	0.45%或1.45%	

资料来源：Global Property，《楼市》杂志，长江证券研究部

7 住房能耗与住房管理

7.1 住宅能源消耗

7.1.1 欧盟住宅能源消耗

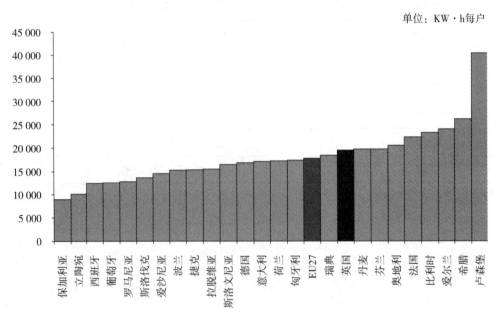

资料来源：Housing investments supported by the European Regional Development Fund 2007-2013 Housing in sustainable urban regeneration

图3-7-1 欧盟住宅能源消耗

7.1.2 世界各国住宅户均电耗

多国住宅户均电耗 [单位：KW·h/（户·年）]　　　　　表3-7-1

类别/国家	电耗	类别/国家	电耗	类别/国家	电耗
世界平均	3 471	法国	6 343	美国	11 698

续表

类别/国家	电耗	类别/国家	电耗	类别/国家	电耗
欧盟平均	4 155	德国	3 512	印度	900
亚洲平均	1 625	俄罗斯	2 419	日本	5 513
欧洲平均	4 464	英国	4 648	南非	4 389
瑞典	9 697	巴西	1 834	韩国	4 215

资料来源：清华大学建筑节能研究中心.中国建筑节能年度发展研究报告，2013

7.1.3 欧洲人均能源消费和节能项目

欧洲人均能源消费和节能项目　　　　　表3-7-2

国家	实际人均能源消费（按照购买力标准）	项目
德国	119	德国复兴信贷银行（KFW）节能项目，住房和城市改造
英国	118	优雅住宅项目；邻区更新计划；CEST能源计划
法国	112	城市结构和全国投资机构(ANRU)；格勒内勒环境项目（Grenelle）
意大利	102	能源税收刺激-2012年；区域恢复计划
捷克共和国	70	"NOVY PANEL"（利息补贴）、节能绿色储蓄（住房投资后来被暂停）
波兰	70	能源改善基金(相对小范围 - 2011年3k建筑和600个家庭
立陶宛	66	住房和城市发展机构-目的在支持城市再生的实现
匈牙利	61	住房建造系统的更新补助金，现在暂停
爱沙尼亚	57	住房贷款抵押KredEx(发起机构：政府)
拉脱维亚	56	
欧盟平均	100	

资料来源：Housing investments supported by the European Regional Development Fund 2007–2013 Housing in sustainable urban regeneration

7.2 住宅寿命

日美英拆除住宅的使用年限

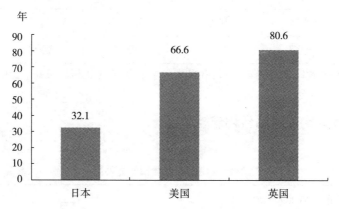

资料来源：日本住宅经济数据集 2015

图3-7-2　3国拆除住宅的使用年限